Alpes Montes
L. Larius
Comum
Vercellae
Mediolanum
Atesis
Verona
Venetia
Aquileia
Patavium
Istria
Pola
Ticinus
Cremona
Mantua
Padus
Placentia
Padus
Liguria
Parma
Aemilia
Mutina
Via Aemilia
Ravenna
Genua
Via Aurelia
Appennini Montes
Luca
Pisae
Arnus
Florentia
Ariminum
Ancona
Arretium
Via Flaminia
Etruria
L. Trasimenus
Asculum
Ilva
Volsinii
Tiberis
Reate
Tarquinii
Veii
Corfinium
Caere
Roma
Corsica
Ostia
Praeneste
Samnium
Latium
Apulia
Sperlonga
Tarracina
Capua
Campania
Beneventum
Cumae
Vesuvius
Nola
Puteoli
Neapolis
Baiae
Pompeii
Paestum
Sardinia
Illyricum
Dalmatia
Spalatum
Salona
Mare Adriaticum
Cannae
Via Traiana
Brundisium
Venusia
Via Appia
Calabria
Tarentum
Heraclea
Sybaris
Lucania
Via Popilia
Consentia
Croton
Bruttium
Mare Tyrrhenum
Liparaeae
Messana
Locri
Rhegium
Panormus
Aegates
Segesta
Aetna
Sicilia
Lilybaeum
Henna
Himera
Selinus
Via Valeria
Agrigentum
Syracusae
Mare Ionium
Mare Africum
Utica
Carthago
Africa
0
100
200 km

Agite

Ausgabe A

Lektionen

Herausgegeben von: Jörgen Vogel
Benedikt van Vugt

Erarbeitet von: Barbara Beier
Thomas Dold
Sven Lorenz
Constanze Marcinowski
Christoph Sauer
Werner Scheibmayr
Karina Scholz
Jörgen Vogel
Benedikt van Vugt

Schöningh

Schöningh Verlag, Jühenplatz 1–3, 33098 Paderborn

Druck 5 4 3 2 1 / Jahr 2018 17 16 15 14
Die letzte Zahl bezeichnet das Jahr dieses Druckes.

Umschlaggestaltung: Nora Krull, Bielefeld
Umschlagabbildung: © Paul Hardy/Corbis
Illustrationen: Maja Wagner, Münster
Druck und Bindung: westermann druck GmbH, Braunschweig

ISBN 978-3-14-010424-1

Vorwort

Liebe Schülerin, lieber Schüler,

mit dem Lehrwerk „Agite“ lernst du die lateinische Sprache. Dabei machst du dich nicht nur mit der Grammatik und den Vokabeln vertraut, sondern erfährst auch vom Leben der Römer in der Antike.

Der Aufbau des Lektionsbandes ist klar gegliedert; die Orientierung wird dir leichtfallen. Jede Lektion umfasst vier bis fünf Seiten. Sie beginnt mit einer Sachinformation, die das Thema dieser Lektion erläutert. Dann folgt der Grammatik-Teil (G), der keine neuen Vokabeln enthält, sondern dir den neuen grammatischen Stoff vermittelt. In „Ersten Übungen“ kannst du die neue Grammatik schon üben. In dem anschließenden Wortschatz-Teil (W) werden einige neue Vokabeln eingeführt, aber keine neue Grammatik. Zentraler Bestandteil jeder Lektion ist das lateinische Lesestück.

Die Übungen umfassen alle vier Kompetenzbereiche: Sprachkompetenz (S), Textkompetenz (T), Kulturkompetenz (K) und Methodenkompetenz (M). Die einzelnen Übungen sind diesen Kompetenzen jeweils zugeordnet; dies ist durch die Hervorhebung der jeweiligen Sigle kenntlich gemacht. S • T • K • M

Alle Übungen sind ein Angebot, aus dem deine Lehrerin oder dein Lehrer entsprechend auswählen kann. Mit einer weiß unterlegten Zahl werden darüber hinaus in jeder Lektion die Übungen gekennzeichnet, die als zusätzliches Angebot dienen. Diese Übungen muss man nicht bearbeiten, kann sie aber je nach Zeit und den Erfordernissen in der Klasse individuell einsetzen. 1

Fünf Lektionen sind immer unter einem bestimmten Thema in einer Sequenz zusammengefasst. Am Anfang einer jeden Sequenz führt eine Doppelseite in das Thema ein. Abgeschlossen werden die Sequenzen durch sogenannte Plateaulektionen. Sie enthalten keinen neuen grammatischen Stoff und keine neuen Vokabeln und stellen ein zusätzliches, fakultatives Angebot zum Üben und Wiederholen dar.

Im Band „Grammatik und Vokabeln“ findest du zu jeder Lektion die Grammatik mit ihren Erklärungen und den Wortschatz. Die Prinzipien, nach denen die Lernvokabeln aufgelistet sind, werden dort ebenfalls erläutert. Hier befinden sich außerdem ein Register grammatischer Begriffe, ein Eigennamenverzeichnis und ein Verzeichnis aller Vokabeln.

Wir wünschen dir viel Freude und Erfolg beim Erlernen der lateinischen Sprache. Und nun geht frisch ans Werk, oder lateinisch ausgedrückt: Agite!

Die Herausgeber

Inhaltsverzeichnis

Aus der römischen Kaiserzeit 200

Die Ausdehnung des Imperium Romanum 226

Schule im Wandel der Zeit 302

Aufbruch in ferne Länder und zu anderen Kulturen 320

Lektion 1 – 5

Die römische Familie

Salvē! – Sei gegrüßt! Eine römische Familie, die du in den Lektionen dieses Buches begleiten wirst, stellt sich vor. Sie lebt zur Zeit des Kaisers Augustus in Rom:

Der Vater heißt Lūcius Nōnius Asprēnas. Er ist ein angesehener römischer Senator, der im Jahr 6 n. Chr. sogar zum Konsul gewählt wurde. Einige Jahre später hat er als Prokonsul die Provinz Africa verwaltet.
Lūcius ist übrigens der Vorname, Nōnius der Familienname und Asprēnas ein Beiname.

Die Mutter heißt Calpurnia. Auch sie stammt aus einer alten römischen Familie.

Quīntus ist der Jüngste unter den Söhnen des Lūcius. Sein vollständiger Name lautet: Quīntus Nōnius Asprēnas, doch alle nennen ihn einfach nur Quīntus.

Nōnia ist die Schwester des Quīntus. Die Mädchen erhielten immer den Familiennamen des Vaters in der weiblichen Form.

Dāvus ist ein Sklave im Hause der Familie.

- Unser deutsches Wort „Familie“ leitet sich vom lateinischen Wort „familia“ ab. Überlege: Wer gehört zu deiner Familie? Wie viele Personen sind es insgesamt?

Querschnitt durch ein römisches atrium-Haus

Das Speisezimmer (triclīnium)

Die Familie des Lūcius Nōnius Asprēnas lebt in Rom in einem großen Stadthaus. In den folgenden Lektionen lernst du dieses Haus mit seinen Räumen genau kennen.

Du erfährst, welche Vorbereitungen getroffen werden, wenn Gäste erwartet werden, und wie ein Gastmahl bei den Römern stattfindet. Außerdem wird erklärt, wie man sich in einem Zeitalter, in dem es noch keine SMS und keine E-Mails gab, schriftlich verständigt hat.

- Was verstehen wir heute unter einer Villa?
- Informiere dich, was ein Atrium ist, und suche dies in der Zeichnung.
- Was schätzt du: Wie viele Einwohner hatte die Stadt Rom zur Zeit des Kaisers Augustus?

Lektion 1

Die römische familia

Im Vergleich zu heute bezeichnete bei den Römern das Wort familia eine Großfamilie. Dazu zählten im engeren Sinn die Eltern, die Töchter und die Söhne, alle Schwiegertöchter und alle Sklaven. Diese Personen wohnten in der Regel alle gemeinsam in einem Haus. Im weiteren Sinn zählte man zur römischen familia sogar noch die ehemaligen Sklaven, die schon freigelassen worden waren, und die Klienten, die Gefolgsleute des Vaters. Den Aufbau einer römischen familia kannst du dir etwa so vorstellen:

Das Oberhaupt der römischen familia war der Vater als Hausherr (dominus). Ihm gehörte der ganze Besitz der familia, er allein entschied, was in der familia gemacht wurde. Selbst wenn die Söhne schon erwachsen waren, mussten sie dem Vater als dominus noch gehorchen. Die Mutter war die Hausherrin (domina). Sie sorgte für den Haushalt. Sohn (fīlius) und Tochter (fīlia) führten in ihren ersten Lebensjahren ein ähnliches Leben wie viele Kinder heute. Wenn sie größer geworden waren, wurden sie in reichen Familien von einem Sklaven (servus), der als Erzieher (paedagōgus) bewährt war, erzogen und unterrichtet.

W

G

3. Person Singular/Infinitiv/Nominativ Singular der a- und o-Deklination

Dominus exspectat. Etiam domina exspectat:
„Ubī est servus? Cūr cessat venīre?“
Tandem servus intrat. Dominus gaudet. Etiam domina gaudet.

Erste Übungen

S • T • K • M
Grundelemente lateinischer Formen kennen

1 Ergänze die fehlende Personenendung und übersetze dann:

Fīlius salūta ? . Domina intra ? . Servus gaude ? . Etiam fīlia gaude ? .

2 Auf den Ausgang kommt es an. Wieviele Sätze kannst du dann bilden?

Domin ? exspectat. – Fīli ? intrat. – Serv ? gaude ? .

3 Bilde den Infinitiv zu den folgenden Verben und übersetze ihn:

salūtat – intrat – exspectat – gaudet – venit

L

Wo bleibt Eutychus?

Im Haus des Senators Lucius Nonius Asprenas herrscht große Aufregung: Eutychus, ein neuer Sklave, welcher der Lehrer (paedagōgus) von Nonia und Quintus werden soll, wird heute erwartet. Aber er kommt und kommt nicht:

Quīntus iam diū exspectat: „Ubī est Eutychus servus? Cūr cessat? Cūr cessat venīre?“ Etiam Nōnia iam diū exspectat: „Cūr Eutychus nōn venit? Mē nōn iuvat[1] exspectāre!“
Tandem Eutychus appropinquat.
Dominus salūtat, domina salūtat. Quīntus gaudet, etiam Nōnia gaudet. Cynthia serva appropinquat. Etiam Dāvus servus appropinquat, salūtat: „Salvē, Eutyche[2]! Familia tē[3] salūtat: Lūcius est dominus, Calpurnia est domina. Nōnia est fīlia, Quīntus est fīlius.“

[1] **mē iuvat** es macht mir Spaß

[2] **Eutyche** Eutychus! (Vokativ – Anredefall)

[3] **tē** dich

Übungen

S • **T** • K • M
Texte erfassen

1 Wer macht was? Lies das Lesestück noch einmal aufmerksam durch und vervollständige die Aussagesätze:

a) Quīntus ? ? ?
b) Eutychus ? ? ?; tandem ? ? ?
c) Dominus ? ? ?
d) Quīntus ? ? ?, etiam Nōnia ? ? ?
e) Cynthia ? ? ?
f) Dāvus ? ? ?

2 Richtig oder falsch?
Quintus stellt Eutychus die Mitglieder seiner familia vor. Dabei macht er sich allerdings einen Spaß. Nicht alle seine Aussagen sind richtig. Suche die Fehler in den Sätzen.

Dāvus est servus. – Quīntus est dominus. – Nōnia est fīlia. – Calpurnia est serva. – Lūcius est fīlius. – Calpurnia est domina. – Cynthia est dominus.

S • T • K • M
Wörter zuordnen

3 Ordnung muss sein!

a) Ordne die folgenden Substantive der richtigen Deklination zu:
servus – domina – familia – fīlius – serva – dominus – fīlia

b) Ordne die folgenden Infinitive der richtigen Konjugation zu:
appropinquāre – gaudēre – salutāre – cessāre – venīre – exspectāre

4 Er, sie, es ...
Nenne bei den folgenden Infinitiven zuerst den Verbstamm und bilde dann die 3. Person Singular:

S • T • K • M
Grundelemente lateinischer Formen benennen

appropinquāre – venīre – intrāre – salūtāre – cessāre – gaudēre – exspectāre

5 Ende gut, alles gut!
Ergänze die fehlenden Ausgänge und Endungen und übersetze dann:

a) Quīnt ? exspecta ? :
b) „Ubī es ? serv ? ? Cūr cessa ? ?"
c) Tandem Eutych ? veni ? .
d) Serv ? salūta ? et intra ? .
e) Quīnt ? gaude ? . Etiam Nōni ? gaude ? .

6 Wörtersalat
Die folgenden Substantive und Verben sind etwas durcheinandergeraten. Setze sie wieder richtig zusammen und ordne sie dann nach Wortarten:

S • T • K • M
Wortformen bestimmen

ERSAXEPTEC – RSUVES – IAFLMAI – ONDAMI – EIRVNE – PAPQRA-ONUPEIR

S • T • K • M
Texte gliedern und erfassen

7 Scriptura continua.
In alten Handschriften hat man lateinische Texte ohne Trennung der Wörter und ohne Satzzeichen geschrieben. Entziffere den folgenden Text und übersetze ihn dann:

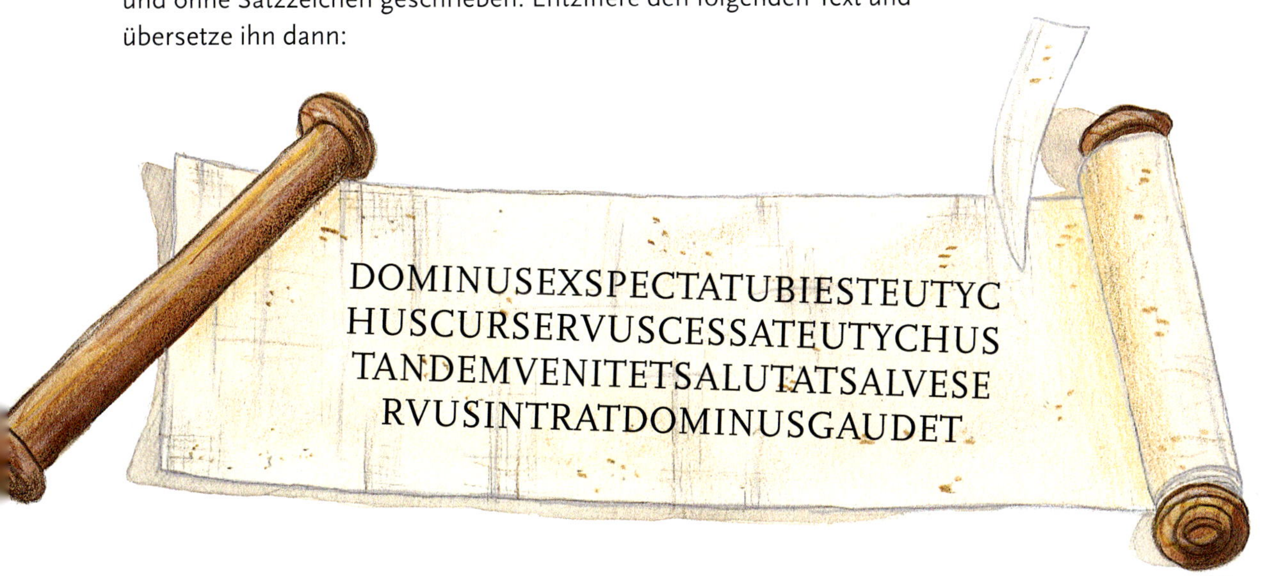

Lektion 2

Das römische Stadthaus

Die überwiegende Mehrheit der Römer lebte in mehrstöckigen, engen und dunklen Mietshäusern (īnsulae). Eine kleine Schicht wohlhabender Römer konnte sich dagegen ein eigenes Stadthaus (domus) leisten.

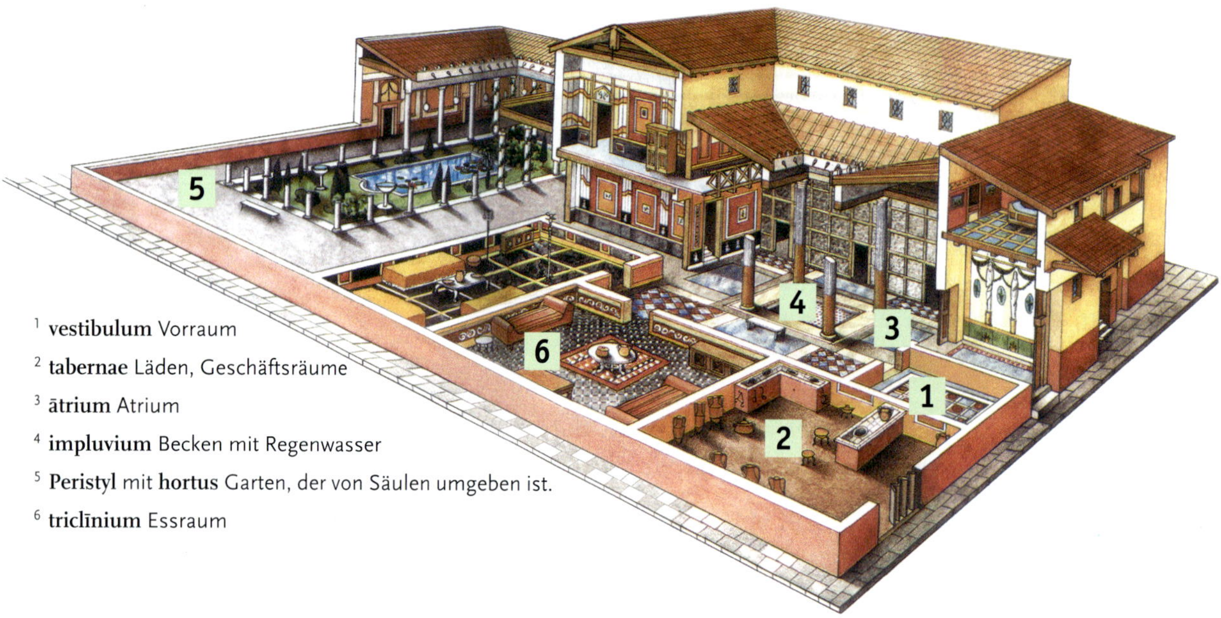

[1] **vestibulum** Vorraum

[2] **tabernae** Läden, Geschäftsräume

[3] **ātrium** Atrium

[4] **impluvium** Becken mit Regenwasser

[5] **Peristyl** mit **hortus** Garten, der von Säulen umgeben ist.

[6] **triclīnium** Essraum

Von der Straße aus gelangte man zunächst in einen kleinen Vorraum (vestibulum). Auf beiden Seiten dieses Vorraums lagen in der Regel Geschäftsräume (tabernae), die zur Straße hin für Kunden offen waren.

Danach betrat man das Atrium, einen rechteckigen Raum mit einer Dachöffnung. In der Mitte des Atriums befand sich ein Wasserbecken (impluvium), in dem das Regenwasser aufgefangen wurde.

Um das Atrium herum waren verschiedene Räume angeordnet. So befanden sich dort das Arbeitszimmer (tablīnum), das auch als Empfangszimmer diente, das Speisezimmer (triclīnium) und die Schlafräume (cubicula). In der Nähe des Speisezimmers lagen die Küche (culīna), das Badezimmer (balneum) und die Toilette (lātrīna).

Vom Atrium aus führte der Weg auch in den hinteren Teil des Hauses, das Peristyl. Dieses griechische Wort bezeichnet einen Garten (hortus), der ringsum von Säulen umgeben ist.

Bei besonders luxuriösen Häusern gruppierten sich um das Peristyl weitere Räume, wie Vorratsräume, Zimmer für Sklaven, Esszimmer, Küchen und Bäder.

a-, e-, i- Konjugation: 3. Person Plural/ Nominativ Plural der a- und o-Deklination

Domina exspectat. Etiam fīlia et fīlius exspectant. Domina et dominus nōn gaudent.
Servae nōn veniunt. Etiam servī cessant. Ubī sunt servī et servae? Tandem veniunt.

Erste Übungen

S • T • K • M
Grundelemente lateinischer Formen kennen

1 Bilde den fehlenden Singular oder Plural:

Singular		Plural
domina	→	? ? ?
? ? ?	←	servī
fīlius	→	? ? ?
? ? ?	←	servae
dominus	→	? ? ?

2 Ergänze die fehlenden Endungen und übersetze dann:

a) Servus intra ? .
b) Famili ? gaudet.
c) Domina et dominus exspecta ? .
d) Serv ? cessant.
e) Ubī fīli ? sunt? Ubī domin ? est?

vocāre – Dominus vocat.

labōrāre – Dāvus labōrat.

dormīre – Quīntus dormit.

ridēre – Nōnia ridet.

L Gäste kommen!

Die Familie des Lucius Nonius erwartet Gäste: Die Freunde Marcus und Aurelia kommen zu Besuch. Da sie zum ersten Mal im vornehmen Hause des Lucius sind, zeigt ihnen die Familie die Räumlichkeiten:

Familia gaudet; nam hodiē Marcus et Aurēlia veniunt. Quīntus et Nōnia exspectant: „Ubī sunt amīcī?"
Iam amīcī appropinquant, intrant, salūtant. Quīntus et Nōnia vocant: „Salvēte!"[1] Dominus et domina gaudent.
Calpurnia explicat: „Hīc tablīnum[2] est. Hīc dominus labōrat." Nōnia: „Hīc triclīnium[3] est. Hīc dominus et familia semper cēnant." Quīntus: „Ibi hortus est. Ibi dominus et amīcī ambulant." Eutychus: „Ibi cubiculum[4] est. Ibi dominus et domina dormiunt."
Subitō porta crepat[5]. Amīcī stupent: „Quid ibi est?" Calpurnia tacet, Lūcius balbūtit[6]: „Ibi lā... lā... lātrīna[7] est." Quīntus et Nōnia rīdent. Etiam servī et servae rīdent. Tum familia et amīcī cēnant.

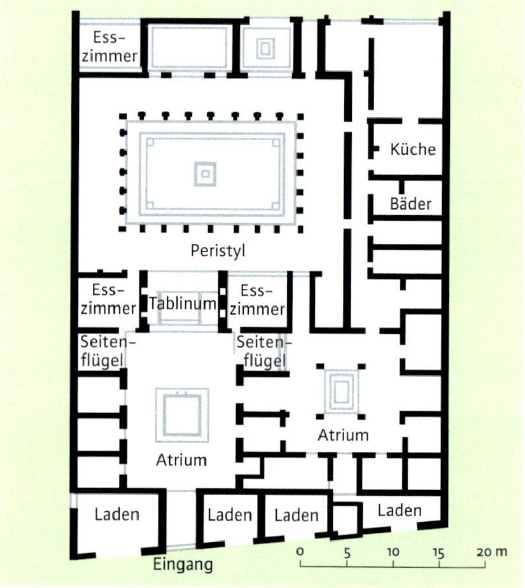

Grundriss eines Stadthauses (Casa del Fauno in Pompeji, Ausschnitt)

1 **Salvēte!** Seid gegrüßt!
2 **tablīnum** Arbeitszimmer
3 **triclīnium** Speisezimmer
4 **cubiculum** Schlafzimmer
5 **crepāre** knarren
6 **balbūtīre** stottern, stammeln
7 **lātrīna** siehe Einführungstext S. 14!

Übungen

S • T • K • M
Texte dekodieren: Wortarten bestimmen

1 Ordne die Wörter des Textes (Z. 1–10) nach den folgenden Wortarten:

	Eigenname	Substantiv	Verb	Adverb
z. B.:	Marcus	–	gaudet	–

S • T • K • M
Textaussagen reflektieren

2 Schreibe alle Räume des Hauses heraus, in denen die Mitglieder der Familie einer Tätigkeit nachgehen. Ordne dann der lateinischen Bezeichnung des Raumes die jeweiligen Subjekte und Prädikate aus dem Lektionstext zu, z. B.: tablīnum: Ibi dominus labōrat.

3 Spielt den Lektionstext. Teilt euch dazu in Gruppen ein. Versucht zunächst, den Text pantomimisch darzustellen. Wenn dies gelingt, ist es ein Leichtes, die Szene mit dem lateinischen Text zu spielen.

S • T • K • **M**
Texte szenisch gestalten

4 Bilde den Infinitiv zu folgenden Verbformen:

gaudet, dormiunt, labōrat, tacent, venit, cēnant, vocat, stupent

S • T • K • M
Grundelemente lateinischer Formen kennen

5 Verwandle die Infinitive jeweils in die 3. Person Singular und Plural und übersetze sie dann:

rīdēre, ambulāre, explicāre, venīre, tacēre, dormīre, labōrāre, gaudēre

6 Übersetze und wandle dann die folgenden Sätze um. Aus Singular wird Plural oder umgekehrt.

Beispiel:	Servus intrat.	→ Servī intrant.
	Der Sklave tritt ein.	Die Sklaven treten ein.

a) Amīcus venit.	b) Hīc amīcae sunt.	c) Domina tacet.
d) Serva labōrat.	e) Dominī rīdent.	f) Ibi fīlius est.

7 Die Schlangen haben in einem Zug einen lateinischen Satz verschluckt. Suche die Wortgrenzen und übersetze dann den jeweiligen Satz:

S • **T** • K • M
Texte gliedern und erfassen

a)
b)
c)

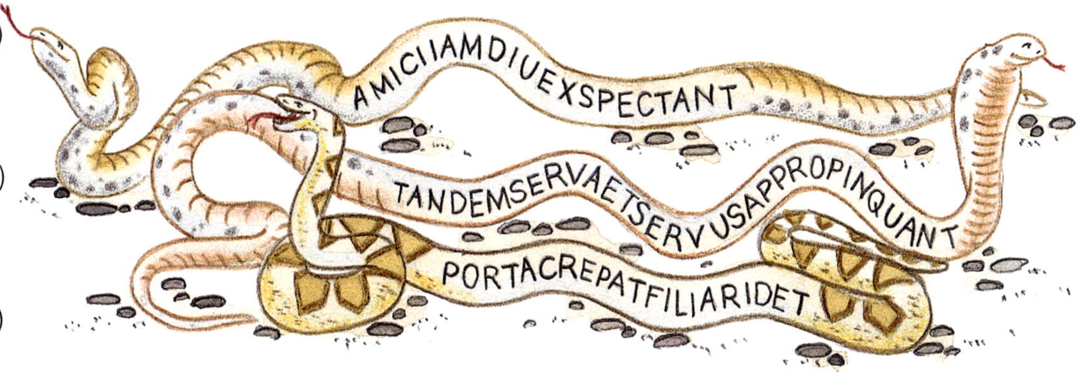

8 Lies die Sachinformation zum römischen Stadthaus und ordne die lateinischen Begriffe den richtigen deutschen Bedeutungen zu:

S • T • K • **M**
Römische Alltagswelt kennen und vergleichen

1. vestibulum	2. tabernae	3. ātrium	4. impluvium
5. tablīnum	6. hortus	7. triclīnium	8. culīna
9. balneum	10. lātrīna	11. cubicula	

a) Arbeitszimmer	b) Schlafräume	c) Bad	d) Toilette
e) Garten	f) Vorraum	g) Atrium	h) Läden
i) Küche	j) Speisezimmer	k) Becken mit Regenwasser	

Lektion 3

Märkte und Läden in Rom

Im antiken Rom gab es nicht nur einen Marktplatz (forum), sondern mehrere Marktplätze (fora). Diese fora waren Großmärkte, die auf bestimmte Waren spezialisiert waren. So gab es im antiken Rom einen Markt, wo man Lebensmittel einkaufen konnte (vēlābrum). Daneben gab es den Rindermarkt (forum boārium), den Gemüsemarkt (forum holitōrium), den Brotmarkt (forum pistōrium) und den Fischmarkt (forum piscātōrium).

Der bedeutendste und älteste Marktplatz war das Forum Romanum. In der Mitte der Stadt gelegen, entwickelte sich das Forum Romanum im Laufe der Zeit von einem reinen Marktplatz zum kulturellen und politischen Zentrum Roms. Davon zeugen Denkmäler (monumenta), Tempel (templa) und Statuen (statuae).Neben den Märkten fanden sich in Rom auch eine Vielzahl von Läden (tabernae), die über das gesamte Stadtgebiet verteilt waren.

Unter tabernae muss man sich alle Arten von Läden, Werkstätten und Geschäften vorstellen. In ihnen wurden nicht nur Waren angeboten. Als taberna wurde z. B. das Fleischgeschäft (taberna laniōnis) bezeichnet, aber auch der Buchladen (taberna librāria), der Frisörladen (taberna tonsōris), die Wechselstube eines Bankiers (taberna argentāria) oder die Kneipe (taberna caupōnia).

Viele Läden waren zugleich Verkaufsraum und Werkstätten. Sie lagen in der Regel direkt an einer Straße. Die Waren wurden meist auf einer Theke ausgebreitet. Die tabernae waren den ganzen Tag über geöffnet. Feste Preisauszeichnungen für die Waren gab es offensichtlich nicht. Bei größeren Produkten war es daher wohl üblich, beim Kauf in einem Gespräch um den Preis zu feilschen.

Die Marktzone Roms mit den verschiedenen fora

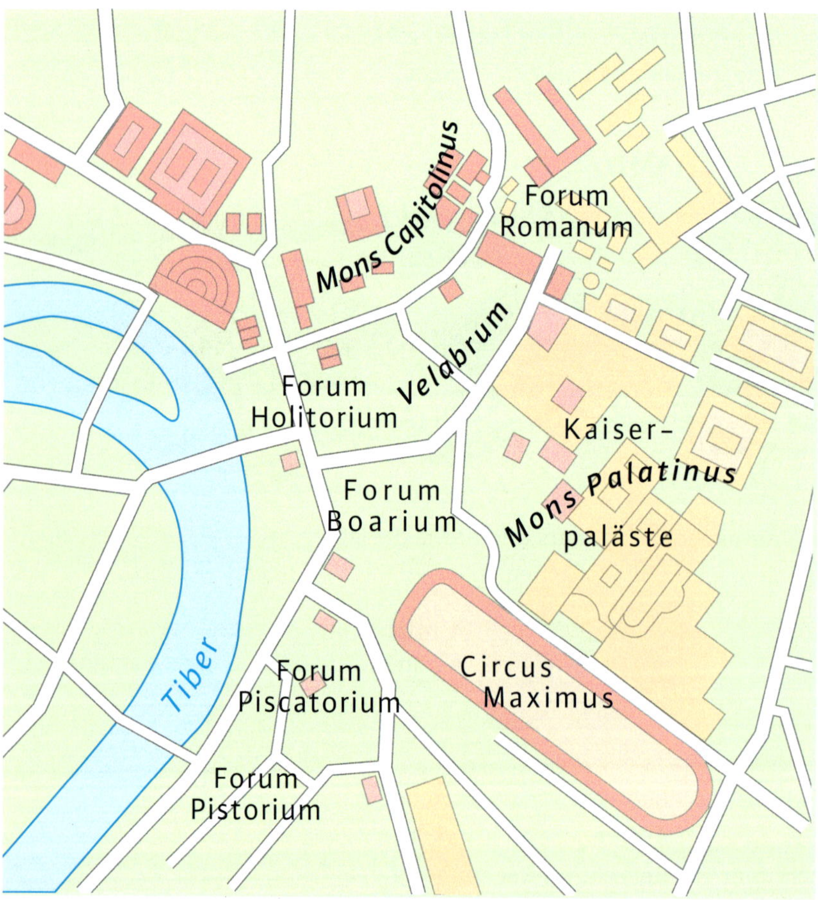

G

Akkusativ Singular und Plural der a- und o-Deklination/ o-Deklination: neutrum

Dominus fīliam et fīlium salūtat. Etiam servās et servōs salūtat.
Dominus forum explicat: „Hīc forum est, hīc monumenta et templa sunt."
Nōnia et Quīntus gaudent: Forum intrant. Templa et monumenta vident.

Erste Übungen

S • T • K • M
Grundelemente lateinischer Formen kennen

1 Ergänze die richtigen Endungen und Ausgänge und übersetze dann:

a) Dominus Dāv ? serv ? vocat.
b) Servus domin ? salūtat.
c) Domina Dāv ? et Eutych ? serv ? vocat.
d) Ubī serv ? sunt? Domina serv ? exspectat.
e) Servī domin ? et domin ? salūtant.
f) Amīcī hort ? intra ? . Amīcae for ? intra ? .
g) Hīc templ ? est. Ibi for ? sunt.

2 Wer grüßt wen? Schaffst du es, mindestens acht verschiedene Sätze zu bilden?

Domin ? serv ? salūta ? .

W

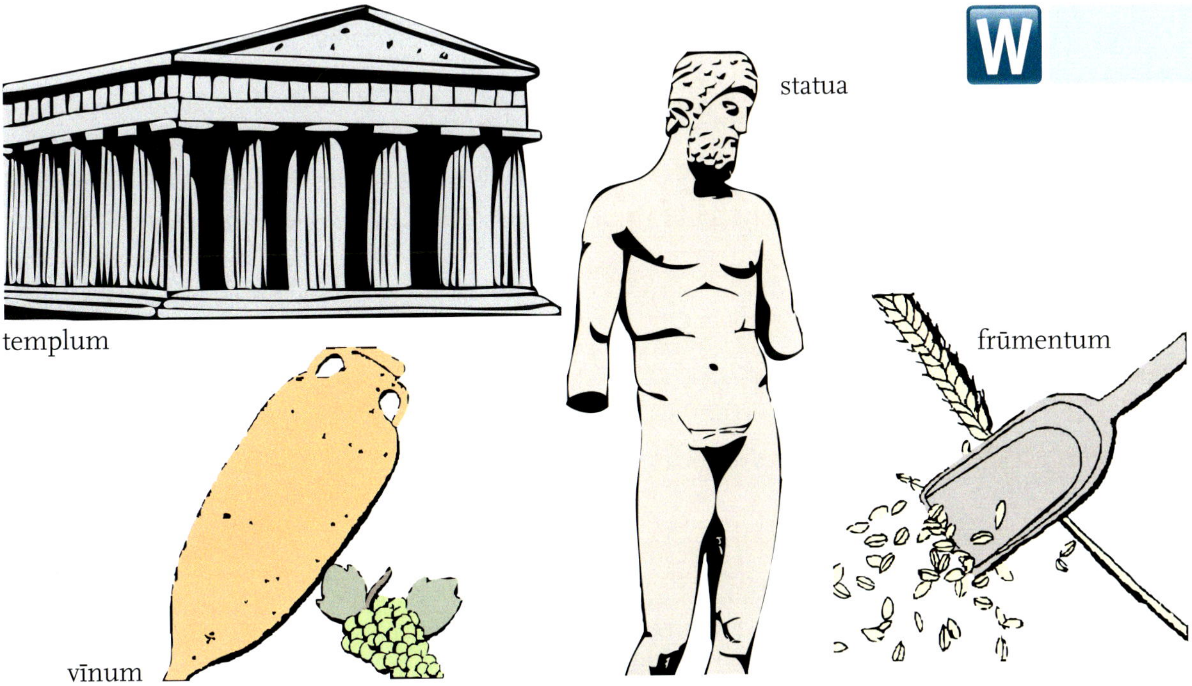

L „Auf zum Einkaufen!“

Die beiden Sklaven Davus und Eutychus gehen auf den Märkten Roms einkaufen. Dabei kommen sie an Plätzen und Sehenswürdigkeiten vorbei, die der aus Griechenland stammende Eutychus bisher nur aus Erzählungen kennt.

Ladenschild eines Gemüsehändlers (Relief aus Ostia)

Domina Dāvum et Eutychum vocat. Nam servī cibāria[1] apportāre dēbent. Dāvus et Eutychus statim pārent et properant. In viīs[2] theātrum, templa, statuās vident.
Eutychus stupet et monumenta diū spectat.
Tum Dāvum rogat: „Ubī est Circus Maximus[3]?“ Dāvus autem Eutychum monet: „Properā[4]! Domina enim nōs[5] iam exspectat!“
Tandem servī forum boārium, forum holitōrium, forum pistōrium, forum piscātōrium[6] vident. Ibi tabernās spectant, tabernāriōs[7] audiunt: „Frūmentum! Vīnum! Pōma[8]!“ Servī tabernam intrant et frūmentum, vīnum, pōma emunt[9].
Dominus autem et domina servōs iam diū exspectant. Lūcius Calpurniam rogat: „Ubī Dāvus et Eutychus sunt? Cūr cibāria[1] nōn apportant?“

[1] **cibāria (Akk.) Pl. neutr.** Lebensmittel
[2] **in viīs** unterwegs
[3] **Circus Maximus** Name der größten Pferderennbahn in Rom
[4] **Properā! (Befehlsform)** Beeil dich!
[5] **nōs (Akk. Pl.)** uns
[6] s. S. 20, Z. 1/2, 4–6
[7] **tabernārius** der Ladenbesitzer
[8] **pōma (Pl. neutr.)** Obst
[9] **emunt** sie kaufen

Übungen

S • T • K • M
Textaussagen reflektieren

1 Lies das Lesestück sorgfältig durch und ordne die Aussagen sinnvoll zu:

1. Domina	a) fora vident.
2. Servī	b) servōs exspectant.
3. Eutychus	c) pārent et properant.
4. Dāvus et Eutychus	d) servōs vocat.
5. Dominus et domina	e) monumenta spectat.

2 Bilde den Akkusativ von folgenden Wörtern.
z. B.: amīca (Nom.) → amīcam (Akk.)

theātrum, dominī, tabernae, monumenta, fīlia, servus

Wie lautet der Nominativ von folgenden Akkusativen?
z. B.: servōs (Akk.) → servī (Nom.)

forum, statuās, templa, dominam, amīcōs, hortum

S • T • K • M
Grundelemente lateinischer Formen kennen

3 Welche Endung passt?

statu-? vīn-? tacē-? Nōni-? veni-? Quīnt-? roga-? amīc-?

-nt -um -ās -re -t -ōs -us -a

4 Ordne die folgenden Substantive nach ihrem Genus (masculinum, femininum, neutrum) und nach ihrer Deklination (a-Deklination, o-Deklination):

domina, theātra, statua, monumenta, fīlia, taberna, vīna, serva, fora, porta, fīlium, vīnum, hortum, monumentum, amīcum, frūmentum, servum

S • T • K • M
Wörter zuordnen

5 Beschreibe die Lage der Lebensmittelmärkte (fora) in Rom. Betrachte dazu die Karte auf Seite 20. Erläutere, warum diese fora gerade an dieser Stelle im Stadtgebiet Roms liegen. Erkennst du ähnliche Marktbezeichnungen wie in Rom auch als Straßennamen in deiner Stadt oder in der näheren Umgebung wieder?

S • T • K • M
Römische Alltagswelt kennen und vergleichen

6 Viele lateinische Bezeichnungen für Lebensmittel sind als Lehnwörter in unsere Sprache eingegangen. Ordne den folgenden lateinischen Wörtern die deutschen Entsprechungen zu:

menta – cucurbita – piper – oleum – laurus – cerasum – vīnum – fēniculum – fīcus – rādix – cumīnum – persicum

Fenchel – Feige – Kirsche – Kürbis – Kümmel – Lorbeer – Minze – Öl – Pfeffer – Pfirsich – Rettich – Wein

S • T • K • M
Das Weiterleben des Lateinischen erkennen

Lektion 4

Mahlzeiten und Essgewohnheiten

Die Römer nahmen in der Regel dreimal am Tag eine Mahlzeit ein. Beim morgendlichen Frühstück (ientāculum) und beim prandium zur Mittagszeit aß man eher wenig. In der Früh begnügte man sich mit Brot und Früchten. Man trank dazu Wasser oder stark mit Wasser verdünnten Wein. Am Mittag ernährte man sich wiederum von Brot und Wasser oder verdünntem Wein. Das eher karge Mittagessen wurde allenfalls durch Gemüse, Fisch oder kaltes Fleisch ergänzt. Brot (pānis), Wasser (aqua) und Wein (vīnum) waren in der Antike Grundnahrungsmittel.

Hauptmahlzeit war die cēna. Sie begann am Nachmittag und konnte bis in den Abend dauern. Ärmere Römer nahmen ein warmes Bohnen-, Linsen- oder Getreidegericht sowie Käse, Eier oder gewöhnliches Obst zu sich. Fleisch war zu teuer. Bei Reichen bestand die cēna aus mehreren Gängen mit einer abwechslungsreichen Speisenfolge. Kaufleute und Händler brachten ausgesuchte Spezialitäten aus weit entfernten Provinzen nach Italien und in die Hauptstadt Rom. Beliebt waren als Aperitif ein mit Honig gesüßter Wein und als Vorspeise Fisch, Salat oder Eier. Zum Hauptgang wurden Vögel, Wild, Lamm- und Schweinefleisch, auch Schinken oder Würste gereicht. Als Nachspeise gab es Früchte. Syrische Pflaumen und Granatapfelkerne waren Delikatessen. Die Gerichte wurden nacheinander serviert, nachdem man es sich im Speisezimmer (triclīnium) auf einem breiten Sofa (lectus) bequem gemacht hatte. Für Frauen hielt man oft Sessel bereit.

Wenn man Gäste (convīvae) einlud, wurde aus der cēna ein Gastmahl (convīvium). Für alle, die es sich leisten konnten, war das der gesellige Höhepunkt eines Tages. Das Zusammensein und die Gespräche mit anderen galten nämlich als mindestens so wichtig wie das Essen selbst.

Triclinium in Kaiseraugst

G Das Präsens der a-, e- und i-Konjugation/ Dativ Singular und Plural der a- und o-Deklination

Dominus Dāvum rogat: „Cūr nōn labōrās? Labōrāre dēbēs." Dāvus: „Properō et pāreō."
Domina servās monet: „Cūr labōrāre cessātis? Quid vidētis, quid audītis?" Servae: „Amīcōs vidēmus et amīcās audīmus. Nunc labōrāmus."
Quīntus et Nōnia Dāvum vident. Dāvus Quīntō et Nōniae explicat: „Servī dominīs semper pārēre dēbent. Etiam servae dominīs pārent."

Erste Übungen

S • T • K • M
Konjugationen und Deklinationen beherrschen

1 Konjugiere folgende Verben im Indikativ Präsens:

a) dormīre b) salūtāre c) rīdēre

2 Bilde den Dativ Singular und Plural von folgenden Substantiven:

a) hortus b) familia c) forum d) templum
e) amīcus f) serva g) taberna h) fīlius

3 Unterscheide nach Verben und Substantiven.
Trage die folgenden Wörter in einer Tabelle – nach Wortarten geordnet – ein und bestimme sie dann genau; die Verben nach Person und Numerus, die Substantive nach Kasus, Numerus und Genus:

a) dominō, explicō, dormiō, cēnō, amīcō, pāreō, vīnō
b) labōrās, dominās, cessās, familiās, statuās, rogās, exspectās
c) audīs, hortīs, venīs, templīs, statuīs, venītis, fīliīs, dormītis

W

Convīvae veniunt. *Ātrium* intrant et vocant: *„Salvēte!"* *Lectōs* et *cibōs* vident. Dominum dominam*que* laudant. Nam *libenter* cēnant. Dominus domina*que valdē* gaudent et *respondent*: *„Salvēte!* Servae *cēnam parant.*" Tum dominus *imperat*; statim servī *aquam* apportant.

L Vorbereitungen zum Gastmahl

Lucius Nonius und seine Familie laden zum Abendessen gerne Gäste ein. Das gesellige Zusammensein am Ende eines Tages ist für sie wie für alle Römer sehr wichtig. Deshalb legen sie auf die Vorbereitungen großen Wert.
Lucius Nonius steht im triclīnium, dem Speisezimmer seines Hauses, und beaufsichtigt die Arbeiten seiner Sklaven:

Lūcius Nōnius servīs imperat. Servī dominō pārent: „Properāmus. Lectōs parāmus et vīnum apportāmus. Vidēs: Nōn cessāmus." Lūcius servōs laudat: „Videō: Nōn cessātis. Lectōs parātis et vīnum apportātis."
In culīnā[1] Cynthia serva labōrat. Serva dominae cibōs et aquam apportat. Quīntus et Nōnia stupent et servam rogant: „Cūr cibōs apportās?" Cynthia rīdet et fīliō fīliaeque explicat: „Cēnam parō. Nam hodiē convīvās exspectāmus. Vidētis ..." Subitō Calpurnia vocat: „Quid cessās? Cūr cēnam nōn parās?" Serva dominae statim respondet: „Properō! Cēnam parō."
Iam convīvae appropinquant. Ātrium intrant et salūtant: „Salvēte! Valdē gaudēmus. Libenter venīmus. Convīvia enim amāmus."
Mox familia et amīcī cēnant. Eutychus servus convīvīs fābulās recitat. Nam nōn sōlum vīnum amant. Etiam fābulae amīcīs placent.

[1] **in culīnā** in der Küche

Szene einer cēna (Grabstein, ca. 2. Jh. n. Chr., Römisch-Germanisches Museum, Köln)

Übungen

S • T • K • M
Textaussagen reflektieren

1 Durcheinander beim Gastmahl? Lies das Lesestück aufmerksam durch und ordne die Aussagen in der richtigen Reihenfolge zu. Übersetze dann:

1. Servī	a) cēnam parat.
2. Cynthia serva	b) ātrium intrant.
3. Serva	c) lectōs parant et vīnum apportant.
4. Convīvae	d) convīvīs fābulam recitat.
5. Familia et amīcī	e) cibōs et aquam apportat.
6. Eutychus	f) cēnant.

2 Ordne alle Prädikate des Lesestücks in einer Tabelle nach Person und Numerus.

3 Übersetze die folgenden Verb- und Substantivformen ins Deutsche. Verändere im Deutschen den Numerus und übersetze dann ins Lateinische.

S • T • K • M
Wortformen bestimmen und Paradigmata nutzen

Beispiel: fīliō: dem Sohn → den Söhnen → fīliīs
labōrātis: ihr arbeitet → du arbeitest → labōrās

a) audīs, placētis, recitās, convīvās, laudās
b) tacētis, portīs, apportātis, portās, properās, intrās, familiās
c) amīcīs, ātriīs, cibīs, aquīs, amātis, lectīs, fābulīs
d) theātrō, spectō, veniō, vīnō, vocō, hortō, cessō, ambulō, forō, gaudeō
e) cibus, parāmus, recitāmus, venīmus, dominus, dēbēmus, audīmus

4 Füge die passenden Verbformen in die jeweilige Lücke ein:

a) respondēmus, ? ? ?, respondent
b) ? ? ?, pārēs, pāret
c) dormīmus, dormītis, ? ? ?
d) laudō, ? ? ?, laudat
e) parāmus, parātis, ? ? ?
f) ? ? ?, venīs, venit

5 Setze die passenden Endungen der Substantivformen ein und übersetze:

a) Cūr amīc ? libenter pārēmus? b) Cūr amīc ? nōn exspectātis? c) Cūr aqu ? et cib ? nōn apportās? d) Cūr fābul ? domin ? domin ? que nōn placet? e) Cūr serv ? convīv ? fābul ? nōn recitat? f) Cūr tabern ? nōn appropinquās? g) Cūr serv ? domin ? vīn ? et aqu ? nōn apportant?

6 Bestimme die Satzglieder der folgenden Sätze. Übertrage hierzu die Tabelle unten in dein Heft und ordne die Satzglieder der einzelnen Sätze in die richtige Spalte ein.

S • T • K • M
Satzglieder bestimmen

Subjekt	Dativ-Objekt	Akkusativ-Objekt	Prädikat
convīvae	–	ātrium	intrant

a) Dominus servīs imperat. b) Servī dominō cibōs et aquam apportant.
c) Domina servās vocat. d) Dominae servae pārent.
e) Eutychus convīvīs fābulās recitat.

7 Nenne die Personen und Gegenstände eines Gastmahls, die du auf dem Relief auf S. 26 erkennst.

S • T • K • M
Römische Alltagswelt kennen

Lektion 5

Schriftstücke und Schreibmaterial

In der Antike benutzten Menschen unterschiedliche Arten von Schriftstücken zu unterschiedlichen Zwecken. Sie kannten Schreibtafeln (tabulae) für Notizen aller Art, Briefe (epistulae, litterae) und Bücher (librī). Diese bestanden meist aus längeren Schriftrollen (volūmina). Schriftstücke geringeren Umfangs bezeichnete man in der lateinischen Sprache auch als libellī. Da der Buchdruck noch nicht erfunden war, wurde alles von Hand geschrieben. Die Römer benutzten ein Alphabet, das sie von den Griechen übernommen hatten, allerdings in einer von den Etruskern veränderten Form. Erster Buchstabe (littera) war das A, ursprünglich das griechische Alpha.

Für Notizen aller Art verwendete man Holztafeln. Diese waren mit geschwärztem Wachs überzogen. In die Wachsschicht wurden die Buchstaben mit einem Griffel (stilus) eingeritzt. Dieser bestand aus Holz oder Metall und hatte eine feine Spitze. Mit dem breiten Ende des Griffels konnte man das Wachs glatt streichen und das Geschriebene wieder entfernen. Tafel und Griffel waren deshalb für den Schulunterricht besonders gut geeignet. Sie waren aber auch für den schnellen Briefverkehr innerhalb einer Stadt von Nutzen. Häufig band man mehrere Tafeln mit Lederschnüren zu einem cōdex zusammen, ähnlich wie die Seiten in einem modernen Buch.

Terentius Neo und seine Frau (Wandmalerei aus Pompeji)

Für bedeutendere Briefe und Schriftstücke benutzte man Papyrus, den man aus den Stängeln und dem Mark der gleichnamigen, im Nildelta wachsenden Pflanze herstellte. Als Schreibgerät diente in diesem Fall ein dünnes Rohr, mit dem man eine Tinte aus Ruß, Leim, Harz und Wasser auftrug. Eine größere Anzahl von Papyrusschriftrollen bewahrte man zusammen in speziellen Behältern (capsae) auf. Briefe aus Papyrus wurden in der Regel gefaltet oder gerollt und mit einem Wachssiegel versehen.

Im Allgemeinen nannten die Römer einen Brief entweder litterae („Buchstaben", „Geschriebenes"), oder sie benutzten das aus dem Griechischen kommende Wort epistula.

G

Imperativ Singular und Plural/Vokativ Singular und Plural

Dominus vocat: „Audīte, vidēte! Convīvae iam veniunt. Servae, aquam apportāte!" Servae properant et respondent: „Cūr vocās, domine? Vidē: Aquam iam apportāmus. Venī et spectā!" Iam dominus dominaque convīvās salūtant: „Salvēte, amīcī!" Convīvae rīdent et respondent: „Salvē, Lucī! Salvē, Calpurnia!"

Erste Übungen

S • T • K • M
Grundelemente lateinischer Formen kennen

1 Bilde von folgenden Verben den Imperativ Singular und Plural:

a) respondēre b) properāre c) dormīre d) parāre e) tacēre f) reperīre

2 Bilde den Vokativ von folgenden Eigennamen:

Eutychus, Dāvus, Nōnia, Calpurnia, Aurēlia, Mārcus, Quīntus, Cynthia, Lūcius.

3 Setze die passenden Endungen der Imperative oder die Ausgänge der Vokative ein und übersetze:

a) Venīte, amīc ? !
b) Cēnam parāte, serv ? !
c) Vīnum apport ? , servī!
d) Fābulam recit ? , Eutyche!
e) Aud ? , fīlī!
f) Aud ? , fīliī!
g) Rog ? dominam, serva!
h) Statuam spect ? , domine!

W

Lūcius *narrat*: „*Cūrae* Mārcum amīcum *vexant*." Tum familiae *epistulam* recitat: „Mārcus Lūcium salūtat. Cūrae *mē sollicitant*. *Iterum atque iterum* mē sollicitant. *Sed* amīcī mē adiuvant."

Schreibmaterial (Tintenfass, Stilus, Schriftrolle, Wachstafeln) und Geld, Pompeji, 1. Jh. n. Chr.

L Ubi litterae sunt?

Hektik in der Früh: Lucius Nonius sucht verzweifelt nach einem Brief, den er verlegt hat. Er sorgt im ganzen Haus für Unruhe.

Māne Calpurnia servās diū exspectat. Tandem servae appārent et dominae appropinquant: „Salvē, domina!“ Calpurnia respondet: „Properāte, servae! Quid tam diū cessātis? Nārrāte!“
Servae dominae nārrant: „Dominus litterās nōn reperit. In tablīnō[1] est et iterum atque iterum clāmat: ‚Ubī sunt litterae? Amīcus hodiē epistulam exspectat.‘ Dāvō servō imperat: ‚Adiuvā dominum, Dāve!‘ Clāmat: ‚Reperīte epistulās, servae!‘ Ecce! Ibi dominus appropinquat. Salvē, domine!“
Lūcius Nōnius salūtat: „Salvē, Calpurnia! Salvēte, servae! Audīte! Cūrae mē sollicitant et vexant. Nam amīcus hodiē litterās exspectat. Sed epistulam nōn reperiō. Calpurnia, adiuvā mē!“
Calpurnia verba audit et rīdet: „Per deōs immortālēs![2] Saepe tabulās vel libellōs vel litterās nōn reperīs! Ecce, Eutychus! Venī, Eutyche! Adiuvā dominum et reperī epistulam!“

[1] **in tablīnō** im Arbeitszimmer

[2] **Per deōs immortālēs!** Bei den unsterblichen Göttern!

Übungen

S • T • K • M
Satzarten unterscheiden

1 Ordne alle Sätze des Textes nach Satzarten. Wo finden sich Aussage-, Aufforderungs- und Fragesätze?

2 Überprüfe die Wortstellung der Prädikate im Text. Vergleiche hierzu die Prädikate im Indikativ mit den Prädikaten im Imperativ.

3 Einiges geschieht nicht so, wie es sein soll. Übersetze und bilde dann aus dem Aussagesatz einen Aufforderungssatz.

Beispiel: Fīlia nōn dormit. Dormī, fīlia!

a) Fīlius nōn venit.
b) Serva dominae nōn respondet.
c) Eutychus fābulam nōn explicat.
d) Convīvae ātrium nōn intrant.
e) Amīcī vīnum nōn vident.
f) Servae convīvās nōn audiunt.

S • T • K • M
Wortformen bestimmen und Paradigmata nutzen

4 Forme um in den Singular und übersetze dann:

a) Audīte, amīcī! b) Vidēte, fīliī! c) Apportāte epistulās, servae!
d) Spectāte monumenta, convīvae! e) Venīte, dominī!
f) Dormīte, fīliae! g) Intrāte, dominae!

5 Ordne die folgenden Formen nach Verben, Substantiven und Adverbien und übersetze sie dann:

a) serve, salvē, tacēte, domine, gaudēte, monē, ecce, amīce, māne
b) dominī, dormī, libellī, filiī, ubī, fīlī, venī, reperī, hortī
c) spectā, serva, templa, vocā, vīna, convīva, convīvia, cessā, amā

6 Wer macht was? Übersetze:

S • T • K • M
Sätze entschlüsseln und übersetzen

a) Domina monumenta videt.
b) Servae dominae pārent.
c) Templa fīlia spectat.
d) Servae fīliae fābulam recitant.
e) Fīliae servae respondent.
f) Convīvae fīliae vīnum apportant.
g) Convīvae tabernae appropinquant.

7 Bestimme die Satzglieder der folgenden Sätze. Übertrage hierzu die Tabelle unten in dein Heft und ordne die Satzglieder der einzelnen Sätze in die richtige Spalte ein:

S • T • K • M
Satzglieder bestimmen

a) Familia forō appropinquat. b) Eutychus familiae forum explicat.
c) Monumenta dominō et dominae placent. d) Fīliō et fīliae statuae placent.

Subjekt	Dativ-Objekt	Akkusativ-Objekt	Prädikat
Familia	forō	–	appropinquat.

8 Entschlüssele dieses Graffito und gib seinen Inhalt wieder. Die folgenden Wörter in alphabetischer Reihenfolge (mit deutscher Übersetzung) können dir dabei helfen:

S • T • K • M
Texte gliedern und erfassen

S • T • K • M
Römische Alltagswelt kennen

ASELLE („Eselchen“, Vokativ); EGŌ („ich“);
LABŌRĀVI („ich habe gearbeitet“);
PRŌDERIT („es wird nützen“);
QUŌMODO („wie“); TIBI („dir“).

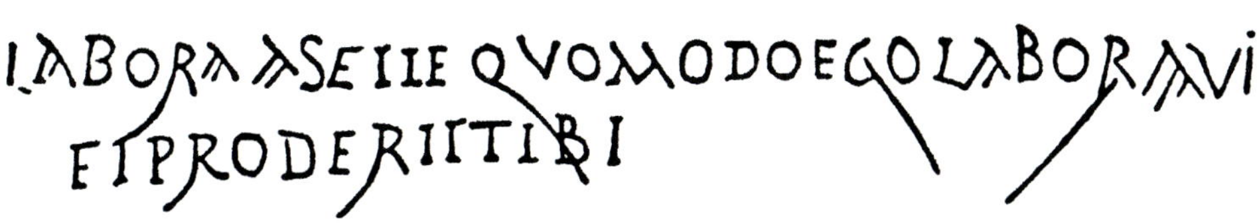

Graffito aus dem „Paedagogicum“ auf dem Palatin in Rom

Plateaulektion 1 – 5

Grundwissen: Aus dem Alltag einer römischen familia

familia
bezeichnet anders als heute alle Familienmitglieder, dazu auch die Sklaven, die Freigelassenen und die Gefolgsleute des Hausherrn.

domus
ist das Stadthaus eines reichen Römers. Es hat eine Empfangshalle (ātrium), die ein geöffnetes Dach besitzt. Um das ātrium gruppieren sich das Arbeitszimmer (tablīnum), das Schlafzimmer (cubiculum) und das Speisezimmer (triclīnium).

convīvium
Im triclīnium findet das Gastmahl (convīvium) statt. Die Hauptmahlzeit (cēna) beginnt meist am späten Nachmittag. Zum Essen liegt man auf einem Speisesofa (lectus).

litterae
Im tablīnum bewahrt der Hausherr auch seine Dokumente auf. Für kurze Notizen verwendet man eine Wachstafel (tabula et stilus), für längere Schreiben eine kleine Buchrolle (libellus). Einen Brief bezeichnet man als litterae oder epistula.

forum
Mit Lebensmitteln versorgen konnte man sich auf einem Markt (forum). In Rom gab es neben dem forum Rōmānum noch viele weitere Märkte, auf denen Waren aus aller Welt gehandelt wurden. Sie wurden in zahlreichen Läden (tabernae) angeboten.

Eine Einladung zum Gastmahl

L

Nach langem Suchen ist es endlich gelungen, den Brief des Lucius Nonius zu finden. Bevor Lucius den Brief den Sklaven gibt, damit sie ihn seinem Freund Marcus überbringen, liest er ihn noch einmal durch:

„Salvē, Mārce!
Iam diū litterās ā mē[1] exspectās. Certē[2] rogās: ‚Quid Lūcius Nōnius cessat? Cūr amīcō nōn respondet? Cūr servus nōn venit et litterās apportat?‘
Etiam Calpurnia mē iterum atque iterum monet: ‚Parā convīvium et invīta[3] Mārcum amīcum! Convīvium enim Mārcō valdē placet.‘
Etiam nōbīs[4] placet cēnāre, nārrāre, rīdēre. Gaudēmus valdē, sī[5] hodiē nōbīscum[6] cēnās. Properā, Mārce, et venī! Servī iam labōrant, servae cibōs parant et dominae pārent.“
Tum Lūcius Nōnius Eutychō et Dāvō servīs epistulam mandat[7] et imperat: „Properāte, servī, et epistulam Mārcō amīcō mandāte! Convīvam iam exspectāmus.“

[1] **ā mē** von mir
[2] **certē (Adv.)** sicherlich
[3] **invītāre** einladen
[4] **nōbīs (Dat.)** uns
[5] **sī** wenn
[6] **nōbīscum** mit uns (zusammen)
[7] **mandāre** (etwas) übergeben

Mosaik eines römischen Gastmahls mit dem „Asaroton-Motiv“, aus einer Villa im östlichen Mittelmeerraum, ca. 450 n. Chr. (Château de Boudry, Musée de la Vigne et du Vin)

- Das Mosaik zeigt ein großes Gastmahl mit neun Gästen; Speisereste wurden offensichtlich einfach auf den Boden geworfen. Informiert euch über die Tischsitten bei den Römern und stellt die Ergebnisse in eurer Klasse vor.

S • T • K • **M**
Verschiedene Quellen nutzen und Arbeitsergebnisse präsentieren

- Von dem Römer Apicius ist das älteste erhaltene Kochbuch (dē rē coquināriā – Über die Kochkunst) überliefert. Sucht in einer Bibliothek oder im Internet Rezepte aus diesem Kochbuch und kocht danach gemeinsam für ein „römisches Gastmahl“ in eurer Klasse.

S • T • **K** • M
Römische Alltagswelt kennen und vergleichen

Methodenkompetenz (1): Sätze erschließen

1. Eine gute Methode, die lateinischen Sätze zu übersetzen, ist das Abfragen der einzelnen Satzglieder. Es ist hilfreich, wenn du dir daher das folgende Schema einprägst.

Servus convīvīs cibōs apportat.

a) **Was wird ausgesagt?** (Frage nach dem Prädikat) → apporta-t. **-t** ist 3. Person Singular Präsens: er, sie, es bringt herbei

b) **Wer oder Was?** (Frage nach dem Subjekt) → serv-us. **-us** ist Nominativ Singular masculinum: der Sklave

c) **Wen oder Was?** (Frage nach dem Akkusativobjekt) → cib-ōs. **-ōs** ist Akkusativ Plural masculinum: die Speisen

d) **Wem?** (Frage nach dem Dativobjekt) → convīv-īs. **-īs** ist Dativ Plural masculinum: den Gästen

3. Bei längeren Sätzen kannst du dir zunächst die einzelnen Antworten auf einem Zettel notieren. Wenn du alle Satzglieder abgefragt hast, kannst du den Satz anschließend im Deutschen in eine sinnvolle Reihenfolge bringen.

4. In den nächsten Lektionen kannst du dieses Abfrageschema mit den neu gelernten Kasus und den entsprechenden Fragen erweitern.

Methodenkompetenz (2): Vokabellernen in Sachfeldern

1. Wenn Wörter verschiedener Wortarten einem gemeinsamen Sachbereich angehören, spricht man von einem „Sachfeld“. Es ist hilfreich, wenn du die bereits gelernten Vokabeln zusätzlich nach Sachfeldern zusammenstellst.

2. Zum Sachfeld „Gastmahl/Essen“ hast du z. B. schon die folgenden lateinischen Wörter gelernt: aqua, cēna, cēnam parāre, cēnāre, cibus, convīva, convīvium, frūmentum, lectus, vīnum.

3. Stelle selbst aus den Vokabeln der Lektionen 1–5 Sachfelder zusammen zu den Themen „Familie“, „Lesen und Schreiben“, „Kommen und Gehen“, „Reden und Sprechen“.

Übungen

1 Verbum oder Substantiv? Ordne die folgenden Wörter in einer Tabelle nach den Wortarten. Gib bei den Verben an, zu welcher Konjugation sie gehören, und übersetze die Formen. Bestimme die Substantive nach Kasus, Numerus und Genus und nenne ihre Bedeutung:

S • T • K • M
Wortformen bestimmen und Paradigmata nutzen

a) adiuvā – aqua – clāmā – convīva – convīvia – explicā – fābula – fora – intrā – statuā – vīna – vocā
b) amīcī – audī – dominī – dormī – servī – venī
c) appārē – amīce – domine – dormīre – salvē – serve
d) amō – ātriō – cēnō – cibō – labōrō – libellō – veniō – vīnō
e) ambulās – convīvās – cūrās – exspectās – laudās – litterās – parās – portās

2 a) Gut zuhören! Übersetze und ersetze dann durch die entsprechenden Formen von audīre:

nārrās – nārrāmus – nārrō – nārrāt – nārrātis – nārrant

b) Bitte Ruhe! Übersetze und ersetze dann durch die entsprechenden Formen von tacēre:

dormiunt – dormīmus – dormiō – dormit – dormītis – dormīs

3 Formenstaffel. Bilde die angegebenen Kasus:

a) dominus → Plural → Akkusativ → Singular → Vokativ → Plural → Dativ → Singular → Nominativ
b) Bilde dieselbe Reihe jeweils mit domina und templum.

4 Frage die folgenden Sätze nach dem Abfrageschema (S. 34) ab und übersetze sie dann:

S • T • K • M
Sätze durch Konstruieren entschlüsseln

a) Dominus et domina convīvās exspectant.
b) Convīvae familiae appropinquant.
c) Convīvae atrium intrant et salūtant.
d) Servae convīvīs cibōs apportant.
e) Cibī dominō, dominae, convīvīs placent.

5 Verwandle die Aussagesätze in Aufforderungssätze.

S • T • K • M
Satzarten unterscheiden

Beispiel: Quīntus nōn tacet. → Tacē, Quīnte!
a) Servī nōn properant.
b) Servae dominae nōn pārent.
c) Dominus servōs nōn laudat.
d) Dāvus Nōniae fābulam nōn recitat.

Lektion 6 – 10

Im Zentrum von Rom

Im Zentrum von Rom wirst du bedeutende und große Bauwerke kennenlernen, deren Pracht im ganzen römischen Reich berühmt war. Sie dienten entweder dem Freizeitvergnügen der Römer oder wurden bei offiziellen politischen oder religiösen Anlässen aufgesucht.

Im Circus Maximus fanden aufregende Wagenrennen statt. Bis zu 150 000 Zuschauer fieberten mit, wenn die Wagenlenker ihrer Lieblingsmannschaften an den Start gingen.

Die zahlreichen Thermen sind ein Zeichen des Wohlstands in Rom. Wann immer die Römer Zeit hatten, suchten sie diese öffentlichen Badeanlagen auf.

- Was erwartet uns heute in einem Zirkus?
- In welchen deutschen Wörtern findet sich die Silbe „Therm-"? Was bedeutet sie jeweils?

Blick auf das Kapitol und das Forum

Das Forum ist der Mittelpunkt Roms und des römischen Reiches. Hier findest du Tempel, Basiliken, eine Rednerbühne, Statuen und viele Triumphbögen.
Über dem Forum thront Jupiter in seinem Tempel auf dem Kapitol. Er schützt die Stadt und die Herrschaft der Römer.

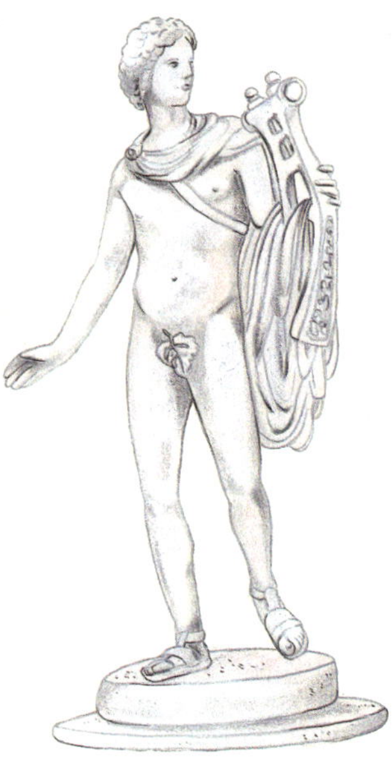

Apollo

Iuppiter

Mars

Venus

- Wo verwenden wir heute noch den Begriff „Forum“?
- Welche römischen Götter kennst du schon? Wofür sind sie jeweils zuständig?

Lektion 6

Der Circus Maximus

Die Römer liebten öffentliche Spiele (lūdī). Dazu gehörten die Gladiatorenkämpfe und die Pferderennen. Allein in Rom gab es vier große Rennbahnen (arēnae), von denen der Circus Maximus die älteste, größte und wichtigste war. Schon im 4. Jahrhundert vor Christus erhielt er das Aussehen, das er im Wesentlichen bis zum Ende der Kaiserzeit behalten sollte.

Er hatte die Form eines langgezogenen Ovals; an den Längsseiten und in einer Kurve saßen die Zuschauer. Die andere Schmalseite wurde von den Ställen für die Pferde (equī) beherrscht. Rechts und links davon befand sich ein Turm. Die eigentliche Rennbahn wurde in der Mitte durch einen schmalen Streifen, die sogenannte spīna, geteilt. Die spīna war mit Statuen und Obelisken geschmückt, dort befanden sich auch sieben Delfine aus Bronze, die dazu dienten, die Runden zu zählen.

Der Circus Maximus war mehr als 600 Meter lang und etwa 150 Meter breit. Im ersten Jahrhundert nach Christus konnten bis zu 150 000 Menschen den Circus Maximus besuchen. Die Sitzreihen waren teilweise aus Stein, teilweise auch aus Holz.

Wie heute in der Formel 1 gab es auch in der Antike verschiedene Mannschaften, die an den Rennen teilnahmen. Die Rennställe wurden nach ihren Farben „die Roten", „die Weißen", „die Grünen" und „die Blauen" benannt. Die Wagenlenker wurden – wie heute auch die Rennfahrer – sehr verehrt und konnten durch ihre Erfolge viel Geld verdienen. Allerdings war ihr Beruf auch sehr gefährlich: Nicht selten kamen Wagenlenker durch Unfälle während der Rennen zu Tode.

Bevor die Rennen starteten, zog der Festzug (pompa), der am Kapitol begann, in den Circus ein. Dabei wurden unter anderem die Götterbilder (simulācra) in die Rennbahn (arēna) hineingetragen und auf der spīna abgestellt. Nach dem Opfer für die Götter konnten dann die Wagenrennen beginnen. Normalerweise mussten

Wagenrennen im Circus Maximus: Zwei Gespanne umrunden gerade die spīna

die Wagenlenker mit den Pferden die spīna siebenmal umrunden, was angesichts der Enge an den Schmalseiten immer wieder zu lebensgefährlichen Zusammenstößen und Stürzen führte. Im ersten Jahrhundert v. Chr. fanden an jedem Wettkampftag etwa zehn bis zwölf Wagenrennen statt, in der Kaiserzeit erhöhte sich diese Zahl auf etwa 20 Rennen je Wettkampftag, manchmal auch mehr.

Das Substantiv als Prädikatsnomen/ Der Genitiv der a- und o- Deklination

G

Lūcius Nōnius rogat: „Ubī est servus? Ubī sunt litterae?" Dāvus appropinquat et salūtat. Etiam dominus salūtat. Lūcius Nōnius dominus est. Dāvus et Eutychus servī sunt.
Dominus epistulam nōn reperit. Etiam servī epistulam dominī nōn reperiunt. Itaque dominus etiam servās dominae vocat. Sed etiam servae dominae epistulam nōn reperiunt. Servī dominī et servae dominae vocant: „Ubī est epistula dominī?" Lūcius verba servōrum et servārum audit et vocat: „Properāte! Epistulam reperīte!"

Erste Übungen

S • T • K • M
Grundelemente lateinischer Formen kennen

1 Bilde den Genitiv Singular und Plural zu:

servus – fīlia – libellus – epistula – templum

2 Welche Form könnte ein Genitiv sein? Schreibe die Formen heraus:

dominī – dominīs – fīliō – fīliī – fīliae – fīliam – fīliārum – servum – servōrum – servī – servōs – servārum – servam – servae

3 Ergänze die fehlenden Ausgänge:

a) Eutychus servus Nōni ? est. Eutychus epistulam domin ? nōn reperit. Eutychus autem libellum Iūli ? reperit.
b) Mārcus et Lūcius amīcī Quīnt ? sunt. Quīntus verba amīc ? audit.
c) Servī servaeque verbīs dominōrum et domin ? pārēre dēbent.

W

Rōmānī lūdōs amant. Itaque saepe *Circum Maximum vīsitant* et *spectācula* spectant. Servī *simulācra* apportant. Nam *deī* Rōmānōs et lūdōs *servant*. Ecce! *Equī* intrant. *Turba* gaudet et *spectāculum* exspectat.

L

Im Circus Maximus

Quintus ist aufgeregt: Heute darf er wieder einmal mit seinem Vater in den Circus Maximus gehen. Er freut sich darauf, die aufregenden Wagenrennen zu sehen. Fast genauso spannend wie die Rennen sind aber auch die Vorbereitungen darauf.

Māne Lūcius Nōnius Quīntum fīlium vocat: „Venī, Quīnte! Properā! Circum Maximum vīsitāmus. Nam hodiē Rōmānī lūdōs circēnsēs[1] celebrant.“ Statim Quīntus appāret et respondet: „Amō circum, amō cōpiam equōrum, amō cōpiam aurīgārum[2].“

Paulō post Lūcius et Quīntus circō appropinquant. Turba Rōmānōrum circum intrat. Subitō Quīntus Mārcum videt et salūtat. Mārcus est amīcus Quīntī.

Nunc spectāculum incipit[3]: Servī simulācra deōrum et deārum apportant. Lūcius fīliō explicat: „Hīc vidēs simulācrum Iovis[4]. Iuppiter – ut scīs – est pater[5] deōrum. Ibi vidēs simulācrum Minervae. Minerva est dea sapientiae.“ Quīntus quoque deōs Rōmānōrum nōn īgnōrat: „Vidē! Ibi servus simulācrum Mercuriī deī apportat. Mercurius est nūntius deōrum.“ Lūcius Nōnius: „Deī Rōmānōs et lūdōs Rōmānōrum servant!“

Tum aurīgae[2] et equī intrant. Quīntus equōs videt et gaudet.

[1] **lūdōs circēnsēs** **(Akk. Pl.)** die Zirkusspiele

[2] **aurīgae** die Wagenlenker

[3] **incipit** er (sie, es) beginnt, fängt an

[4] **Iovis** Genitiv Singular zu Iuppiter

[5] **pater** der Vater

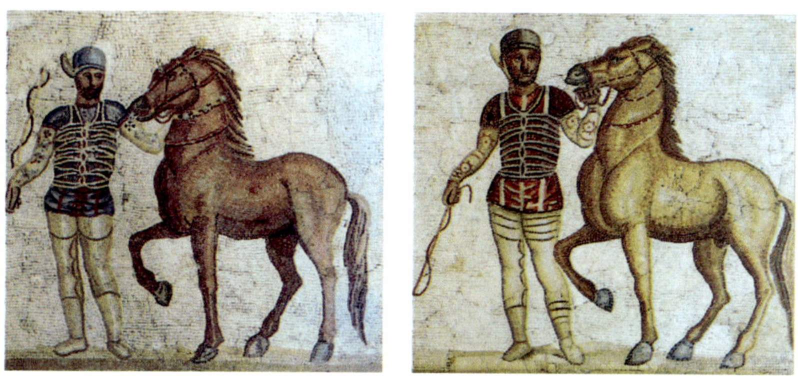

Mosaik mit Wagenlenkern in den verschiedenen Farben ihrer Rennställe (Rom, Museo Nazionale Romano alle Terme)

Übungen

S • T • K • M
Textaussagen reflektieren

1 Beantworte folgende Fragen zum Lektionstext lateinisch:

a) Quid Rōmānī celebrant?
b) Quid Quīntus amat?
c) Cūr Quīntus Mārcum salūtat?
d) Quid servī apportant?
e) Quid Lūcius fīliō explicat?
f) Quid deī servant?

2 Schreibe aus dem Lektionstext alle Genitive und das Substantiv, von dem sie abhängig sind, heraus. Setze dann die Genitive in den Singular bzw. in den Plural.

S • T • K • M
Wortformen bestimmen und Paradigmata nutzen

3 Bilde jeweils die folgende Formenkette zu:
equus – spectāculum – dea – nūntius

Nominativ Singular → Genitiv → Akkusativ → Plural → Dativ → Genitiv → Nominativ → Singular

4 Wer gehört zu wem? Bilde jeweils das Genitivattribut und übersetze dann die Wendung:

equus (Lūcius) – cōpia (Rōmānī) – templum (deus) – simulācrum (deae) – verba (domina) – nūntius (deī)

5 Bei den Substantiven der a- und der o-Deklination (masculinum) haben Genitiv Singular und Nominativ Plural jeweils dieselben Ausgänge. Beurteile, welche der Verbindungen sinnvoll ist. Kannst du weitere Beispiele finden?

S • T • K • M
Mehrdeutigkeit von Wortformen erkennen

Beispiel: servae dominae – die Sklavinnen der Herrin
aber nicht: die Herrinnen der Sklavin

portae arēnae – dominae epistulae – amīcī equī – tabulae fīliae – dominī libellī

6 Ein Begriff hat sich jeweils „verirrt". Schreibe den „Irrläufer" heraus und begründe deine Auswahl nach inhaltlichen Gesichtspunkten.

S • T • K • M
Sachfelder erkennen

a) templum	simulācrum	dea	spectāculum	deus
b) equus	lūdus	spectāculum	dominus	circus
c) salūtāre	vocāre	apportāre	clamāre	explicāre
d) venīre	cessāre	intrāre	ambulāre	appropinquāre

7 Benenne mithilfe der Informationen aus dem Einführungstext die einzelnen Elemente des Circus Maximus.

S • T • K • M
Römische Alltagswelt kennen

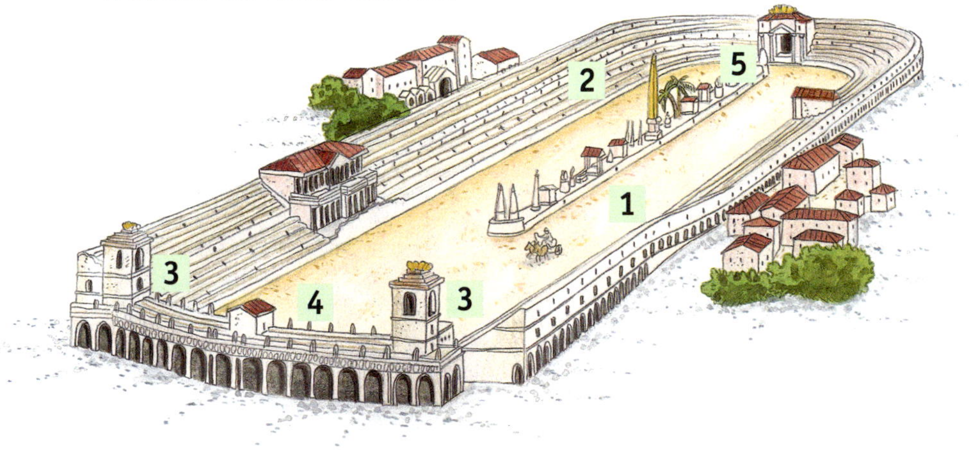

Lektion 7

Die Thermen

Von den Griechen übernahmen die Römer den Brauch, Bäder anzulegen. Zunächst entstanden sie in Privathäusern, ab dem 2. Jahrhundert v. Chr. wurden in Rom die ersten öffentlichen Badeanstalten bzw. Thermen gebaut (thermae: warme Bäder). Zur Zeit des Augustus wuchs ihre Zahl auf 170. In der Kaiserzeit entstanden große und prächtige Thermen, z. B. die Caracalla- und Diokletiansthermen, die die größten Thermenanlagen in Rom waren. Die Caracallatherme, die im 3. Jahrhundert n. Chr. gebaut wurde, hatte ein Ausmaß von 337 x 328 m; das sind ungefähr 109 000 m^2.

Der Besuch einer Therme begann in der Regel damit, dass man im Umkleideraum (apodytērium) seine Kleidung ablegte. Eigene Sklaven oder Aufseher übernahmen die Bewachung der Gegenstände. In welcher Reihenfolge man die einzelnen Baderäume benutzte, war grundsätzlich nicht festgelegt; in der Regel badeten die Römer von heiß nach kalt. Dazu dienten verschiedene Räume: der Heißluftsaal (lacōnicum), der Warmbaderaum (caldārium), das mäßig erwärmte Bad zwischen dem Warm- und Kaltbadebereich (tepidārium) und das Kaltbad (frīgidārium). Die Becken und Fußböden, manchmal auch die Decken und Wände, waren häufig aufwendig mit Mosaiken oder Marmor ausgestattet.

Das Wasser in den Becken und die Räume wurden durch das Hypokaustensystem geheizt: Sklaven entfachten in einem tiefer gelegenen Heizraum ein Feuer. Die stark erhitzte Luft gelangte in den unter dem Fußboden liegenden Hohlraum (hypocaustum) und in die röhrenförmigen Hohlziegel, sodass auch die Wände erwärmt wurden.

1 Eingangshalle
2 Umkleideraum
3 Kaltwasserbad
4 Warmraum
5 Heißraum
6 Ofenfeuer
7 Warteraum für die Diener

Die Stabianer Bäder von Pompeji. Blick von Osten in den Bereich der Männerbäder (Rekonstruktion)

Neben den eigentlichen Baderäumen gab es auch Sporthallen und Bibliotheken sowie eine Vielzahl anderer Räume, in denen z. B. Schwitzbäder, Massagen und Ähnliches angeboten wurden. So waren die Thermen in Rom und in den Provinzstädten, wie z. B. in Trier, Teil der Freizeitgestaltung der Bürger und dienten der körperlichen und geistigen Entspannung sowie einem geselligen Beisammensein. Zu einer Thermenanlage gehörte auch eine Art Sportplatz (palaestra), der von Säulengängen umgeben war.

Die meisten Bäder waren ganzjährig geöffnet. Der Eintrittspreis für Männer betrug in der Regel 1/2 As, für Frauen einen As. Manchmal übernahmen wohlhabende Bürger die Kosten für die Unterhaltung eines Bades.

Das Präsens von esse/Das Adjektiv der a- und o-Deklination als Attribut und Prädikatsnomen/Der Infinitiv als Subjekt

G

Lūcius Nōnius dominam rogat: „Ubī est Quīntus?“ Tum clāmat: „Ubī es, Quīnte?“ Quīntus respondet: „Hīc sum.“ Domina rogat: „Ubī sunt servae?“ Quīntus clāmat: „Servae, ubī estis?“ Servae respondent: „Hīc sumus. Cūr clāmās, Quīnte?“ Dominus fīlium rogat: „Ubī sunt servī bonī? Servōs bonōs nōn videō.“ Dāvus servus est. Dāvus fīdus est. Lūcius Nōnius saepe servum fīdum laudat: „Dāve, fīdus es.“ Dāvus respondet: „Semper fīdus sum. Etiam Eutychus fīdus est. Semper fīdī sumus.“ Domina: „Etiam servae bonae sunt.“ Domina servās laudat: „Bonae estis. Saepe cibōs variōs parātis.“ Dominae placet servās bonās laudāre.

Erste Übungen

S • T • K • M
Konjugationen und Deklinationen beherrschen

1 Übersetze und konjugiere lateinisch:

a) bonus sum b) fīda sum

2 Übersetze und bilde von serva bona die entsprechenden Formen:

Nominativ Singular → Akkusativ → Dativ → Plural → Akkusativ → Nominativ → Genitiv → Singular → Nominativ

Bilde dieselbe Formenkette von servus fīdus. Suche weitere Beispiele.

3 Setze in die Lücken jeweils ein passendes Adjektiv ein und übersetze dann die Sätze:

fīdam – cēterae – iūcundum – fessa – multa – Rōmānum

a) Nōnia forum **?** vīsitat.
b) Subitō Cornēliam amīcam **?** videt.
c) Nōnia: „Ecce, hīc sunt **?** templa.“
d) Cornēlia respondet: „ **?** sum. Ubī sunt **?** amīcae?“
e) Nōnia: „Amīcae labōrant. **?** est forum vīsitāre.“

W

Hodiē dominus nōn labōrat. *Itaque* Lūcius Nōnius et Quīntus *thermās* vīsitant. Quīntus gaudet: „Ibi amīcōs *conveniō*.“ Nōnius: „Ibi *ōtiō mē dō*.“
Turba Rōmānōrum *thermās* intrat. Lūcius Nōnius: „Dāvus servus *togās* et *tunicās observāre* debet. Itaque servō *togās* et *tunicās mandō*.“

L In den Thermen

Lucius Nonius hatte einen anstrengenden Arbeitstag. Am Nachmittag will er mit Quintus in die Thermen gehen, um sich dort ein wenig zu erholen. Quintus dagegen hofft, dort seine Freunde zu treffen. Der Sklave Davus wird sie begleiten und im Umkleideraum (apodytērium) auf die Kleidung aufpassen.

Lūcius Nōnius Quīntum vocat: „Fessus sum. Itaque mihi[1] placet thermās vīsitāre et ibi ōtiō iūcundō mē dare. Ubī es, Quīnte? Properā! Thermās vīsitāmus!“ Quīntus gaudet: „Thermās praeclārās libenter vīsitō. Iūcundum est thermās vīsitāre et ibi amīcōs convenīre.“
Paulō post Lūcius et Quīntus et Dāvus servus māgnīs thermīs appropinquant. Apodytērium[2] intrant. Lūcius et Quīntus togās et tunicās servō fīdō mandant. Pater fīliō explicat: „Togās et tunicās observāre necessārium est. Nam hodiē multī Rōmānī adsunt, multī apodytērium intrant.“ Quīntus respondet: „Dāvus togās observat. Nam servus bonus et fīdus est.“
Lūcius et fīlius caldārium[3] intrant. Hīc Mārcum, amīcum Quīntī, vident. Quīntus salūtat: „Salvē, Mārce! Ubī sunt cēterī amīcī?“ Mārcus rīdet: „Iam diū tē exspectāmus, Quīnte! In palaestrā[4] sumus. Ibi lūdīs variīs nōs[5] dāmus.“ Tum Quīntus et Mārcus properant et palaestram intrant.

[1] **mihi (Dat.)** mir
[2] **apodytērium, ī n.** der Umkleideraum
[3] **caldārium, ī n.** der Warmbaderaum
[4] **in palaestrā** auf dem Sportplatz
[5] **nōs (Akk.)** uns

Mosaik mit Badesandalen aus den Thermen von Thamugadi, Algerien. Beim Eintritt lautet die Inschrift: BENE LAVA („Angenehmes Bad!“), beim Verlassen liest man: SALVUM LAVISSE („Wünsche, ein gesundes Bad gehabt zu haben!“).

Übungen

S • T • K • M
Satzglieder bestimmen

1 Schreibe aus dem Lesestück alle Formen von esse und das jeweilige Adjektiv als Prädikatsnomen heraus. Übersetze die Sätze und nenne das jeweilige Subjekt.

S • T • K • M
Grundelemente lateinischer Formen kennen

2 Lege in deinem Heft eine Tabelle mit zwei Spalten an, die erste für die Substantive, die zweite für die Adjektive. Trage die Adjektive aus dem Lesestück in die zweite Spalte ein und anschließend in die erste Spalte die Substantive, auf die sich die jeweiligen Adjektive beziehen (Bezugswörter).

3 Bestimme die folgenden Wortpaare und setze sie dann in den Plural oder in den Singular. Berücksichtige dabei die KNG-Kongruenz:

servārum fessārum – lūdōs variōs – servī fīdī – servīs bonīs – templa praeclāra – serva bona – amīcās fīdās – dominum bonum – cibō iūcundō

4 Ordne die Adjektive inhaltlich den passenden Substantiven zu und bilde dabei die richtige Form (KNG-Kongruenz):

multī – fīdūs – iūcundus – bonus – fessus – praeclārus

servam	?	templa	?
ōtium	?	amicārum	?
convīvās	?	servīs	?

5 Adjektiv ohne Bezugswort. Übersetze die Sätze:

S • T • K • M
Sätze entschlüsseln und übersetzen

a) Bonī labōrant. b) Necessāria parant. c) Cēterī forum vīsitant.
d) Multa vident. e) Multī templa spectant.

6 Bestimme in den folgenden Sätzen die Satzglieder. Übertrage hierzu die Tabelle in dein Heft und ordne die Satzglieder der einzelnen Sätze in die richtige Spalte ein. Achte auf den unterschiedlichen Gebrauch der Adjektive. Übersetze die Sätze.

S • T • K • M
Satzglieder bestimmen

Subjekt	Akkusativ-Objekt	Attribut	Prädikat
Domina	servam	bonam	laudat
Servī	–	–	bonī sunt

a) Dominus multōs convīvās salūtat. b) Servae cēnam iūcundam parant.
c) Cibōs apportāre necessārium est. d) Domina servās bonās laudat.
e) Aqua bona est.

7 Thermen gab es nicht nur in Rom. Informiere dich, in welchen deutschen Städten heute noch Überreste römischer Thermenanlagen zu finden sind.

S • T • K • M
Fortleben der römischen Kultur kennen

Schematische Darstellung einer Hypokaustenheizung

Lektion 8

Das Forum Romanum

Die Römer verwendeten für einen Marktplatz den Begriff forum. In Rom gab es mehrere fora mit einem reichhaltigen Angebot an Waren. Das älteste forum der Stadt Rom (Rōma) hieß Forum Rōmānum. Auch wenn sich dort Marktstände, Imbissbuden und Geschäfte befanden (diese wurden alle als tabernae bezeichnet), war es doch viel mehr als ein Verkaufsplatz.

Im Zentrum der Stadt gelegen, galt das Forum Rōmānum als der Mittelpunkt (medium) des römischen Reiches (imperium Rōmānum) – ja, die Römer sahen in ihm sogar den „Nabel der Welt", wie sie es ausdrückten. An diesem Platz liefen die wichtigsten Straßen (viae) der Innenstadt zusammen, und dort befanden sich auch die Gebäude, in denen sich die Beamten oder die Senatoren versammelten. Weiterhin erledigten dort römische Bürger viele Geschäfte, die mit Geld (pecūnia) zu tun hatten. Vor allem aber war das Forum Rōmānum ein beliebter Treffpunkt.

Geprägt wurde der Platz von mächtigen Tempeln mit prachtvollen Statuen von Göttern, später auch von Kaisern, sowie weiteren Gebäuden (aedificia). Besonders groß waren die Basiliken, wie die Römer ihre Markt- und Gerichtshallen nannten. Im Innern der berühmten Basilica Aemilia konnte man zum Beispiel zahlreiche Ladengeschäfte aufsuchen oder einfach nur die schöne Ausstattung bewundern: Die Innenwände waren mit Bildern aus der römischen Geschichte und Sagenwelt geschmückt.

Auf dem forum fanden auch wichtige Gerichtsverhandlungen statt. Wenn dabei ein Anwalt (patrōnus) in Aktion trat, der als guter Redner berühmt war, dann nutzten viele Römer die Gelegenheit, seinen Worten (verba) zuzuhören. Denn die Redekunst (ēloquentia) genoss hohes Ansehen, und eine gut vorgetragene Rede galt tatsächlich als kleines Kunstwerk.

Die Überreste des Forum Romanum heute

Unterhaltung boten auch die am Forum Rōmānum gelegenen Theater, und sogar Gladiatorenspiele konnten dort veranstaltet werden. Zu diesem Zweck errichtete man dann Zuschauertribünen, die nach der Darbietung wieder abgebaut wurden. Auch in den Abendstunden, wenn die Menschen ihre Arbeit beendet hatten, sorgten Schausteller, Akrobaten oder auch Wahrsager auf dem Forum für ein buntes Treiben.

Der Ablativ der a- und o- Deklination

G

Servus dominō epistulam recitat. Sed servus dominum nūntiō sollicitat. Dominus nūntium māgnā cūrā audit. Nūntius dominō nōn placet. Dominus nūntiō nōn gaudet.
Paulō post servī cibīs variīs cēnam bonam parant, nam amīcī dominum vīsitant. Convīvium dominum cūrīs līberat[1]. Convīvia dominō semper placent. Dominus convīviīs semper gaudet.

[1] **līberāre** befreien

Erste Übungen

1 Bilde den Ablativ Singular und Plural zu:

hortus – aqua – spectāculum – servus fīdus – cēna bona – forum praeclārum

S • T • K • M
Grundelemente lateinischer Formen kennen

2 Die folgenden Substantiv-Adjektiv-Verbindungen stehen alle im Ablativ. Setze sie in den Nominativ Singular bzw. Plural und übersetze sie dann:

equō praeclārō – multīs cūrīs – frūmentō necessāriō – convīvā fessō – libellō iūcundō – cēterīs simulācrīs

3 Übersetze die folgenden Wendungen und erkläre, wie der Ablativ im Deutschen jeweils wiedergegeben wird:

amīcum cibō adiuvāre – spectāculō stupēre – fābulam māgnā sapientiā explicāre – dominum epistulā sollicitāre – vīnō bonō gaudēre

S • T • K • M
Kasusfunktionen erklären und wiedergeben

Alle Wege führen nach Rom

W

Quō properās? – *Rōmae* appropinquō. Rōmānī multa templa praeclāra *aedificant.* Itaque *Rōma* multīs placet.

Hīc vidēs *aedificium antīquum. Aedificium* māgnum et *altum* est. Ibi vidēs forum Rōmānum, *medium Rōmae* et *medium imperiī* Rōmānī.

Auf dem Forum Romanum

Lucius Nonius ist mit seiner Ehefrau und den Kindern aufs Land zu seinen Eltern gefahren. Die Dienste der beiden Sklaven Davus und Eutychus werden nicht benötigt. Mit Erlaubnis seines Herrn macht Davus, der bereits seit vielen Jahren in Rom lebt, gemeinsam mit Eutychus, der erst vor kurzem aus Griechenland in die Hauptstadt gekommen ist, einen Spaziergang durch die Stadt.

Dāvus et Eutychus per[1] viās Rōmae ambulant. Eutychus rogat: „Quō properāmus, Dāve?“ Dāvus respondet: „Forum Rōmānum adhūc īgnōrās. Illūc[2] properāmus. Nam ibi multa aedificia praeclāra sunt.“

Paulō post servī forum intrant. Eutychus māgna aedificia, templa antīqua, statuās altās spectat et stupet. Dāvus amīcō explicat: „Forum est medium imperiī Rōmānī. Itaque Rōmānī forum multīs aedificiīs ōrnant: Deīs templa et statuās aedificant. Nam deī imperium Rōmānum servant; deī Rōmānōs cūrīs līberant.

Rōmānī etiam māgnās basilicās[3] aedificant. Ecce, basilica Aemilia! Ibi patrōnus multīs verbīs fūrem[4] accūsat. Māgnā ēloquentiā iniūriam dēmōnstrat. Multī Rōmānī māgnō gaudiō verba patrōnī audiunt.“ Etiam Eutychus ēloquentiā patrōnī gaudet.

Eutychō placet basilicam intrāre. Ibi tabernās variās spectat: „Cibōs et vīnum amō, Dāve, sēd pecūniā careō.“ Dāvus autem rīdet: „Pecūniā nōn carēmus, amīce. Tē cūrīs līberō. Vīnum apportā, caupō[5]!“ Caupō rīdet et statim vīnum apportat. Mox servī vīnō fessī sunt.

[1] **per (mit Akk.)** durch
[2] **illūc** dorthin
[3] **basilica, ae f.** die Basilika (vgl. den Infotext)
[4] **fūrem (Akk. Sg.)** einen Dieb
[5] **caupō (Vok.)** Wirt!

Computerrekonstruktion der Basilica Aemilia

Übungen

1 Auf dem Forum Romanum ...

Quid servī ibi vident? – Antworte auf Lateinisch!

S • T • K • M
Textaussagen reflektieren

2 Schreibe aus dem Lektionstext alle Ablative heraus. Setze sie dann – wenn möglich – in den Singular bzw. in den Plural.

S • T • K • M
Wortformen bestimmen und Paradigma nutzen

3 Bestimme jeweils die erste Form und bilde dann die Formenketten:

a) aedificiī → Ablativ → Plural → Akkusativ → entsprechende Form von servus → Singular → Ablativ → entsprechende Form von cēna → Nominativ → Genitiv → entsprechende Form von gaudium
b) pecūniam → entsprechende Form von patrōnus → Dativ → Plural → entsprechende Form von cūra → Ablativ → Akkusativ
c) Ergänze beide Formenketten um zwei weitere Pfeile mit Aufträgen.

4 Was fehlt hier? Ergänze die Lücke in den Sätzen 1–5 durch den jeweils passenden Ausdruck im Ablativ:

a) cibō bonō b) māgnā ēloquentiā c) māgnīs aedificiīs
d) multīs verbīs e) cūrīs

1. Rōmānī forum ? ōrnant. 2. Familia ? gaudet. 3. Dāvus Eutychō monumenta praeclāra ? explicat. 4. Patrōnus servum ? accūsat. 5. Nūntius dominum ? līberat.

5 Mittel? – Art und Weise? – Grund? – Trennung?

S • T • K • M
Kasusfunktionen erkennen

a) forum aedificiīs ōrnāre
b) cūrīs līberāre
c) cibīs bonīs gaudēre
d) cēnam māgnā cūrā parāre
e) pecūniā carēre
f) convīviō fessus
g) monumenta māgnō gaudiō spectāre
h) amīcum pecūniā adiuvāre

Lege eine Tabelle nach dem unten stehenden Muster an und vervollständige sie: Trage die Wendungen a)–h) mit Übersetzungen in die linke Spalte ein. Unterstreiche dabei die Wörter, die im Ablativ stehen. Stelle fest, wie man nach dem jeweiligen Ablativ fragt und trage diese Frage in die passende Spalte ein.

Wendung mit Ablativ	**des Mittels**	**der Art und Weise**	**des Grundes**	**der Trennung**
	Frage:			
ōtiō carēre: frei sein von Muße; keine Muße haben	–	–	–	Wovon?

S • T • K • M
Sachfelder erkennen

6 Wenn verschiedene Wörter einem gemeinsamen Sachbereich angehören, spricht man von einem „Sachfeld“ (vgl. S. 34). Übersetze die einzelnen Begriffe in den drei Feldern und finde dann für das jeweilige Sachfeld eine passende Bezeichnung.

statua
monumentum
basilica
taberna
theātrum

fīlia
amīcus
patrōnus
domina
convīva
servus

ēloquentia
epistula
nārrāre
recitāre
accūsāre
vocāre
respondēre
libellus
litterae

Welche weiteren Vokabeln, die in die Wortkreise passen, fallen dir ein? Welche weiteren Sachfelder könnte man zusammenstellen?

S • T • K • M
Römische Alltagswelt kennen

7 Auf dem Forum Romanum gibt es (fast) alles. Gib an, welche der folgenden Personen und Gegenstände man auf dem Forum Romanum antreffen kann. Übersetze alle Begriffe.
templa deōrum – theātra māgna – hortus Lūciī Nōniī – spectācula – togae – monumenta praeclāra – multī cibī – statuae altae – vīlla dominī – simulācra deārum – lectus Calpurniae – variae tabernae – turba Rōmānōrum

S • T • K • M
Fremdwörter erkennen und erklären

8 **Wörter im Wandel**
Vieles, was sich im alten Rom befand, wurde mit lateinischen Wörtern bezeichnet, die es (teilweise leicht abgewandelt) auch heute noch im Deutschen gibt. Gib an, welche der folgenden Begriffe in unserer Sprache dasselbe wie im Lateinischen bedeuten und bei welchen sich die Bedeutung verändert hat:

Basilika – Monument – Forum – Taverne – Imperium – Medium – Zirkus

Die römischen Götter und ihre Verehrung

Die Römer verehrten viele Götter, die zum großen Teil auch mit den Göttern der Griechen gleichgesetzt wurden. Jeder Gott war für bestimmte Bereiche zuständig: Iuppiter war als oberster Gott auch der Herr der Erde und des Himmels. Iūno war die Beschützerin der Ehe und die Ehefrau des Iuppiter. Vesta bewachte das Herdfeuer. Minerva war die Göttin der Wissenschaft, der Kunst und auch des Handwerks. Mārs war der Kriegsgott, Apollō der Gott der Heilkunst und der schönen Künste, der Sänger und der Dichter. Venus war die Göttin der Liebe und der Schönheit.

Wie in Griechenland wurden auch in Rom die Götter in Abbildungen verehrt, die sie in Menschengestalt zeigten. Die Römer brachten ihren Göttern außerhalb des Tempels (templum) auf einem Altar (āra) Brandopfer dar. Da Tieropfer, z. B. von Schweinen, Schafen oder Rindern, sehr aufwendig und teuer waren, gab es im privaten Bereich auch viele unblutige Opfer. Dabei wurden den Göttern z. B. Feldfrüchte, Kuchen oder Wein auf dem Altar dargeboten.

Anders als die Griechen sahen die Römer ihre Religion (religiō) als eine Art Vertrag mit den Göttern, an den sich beide Seiten halten mussten: Man opferte, wenn sich die Gottheit bereits als hilfreich erwiesen hatte, oder im Voraus, um Schutz und Hilfe zu erhalten. Diese typisch römische Eigenheit steckt in dem lateinischen Satz „dō, ut dēs“: „Ich gebe, damit du gibst“.

Einer der berühmtesten Tempel der Römer stand auf dem Kapitol. Er war drei Göttern geweiht, dem Iuppiter Optimus Maximus Capitōlīnus, der Iūno Capitōlīna und der Minerva Capitōlīna. Vor diesem Tempel traten die Konsuln, die obersten Staatsbeamten Roms, mit einem Opfer ihr Amt an, hier endeten die Triumphzüge, die über die Via Sacra zum Kapitol führten.

Das Kapitol mit dem Tempel der Kapitolinischen Trias

G

W

Substantive und Adjektive der a- und o-Deklination auf -er/Präpositionen

Eutychus Quīntum exspectat. Rogat: „Ubī est Quīntus? Cūr *puer* cessat? Ecce, *puerum* videō! Tandem *puer* adest.“
Multī *virī* et *feminae Capitōlium* vīsitant. Etiam Eutychus et Quīntus *Capitōlium* vīsitant. Ibi templa *sacra* et statuās *sacrās* spectant. Statuae *pulchrae puerō* valdē placent.

Eutychus et Dāvus *in* forō sunt. *Per* forum *ad* templum *summī* deī ambulant. Servī *ad Capitōlium* properant. Dāvus *ante* statuam *dē summō* deō nārrat. Eutychus *post* statuam verba Dāvī audit. Servī nunc *ā* statua *ad* templum properant.

Erste Übungen

S • T • K • M
Deklinationen beherrschen

1 Formenstaffel. Bilde die angegebenen Formen:

a) vir → Dativ → Plural → Akkusativ → Singular → Genitiv → Plural → Ablativ → Singular → Nominativ
b) fēmina pulchra → Plural → Akkusativ → Singular → Genitiv → Plural → Dativ → Singular → Ablativ → Nominativ

2 Ergänze die fehlenden Ausgänge und übersetze dann:

a) Hodiē mult ? vir ? et fēmin ? forum vīsitant.
b) Etiam puer ? et puell ? forum intrant.
c) Ibi statu ? pulch ? deōrum spectant.
d) Rōmānī forum mult ? statu ? pulch ? ōrnant.

3 Ordne die Präpositionen richtig zu:

ad
in
per
ante
in
dē

... statuam properās
... amīcīs nārrāre
... forum Rōmānum ambulāmus
... viā sumus
... tabernam amīcus est
... lectō sum

Das Kapitol heute: Blick auf den Senatorenpalast, der etwa an der Stelle des römischen Jupitertempels errichtet wurde.
Im Hintergrund das Forum Romanum.

L Auf dem Kapitol

Davus möchte Eutychus den Tempel des Iuppiter Maximus zeigen. Über das Forum gehen sie direkt auf den kapitolinischen Hügel zu, wo neben dem Tabularium ein Weg hinaufführt.

Hodiē māgna turba Rōmānōrum in forō est: Virī, fēminae, puerī puellaeque aedificia vīsitant. Dāvus et Eutychus per Viam Sacram ad Capitōlium ambulant.

Eutychus: „Ecce, statuae virōrum clārōrum et monumenta pulchra! Ecce, columnae[1] altae māgnī templī!“

Dāvus: „Māgnum aedificium post monumenta est templum Iovis[2]. Ante templum āram vidēs. Hīc Rōmānī summō deō sacrificant. In templō simulācrum sacrum deī est.“

Eutychus: „Nārrā mihi dē templō, Dāve!“

Dāvus: „In templō nōn sōlum cella[3] Iovis[2] est, sed etiam cellae Iūnōnis[4] et Minervae sunt. In cellā sinistrā simulācrum sacrum Iūnōnis est, in cellā dextrā Minervam vidēs, in mediō simulācrum Iovis[2] est.“

Eutychus stupet et rogat: „Cūr Rōmānī in Capitōliō ūnum[5] templum tribus[6] deīs aedificant?“

Dāvus respondet: „Iuppiter et Iūno et Minerva Rōmānōs servant. Rōmānī deīs sacrificant et dōna dant. Deī perīcula ab imperiō Rōmānō prohibent et Rōmānōs cūrīs līberant.“

Eutychus rīdet: „Etiam servōs cūris līberāte, deī Capitōlīnī[7]!“

[1] **columna, ae** die Säule

[2] **Iovis** Genitiv zu **Iuppiter**

[3] **cella, ae** die Kapelle, der heilige Raum

[4] **Iūnōnis** Genitiv zu **Iūno**

[5] **ūnus, ūna, ūnum** ein einziger

[6] **tribus (Dat. Pl.)** drei

[7] **deī Capitōlīnī** Götter vom Kapitol

Die Kapitolinische Trias: Jupiter, Juno (r.), Minerva

Übungen

S • T • K • M
Sachfelder erkennen

1 Sammle aus dem Lektionstext alle lateinischen Wörter, die mit Religion zu tun haben, und ordne sie nach Wortarten. Füge zu jedem Begriff eine kleine Zeichnung oder ein Symbol hinzu.

2 Formenstaffel. Bilde die angegebenen Formen:

S • T • K • M
Deklinationen beherrschen

simulācrum sacrum → Genitiv → Plural → Ablativ → Singular → Akkusativ → Plural → Dativ → Singular → Nominativ

puella pulchra → Plural → Dativ → Singular → Genitiv → Plural → Ablativ → Singular → Vokativ → Plural → Akkusativ → Singular → Nominativ

3 Ordne den Substantiven jeweils ein passendes Adjektiv zu. Bilde dann den Nominativ Singular und übersetze.

1. puerīs 2. aedificium 3. templī 4. virōs 5. simulācrō 6. puellās

a) dextrum b) māgnī c) sacrō d) clārōs e) pulchrās f) bonīs

4 Ergänze die fehlenden Ausgänge und übersetze dann:

a) Hodiē māgna turba vir ? et fēmin ? , puer ? et puell ? in forō est.
b) Eutychus monument ? pulch ? forī spectat.
c) Etiam statuae vir ? clār ? servō placent.
d) Tum per Vi ? Sac ? ad Capitōlium properat.
e) Ibi simulācr ? sac ? summī deī spectat.

5 Akkusativ oder Ablativ? Ergänze die richtigen Ausgänge, die nach den Präpositionen folgen müssen:

S • T • K • M
Präpositionen beherrschen

a) Servī per for ? ambulant.
b) Dāvus Eutychō de templ ? summī deī nārrat.
c) „In Capitōli ? templum summī deī vidēmus.
d) In cell ? sinist ? simulācrum Iūnōnis vidēs, in cell ? dext ? simulācrum Minervae.
e) Deī perīcula ā Rōmān ? prohibent.
f) Itaque Rōmānī in ār ? ante templ ? deīs sacrificant."

6 Quintus hat sich einen Spaß gemacht und die Silben mehrerer Wörter durcheinandergebracht. Ordne die Silben zu Wörtern, bestimme die Formen und übersetze sie.

S • T • K • M
Wortformen bestimmen

a) ōr vir um b) īs in fēm c) bō la rās
d) mum sum e) cher pul f) nis si tram
g) mus cri sa cā fi h) na dō

7 Informiere dich im Internet oder in einem Lexikon und berichte, welche antiken Bauwerke man heute noch in Rom auf dem Kapitol besichtigen kann. Gibt es heute noch andere Orte, die sich nach dem römischen Kapitol benennen und ebenfalls große politische Bedeutung haben?

S • T • K • M
Fortleben der römischen Kultur kennen

Lektion 10

Schule und Unterricht

Im antiken Rom wurden die Kinder (līberī) zu Hause von ihren Eltern oder von einem gebildeten, meist griechischen Sklaven unterrichtet. Seit dem 3. Jahrhundert v. Chr. wurde der Unterricht auch in der Öffentlichkeit abgehalten: in Ladenlokalen auf den fora, in einer Säulenhalle oder sogar an Straßen und Kreuzungen. Der Grund für die schlechten Lernbedingungen war, dass die Eltern, die den Lehrer bezahlen mussten, nur wenig Geld für ihn ausgeben wollten.

Die schulische Ausbildung war nach griechischem Vorbild dreigeteilt: Sie begann für Jungen und Mädchen mit sieben Jahren in der Elementarschule (lūdus), dann folgte mit zwölf Jahren der Unterricht beim Grammatiker (grammaticus), was unserer höheren Schulausbildung entspricht. Etwa ab dem 17. Lebensjahr kam für diejenigen, die sich auf die Tätigkeit eines Anwalts oder Politikers vorbereiten wollten, die Ausbildung in Rhetorik, Philosophie und Rechtswesen hinzu. Dort wurde auch geübt, vor großem Publikum eine freie Rede zu halten.

Der Unterricht beim Lehrer der Elementarschule (magister lūdī) begann früh am Morgen und dauerte bis zum späten Nachmittag, nur von einer kurzen Mittagspause unterbrochen. Anschließend gingen die Kinder oft in die Thermen. Sie wurden von einem Sklaven in die Schule gebracht und wieder abgeholt. Dieser paedagōgus – so hieß derjenige, der das Kind begleitete – sorgte dafür, dass ein Schüler regelmäßig zum Unterricht ging.

Die Schüler (discipulī) lernten lesen, schreiben und rechnen. Da sie oft wegen der Kosten keine Bücher hatten, mussten sie den Stoff Wort für Wort (ad litteram) auswendig lernen. Sie lernten nicht nur Latein, sondern auch Griechisch. Auch nachdem die Römer Griechenland unterworfen und es zur Provinz gemacht hatten, haben sie stets die griechische Kultur und Bildung bewundert.

Wortwahl und Ausdruck, Sprache und Stil, die Grammatik insgesamt haben die Schüler anhand der intensiven Lektüre klassischer Texte erlernt. Dazu gehörten besonders die Werke der Dichter (poētae) wie Vergil, Terenz, Ovid und Horaz. Aber auch den griechischen Dichter Homer las man in der Schule.

Auch in der Antike hatten die Kinder Schulferien. Ob sie von Ende Juli bis Mitte Oktober dauerten oder erheblich kürzer waren, ist umstritten. Die Kinder hatten auf jeden Fall schulfrei an einigen religiösen Festen, z. B. an den Saturnalien im Dezember.

Schulszene auf einem Sandsteinrelief aus Neumagen (bei Trier, Mosel)

Der Indikativ Imperfekt der a-, e-, i-Konjugation und von esse/ Der Imperativ von esse

G

Diū Dāvus et Eutychus cum Mārcō amīcō per viās Rōmae ambulābant. Dāvus ad Mārcum: „Ante multōs annōs Capitōlium vīsitabāmus. Ibi multa monumenta erant. Tum statuās spectābam; templum summī deī vidēbās."
Mārcus: „Magna turba in forō erat. Multōs virōs vidēbāmus. Multī ā forō ad templum summī deī veniēbant. Tum vir monēbat: Puerī, este bonī! Sacrificāte deīs!"

Erste Übungen

1 Konjugiere folgende Verben im Indikativ Präsens und im Indikativ Imperfekt:

a) ambulāre   b) vidēre   c) venīre   d) esse

S • T • K • M
Konjugationen und Deklinationen beherrschen

2 Ordne die folgenden Verbformen in einer Tabelle nach Indikativ Präsens und Indikativ Imperfekt und übersetze sie dann:

nārrāmus, audiēbātis, ridēbās, salūtās, rīdeō, rogābam, tacēbant, adiuvō, apportātis, sciēbat

Welche Konjugation hat einen Bindevokal beim Tempuszeichen?

3 Fertige eine Tabelle an und unterscheide nach Verbformen und Substantivformen. Bestimme die jeweiligen Formen und begründe deine Entscheidung:

cūrās, celebrās, imperābās, puellās, erās, veniēbās, fēminam, tacēbam, fābulam, videō, amīcō, audiō

W

Rom in Gefahr!

Nūntius clāmat:
Gallī *cum* Rōmānīs *pūgnant* et Rōmānōs *superant*. Rōmam *occupant* et templa *dēlent*. Rōmānī in Capitōlium properant. Gallī māgnā *cum audāciā mūrōs* Capitōliī *superāre* parant. Cūr deī Gallōs ā Capitōliō nōn *arcent* et *adversāriōs* nōn fugant?

L Eine typische Schulstunde?

Quintus und seine Freunde gehen in eine Schule, die in der Nähe des Kapitols liegt. Heute sind die Schüler jedoch nicht aufmerksam und haben kein großes Interesse, griechische und lateinische Dichtung zu lesen. Deshalb bitten sie den Lehrer, er solle ihnen aus der Geschichte Roms erzählen. Ob der strenge Lehrer heute großzügig ist?

Quīntus cum amīcīs lūdum intrat et magistrum salūtat: „Salvē, magister!“ Etiam magister salūtat: „Salvēte, puerī puellaeque!“

Hodiē līberī attentī[1] nōn sunt, verba magistrī nōn audiunt. Itaque magister puerōs puellāsque monet: „Este attentī[1], discipulī!“ Etiam Quīntum monet: „Cūr nōn tacēs? Attentus[1] es, Quīnte!“

Quīntus respondet: „Hodiē mihi nōn placet verba poētārum velut Homērī vel Vergiliī audīre. Magister, nārrā mihi et amīcīs fābulam!“

Tum magister discipulīs fābulam clāram dē Rōmānīs antīquīs nārrat: Ante multa saecula Gallī in Italiam perveniēbant. Rōmānōs ad Ālliam[2] superābant et Rōmae appropinquābant. Māgna erat cūra Rōmānōrum: Nam Gallī etiam Rōmam occupābant et aedificia templaque dēlēbant. Rōmānī cum fēminīs līberīsque in Capitōlium properābant. Ibi Gallōs exspectābant et māgnā cum audāciā ā templō summī deī arcēre volēbant[3]. Fēminae virōs monēbant: „Parātī este! Arcēte Gallōs!“

Noctū[4] autem Gallī mūrōs Capitōliī superāre parābant. Tum ānserēs[5] Rōmānōs excitābant. Statim Rōmānī cum Gallīs pūgnant et adversāriōs fugant.

[1] **attentus, a, um** aufmerksam
[2] **Āllia** die Allia (ein kleiner Fluss in Latium, nördlich von Rom)
[3] **volēbant** sie wollten
[4] **noctū (Adv.)** nachts
[5] **ānserēs (Nom. Pl.)** die Gänse

Übungen

1 Gefahr für Rom! Verschaffe dir einen Überblick über die Ereignisse in den Zeilen 10–19: Schreibe für die beiden Gegner (Gallī – Rōmānī) jeweils die Prädikate mit den dazugehörigen Objekten heraus. Erzähle dann, wie die Auseinandersetzung verlaufen ist.

S • **T** • K • M
Vorläufiges Textverständnis entwickeln

2 Lege in deinem Heft eine Tabelle mit zwei Spalten an und trage aus dem Lesestück die Verbformen im Indikativ Präsens und Imperfekt in die Tabelle ein. Unterstreiche jeweils das Tempuszeichen des Indikativ Imperfekt.

S • T • K • **M**
Wortformen bestimmen und Paradigmata nutzen

3 Schreibe die Imperative aus dem Lesestück heraus und setze sie in den jeweils anderen Numerus.

4 Übersetze die folgenden Verbformen und setze sie dann in den lateinischen Indikativ Imperfekt:

intrat – dēlent – fugō – bona es – venīs – fessī sunt – nārrō – fīdus sum – reperiunt – monētis – necessārium est – veniō – labōrō

5 Suche alle Formen heraus, die im Indikativ Imperfekt stehen. Übersetze sie und nenne dann den Infinitiv Präsens:

ōrnābam – turbam – etiam – eram – parātam – parābam – cēnam – cēnābam – lūdīs – arcēbātis – aderātis – clāmātis – parābātis – fābulās – dēmōnstrābās – nārrās – dābās – deās – debēbās

6 Tempustausch. Vertausche Indikativ Präsens und Indikativ Imperfekt:

nārrant – dēlēbam – arcēbātis – pervenitis – superābam – eram – respondēmus – venīmus – debēbant – sumus – das – erant

7 Bilde aus folgenden Wörtern einen Satz in der Vergangenheit:

a) in – Capitōlium – templum – summus – deus – esse
b) Rōmānī – ante – templum – summus – deus – sacrificāre
c) Iuppiter – Rōmānī – servāre
d) deus – Rōmānī – ā – cūrae – līberāre

S • **T** • K • M
Vorläufiges Textverständnis entwickeln und sprachlich umsetzen

8 Beschreibe die Szene auf dem Neumagener Relief (S. 56). Erläutere, woran du den Lehrer und die Schüler erkennen kannst. Vergleiche die dargestellte Situation mit dem heutigen Schulunterricht.

S • T • **K** • M
Römische Alltagswelt kennen und vergleichen

Plateaulektion 6 – 10

Grundwissen: Wichtige Plätze in Rom

Capitōlium

Einer der sieben Hügel Roms, mit dem Tempel des Iuppiter Optimus Maximus. Neben Jupiter wurden dort auch Juno und Minerva als besondere Schutzgötter der Stadt verehrt.

Circus Maximus

Rennbahn für Wagenrennen, meist mit Viergespannen. Neben den Gladiatorenkämpfen die beliebteste Massenveranstaltung der Römer.

Forum Rōmānum

Mittelpunkt des imperium Rōmānum und der Stadt Rom, zwischen den Hügeln Palatin und Kapitol. Umrahmt von prächtigen Tempeln und großen Basiliken, die genutzt wurden als Geschäftsräume, Versammlungsorte und Gerichtssäle.

lūdus

„Grundschule", meist in einer Säulenhalle am Forum oder an öffentlichen Plätzen. Ein magister lūdī vermittelte dort gegen Geld Grundkenntnisse im Lesen, Schreiben und Rechnen. Wer es sich leisten konnte, erhielt später eine umfassende Ausbildung beim grammaticus.

thermae

Große Badeanlage mit unterschiedlich temperierten Badebecken und einem Schwitzbad. In der palaestra gab es zusätzlich Gelegenheit, Sport zu treiben. Ein beliebter Ort, um sich zu reinigen, zu erholen und Freunde zu treffen.

Ein Spaziergang über das Forum Romanum

L

Dāvus Eutychō forum Rōmānum dēmōnstrat et monumenta explicat: „Forum Rōmānum nōn sōlum medium Rōmae, sed etiam imperiī Rōmānī est. In forō multa aedificia pulchra et multa templa antīqua vidēs, velut templum Sāturnī deī, templum Vestae deae, templum Concordiae deae. Ante Sāturnī templum aerārium[1] est: In aerāriō quaestōrēs[2] pecūniam populī[3] Rōmānī observant. Itaque multī Rōmānī hoc[4] templum ‚aerārium Sāturnī' vocant. Ecce, rōstra[5]! Ad rōstra populus[3] Rōmānus convenit et verba virōrum clārōrum audit. Dē rōstrīs iam Catō Rōmānōs saepe monēbat, dē rōstrīs iam Cicerō verbīs praeclārīs imperium Rōmānum celebrābat. Rōmānī ēloquentiā virōrum clārōrum valdē gaudent.
Mediō in forō templum antīquum est, ubī Vestālēs[6] flammam[7] Vestae deae sacram observant. Virīs Rōmānīs nōn licet[8] templum Vestae intrāre. Āra deae ante templum in ātriō Vestae est.
Ibi Vestālēs[6] deae vinum et frūmentum sacrificant et Vestam rogant: Vesta dea, līberā familiās Rōmānās iniūriīs cūrīsque et prohibē perīcula ab imperiō Rōmānō!“

[1] **aerārium, ī n.** die Schatzkammer
[2] **quaestōrēs (Nom. Pl.)** die Finanzbeamten (die Quästoren)
[3] **populus, ī m.** das Volk
[4] **hoc (Akk. Sg. neutr.)** diesen
[5] **rōstra, ōrum n.** die Rednertribüne
[6] **Vestālēs (Nom. Pl.)** die Priesterinnen der Göttin Vesta (die Vestalinnen)
[7] **flamma, ae f.** die Flamme, das Feuer
[8] **licet** es ist erlaubt

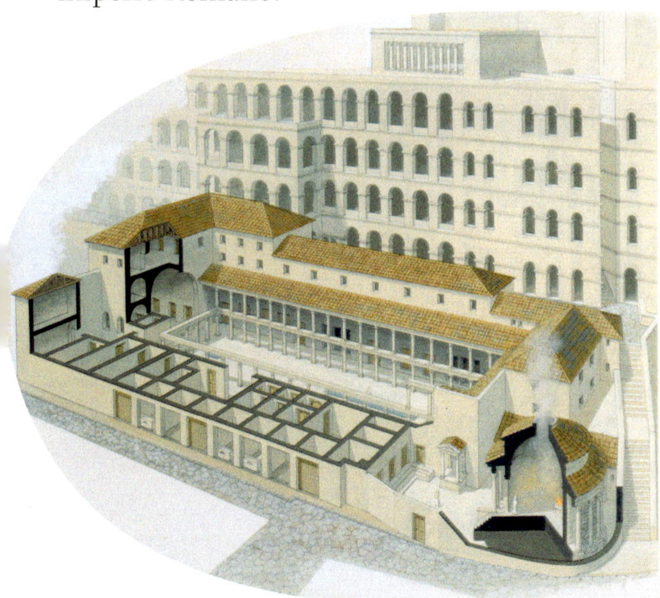

Rekonstruktion des Vestatempels und des atrium Vestae auf dem Forum

Vestalin und der Vestatempel auf einem denarius des Q. Cassius Longinus (54 v. Chr.)

- Der Tempel der Concordia ist einer der ältesten Tempel auf dem Forum in Rom. Informiert euch, in welchem Jahr und aus welchem Anlass dieser Tempel errichtet wurde, und stellt die Ergebnisse in eurer Klasse vor.
- Die Vestalinnen sind die einzige weibliche Priesterschaft in Rom. Informiert euch, welche strengen Regeln für alle Priesterinnen der Vesta galten.

S • T • K • M
Verschiedene Quellen nutzen und Arbeitsergebnisse präsentieren

Methodenkompetenz (3): Sätze erschließen

1. Das Abfragen der Satzglieder ist eine Möglichkeit, einfache lateinische Sätze sicher zu erschließen. Eine andere Möglichkeit ist es, die Satzglieder zu bestimmen und farbig zu markieren. Du kannst dich dabei durchaus am Verlauf des Satzes orientieren.
2. Folgende Tipps sind hilfreich:
   a) Da zwischen Subjekt und Prädikat Kongruenz besteht, solltest du diese beiden Satzglieder immer in derselben Weise markieren.
   b) Da unmittelbar nach jeder Präposition das zugehörige Nomen im erforderlichen Kasus steht, solltest du Präpositionalausdrücke immer zusammenfassen.
   c) Du erkennst Adjektive, die als Attribut verwendet werden, meist daran, dass vor oder nach dem Adjektiv ein Substantiv in KNG-Kongruenz steht.
   d) Du erkennst Adjektive, die als Prädikatsnomen verwendet werden, meist daran, dass das Prädikat mit einer Form des Hilfsverbums *esse* gebildet ist.
3. So kannst du die Sätze markieren:

a)

Quīntus et Nōnia	ad forum	properant	et	monumenta	forī	spectant.
Subjekt	Adverbiale	Prädikat		Akkusativ-objekt	Genitiv-attribut	Prädikat

b)

Iūcundum est	per forum	clārum	ambulāre.
Prädikat	Adverbiale	Attribut	Subjekt

Übe diese Möglichkeit der Satzerschließung an den folgenden Sätzen.

a) Quīntus nārrat: „In forō multa aedificia vidēmus.
b) Aedificia antīqua sunt.
c) Multī Rōmānī forum intrant et māgna monumenta spectant.
d) Templum Iovis[1] in Capitōliō clārum est."

[1] **Iovis** Genitiv Singular zu Iuppiter

Übungen

S • T • K • M
Deklinationen und Konjugationen beherrschen

1 a) Alles -i? Suche alle Formen heraus, die in mehreren Kasus vorkommen:

liberī – discipulī – saeculī – mūrī – virī – Capitōliī – adversāriī – dōnī – aedificiī – puerī – patrōnī – verbī – deī – lūdī – simulācrī – Rōmānī

b) Alles -um? Suche alle Formen heraus, die Genitiv Plural sind:

turbārum – simulācrum – equum – togārum – ōtium – spectāculum – patrōnum – viārum – puerōrum – discipulum – magistrōrum

c) Alles -is? Ordne die folgenden Wörter in einer Tabelle nach Substantiven und Verben:

adversāriīs – audīs – convenīs – convīvīs – convīviīs – dominīs – dormīs – dōnīs – perīculīs – pervenīs – puerīs – reperīs – scīs – statuīs

2 Substantiv sucht Adjektiv! Ordne den Substantiven das jeweils passende Adjektiv (KNG!) zu. Bilde dann den Nominativ Singular und übersetze die Wendung:

1. discipulum	4. dōnīs	7. ōtiī
2. poētās	5. deō	8. ēloquentiam
3. cum fēminā	6. servōrum	9. simulācra

a) sacra	d) summō	g) clārōs
b) māgnam	e) bonum	h) fessōrum
c) iūcundī	f) variīs	i) pulchrā

3 Formenstaffel. Bilde die angegebenen Kasus:

a) puer pulcher → Dativ → Plural → Genitiv → Singular → Vokativ → Plural → Akkusativ → Singular → Ablativ → Plural → Nominativ → Singular
b) Bilde dieselbe Reihe jeweils mit via Sacra und aedificium altum.

4 Wer fragt, gewinnt! Übersetze die folgenden Wendungen und bestimme dann durch Abfragen, was der Ablativ jeweils angibt: das Mittel, den Grund, die Art und Weise oder die Trennung?

S • T • K • M
Kasusfunktionen erkennen

cūrīs līberāre – māgnō gaudiō amīcōs convenīre – verbīs amīcōrum gaudēre – cibō carēre – templum simulācrō ōrnāre – summā cūrā nūntium amīcī audīre – convīvae vīnō fessī sunt – deī perīcula imperiō Rōmānō prohibent

5 Ablativ oder Akkusativ? Ergänze die richtigen Ausgänge nach den Präpositionen:

a) Quīntus cum Mārc ? amīc ? per vi ? Rōmae ambulat.
b) Quīntus amīcō dē verb ? magistrī nārrat.
c) Tum līberī ad therm ? properant.
d) Ante therm ? cēterōs amīcōs conveniunt.
e) In therm ? multī virī fēminaeque sunt.

Lektion 11 – 15

Aus Roms Frühzeit

In der folgenden Sequenz erfährst du Sagenhaftes und Geschichtliches über die Gründung und die weitere Entwicklung Roms.
In der Sage ist die Gründung der Stadt eng verbunden mit den Zwillingen Romulus und Remus. Diese waren als Säuglinge ausgesetzt worden und wären verhungert, wenn sie nicht von einer Wölfin genährt und von einem Hirten aufgezogen worden wären. Die Römer glaubten fest an diese Sage. Noch Jahrhunderte später wurde dieser Mythos auf Münzen dargestellt.

Römischer Denar aus dem Jahr 137 v. Chr. mit dem Kopf der Göttin Roma (links)

- Beschreibe, was du auf der rechten Abbildung der Münze siehst.

Am Anfang wohnten die Menschen in sehr einfachen Lehmhütten. Durch Ausgrabungen hat man festgestellt, dass der Palatin im 10./9. Jahrhundert v. Chr. als erster von den sieben Hügeln Roms besiedelt wurde.

Die Entwicklung Roms in den ersten Jahrhunderten nach der Gründung haben die Etrusker, die das Gebiet nördlich von Rom beherrschten, wesentlich geprägt. Ein Beispiel ist, dass sie das griechische Alphabet übernommen haben. Durch ihre Vermittlung konnte sich das lateinische Alphabet aus dem griechischen entwickeln.

Etruskisches Musteralphabet auf einer kleinen Vase aus dem 7. Jh. v. Chr. (New York, The Metropolitan Museum of Art)

Auf die Zeit der etruskische Könige in Rom gehen auch Zeichen der Herrschaft zurück, die später in der Zeit der Republik und in der Kaiserzeit bei den höchsten Staatsbeamten in Gebrauch waren. Besondere Zeichen der Herrschaft waren die sella curūlis der beiden Konsuln und die Rutenbündel (fascēs) der Liktoren.

Zwei alte Männer im Gespräch. Etruskische Tonplatte, 2. Hälfte des 6. Jh. v. Chr. (Paris, Louvre)

Zug von Togati und Liktoren. Wandmalerei in einem etruskischen Grab in Tarquinia, 1. Hälfte des 3. Jh. v. Chr.

- Suche auf der Karte im Einband das Gebiet, in dem die Etrusker gelebt haben. Wie heißt die Region heute? Nenne die wichtigsten Orte.

Lektion 11

Von den sagenhaften Anfängen Roms

753

„Sieben – Fünf – Drei: Rom schlüpft aus dem Ei“ – Mit diesem Merksatz kannst du dir ein wichtiges Datum der römischen Geschichte leicht merken. Denn angeblich wurde die Stadt Rom 753 v. Chr. gegründet. Doch wie kam es dazu?

Der Sage nach segelte Aeneas, der Sohn der Göttin Venus, nach der Zerstörung Trojas mit seinem Vater Anchises, seinem Sohn Iulus und einigen Gefährten nach Italien, um dort eine neue Heimat zu finden. Nach langen und abenteuerlichen Irrfahrten erreichte Aeneas schließlich die Küste Italiens und ließ sich dort nieder. Nach seinem Tod wurde sein Sohn Iulus rechtmäßiger Thronerbe und gründete die Stadt Alba Longa.

Etwa vierhundert Jahre später war Numitor König von Alba Longa. Sein Bruder Amulius stürzte ihn jedoch vom Thron und machte sich selbst zum König. Um zu verhindern, dass Numitors Tochter Rhea Silvia Söhne bekam, die dann rechtmäßige Thronerben wären, machte Amulius sie zu einer Priesterin der Göttin Vesta. So war sie gezwungen ehelos zu leben. Dennoch gebar Rhea Silvia vom Kriegsgott Mars die Zwillinge Romulus und Remus. Voll Zorn ließ Amulius die beiden Kinder in einem Körbchen auf dem Fluss Tiber aussetzen. Der Korb verfing sich jedoch in einem Feigenbaum. Eine Wölfin fand die Jungen, schleppte sie in eine Höhle und säugte sie. Hier entdeckte sie der Hirte Faustulus. Gemeinsam mit seiner Frau Laurentia zog er die Zwillinge auf. Als diese erwachsen waren und von ihrer wahren Herkunft erfahren hatten, töteten sie Amulius und machten Numitor wieder zum König. Dieser erlaubte ihnen, an dem Ort, an dem sie gerettet worden waren, eine neue Stadt zu gründen.

Doch wer König dieser neuen Stadt (oppidum novum) werden sollte, darüber konnten sich die Brüder nicht einigen. Schließlich beschlossen sie, den Willen der Götter durch eine Vogelschau (augurium) auf den Hügeln Aventin (in Aventīnō) und Palatin (in Palātiō) zu erkunden. Hier wurde Romulus zum König bestimmt. Die neue Stadt nannte er daher nach seinem eigenen Namen Rom. So erzählt es die römische Sage.

Die Kapitolinische Wölfin, Bronzestatue,
vermutlich 11./12. Jh. n. Chr. (Rom, Kapitolinische Museen)

Der Indikativ Präsens und der Indikativ Imperfekt der konsonantischen Konjugation

G

W

Fēmina virōs monet: „Gallī Rōmam *petunt* et Rōmam occupāre *cupiunt*. Cūr cessātis? Cūr cum adversāriīs nōn *contenditis*?
Māgnae cūrae fēminās et līberōs vexant: Gallī ad Ālliam multōs Rōmānōs *capiēbant*, multōs etiam *occīdēbant*. Itaque templum summī deī *petimus*. Ibi in magnīs periculīs semper sacrificābāmus et *auxilium* ā deō *petēbāmus*."

Erste Übungen

S • T • K • M
Konjugationen beherrschen

1 Unterscheide die Verben der e-Konjugation von denen der konsonantischen Konjugation. Übertrage hierzu die Tabelle unten in dein Heft und ordne die Infinitive der entsprechenden Konjugation zu. Markiere anschließend das lange -ē bei Verben der e-Konjugation und bilde die 1. Person Sg.

e-Konjugation	Konsonantische Konjugation	Konsonantische Konjugation auf -io
???	???	???

petere – tacēre – capere – prohibēre – cupere – pārēre – occīdere – dēbēre – contendere

2 Konjugiere im Indikativ Präsens und Imperfekt:

cessāre – gaudēre – venīre – agere – capere

3 Nenne die richtige Konjugation, ergänze dann die fehlenden Vokale und übersetze:

salūt ? s – pet ? nt – cup ? bat – arc ? mus – s ? nt – aud ? tis – cap ? o – rīd ? nt – cap ? bāmus

L Zwei Brüder im Streit

Durch die Wölfin waren die Zwillinge Romulus und Remus auf wunderbare Weise gerettet worden. Viele Jahre später gingen die Brüder daran, ihre eigene Stadt zu gründen. Doch schon bald gerieten sie in Streit, wer von ihnen der neue König werden solle.

Hodiē magister discipulīs fābulam clāram dē Rōmulō et Remō nārrat:
Iam diū Rōmulus et Remus oppidum novum condere cupiēbant, sed iterum atque iterum dē rēgnō contendēbant. Dēnique cōnsilium capiēbant auxilium ā deīs petere et augurium agere[1]. Itaque Remus in Aventīnō, Rōmulus in Palātiō caelum observābat et sīgna deōrum exspectābat.
Subitō Remus sex vulturēs[2] in caelō videt. Statim ad Rōmulum properat et clāmat:
„Ecce, sex vulturēs! Iuppiter mihi sīgnō dēmōnstrat: Ego oppidum novum regere dēbeō!“
Sed Rōmulus respondet: „Cūr clāmās, Reme? Ecce! Duodecim ..., duodecim vulturēs[3] hīc appārent. Deī mihi adsunt! Mihi rēgnum dant! Mihi licet oppidum novum condere!“
Iam Rōmulus parat locum mūrō parvō circumdāre. Remus autem rīdet et Rōmulum verbīs īnfēstīs lacessit: „Mūrus tam parvus praesidium nōn est. Adversāriōs nōn arcet.“ Et statim mūrum trānsilit[4]. Rōmulus autem valdē īrātus est: Arma capit Remumque occīdit.

[1] **augurium agere** den Flug der Vögel beobachten und deuten

[2] **sex vulturēs (Akk. Pl.)** sechs Geier

[3] **duodecim vulturēs (Nom. Pl.)** zwölf Geier

[4] **trānsilīre (mit Akk.)** über etwas springen

Übungen

1 Quis-Quiz: Wer ist Wer?

S • **T** • K • M
Textaussagen reflektieren

Quis a) ... cum fīliō Italiam petit?
b) ... Albam Longam condit?
c) ... fīlius Rhēae Silviae est?
d) ... puerōs servat?
e) ... Rōmam mūrō circumdat?

2 Beschreibe die Gründung Roms aus der Sicht des Romulus oder gestalte den Lektionstext „Zwei Brüder im Streit" zu einem Rollenspiel um. Um dir die Anfänge Roms besser merken zu können, kannst du auch ein Gedicht oder einen Rap darüber verfassen.

S • T • K • **M**
Texte umformen oder szenisch gestalten

3 Benenne von den finiten Verben des Lektionstextes jeweils ihre einzelnen Bestandteile. Übertrage hierzu die Tabelle unten in dein Heft, ordne die Bestandteile zu und übersetze.

S • T • K • M
Grundelemente lateinischer Formen kennen

Verbform	Präsens-stamm	Bindevokal	Tempus-zeichen	Endung	Übersetzung
nārrat	nārra	–	–	t	er/sie/es erzählt

4 Übersetze die Formen und vertausche dann Singular und Plural:

S • T • K • M
Konjugationen beherrschen

a) petimus b) lacessit c) agēbant d) reperit
e) sacrificās f) respondēbātis g) arceō h) cupimus
i) condit j) regō

5 Ergänze die fehlenden Formen im Präsens bzw. Imperfekt und nenne jeweils den Infinitiv mit Bedeutung:

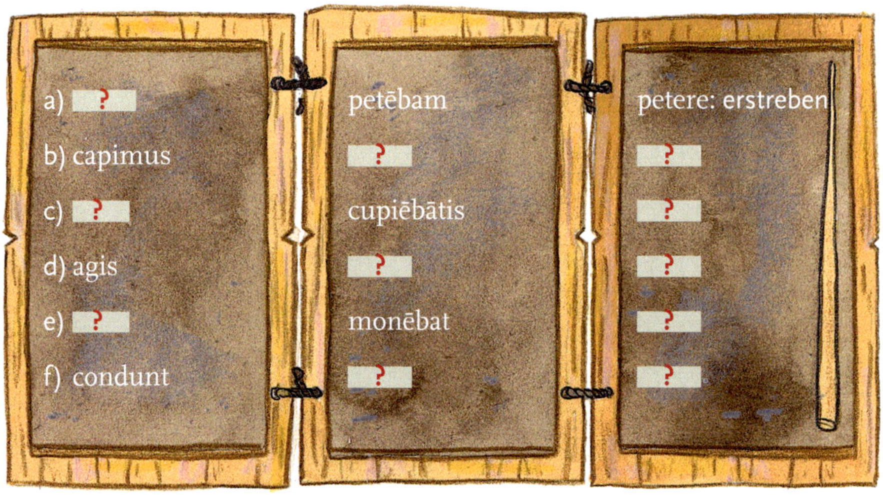

6 Formenstaffel: Bilde zu den Verbformen die vorgegebene Reihe.

contendis → 3. Person → Plural → Imperfekt → 2. Person → Singular → 1. Person → Präsens

cupiō → 2. Person → Plural → Imperfekt → 1. Person → Singular → 3. Person → Präsens

7 Die Mauer des Romulus.
Stell dir vor, Romulus hat seine Stadtmauer aus lauter Bausteinen lateinischer Verbformen gebaut. Die Bausteine helfen dir beim Bilden folgender Verbformen.

de	con	ti	lē	cu	dō	mus
cir	re	bās	dē	tis	bat	a
pe	dō	pis	bant	cum	gē	ge

a) ihr erbittet b) wir zerstören c) du verhandeltest d) ich umgebe
e) sie lenkten f) du wünschst g) ich gebe h) er gründete

S • T • K • M
Römische Kunstwerke kennen

S • T • K • M
Motive römischer Sagen vergleichen

8 a) Beschreibe die Kapitolinische Wölfin (S. 66) und erläutere, welchen Eindruck sie auf dich macht.
b) Nenne andere Sagen, in denen Kinder ausgesetzt, aber gerettet werden, und gib ihren Inhalt wieder.

Terrakotta-Urne in Form einer Hütte, aus Vetulonia, 1. Hälfte des 8. Jh. v. Chr. (Florenz, Museo Archeologico). So dürften die ersten Häuser in der von Romulus gegründeten Stadt ausgesehen haben.

Lektion 12

Von den geschichtlichen Anfängen Roms

Um das Jahr 1000 v. Chr. drangen von Norden her mehrere Volksstämme nach Italien ein. Dazu gehörten die Latiner (Latīnī), Sabiner (Sabīnī) und Etrusker (Etruscī, Tuscī).

Die Latiner siedelten auf dem Hügel Palatin (Palātium), der verkehrsgünstig in der Nähe des Tiber und an einem alten Handelsweg lag. Nicht weit entfernt davon ließen sich auf dem Hügel Quirinal Hirten aus dem Stamm der Sabiner nieder. Diese beiden Siedlungen auf den Hügeln Palatin und Quirinal bildeten den Kern der späteren Stadt Rom.

Der Sage nach fehlten den Siedlern auf dem Palatin jedoch Frauen. Deshalb luden sie die Sabiner vom benachbarten Quirinal und andere Stämme zu festlichen Spielen ein. Im Verlauf der Spiele raubten die Römer jedoch unter Führung des Romulus die Töchter der Sabiner und machten sie zu ihren Ehefrauen. Die empörten Sabiner schworen Rache und zogen einige Zeit später bewaffnet zum Palatin. Die Sabinerinnen aber hatten ihre Entführer inzwischen lieb gewonnen. Es gelang ihnen, zwischen ihren Ehemännern auf der einen Seite, und ihren Vätern und Brüdern auf der anderen Seite zu vermitteln und so den Kampf zu verhindern. Man einigte sich darauf, friedlich miteinander zu leben.

Von großer Bedeutung für die weitere Entwicklung der Dörfer waren die Etrusker. Sie hatten ursprünglich in der heutigen Toskana Städte gegründet. Als diese Städte ihr Herrschaftsgebiet nach Süden ausdehnten, wurden auch die Dörfer der Latiner und Sabiner zu einer neuen Stadt zusammengefasst. Sie erhielt nach dem etruskischen Geschlecht der Rutilier den Namen „Ruma".

Die Mitte der neuen Stadt lag in einer Senke zwischen den Siedlungen der Latiner und Sabiner, die durch einen unterirdischen Abwasserkanal, die Cloāca Maxima, trockengelegt worden war. In diesem neuen Stadtzentrum entstand ein gemeinsamer Markt- und Versammlungsplatz; er entwickelte sich als forum Rōmānum zum Zentrum der Stadt und später des ganzen Weltreiches.

Die ersten Siedlungen auf den Hügeln. Der Hügel mit dem Tempel ist das Kapitol, davor liegt der Palatin.

G

W

Substantive der 3. Deklination (Konsonantenstämme)/ Dativ des Besitzers

Lūcius Nōnius Asprēnas, *pater* Nōniae et Quīntī

Calpurnia, *uxor* Lūciī Nōniī et *māter* Nōniae et Quīntī

Lūcius et Calpurnia *parentēs* Nōniae et Quīntī sunt.

Rōmulus *rēx* Rōmānōrum erat. *Rēgi uxor* nōn erat. Etiam Rōmānīs *uxorēs* nōn erant. Itaque nūntiī Rōmulī *rēgis* ad *rēgēs fīnitimōs* properābant et a *rēgibus* cōnūbium[1] petēbant. Sed *rēgēs fīnitimī* parātī nōn erant Rōmānīs fīliās dare. Verba *rēgum fīnitimōrum* Rōmulō nōn placēbant.

[1] **cōnūbium, ī** das Recht der Eheschließung

Erste Übungen

S • T • K • M
Deklinationen beherrschen

1 Formenstaffel. Bilde jeweils die angegebene Form:

rēx → Dativ → Plural → Akkusativ → Singular → Genitiv → Plural → Ablativ → Singular → Vokativ → Plural → Nominativ → Singular
uxor → Akkusativ → Plural → Ablativ → Singular → Genitiv → Plural → Dativ → Singular → Vokativ → Plural → Nominativ → Singular

2 Bilde jeweils den Singular bzw. den Plural:

rēx – rēgem – rēge – rēgum – rēgibus (2)
māter – mātrēs (2) – mātris – mātrī – mātre

3 Ergänze die passenden Ausgänge:

rē ? bonus – rēg ? bonī (2) – rēg ? bonīs – rēg ? bonōs – mātr ? pulchram – mātr ? pulchrās – mātr ? pulchrae (3) – mātr ? pulchrārum

Der Raub der Sabinerinnen

L

Nachdem Romulus die Stadt Rom gegründet hatte, kamen immer mehr junge Männer in die neu gegründete Stadt, um dort zu leben. Allerdings hatten sie ein Problem: Es gab keine Frauen in Rom!

Iam multōs annōs Rōmulus oppidum novum regēbat. Ibi multī virī vīvēbant, sed nūllae mulierēs. Itaque Rōmulus nūntiōs ad rēgēs fīnitimōs mittēbat et cōnūbium[1] petēbat. Fīnitimī autem rīdēbant et nūntiīs Rōmulī respondēbant: „Fīliās nostrās Rōmānīs nōn dāmus!“ Tum Rōmulus rēx dolum adhibet: Lūdōs praeclārōs parat et fīnitimōs invītat. Imprīmīs[2] Sabīnī verbīs Rōmulī rēgis pārent: Patrēs, mātrēs, fīliī fīliaeque Rōmam[3] properant et lūdōs vīsitant. Multās hōrās parentēs cum līberīs spectācula Rōmānōrum spectant, subitō autem Rōmulus rēx sīgnum dat: Māgnō clāmōre Rōmānī fīliās Sabīnōrum capiunt et raptant.

Puellae in summō timōre sunt et Rōmānōs rogant: „Cūr nōs[4] raptātis? Cūr nōs mātrī et patrī ēripitis? Cūr parentibus nostrīs tantōs dolōrēs datis?“ Rōmulus autem fīliīs respondet: „Virīs Rōmānīs – ut scītis – uxōrēs nōn sunt. Itaque ā patribus vestrīs cōnūbium[1] petēbam, sed Sabīnī nūntiōs Rōmānōs rīdēbant. Nunc vōs[5] rogō: Vīvite cum Rōmānīs in oppidō novō! Este uxōrēs Rōmānōrum!“

[1] **cōnūbium, ī n.** das Recht der Eheschließung

[2] **imprīmīs (Adv.)** besonders, vor allem

[3] **Rōmam** nach Rom (wohin?)

[4] **nōs (Akk. Pl.)** uns

[5] **vōs (Akk. Pl.)** euch

Der Raub der Sabinerinnen, Nicolas Poussin, 1637

Übungen

1 Welche Aussage stimmt? Wähle jeweils die richtige Lösung aus und übersetze dann:

S • T • K • M
Textaussagen reflektieren

a) In oppidō novō multae mulieres – multī servī – multī virī vivēbant.
b) Rōmulus rēx servōs – nūntiōs – patrem ad rēgēs fīnitimōs mittēbat.
c) Populī fīnitimī libellōs clārōs – lūdōs praeclārōs – equōs pulchrōs vidēre cupiēbant.
d) Subitō Rōmānī fīliās – servās – mātrēs Sabīnōrum raptābant.
e) Puellae in summō timōre – dolōre – gaudiō erant.
f) Rōmulus puellās ōrābat: cenāte – vīvite – labōrāte in oppidō novō!

S • T • K • M
Deklinationen beherrschen

2 Ersetze durch die entsprechende Form von pater bzw. māter und übersetze dann:

cum dominā – domina – dominus – dominō (2) – dominās – dominae (3) – dominī (2)

3 Ersetze den Namen in Klammern durch die entsprechende Form von pater und māter:

a) Nōnia saepe cum ? (Calpurniā) forum vīsitat.
b) Quīntus cum ? (Lūciō) lūdōs Rōmānōs vīsitat.
c) Nōnia et Quīntus cum ? (Calpurniā et Lūciō) circum vīsitant.
d) Nōnia verba ? (Calpurniae) audit.
e) Verba ? (Calpurniae) ? (Lūciō) nōn placent.

4 Ordne den Substantiven das richtige Adjektiv zu. Achte dabei auf KNG-Kongruenz.

S • T • K • M
Sachfelder erstellen

5 Zur römischen familia gehören mehr Personen als zu einer Familie in der heutigen Zeit (vgl. Lektion 1, Einführung). Erstelle ein Sachfeld zum Begriff „familia", indem du alle Substantive für römische Familienmitglieder, die du bisher kennengelernt hast, zusammenstellst.

S • T • K • M
Fortleben römischer Sagen erkennen

6 Beschreibe, welche Szene des Lesestücks auf der römischen Münze und auf dem Gemälde von Nicolas Poussin (S. 73) dargestellt ist.

Der Raub der Sabinerinnen als Motiv auf einem römischen Silberdenar

Lektion 13

Die Etrusker und ihr Einfluss auf Rom

Die Etrusker (Etruscī, Tuscī) stammten wahrscheinlich aus Kleinasien. Um das Jahr 1000 v. Chr. sind sie nach Italien eingewandert und haben sich in der heutigen Toskana niedergelassen. In den nächsten Jahrhunderten dehnten sie ihr Herrschaftsgebiet weiter nach Süden aus. Sie eroberten Siedlungen anderer Stämme und gründeten Städte, darunter auch Rom.

Die Etrusker beherrschten Rom und die umliegenden Gebiete über 200 Jahre. Um das Jahr 510 v. Chr. vertrieben die Römer das etruskische Königsgeschlecht der Tarquinier. Damit war die Königsherrschaft in Rom beendet, und es begann die Zeit der Republik.

Die Römer behielten jedoch einige der etruskischen Bräuche bei, die man disciplīna Etrusca nennt. Dazu gehörte zum Beispiel, dass sie vor wichtigen politischen Entscheidungen Orakel befragten, den Flug der Vögel beobachteten oder die Eingeweide von Tieren, etwa die Leber von Schafen, untersuchten. Daraus leiteten Priester dann den Willen der Götter ab.

Von den Etruskern übernahmen die Römer auch zahlreiche Gegenstände und Symbole, mit denen sie die Macht verdeutlichten: Auf dem ehemaligen Amtssessel der etruskischen Könige, der sella curūlis, nahmen nun die Konsuln, die höchsten Beamten Roms, Platz; und die Rutenbündel der Liktoren, die fascēs, blieben auch in der römischen Republik Zeichen der Staatsgewalt.

Die Etrusker waren ein lebensfrohes Volk, das Musik, Tanz, Gelage und Sport über alles liebte. So sieht man auf Sarkophagen Verstorbene häufig beim Gastmahl. Für ihre Verstorbenen legten die Etrusker Totenstädte an. Sehr beeindruckend sind die Totenstädte von Cerveteri und von Tarquinia. Tausende von Grabhügeln oder in Felsen gehauene Grabstätten sind hier erhalten, die teilweise noch mit Malereien geschmückt sind.

Die Etrusker hatten auf der Grundlage der griechischen Schrift ihre eigene Schrift entwickelt. Deren Buchstaben sind zwar entziffert, die wenigen erhaltenen Texte in etruskischer Sprache können jedoch bis heute noch nicht vollständig übersetzt werden.

Etruskisches Bronzemodell einer Schafsleber, um 100 v. Chr. (Piacenza, Museo Civico)

Grabhügel in Populonia, 7. Jh. v. Chr.

G Die Verben der a-, e-, i-Konjugation und esse: v- und u-Perfekt

Rōmānī multōs annōs in Palātiō vīvēbant. Sed virīs nūllae mulierēs erant. Tum Rōmulus lūdōs parāvit et fīnitimōs invītāvit. Patrēs Sabīnōrum fīliās monuērunt, sed fīliī fīliaeque Sabīnōrum nōn pāruērunt et ad lūdōs properāvērunt. Fīliae lūdōs multās hōrās spectābant; subitō autem sīgnum audīvērunt: Tum virī Rōmānōrum adfuērunt et fīliās Sabīnōrum raptāvērunt.

Erste Übungen

S • T • K • M
Grundelemente lateinischer Formen kennen

1 Schreibe die Perfektformen aus dem G-Stück in dein Heft und kennzeichne den Perfektstamm und die Personalendung. Stelle für die a-, e-, i-Konjugation und esse eine Regel zur Bildung des Perfektstamms auf.

2 Ordne den Präsensformen die entsprechenden Perfektformen zu:

Präsensformen: laudāmus – audīs – parō – parant – audit – laudātis
Perfektformen: audīvit – parāvī – laudāvistis – parāvērunt – audīvistī – laudāvimus

3 Numerustausch. Setze jeweils in den Singular oder Plural:

spectāvī – fuistis – vocāvistī – audīvit – dēbuī – fuērunt – pāruit – clāmāvistī – fuī

W

Tarquinius Superbus rēx *ultimus* Rōmānōrum erat. *Quia superbia* rēgis māgna erat, Rōmānī rēgem fugāre cupiēbant. *Aliquandō calamitās mala cīvitātī īnstābat.* Tarquinius, *quia* in summō timōre erat, fīliīs imperābat: „Properāte *in* Graeciam! *Cōnsulite* Pȳthiam, *sacerdōtem* Apollinis! Apollō mē semper adiuvābat."

Ein merkwürdiges Orakel

L

Nach dem Tod des Romulus regierten sechs weitere Könige in der Stadt Rom. Der letzte König, Tarquinius Superbus, wurde von seinem Neffen, L. Iunius Brutus, gestürzt. Brutus konnte sich dabei auf einen Orakelspruch aus Delphi stützen, den er geschickt interpretierte.

Tarquinius Superbus, ultimus rēx Rōmānōrum, diū summā superbiā regēbat et cīvitātem vexābat. Aliquandō autem nūntius rēgī appropinquāvit et nūntiāvit: „Audī, rēx! Māgnus anguis[1] in templō appāruit et sacerdōtēs fugāvit! Calamitās mala cīvitātī nostrae īnstat.“
Tarquinius, postquam verba nūntiī audīvit, in summō timōre erat. Statim fīliōs vocāvit et imperāvit: „Properāte in Graeciam ad ōrāculum Delphicum[2]! Cōnsulite Pȳthiam, sacerdōtem Apollinis[3]! Nam Apollō mē iam anteā semper cōnsiliīs adiuvābat.“ Fīliī patrī pāruērunt et cum L. Iūniō Brūtō ad ōrāculum properāvērunt. Postquam templum Apollinis intrāvērunt, sacerdōs clāmāvit: „Imperium summum Rōmae habēbit, quī vestrum prīmus mātrī ōsculum dederit.“[4]
Fīliī Tarquiniī rēgis, postquam verba mīra sacerdōtis audīvērunt, stupuērunt: „Cūr deus imperat mātrī ōsculum dare[5]?“ L. Iūnius Brūtus autem, quia callidus erat, cōgitāvit: „Sacerdōs nōn mātrem nostram, sed Terram, mātrem hominum, dēsīgnāvit[6].“ Itaque Brūtō placuit terrae clam ōsculum dare.
Paulō post Rōmānī, quia superbiā Tarquiniōrum īrātī fuērunt, Tarquinium rēgem et fīliōs rēgis fugāvērunt. Tum Brūtō summum imperium mandāvērunt.

[1] **anguis, is m.** die Schlange

[2] **ōrāculum Delphicum** das Orakel in Delphi

[3] **Apollō, Apollinis** der Gott Apollo

[4] „Das höchste Amt in Rom wird bald derjenige haben, der von euch als erster der Mutter einen Kuss gibt.“

[5] **ōsculum dare** einen Kuss geben, küssen

[6] **dēsīgnāre** meinen, andeuten

Brutus vor dem Orakel in Delphi. Szene aus dem Randfries auf der großen Silberplatte (Lanx) von Stráže/Slowakei, 4. Jh. n. Chr.

Übungen

1 Lege eine Tabelle für esse und für die Verben der a-, e- und i-Konjugation an und trage deren Perfektformen aus dem Lesestück ein.

S • T • K • M
Wortformen bestimmen und Paradigmata nutzen

S • T • K • M
Textaussagen reflektieren

2 Lies dir den Text des Lesestücks noch einmal durch. Bringe dann die folgenden Sätze in die richtige Reihenfolge.

a) Fīliī rēgis cum Brūtō in Graeciam properāvērunt.
b) Postquam verba sacerdōtis audīvērunt, Lūciō Iūniō Brūtō terrae ōsculum dare placuit.
c) Tum Brūtus cum fīliīs Rōmam properāvit.
d) Itaque Tarquinius in summō timōre erat.
e) Māgnus anguis in templō appāruit.
f) Ibi Pȳthiam, sacerdōtem Apollinis, vīsitāvērunt.

S • T • K • M
Konjugationen beherrschen

3 Präsens oder Perfekt? Welche Endung passt zu welchem Tempusstamm? Bilde so viele Formen wie möglich und übersetze sie dann.

Die Endungen: ō – it – tis – ērunt – t – ī – istis – s – mus – istī – nt – imus
Die Verbstämme: clāma – pāru – veni – mone – fu – tace – audi – fugāv – stupu – audīv – cōgita – placu

4 Bilde die entsprechende Perfektform:

a) clāmat b) pārent c) estis d) scīmus e) monēmus f) audit
g) esse h) dormiunt i) taceō

5 Bilde von den Verben nūntiāre, parēre und esse folgende Formenstaffel:

1. Person Singular Präsens → Plural → 3. Person → Imperfekt → 2. Person → Singular → Perfekt → 3. Person → Plural → 1. Person → Singular → Infinitiv → Präsens

S • T • K • M
Vorläufiges Textverständnis entwickeln und sprachlich umsetzen

6 Vervollständige das Prädikat im Perfekt und übersetze die Sätze.
Lucius Nonius erzählt seinem Sohn von dem Einfall der Gallier in Rom:

a) Gallī Rōmānōs ad Āliam superā ? et Rōmae appropinquā ? . b) Rōmānī in māgnō timōre fu ? . c) Itaque cum fēminīs līberīsque in Capitōlium properā ? . d) Ibi Gallōs exspectā ? . e) Quia virī fessī fu ? , fēminae virōs mon ? : „Arcēte adversāriōs!“ f) Tum virī Gallōs fugā ? .

S • T • K • M
Wortformen bestimmen

7 Silben-Durcheinander. Setze die Silben in die richtige Reihenfolge und übersetze das Verbum:

a) vī – au – dī b) vērunt – in – tā – vī c) nu – mo – it
d) pe – mus – vi – im – rā e) pu – istī – stu f) pā – ērunt – ru

S • T • K • M
Antike Lebenswelt kennen

8 Informiere dich, wie im Apollonheiligtum von Delphi ein Orakel gegeben wurde. Nenne weitere bekannte Prophezeiungen der Pythia.

Patrizier und Plebejer

Auch nach der Vertreibung der Könige gab es im römischen Volk Unruhe. Das einfache Volk, die plēbs, fühlte sich von den reichen und vornehmen Bürgern, den Patriziern (patriciī), schlecht behandelt. Ein Plebejer (plēbēius), wie man die einfachen Leute nannte, durfte keine öffentlichen Ämter übernehmen. Auch waren den Plebejern Ehen mit den Familien (gentēs) der Patrizier verboten. Vor allem aber litt die Plebs häufig große Not. Wer nämlich als Soldat für Rom in den Krieg zog, der konnte für seine Familie kein Geld (aes) verdienen und musste unter Umständen Schulden (aes aliēnum) machen. Wenn jedoch ein Plebejer nicht in der Lage war, seine Schulden zurückzuzahlen, dann drohte ihm sogar die Versklavung. Es dauerte Jahrhunderte, bis sich die Situation veränderte. Ein wichtiger Schritt war die Veröffentlichung von Gesetzen auf zwölf Holztafeln, die auf dem Forum Romanum aufgestellt wurden – das erste schriftlich festgehaltene Gesetzeswerk in Rom. Und vor allem wurde das Amt des Volkstribuns (tribūnus plēbis) geschaffen, der die Aufgabe hatte, sich für die Rechte der Plebejer einzusetzen. Doch um solche Erfolge musste die Plebs lange kämpfen.

Besonders berühmt ist der Auszug der Plebejer auf den nahe der Stadt (urbs) gelegenen Heiligen Berg (Mōns Sacer). Diese Aktion versetzte die Patrizier in Angst und Schrecken, denn es drohte ein Angriff benachbarter Volksstämme (gentēs), und nun fehlten ihnen die Soldaten. So schickten sie den angesehenen Menenius Agrippa zu den Plebejern, der diesen die noch heute bekannte Geschichte vom menschlichen Körper (corpus) erzählte:

„Einst kam es innerhalb des Körpers zum Streit. Da die Glieder meinten, der Magen arbeite nicht, wollten sie ihn nicht mehr versorgen. Die Hände weigerten sich, Nahrung zum Mund zu führen, der Mund war nicht mehr bereit, Essen aufzunehmen, und die Zähne zerkauten nichts. Doch nun litt nicht allein der Magen Hunger, sondern auch die Glieder wurden schwach. So erkannten sie, dass der Magen keineswegs faul und untätig war, und beendeten ihren Streik."

Mit dieser fābula soll Menenius Agrippa die Plebs dazu bewegt haben, in die Stadt zurückzukehren.

Menenius Agrippa erzählt den Plebejern die Geschichte vom Körper und den Gliedern. Detail aus dem Fries von August Eisenmenger im Abgeordnetenhaus des Österreichischen Parla-ments in Wien, 1885

G

W

Substantive der 3. Deklination: Genitiv Plural auf -ium und Neutra

Lūcius *frāter* Quīntī est. Lūcius et Quīntus *frātrēs* sunt.
Lūcius et Quīntus in *urbe* Rōma vīvunt. *Urbs* Rōma *patria frātrum* est.
Temporibus antīquīs *urbs* Rōma medium imperiī Rōmānī erat. Rōmānī multās *gentēs* superāvērunt et dominī multārum *gentium* erant. Poētae clārī *tempora* antīqua celebrābant.

Erste Übungen

S • T • K • M
Deklinationen beherrschen

1 a) Dekliniere frāter und urbs. In welchem Kasus unterscheidet sich ihre Deklination?
b) Dekliniere tempus. In welchen Kasus unterscheidet sich seine Deklination von frāter und urbs?

2 Formenstaffel. Bilde die jeweils angegebenen Formen:

a) urbs clāra → Plural → Akkusativ → Singular → Genitiv → Plural → Ablativ → Singular → Dativ → Plural → Nominativ → Singular
b) tempus antīquum → Dativ → Plural → Akkusativ → Singular → Genitiv → Plural → Ablativ → Singular → Nominativ

3 a) Bestimme die folgenden Substantiv-Adjektiv-Verbindungen nach Kasus und Numerus. Bilde dann den Nominativ Singular und übersetze diesen.

urbium clārārum – imperium praeclārum – dōna parva – tempora iūcunda – īnfestārum gentium – cōnsilium bonum – mūrum altum – frātrum fīdōrum

b) Welche dieser Substantive gehören zur 3. Deklination?

Der römische Staat in Gefahr

L

Heute stand römische Geschichte auf dem Stundenplan der Kinder. Die Erzählung vom Auszug der Plebs hat viele Schüler sehr beeindruckt. Quintus, der Verständnis für die Plebejer hat, unterhält sich auf dem Heimweg mit seinem Bruder, der den Standpunkt der Patrizier für richtig hält.

Hodiē magister discipulīs dē patriciīs[1] et plēbēiīs narrāvit. Dum discipulī domum[2] properant, Quīntus frātrī verba magistrī explicat:
„Postquam Brūtus Tarquinium Superbum rēgem fugāvit, tempora plēbēiīs misera erant: Quia Rōmānī saepe cum gentibus fīnitimīs bellum gerēbant, plēbēiī agrōs colere nōn poterant[3]. Itaque plēbs cibīs egēbat; etiam aes aliēnum multōs plēbēiōs vexābat.
Aliquandō cōpiae gentium fīnitimārum urbī appropinquāvērunt et urbem occupāre parāvērunt. Plēbēiī autem prō patriā pūgnāre nōn iam parātī erant: In Montem Sacrum properavērunt."
Statim frāter vocat: „Cūr plēbēiī gentes īnfēstās ab urbe nōn arcēbant? Nōnne[4] plēbēiīs virtūs erat?"
Quīntus respondet: „Plēbēiīs virtūs erat, sēd cibīs et aere egēbant. Nūlla iūra habēbant. Itaque nōn iam parātī erant prō patriā pūgnāre."
Frāter autem īrātus est: „Cīvitās nostra in summō perīculō erat!"
Quintus: „Dum plēbēiī ab urbe aberant et patriciōs[1] adiuvāre parātī nōn erant, patriciī in māgnō timōre erant. Itaque Menēnius Agrippa ad Montem Sacrum properāvit et plēbī fābulam clāram dē corpore nārrāvit. Tum plēbēiī prō patriā pūgnāre parātī erant."
Nunc frāter gaudet: „Patricius[1] praeclārus patriam servāvit!"

[1] **patricius, ī m.** der Patrizier
[2] **domum** nach Hause
[3] **poterant** sie konnten
[4] **nōnne?** etwa nicht?

Der Auszug der Plebejer zum Mons Sacer, B. Barloccini, 1849

Übungen

S • **T** • K • M
Vorläufiges Textverständnis entwickeln

1 Gib den Inhalt der Zeilen 3–13 des Lesestücks mit eigenen Worten wieder: Warum weigern sich die Plebejer in einer Situation, die für alle Römer gefährlich ist, die Stadt zu verteidigen?

S • **T** • K • M
Textaussagen reflektieren

2 Übertrage die fābula dē corpore des Menenius Agrippa auf die beiden verfeindeten Gruppen in Rom: Was wollte Menenius den Plebejern erklären? Warum waren sie nach dieser Geschichte bereit, Rom zu verteidigen?

S • T • K • M
Grundelemente lateinischer Formen kennen

3 Die gleiche Endung, aber ... – Bestimme die folgenden Formen. Gib, sofern nötig, die Lernform an und übersetze diese:

ātrium – urbium – ōtium – gentium – virtūs – parātus – tempus – temporibus – tempora – labōrā – pecūnia – āra – aere – arcē – arcēre – amīce – age

4 Neue und alte Endungen – Bestimme die folgenden Substantiv-Adjektiv-Verbindungen nach Kasus und Numerus und forme sie dann wie angegeben um. Bilde schließlich den Nominativ Singular und übersetze diesen.

a) gentium praeclārārum → Akkusativ → Ablativ
b) patriam nostram → Genitiv → Dativ
c) montēs altōs → Genitiv → Singular
d) aere aliēnō → Akkusativ → Genitiv
e) temporis antīquī → Plural → Akkusativ

S • T • K • M
Gliedsätze erkennen und unterscheiden

5 Lauter Gliedsätze – Welche Prädikate passen in die Gliedsätze? Vervollständige die Aussagen und übersetze sie.

nārrāvit	occupāvērunt	vexābat	aedificō	fugāvimus

a) Rōmulus: „Dum urbem novam ?, frāter mē lacessēbat."
b) Brūtus: „Quia Tarquinius Rōmānōs māgnā superbiā ?, rēgem fugāvimus."
c) Vir plēbēius: „Postquam Tarquinium ?, cibīs et aere carēbāmus."
d) Menēnius Agrippa: „Postquam plēbēiī Montem Sacrum ?, fābulam dē corpore nārrāvī."
e) Magister: „Postquam Menēnius Agrippa fābulam clāram ?, plēbēiī in urbem Rōmam properāvērunt."

S • T • **K** • M
Römische Lebenswelt kennen

6 Die um das Jahr 450 v. Chr. auf zwölf Holztafeln aufgeschriebenen Gesetze bilden das erste schriftlich festgehaltene Gesetzeswerk in Rom. Erläutere, welche Vorteile dieses „Zwölftafelgesetz" für die Plebejer brachte.

Lektion 15

Rom und seine Nachbarn

Nach der Vertreibung des letzten etruskischen Königs aus Rom im Jahr 510 v. Chr. mussten sich die Römer mit ihren Nachbarvölkern auseinandersetzen.
Sie verbündeten sich im 5. Jahrhundert v. Chr. zunächst mit den Latinern. Gemeinsam unterwarfen sie unter der Führung des Feldherrn Coriolan die Volsker und anschließend die Aequer. Im Norden mussten sich die Römer gegen das mächtige Volk der Etrusker behaupten. 396 v. Chr. gelang es ihnen schließlich nach einem zehnjährigen Kampf, die bedeutende etruskische Stadt Veji einzunehmen und zu zerstören. In den folgenden Jahrzehnten des 4. Jahrhunderts dehnten die Römer dann ihre Macht zunehmend auf Mittelitalien und bis zur Küste des Adriatischen Meeres aus.
In den unterworfenen Gebieten gründeten sie Städte für römische Bürger, die sogenannten Kolonien. Die übrigen Städte und Völker Italiens machten die Römer durch Verträge zu ihren Bundesgenossen: Sie blieben unabhängig, mussten aber die Römer mit ihren Truppen in Kriegen unterstützen. Später erhielten sie sogar das römische Bürgerrecht.
Durch die Ansiedlung von Kolonien und durch die Unterstützung der Bundesgenossen gelang es den Römern, in der ersten Hälfte des 3. Jahrhunderts ein Herrschaftsgebiet in Mittel- und Süditalien zu sichern.

Die Besiedelung Italiens im 5. Jahrhundert vor Christus

G Die Verben der konsonantischen Konjugation: Der Imperativ/ Die Verben der e-, i- und konsonantischen Konjugation: s- und Dehnungsperfekt

W

Patriciī ad Menēnium Agrippam: „Properā ad Montem Sacrum! Pete auxilium ā plebeiīs! Nārrā plebeiīs: Urbs nostra in summō periculō est!“
Menēnius Agrippa ad plebeiōs: „Servāte urbem nostram! Relinquite Montem Sacrum! Capite arma et contendite prō patriā! Arcēte gentēs īnfēstās!“

Patriciī Menēnium ad plebeiōs mittunt. Multīs verbīs plebeiōs *movet. Dīcit: „Īram dēpōnite,* relinquite montem, contendite prō patriā!“
Patriciī Menēnium ad plebeiōs *mīsērunt.* Multīs verbīs plebeiōs *mōvit. Dīxit: „Īram dēpōnite,* relinquite montem, contendite prō patriā!“ Plebeiī *īram dēposuērunt* et montem *relīquērunt.*

Erste Übungen

S • T • K • M
Konjugationen beherrschen

1 Übersetze die folgenden Infinitive. Konjugiere sie dann im Indikativ Perfekt und gib an, welche Art der Perfektbildung jeweils vorliegt.

cōgitāre – habēre – movēre – dīcere

2 Formenstaffel. Bilde die folgenden Formen:

mittere → 3. Singular → Imperfekt → Perfekt → 1. Plural → 3. Plural → Präsens
→ 2. Singular → Imperfekt → Perfekt → Plural → Imperfekt → Präsens
→ Imperativ → Singular

3 Schreibe folgende Verbformen in dein Heft und markiere mit unterschiedlichen Farben den Perfektstamm und die Endung. Ordne die Verben nach den verschiedenen Perfektbildungen und übersetze sie dann:

a) rīsērunt	b) relīquit	c) dīxit	d) movī
e) nūntiāvī	f) dīxistis	g) pāruit	h) mīsērunt

4 Bilde den Imperativ Singular und Plural der folgenden Infinitive und übersetze dann die Formen:

petere – audīre – agere – monēre – colere – ēripere – pārēre – capere

Verrat am Vaterland

L

Bei einem Krieg gegen die Volsker (im Jahr 494 v. Chr.) bewies der junge Patrizier Gnaeus Marcius bei der Eroberung der Stadt Corioli so großen Mut, dass er den Beinamen Coriolanus erhielt und von allen Bürgern hoch geachtet wurde. Da jedoch im Krieg die Äcker von den Plebejern nicht bestellt werden konnten, kam es im folgenden Jahr in Rom zu einer großen Hungersnot. Als endlich Getreide zur Verfügung stand, weigerte sich der Patrizier Coriolan, es billig an die Plebejer zu verkaufen. Damit zog er sich den Zorn der Plebejer zu:

Quia Coriolānus nōn parātus erat plēbī frūmentum parvī[1] vendere, īram plēbī mōvit. Plēbs enim frūmentō egēbat; māgnum aes aliēnum plēbeiōs vexābat. Itaque plēbeiī Coriolānum accūsāvērunt et fugāvērunt. Coriolānus autem īrātus urbem relīquit et ad Volscōs, adversāriōs Rōmānōrum, fūgit.

Paulō post cōnsilium cēpit bellum cum Rōmānīs gerere et cum cōpiīs Volscōrum urbem Rōmam occupāre. Rōmānī autem, postquam cōpiās adversāriōrum ante urbem vidērunt, in māgnō timōre erant et iterum atque iterum lēgātōs ad Coriolānum mittēbant. Sed nē sacerdōtēs quidem animum Coriolānī flexērunt. Tandem Veturia, māter Coriolānī, et Volumnia, uxor Coriolānī, cum parvīs līberīs in castra Volscōrum properāvērunt. Ibi Veturia ad fīlium dīxit: „Quid agis, Coriolāne? Cūr cum cōpiīs adversāriōrum vēnistī? Adversārius an fīlius es? Cūr, fīlī, mātrem vexās?

[1] **parvī** zu einem niedrigen Preis

Fresko von Bernardo Castello (1557–1629), Genua-Pegli, Villa Lomellini Rostan

Cūr cōnsilium cēpistī urbem nostram occupāre et dēlēre? Hīc māter, uxor, līberī vīvunt! Cōgitā: Nunc aut mors aut servitūs mātrī, uxōrī, līberīs īnstat! Abdūc cōpiās Volscōrum! Arma dēpōnite et relinquite urbem!“
Dēnique verba mātris fīlium mōvērunt. Coriolānus lacrimās nōn iam tenuit: Fēminās dīmīsit et cōpiās Volscōrum abdūxit. Ita fēminae urbem precibus lacrimīsque servāvērunt.

Übungen

S • **T** • K • M
Vorläufiges Textverständnis entwickeln

1 Nenne in den Zeilen 1–11 die satzverknüpfenden Konjunktionen (Konnektoren) sowie jeweils das Subjekt und das Prädikat. Fasse dann den Inhalt dieser Zeilen mit eigenen Worten kurz zusammen.

S • **T** • K • M
Texte inhaltlich wiedergeben und sprachliche Mittel benennen

2 Nenne den Grund für den Streit zwischen Coriolan und den Römern (Z. 1–5).

3 a) Gib mit eigenen Worten wieder, was Veturia ihrem Sohn sagt (Z. 12–16).
b) Beschreibe, mit welchen sprachlichen Mitteln (z. B.: Wortwahl, Satzart oder Satzbau) sie ihre Aussage unterstreicht.

S • T • K • M
Konjugationen beherrschen

4 Quintus hat in folgendem Kasten Perfektformen versteckt. Suche alle Perfektformen heraus:

cupiō – liberāvistī – vocābātis – dūximus – fūgit – fugābātis – petunt – monuistis – dēposuī – tenuit – licet – agēbās – gessērunt – relinquunt – relīquērunt

5 Bestimme und übersetze folgende Verbformen:

a) habuit	b) dīximus	c) occupāvērunt	d) rogāvistis
e) abdūxistis	f) coluī	g) dēposuistī	h) flexērunt

6 Setze den Singular in den Plural und umgekehrt:

a) audīvī	b) dīmīsit	c) mōvērunt
d) fūgistis	e) tenuistī	f) tacuimus

7 Bist du schon perfekt? Setze die folgenden Präsensformen ins Perfekt und übersetze sie:

capit – ambulant – dūcitis – dēbeō – dēpōnis – agunt – movēs – mittimus

8 Bilde zu folgenden Perfektformen die entsprechenden Präsensformen:

flexērunt – superāvistis – dūxit – fūgimus – tacuit – dīxistī – excitāvit – habuērunt

9 Klare Anweisungen! Coriolan gibt seinen Truppen Befehle. Diese reagieren sofort:

S • **T** • K • M
Sprechsituationen unterscheiden

Coriolānus: „Arma dēpōnite!" – Cōpiae: „Arma dēpōnimus."

a) Formuliere aus den folgenden Wendungen Anweisungen Coriolans und die Reaktionen seiner Truppen und übersetze sie:

urbem dēfendere – prō patriā contendere – urbem relinquere – animum flectere – castra movēre

b) Stell dir vor, Coriolan würde seine Befehle nur einem einzelnen Mann geben. Formuliere entsprechend!

10 a) Beschreibe, welche Szene des Lesestücks auf dem Fresko von Bernardo Castello (S. 85) dargestellt ist.

S • T • **K** • **M**
Fortleben römischer Sagen erkennen

b) Informiere dich mithilfe eines Lexikons oder des Internets: Welcher englische Dichter und welcher deutsche Komponist haben den Stoff des Coriolan jeweils in einem ihrer Werke behandelt?

Plateaulektion 11 – 15

Grundwissen: Das frühe Rom

In den antiken Quellen zur römischen Frühgeschichte sind sagenhafte und historische Ereignisse miteinander vermischt. Viele Sagen haben jedoch einen wahren Kern.

Sage von der Flucht des **Aeneas** (Sohn der Venus) mit seinem Vater **Anchises** und seinem Sohn **Iulus** aus dem zerstörten **Troja** → Irrfahrt nach **Italien**

Geburt der Zwillinge **Romulus** und **Remus** durch die Vestalin Rhea Silvia, eine Nachfahrin des Iulus (Vater: der Kriegsgott Mars); diese werden ausgesetzt und von einer Wölfin gerettet

753 v. Chr.: sagenhaftes Datum der Gründung Roms → Streit um die Herrschaft: Romulus tötet Remus und wird erster König von Rom

Kriege mit benachbarten Stämmen (z. B. Latiner, Etrusker, Sabiner): Sage vom **Raub der Sabinerinnen**, durch den erstmals Frauen nach Rom gekommen sein sollen

um **510 v. Chr.**: Lösung von der etruskischen Vorherrschaft: Vertreibung des letzten etruskischen Königs **Tarquinius Superbus** aus Rom → Beginn der **römischen Republik**

494 v. Chr.: Auszug der Plebejer (einfaches Volk) zum Mons Sacer als Versuch, bei den **Patriziern** (vornehme Bürger) die Verbesserung ihrer Lebensumstände durchzusetzen (Ständekämpfe); Rückkehr als Reaktion auf die Fabel des Menenius Agrippa vom Körper und von den Gliedern, die nur gemeinsam existieren können

um **450 v. Chr.**: Erlass der **Zwölftafelgesetze**, Aufstellung auf dem Forum Romanum (erstes schriftlich festgehaltenes Gesetzeswerk)

sagenhafte Geschichte vom Feldherrn **Coriolan**, der zu den verfeindeten Volskern überlief, dann aber von seiner Mutter Veturia zum Abzug von Rom bewegt wurde

4./3. Jahrhundert v. Chr.: Unterwerfung benachbarter Stämme: **Vormachtstellung Roms in Italien**

Virtus – eine rein männliche Eigenschaft?

L

Gestern trafen sich Quintus, sein Freund Marcus und seine Schwester Nonia, um sich gegenseitig etwas vorzulesen. Als Quintus an die Reihe kam, trug er einen Text aus einem Geschichtsbuch über den Krieg gegen die Etrusker vor.

„... Clam Etruscī Rōmae appropinquābant, Rōmānī autem iam diū in urbe adversāriōs exspectābant. Subitō clāmōrem audīvērunt: ‚Ad arma! Adversāriī appārent, urbī appropinquant.‘ Statim virī arma capiunt. Tum vir Rōmānus ex[1] urbe properat, pūgnat, adversārīos ab urbe arcet. Ita ūnus[2] vir virtūte patriam servāvit.“

Coriolan und seine Mutter, Holzschnitt von James Caldwell (1803) nach einem Gemälde von Gavin Hamilton

Mārcus stupuit et dīxit: „Nūlla gēns virōs Rōmānōs superat.“

Sed Nōniae verba amīcī nōn placuērunt. Itaque puella vocāvit: „Etiam fēminae prō patriā pūgnant, etiam fēminae virtūte nōn carent. Aliquandō etiam fēmina patriam servāvit: Veturia, māter Coriolānī, castra Volscōrum petīvit fīliumque precibus mōvit.“

Sed Mārcus: „Fēminae verbīs, nōn armīs pūgnant.“

Et Quīntus: „Virī Rōmānī armīs pūgnant, quia fīliī Mārtis deī sunt. Mārs, ut scis, pater Rōmulī et Remī est; frātrēs urbem Rōmam aedificāvērunt.“

Tum Nōnia: „Et Aenēās, pater Rōmānōrum, fīlius Veneris erat. Ex urbe Trōiā fūgit. Postquam multōs annōs per mare[3] nāvigāvit, tandem in Italiam pervēnit. Posterī[4] Aenēae urbem Rōmam regēbant. Itaque nōn sōlum līberī Mārtis, sed etiam Veneris sumus.“

[1] **ex (Präp. m. Abl.)** aus ... heraus

[2] **ūnus (Nom. Sg.)** ein einziger

[3] **per mare** über das Meer

[4] **posterī (Nom. Pl.)** die Nachkommen

- Im alten Rom gingen die meisten Menschen davon aus, dass Frauen weitaus geringere Fähigkeiten hatten als Männer. Untersuche, wo diese Einstellung in dem vorliegenden Text zu erkennen ist. Wie beurteilst du Marcus' und Nonias Aussagen?

- Der Holzschnitt von James Caldwell stellt den Auftritt von Coriolans Mutter im Lager ihres Sohnes dar. Erkläre, warum Nonia im Übersetzungstext ausgerechnet diese Geschichte erwähnt.

S • T • K • M

Die Andersartigkeit des römischen Denkens erkennen und beurteilen

Methodenkompetenz (4): Stammformen lernen

Folgende Informationen gewinnst du aus den **Stammformen**: Der Infinitiv Präsens und die Präsensform zeigen dir, wie der **Präsensstamm** heißt. Der Präsensstamm wiederum wird zur Bildung der **Präsens- und Imperfektformen** verwendet.
Aus der Perfektform kannst du den **Perfektstamm** erkennen. Dieser wird zur Bildung aller **Perfektformen** verwendet. Vergleiche die folgende Tabelle:

Infinitiv Präsens	1. Person Singular Präsens	1. Person Singular Perfekt
z. B. **monē-re**	**mone-ō**	**monu-ī**
	Präsensstamm: monē-	**Perfektstamm: monu-**
Bildung des **Präsens**: Präsensstamm + -ō, -s, -t usw. (teilweise mit Bindevokal) z. B. moneō, monēs, monet, ... Bildung des **Imperfekts**: Präsensstamm + -(ē)bam, -(ē)bas, -(ē)bat usw. z. B. monēbam, monēbas, ...		Bildung des **Perfekts**: Perfektstamm + -ī, -istī usw. z. B. monuī, monuistī, ...

Im Vokabelverzeichnis zu dieser Plateaulektion sind die bereits bekannten Verben aufgelistet, zu denen du nun noch den Perfektstamm nachlernen musst. Dazu einige Tipps:

- Suche dir Lernhilfen wie deutsche oder englische Fremdwörter oder „Eselsbrücken".
- Lerne die Stammformen gerade schwieriger Verben im Stil eines Liedtextes. Sage sie dir laut und klar auf, sodass du die ganze Reihe automatisch beherrschst.
- Denke dennoch beim Lernen immer wieder mit: Überlege dir zum Beispiel, um welche Art der Perfektbildung es sich jeweils handelt.

Übungen

S • T • K • M
Fremdwörter erkennen und erklären

1 Von welchen lateinischen Verben sind die folgenden deutschen Fremdwörter abgeleitet? Gib jeweils den Infinitiv Präsens mit einer deutschen Bedeutung und die Stammformenreihe an. Nenne auch die Art der Perfektbildung:

regieren – Konvention – agieren – parieren – Lizenz – Mission – Vision

S • T • K • M
Konjugationen beherrschen und Verben auf ihre Grundform zurückführen

2 Gib zu jeder der folgenden Verbformen den Infinitiv Präsens mit einer deutschen Bedeutung und die Stammformenreihe an. Nenne auch die Art der Perfektbildung. Setze dann alle Präsensformen ins Perfekt und umgekehrt:

dēlet – coluistis – gerunt – rīsistī – tacēs – dormīvimus – lacessīvērunt – ēripis – vēnit – cupiunt – adiuvant – vīxistis – appārētis

Methodenkompetenz (5): Tempora übersetzen

Gerade bei der Schilderung von Handlungen aus der Vergangenheit ist es oft gar nicht so einfach, das richtige Tempus zu verwenden, und das gilt auch für das Deutsche.
Für die Übersetzung der lateinischen Tempora ins Deutsche beachte die folgende Tabelle. Eine Faustregel zum Tempusgebrauch lautet: **Bei der Wiedergabe von Handlungen aus der Vergangenheit ist das deutsche Präteritum meist am besten geeignet.**

Lateinisches Tempus	Verwendung	deutsche Übersetzung
Präsens	• Handlungen in der Gegenwart	• Präsens
	• Ereignisse in der Vergangenheit bei lebhafter Schilderung (historisches Präsens)	• Präsens oder Präteritum
	• allgemeine Aussagen (z. B. „Jeden Morgen **geht** die Sonne auf.“)	• Präsens
Imperfekt	• Gewohnheiten	• Präteritum
	• nicht abgeschlossene, andauernde Vorgänge in der Vergangenheit	• Präteritum
	• wiederholte Handlungen in der Vergangenheit	• Präteritum
	• versuchte Handlungen	• Präteritum
Perfekt	• Handlungen in der Erzählung in der Vergangenheit/die Haupthandlung eines Satzes	• Präteritum
	• abgeschlossene Handlungen (die beurteilt werden), Ergebnisse von Handlungen	• Perfekt

Übungen

1 Untersuche den Gebrauch der Tempora in dem folgenden Ausschnitt aus dem Übersetzungstext (Zeile 1–6). Die farbige Markierung der Verben soll dir dabei helfen – wofür steht sie im Einzelnen? Verwende zur Erklärung des Tempusgebrauchs die neben dem Text stehenden Begriffe.

„… Clam Etruscī Rōmae appropinquābant, Rōmānī autem iam diū in urbe adversāriōs exspectābant. Subitō clāmōrem audīvērunt: ‚Ad arma! Adversāriī appārent, urbī appropinquant.‘ Statim virī arma capiunt. Tum vir Rōmānus ex urbe properat, pūgnat, adversāriōs ab urbe arcet. Ita ūnus vir virtūte patriam servāvit.“ Mārcus stupuit et dīxit: „Nūlla gēns virōs Rōmānōs superat.“

S • T • K • M
Tempora bestimmen und Tempusprofile erstellen

allgemeine Aussagen – Handlungen in der Erzählung – Ergebnisse von Handlungen – besonders lebhafte Schilderung vergangener Ereignisse – Handlungen im Hintergrund

2 Gib an, mit welchem Tempus in den Sätzen aus dem Übersetzungstext (Z. 21/22, „Postquam … regēbant.“) die drei Verben übersetzt werden. Begründe deine Entscheidung (vgl. Gr. 13 S 3.2).

Lektion 16 – 20

Vom Leben in der Stadt und auf dem Land

Von interessanten und besonderen Ereignissen, die immer wieder in Rom stattfanden, wirst du in den folgenden Lektionen lesen.
Als Mittelpunkt des Imperium Romanum, das sich immer weiter ausdehnte, hatte Rom zur Zeit des Kaisers Augustus ungefähr eine Million Einwohner. Nur wenige Römer besaßen ein großes Stadthaus (vgl. S. 14). Die meisten Menschen lebten in sogenannten īnsulae. Eine īnsula war ein mehrgeschossiges von Mietern bewohntes Wohnhaus, in dessen Erdgeschoss auch Ladengeschäfte untergebracht sein konnten.

Holzmodell einer īnsula in der Hafenstadt Ostia

Alltag in Rom

■ Beschreibe die Straßenszene in Rom.

Wohlhabende Römer hatten neben ihrem Haus in der Stadt auch eine vīlla (vīlla suburbāna), ein Landgut, das man als Zweitwohnsitz bezeichnen könnte und das in der näheren und weiteren Umgebung von Rom lag. Hier konnten sich die Römer von ihren beruflichen Tätigkeiten erholen sowie sich von dem Lärm der Großstadt zurückziehen.
Eine Bauernfamilie lebte in einer vīlla rūstica und bewirtschaftete die Ländereien in der Nähe des Hofes. Die Erzeugnisse wurden in Rom auf den Märkten (fora) zum Verkauf angeboten.

Modell des Landgutes von Boscoreale bei Pompeji

Pflügender Bauer, 2. Jh. n. Chr. (Staatliche Museen, Berlin)

- Beschreibe die vīlla rūstica und erkläre, wozu die Tongefäße dienten, die im Innenhof in der Erde vergraben waren.

Lektion 16

Sklaven in Rom

In Italien lebten um Christi Geburt zwei bis drei Millionen Sklaven. Bei einer Gesamtbevölkerung von circa 7,5 Millionen Personen war ungefähr jeder dritte Einwohner ein Sklave.

Nach römischem Recht galten Sklaven nicht als Menschen, sondern als Sache (rēs). Sie waren das Eigentum eines Herrn, der nach eigenem Belieben über sie verfügen konnte.

In die Sklaverei gerieten ursprünglich Personen, die ihre Schulden nicht zurückzahlen konnten und daher zu Sklaven wurden (Schuldknechtschaft). Mit der Ausdehnung des römischen Reiches wurden vor allem Kriegsgefangene versklavt. Durch die steigende Nachfrage nach billigen Arbeitskräften wurde im 2. und 1. Jahrhundert v. Chr. der Sklavenhandel ein blühendes Geschäft, an dem sich neben Piraten (pīrāta, ae m.) oft auch römische Statthalter beteiligten.

Auf dem Sklavenmarkt, einer Art Versteigerung auf öffentlichen Plätzen, waren die Herkunft, das Alter und die persönlichen Stärken der Sklaven auf einem Zettel zu lesen, der am Hals getragen wurde. Ein einfacher Haussklave war 2000 Sesterzen (derzeit ca. 180 Euro) wert. Eine schöne Sklavin konnte 100000 Sesterzen, ein Sprachlehrer bis zu 700000 Sesterzen kosten.

Die Lebensbedingungen der Sklaven waren je nach der Tätigkeit sehr unterschiedlich. Die Arbeit im Steinbruch, im Bergwerk (metallum), auf dem Feld (ager) oder der Einsatz als Gladiator in der Arena (arēna) waren überaus hart und unmenschlich. Ein Teil dieser Sklaven war ständig an Fesseln gekettet oder musste in Sklavenkasernen unter entsetzlichen Bedingungen leben.

Die Sklaven, die in einer Stadt lebten, waren meist besser gestellt. Sie waren tätig als Hilfen im Haushalt, als Handwerker, Köche, Verwalter, Sekretäre, Erzieher oder Lehrer. Manche arbeiteten sogar als Architekten oder als Ärzte. Einige Sklaven brachten es aufgrund ihrer Leistung zu einem gewissen Ansehen und konnten sich Eigentum erwerben.

Als Belohnung für treue Dienste wurden manche Sklaven freigelassen. Sklaven konnten sich auch von ihren Herren freikaufen. Mancher freigelassene Sklave, der es zu großem Reichtum und politischen Einfluss gebracht hatte, schaffte sogar den Aufstieg in die soziale Oberschicht.

Halseisen (collāre) eines Sklaven, gefunden in einem Grab bei Frascati, mit der Aufschrift:
TENE ME • ET • REBOCA ME APRONIANO PALATINO • AD MAPPA(M) AUREA(M) • IN ABENTINO QUIA FUGI

Das Personalpronomen/Der Akkusativ der Richtung

G

Volumnia uxor ad Coriolānum: „Ego cum līberīs in urbe vīvō. Tū autem cum adversāriīs Rōmam vēnistī et urbem occupās. Summum perīculum nōbīs īnstat. Cūr nōs vexās?“
Coriolānus ad Volumniam uxōrem: „Plēbēiī mē fugāvērunt. Verba plēbēiōrum mihi nōn placent. Sed lacrimae mātris et uxōris mē flectunt. Ego vōbīscum nōn iam bellum gerō. Cōpiās mēcum abdūcō.“

Erste Übungen

1 Übertrage die Tabelle in dein Heft und füge die entsprechenden Personalpronomina aus dem rechten Kästchen ein:

S • T • K • M
Deklination der Pronomina beherrschen

Nominativ	Dativ	Akkusativ	Ablativ
ego	?	?	?
?	tibi	?	?
?	?	nōs	?
?	?	?	vōbīscum

nōs tū
tēcum vōbīs vōs mē
tē vōs mihi
nōbīscum mēcum nōbīs

2 Setze das passende Personalpronomen ein.

Volscī ad Coriolānum:
„Cūr Rōmānī ? dīmīsērunt?
Cur ad ? venis?
Quid ? agere cupis?“

Coriolānus ad Volscōs:
„Quia Rōmānī ? accusāvērunt, ad ? veniō.
? Rōmam occupāre cupiō.“

nōs vōs
vōbīscum mē tē
nōbīscum

W

Dē vītā servōrum
Dominus servīs semper *praeest*. *Vīta* multōrum servōrum misera est, nam servī ā pātriā absunt et uxor *dēest*. Uxōrem et līberōs nōn iam vidēre *possunt*. Saepe in *arēnā pūgnīs interesse* dēbent, multī autem in *arēnā* nōn *supersunt*.

L

Das Schicksal des Eutychus

Die Kinder Nonia und Quintus unterhalten sich mit Eutychus über sein Leben als Sklave.

Nōnia: „Eutyche, nārrā nōbīs dē vītā tuā!“

Eutychus: „Ante multōs annōs in Graeciā lūdō praeeram. Multī puerī disciplīnae[1] meae intererant.“

Quīntus: „Quōmodo Rōmam pervēnistī?“

Eutychus: „Aliquando cum amīcīs in Siciliam nāvigāvī. Pīrātae autem nōbīs īnsidiās parāvērunt et nāvigium[2] nostrum cēpērunt. Rōmam nōs abdūxērunt et in forō vendidērunt[3]. Ibi Lūcius Nōnius Asprēnas, pater tuus, mē ēmit. Nunc Rōmae[4] vītam agō et magister vester sum.“

Nōnia: „Fortūna misera tibi est: A patriā tuā abes; uxor et līberī tibi dēsunt.“

Eutychus: „Ita nōn est: Uxor et līberī quidem mihi dēsunt, sed vīta mea misera nōn est. Plūrimī servī aut in agrīs aut in metallīs[5] labōrant. Multī etiam in arēnā pūgnīs intersunt, paucī supersunt. Mihi autem licet vītam in urbe Rōmā agere. Hīc per forum ambulāre et thermās vīsitāre possum.“

Quīntus: „Tū hīc vītam iūcundam – ut ego putō – agere potes. Et nōs tēcum monumenta Rōmae vīsitāre possumus et ā tē fābulās poētārum antiquōrum cōgnōscimus.“

[1] **disciplīna, ae f.** der Unterricht

[2] **nāvigium, ī n.** das Schiff

[3] **vendidērunt** 3. Person Plural Indikativ Perfekt von vendere

[4] **Rōmae** in Rom

[5] **metallum ī, n.** das Bergwerk

Sklavenmarke aus Rom oder Umgebung. Sie war aus Bronze und an einem eisernen Halsring befestigt. Ihre Aufschrift lautet (Ergäzungen in Klammern hinzugefügt): TENE ME NE FUGIA(M) • ET • REVOCA ME AD DOM(I) NUM MEU(M) VIVENTIUM • IN AR(E)A CALLISTI

Übungen

S • T • K • M
Vorläufiges Textverständnis entwickeln

1 Nenne die Tätigkeiten, die die Sklaven verrichten mussten. Lies das lateinische Lesestück sorgfältig durch und suche die entsprechenden Textstellen heraus.

S • T • K • M
Funktion der Pronomina erschließen

2 Schreibe aus dem Lesestück die Sätze heraus, in denen ein lateinisches Personalpronomen im Nominativ das Subjekt bildet, und erkläre, warum es an diesen Stellen ausdrücklich genannt wird.

3 Spielt den lateinischen Lektionstext mit verteilten Rollen nach.

S • T • K • **M**
Texte szenisch gestalten

4 Bilde jeweils den angegebenen Kasus der Pronomina.

S • T • K • M
Deklination der Pronomina beschreiben

Beispiel: ego → Dat.: mihi → Pl.: nōbīs → Akk.: nōs
a) vōs → Dativ → Singular → Akkusativ
b) mē → Nominativ → Dativ → Plural
c) tū → Dativ → Akkusativ → Plural

5 Welches Pronomen passt? Ergänze jeweils das richtige Personalpronomen und übersetze dann:

Eutychus narrat:
a) Aliquandō in Siciliam nāvigābam. Subitō pīrātae ? et amīcīs meīs īnsidiās paravērunt et ? cēpērunt.
b) Summum perīculum ? īnstābat.
c) Pīrātae ? et amīcōs Rōmam abdūxērunt.
d) Uxor et līberī ? dēsunt.
e) Sed dominus ? nōn vexat.
f) Saepe līberī dominī ? forum vīsitant.

mē mihi
mēcum mē nōs
mihi nōbīs

6 Vom Simplex zum Kompositum. Leite die Bedeutung der folgenden Komposita vom jeweiligen verbum simplex ab und übersetze dann die lateinischen Wendungen:

S • T • K • **M**
Elemente der Wortbildungslehre kennen

a) con-venīre: ad amīcōs convenīre; amīcōs convenīre
b) ad-dūcere: cōpiās addūcere – con-dūcere: cōpiās ante urbem condūcere – de-dūcere: cōpiās in patriam dēdūcere – per-dūcere: cōpiās ad urbem perdūcere
c) ā-mittere: pecūniam āmittere – com-mittere: pūgnam committere; amīcō pecūniam committere – dē-mittere: adversārium dē mūrīs urbis dēmittere; lacrimās dēmittere

7 Auf welche lateinischen Wörter lassen sich die folgenden Fremdwörter zurückführen? Erkläre daraus die Bedeutung der deutschen Fremdwörter:

S • T • **K** • M
Fremdwörter erkennen und erklären

antik – Interesse – Ultimatum – renovieren – regieren – signieren

8 Erschließe, welchen Zweck das Halseisen (S. 94) und die Marke (S. 96) mit ihren Inschriften hatten.

S • T • **K** • M
Römische Lebenswelt kennen

Die Inschrift des Halseisens lautet übersetzt: „Halte mich fest und bring mich zurück dem kaiserlichen Beamten (palatinus) Apronianus an der goldenen Flagge (ad mappam auream) auf dem Aventin, weil ich geflohen bin."
Die Inschrift auf der Sklavenmarke lautet übersetzt: „Halte mich fest, damit ich nicht fliehe, und bring mich zu meinem Herrn Viventius zurück, der im Gebiet des Callistus lebt."

Lektion 17

Die Saturnalien – ein großes Fest

Im Ablauf eines Jahres unterschieden die Römer zwischen den Tagen, an denen Verhandlungen vor Gericht geführt und Geschäfte getätigt werden konnten, und den religiösen Fest- und Feiertagen. An diesen waren Handel und Gerichtsprozesse verboten.

Eines der wichtigsten und beliebtesten Feste der Römer waren die Saturnalien (Sāturnālia), die in der Zeit der Wintersonnenwende vom 17. bis 23. Dezember gefeiert wurden.

Bei den Saturnalien handelte es sich ursprünglich um ein Bauernfest, das zu Ehren des Gottes Saturn (Sāturnus) gefeiert wurde. Er war der Sage nach der Vater des Gottes Iuppiter. Nach antiker Vorstellung hatte Saturn bis zum Ende des goldenen Zeitalters, in dem Nahrung für alle im Überfluss vorhanden war, über die Welt geherrscht.

Auch bei den Saturnalien wurde alles, soweit möglich, im Überfluss dargeboten. Die Menschen zeigten sich großzügig. Und vor allem feierten sie mit einer ausgelassenen Heiterkeit und Zügellosigkeit (licentia); allen war fast alles erlaubt. Selbst Sklaven gewährte man an diesen Tagen Freiheit (lībertās). Man sprach von der Freiheit des Dezembers (lībertās Decembris).

Im Laufe der Jahre hatten sich besondere Bräuche an den Saturnalien eingebürgert. So lud man sich gegenseitig zum Essen (cēna) ein und tauschte Geschenke (dōna) aus. Der Alkoholkonsum, das Trinken (bibere), scheint keine Grenzen gehabt zu haben. Und auch das Würfelspiel (ālea), eine große Leidenschaft der Römer, war während dieser tollen Tage ausdrücklich erlaubt. Beliebt war auch der Vortrag von Spottgedichten. Die Saturnalien ähnelten demnach dem heutigen Karneval oder Fasching.

Darstellung des Dezembers im Kalender des Filocalus aus dem Jahr 354. Die Würfel auf dem Tisch symbolisieren die „Saturnalische Freiheit"

Die Verben der a-, e-, i-, konsonantischen Konjugation und esse: Plusquamperfekt/das Possessivpronomen suus, sua, suum

G

Eutychus līberīs dē fortūnā suā nārrāvit. Ante multōs annōs in Graeciā lūdō praefuerat. Aliquandō patriam suam relīquerat et in Siciliam nāvigāverat. Sed pīrātae Eutychum cēperant et Rōmam abdūxerant. Ibi Lūcius Nōnius Eutychum in forō ēmerat et in vīllam suam dūxerat.

Erste Übungen

1 Forme alle Plusquamperfektformen des G-Stücks in die entsprechenden Formen des Imperfekts und Perfekts um.

S • T • K • M
Grundelemente lateinischer Formen kennen

2 Perfekt oder mehr als Perfekt? Übersetze folgende Verbformen:

fuerās – laudāvistī – pāruimus – audīverāmus – fuerant – fuērunt – laudāvērunt – vīderātis – rogāvistis

3 Setze die passende Form des Possessivpronomens suus, sua, suum ein und übersetze dann. Achte darauf, wie sich das Pronomen in der Übersetzung verändert.

S • T • K • M
Pronomina im Kontext einsetzen und übersetzen

a) Dominus amīcōs ? invītāverat.
b) Domina servās ? laudāverat.
c) Domina servōs ? vocāverat.
d) Dominus servās ? observāverat.
e) Dominus amīcō ? dōnum dederat.
f) Dominus uxōrī ? dōna dederat.
g) Domina patrī ? dōnum dederat.
h) Dominus et domina līberīs ? dōna dederant.

Servī *laetī* sunt. *Sērō* per viās *currunt*. In forō amīcīs *suīs occurrunt*. Mox in tabernam perveniunt. Ibi *lūdunt* et *multum bibunt*. *Herī plūs bibērunt*. Cūr *laetī* sunt? Cūr *lūdunt*? Cūr *bibunt*? Quis *causam* explicāre potest?

W

L Io Saturnalia! – Hurra, Saturnalien!

Während der Saturnalien trifft Eutychus bei einem nächtlichen Spaziergang seinen Freund Syrus. Dieser ist auch ein Sklave.

Eutychus post cēnam familiam suam relīquit et ad amīcōs cucurrit. Dum in forō est, Syrō, amīcō suō, occurrit.

Eutychus salūtāvit: „Salvē, Syre! Quid tam sērō per viās ambulās? Ēia,[1] nārrā! Cūr iterum atque iterum rīdēs?“ Syrus respondit: „Salvē, Eutyche! Vīnum bibī!“ Eutychus: „Multum bibistī!“ Syrus: „Iō Sāturnālia! Herī plūs vīnī biberam. Nam cum amīcīs meīs āleā[2] lūseram.“

Tum Syrus amīcō suō causam explicāvit: „Dominus noster mihi centum dēnāriōs[3] dederat, sed in āleā perdidī.“ Eutychus: „Itaque prīmum tē lūdō dederās, deinde tē vīnō dedistī.“ Syrus: „Nunc autem fessus sum et dormīre cupiō. Sed mihi crēde: Rīdēre, lūdere, bibere – hoc[4] est vīvere! Sāturnālia[5] amō, quia lībertātem amō!“ Eutychus: „Cūr dīcis: lībertātem? Nōn lībertātī tē dedistī, sed licentiae.“

Syrus autem stupuit: „Verba tua vēra sunt, sed hodiē mē nōn sollicitant. Dēnāriī dominī meī mihi nōn iam sunt. Pecūniam perdidī, sed bene vīxī! Tempus fugit, ut nōn ignōrās. Sed tū, quōmodo tū cum amīcīs tuīs Sāturnālia ēgistī?“

Eutychus respondit: „Convīvae dominī nostrī dōna apportāverant atque servīs dederant. Dīxērunt: Vestrīs labōribus, servī, nōs semper adiūvistis. Iō Sāturnālia!“

[1] **ēia** Auf! Los!
[2] **ālea, -ae f.** Würfel; Würfelspiel
[3] **dēnārius, -ī m.** der Denar (röm. Silbermünze)
[4] **hoc (Pron.)** hier: das (Nom. Sing. neutr.)
[5] **Sāturnālia, -ium n.** die Saturnalien

Tanzende Musikanten, Fußbodenmosaik aus der Villa des Cicero in Pompeji (Museo Nazionale, Neapel)

Übungen

1 Stelle aus dem Lesestück alle lateinischen Wendungen zusammen, mit denen geschildert wird, wie es an den Saturnalien in Rom zuging.

S • T • K • M
Textaussagen reflektieren

2 Vergleiche das Verhalten des Eutychus mit dem Verhalten des Syrus.

3 Erläutere ausgehend vom Lesestück den Unterschied zwischen lībertās und licentia.

4 Ergänze in den folgenden Sätzen die passenden Formen des Possessivpronomens und übersetze.

S • T • K • M
Pronomina im Kontext einsetzen

a) Pater fīliam amat.
b) Māter fīliōs laudat.
c) Quīntus ad amīcōs currit.
d) Dominus servōs vocat.
e) Poēta convīvās exspectat.
f) Poēta fābulās convīvīs recitat.

5 Tempusreihe: dō → dabam → dedī → dederam.

S • T • K • M
Konjugationen beherrschen

Bilde die entsprechende Reihe von den folgenden Verben:

currō – perdis – crēdit – circumdamus – occurritis – respondēmus – sunt

6 Präsens- oder Perfektstamm? Bestimme genau die folgenden Verbformen nach Person, Numerus, Modus und Tempus:

occurrit – occurrēbas – occurrerās – occurrimus – occurritis – occurristis – relinquit – relīquit – relinquunt – relīquērunt – erās – fuerās – respondet – respondit – respondēs – responderās

7 Die folgenden Aussagesätze lassen sich jeweils mit der Subjunktion quia zu einem Satzgefüge verbinden. Beachte das Zeitverhältnis und setze die Prädikate des neu gebildeten Gliedsatzes in das Plusquamperfekt. Orientiere dich dabei am Lesestück. Übersetze dann das jeweilige Satzgefüge.

S • T • K • M
Vorläufiges Textverständnis entwickeln und Zeitstufen bestimmen

Beispiel: Syrus iterum atque iterum rīsit. Multum bibit.
→ Syrus, quia multum biberat, iterum atque iterum rīsit.
Weil Syrus viel getrunken hatte, lachte er immer wieder. *Oder:*
Syrus lachte immer wieder, weil er viel getrunken hatte.

a) Syrus multum bibit. Pecūniam perdidit.
b) Syrus pecūniam perdidit. Āleā lūsit.
c) Syrus āleā lūsit. Dominus servīs centum dēnāriōs dedit.

8 Arbeite heraus, welche Gemeinsamkeiten und welche Unterschiede es zwischen dem heutigen Fasching oder Karneval und den Saturnalien der Römer gibt.

S • T • K • M
Römische Lebenswelt kennen und vergleichen

Lektion 18

Der Triumphzug – die höchste Ehre

Der Triumphzug (triumphus) galt als Höhepunkt im Leben eines römischen Feldherrn oder Kaisers (imperātor). Er war eine Siegesfeier, die nur in außergewöhnlichen und seltenen Fällen vom Senat genehmigt wurde. Vorausgegangen sein musste ein militärischer Sieg (victōria) nach einem gerechten Krieg (bellum iūstum). In der Regel ist es notwendig gewesen, dass mindestens 5000 Feinde (hostēs) getötet worden waren.

Vor dem eigentlichen Festzug übernachtete der siegreiche Feldherr mit seinen Soldaten (mīlitēs) auf dem Marsfeld. Dort nahm er dann zusammen mit ihnen früh am Morgen Aufstellung. Die Spitze des Zugs bildeten Wagen mit der Beute (praeda) und den Kriegsgefangenen (captīvī). Es folgten Beamte und Senatoren, dann der Triumphator. Dieser fuhr auf einem von vier Schimmeln gezogenen Wagen (quadrīgae). Das Ende des Zuges bildeten die siegreichen Soldaten, die mit Lorbeer geschmückt waren und sich mit Spottliedern über den Feldherrn lustig machen durften.

Rom, der Weg des Triumphzuges in der Kaiserzeit

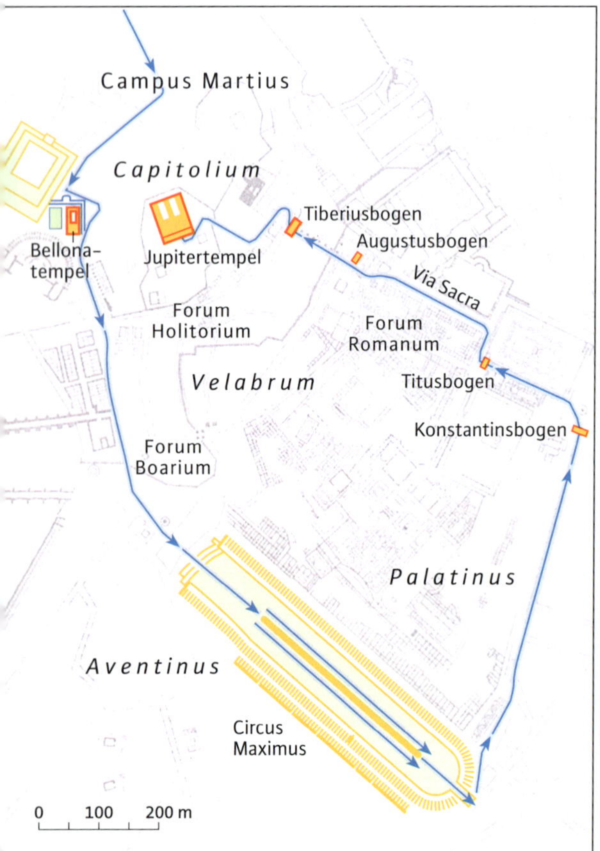

Man betrat die Stadt durch die Porta triumphālis und marschierte durch den Circus Maximus, hierauf über die Via triumphālis. Dann schwenkte man auf die Via Sacra ein, um schließlich hinauf auf das Capitōlium und zum Tempel des Iuppiter Optimus Maximus zu steigen. Der triumphierende Feldherr (imperātor) opferte dort dem höchsten Gott einen Stier (taurus) und legte die Insignien des Imperators ab, die er zuvor während des gesamten Triumphzuges tragen durfte.

Für die kurze Zeit des Triumphzuges wurde der geehrte Feldherr oder Kaiser als eine Verkörperung des Iuppiter Optimus Maximus angesehen. Er trug eine purpurne goldbestickte toga, einen Lorbeerkranz und ein elfenbeinernes Szepter mit Adlerköpfen. Ein Staatssklave stand zusammen mit ihm auf dem vierspännigen Triumphwagen und hielt über ihn eine aus Gold gefertigte Eichenlaubkrone. Es war ihm zugleich aufgetragen, den Umjubelten mit regelmäßiger Wiederholung an seine wahre Natur zu erinnern und zu sagen: „Mementō tē hominem esse!" – „Denke daran, dass du ein Mensch bist!"

Bei der römischen Bevölkerung stand der Triumphzug nicht zuletzt deshalb in so hohem Ansehen, weil militärische Siege als Grundlage des Friedens (pāx) angesehen wurden.

is, ea, id als Demonstrativ-, Personal- und Possessivpronomen

G

Dēlia serva ad Lūciam: „Ea fēmina domina mea est. Et is vir dominus meus est.“
Nōnia: „Eae servae in vīllā patris labōrant. Saepe māter eās servās laudat.“

Eutychus thermās amat. Saepe eās vīsitat. Syrus quoque eās thermās vīsitat. Lūcius Nōnius id vīnum amat. Calpurnia quoque id amat. Multī Rōmānī vīnum amant.
Eutychus dominum suum laudat. Etiam amīcī dominum eius laudant.

Erste Übungen

1 Dekliniere:

S • T • K • M
Pronomina beherrschen

a) is labor   b) ea cīvitās   c) id templum

2 Übersetze und achte dabei genau auf die Wiedergabe der lateinischen Pronomina:

a) Lūcius amīcum suum exspectat. Iam eum videt.
b) Lūcius amīcum suum et patrem eius exspectat. Iam eōs videt.
c) Nōnia amīcam suam exspectat. Iam eam videt.
d) Nōnia amīcam suam et mātrem eius exspectat. Iam eās videt.
e) Quīntus multa dōna cupīvit. Nunc ea habet.

3 Demonstrativ-, Personal- oder Possessivpronomen? Übersetze und bestimme:

Eutychus magister Nōniae et Quīntī est. Līberīs dē Graeciā, patriā *suā*, nārrat. Ibi ante multōs annōs cum parentibus *suīs* vīvēbat. Aliquandō *is* cum amīcīs *suīs* in Siciliam nāvigāvit. Tum pīrātae Eutychō et amīcīs *eius* īnsidiās parāvērunt et *eōs* cēpērunt. *Ea* fortūna Eutychō et amīcīs misera fuit. Pīrātae enim *eōs* Rōmam abdūxērunt et in forō vendidērunt. Nunc Eutychus servus est.

W

Post victōriam *imperātōris cīvēs* laetī fuērunt. Nam *imperātor triumphum* celebrāvit. Itaque cīvēs māne *surrēxerant* et in forum convēnerant. *Imperātor* cum *mīlitibus* suīs *hostēs* vīcerat et *fīnēs* imperiī *dēfenderat*. Nunc *agmen mīlitum* forō appropinquāvit. Multī *cīvēs* in forō fuērunt. *Multitūdō cīvium praedam* atque *captīvōs* spectāvit.

L Io triumphe! – Hurra, Triumph!

Im Jahre 9 n. Chr. hatte Tiberius einen sehr bedrohlichen Aufstand in den Grenzprovinzen Pannonien und Illyrien niedergeschlagen. Da im selben Jahr aber auch drei Legionen des Quinctilius Varus im Teutoburger Wald untergegangen waren, konnte Tiberius seinen Triumph erst im Jahre 13 n. Chr. feiern.
Für diesen Triumph hat sich Lucius Nonius, der Vater des Quintus und Neffe des Varus, besonders interessiert. Schließlich war er selbst im Jahre 9 n. Chr. Kommandeur von zwei in Germanien stationierten Legionen gewesen und hatte dort unmittelbar nach der Katastrophe Schlimmeres verhindert.

Herī Lūciō Nōniō cum līberīs forum petere placuit: Nam Tiberius imperātor Rōmae[1] triumphum celebrāvit. Is enim ante paucōs annōs hostēs vīcerat et fīnēs imperiī dēfenderat.

Multī cīvēs Rōmānī māne surrēxerant et in forum convēnerant. Plūrimī eōrum agmen exspectāvērunt; nam imperātōrem et praedam et captīvōs vidēre cupīvērunt.

Tandem imperātor, postquam quadrīgīs[2] urbem cum suīs mīlitibus intrāvit, Viā Sacrā[3] forō appropinquāvit. Ibi multitūdō cīvium valdē exsultāvit[4]. Triumphum amplum spectāvērunt et clāmāvērunt: „Avē, imperātor! Rōmānī tē salūtant!"

Etiam Lūcius Nōnius imperātōrem salutāvit. Līberī eum rogāvērunt: „Quandō pāx in prōvinciīs est? Nunc? Post eam victōriam?" Pater eīs respondit: „Īgnōrō. Sed populus Rōmānus iam diū pācem dēsīderat. Hodiē autem cum imperātōre et mīlitibus eius praeclāram victōriam celebrāmus et deīs grātiās agimus. Auxiliō enim eōrum legiōnēs nostrae copiās hostium ā nostrīs fīnibus arcuērunt. Eā victōriā deī urbī nostrae pācem dedērunt."

[1] **Rōmae** in Rom
[2] **quadrīgae, ārum f.** Viergespann, vierspänniger Wagen
[3] **Viā Sacrā** auf der Heiligen Straße
[4] **exsultāre** jubeln, (auf) jauchzen; aufspringen

Relief eines Silberbechers aus Boscoreale in Italien

Dēnique agmen Capitōlium ascendit et ad templum summī deī pervēnit. Ibi imperātor taurum sacrificāvit et deīs grātiās ēgit. Nam sine eōrum auxiliō pāx Rōmānīs nōn est.

Relief vom Tempel des Apollo in Circo (Rom)

Übungen

1 Stelle aus dem Lesestück alle Wörter und Wendungen zusammen, die zum Sachfeld „Krieg und Militär" gehören. Unterscheide dabei zwischen Handlungen (Verben) und Handlungsträgern (Substantiven).

S • T • K • M
Sachfelder erstellen

2 Schreibt eine Reportage über den Triumphzug des Tiberius und tragt sie in der Klasse vor.

S • T • K • M
Texte umformen

3 Setze die folgenden Präsensformen ins Perfekt und ins Plusquamperfekt.

Beispiel: dēfenditis → dēfendistis → dēfenderātis
ascendimus, dēfendit, venit, occurrit, contendis, bibis, occīdimus, ascendō, contenditis, ascendunt, occīdō, crēdō, dēfendis, occīditis, dēfendunt

S • T • K • M
Grundelemente lateinischer Formen kennen

4 Das Pronomen is, ea, id kann als Demonstrativpronomen (a), Personalpronomen (b) oder Possessivpronomen (c) verwendet werden. Gib zu allen entsprechenden Formen dieses Pronomens, die sich im Lesestück finden, mit Zeilenangabe die jeweilige Verwendungsweise, (a), (b) oder (c), an.

S • T • K • M
Pronomina im Kontext bestimmen

5 Übersetze und bestimme dabei jeweils die Verwendung des Pronomens is, ea, id:

Imperātor hostēs vīcit.
Mīlitēs victōriam eius laudant,
libenter eī pārent,
eum imperātōrem salūtant,
etiam triumphum amplum cum eō celebrant.

6 Fīlius libellōs **suōs** nōn reperit. Etiam māter libellōs **eius** reperīre nōn potest.

Ersetze fīlius durch a) fīlia, b) fīliī, c) fīliae.
Verändere dann, falls nötig, auch die jeweiligen Pronomina und Prädikate.

7 Übersetze und bestimme die Pronomina:

a) Lūcius Nōnius amīcōs suōs et uxōrēs eōrum exspectat.
b) Tandem ātrium intrant et eum et uxōrem eius salūtant.
c) Lūcius et Calpurnia laetī sunt.
d) Calpurnia līberōs suōs vocat.
e) Iī veniunt et convīvās patris suī salūtant.
f) Convīvae Calpurniae et līberīs eius dōna dant.
g) Līberī convīvīs et dōnīs eōrum gaudent.

S • T • **K** • M
Römische Lebenswelt kennen

8 Beschreibe die Darstellung auf dem Silberbecher von Boscoreale (Seite 104) und erläutere die Szene. Lies dir dazu die Sachinformation noch einmal durch.

9 Beschreibe das Relief vom Tempel des Apollo (Seite 105) und erläutere, welcher Teil des Triumphzuges hier dargestellt ist.

S • T • **K** • M
Fortleben der römischen Kultur kennen

10 Informiere dich in einem Lexikon oder im Internet, in welchen europäischen Städten es heute noch Triumphbögen nach römischem Vorbild gibt.

Der Titusbogen auf dem Forum Romanum

Lektion 19

Ostia – die Hafenstadt Roms

Ostia war die Hafenstadt Roms und befand sich dort, wo der Tiber in das Tyrrhenische Meer mündete. Der Tibermündung verdankt die Stadt Ostia ihren Namen, denn das lateinische Wort ōs bedeutet „Mund, Mündung“. Mit der Ausdehnung des römischen Reiches wurde Ostia ein bedeutender Handelsplatz für den Import und Export von Waren (mercēs).

Rom zählte zu der Zeit, als Kaiser Augustus herrschte (27 v. Chr. – 14 n. Chr.), über eine Million Einwohner. Da viele Einwohner der Hauptstadt sich nicht durch eigene Arbeit ernähren konnten und daher auf Unterstützung angewiesen waren, war die Getreideversorgung aus dem circa 30 Kilometer entfernten Ostia von großer Bedeutung für den sozialen Frieden.

Der Hafen von Ostia war das Eingangstor für Waren aller Art. Außer Massengütern wie Getreide, Wein und Öl wurden auch Luxusgüter und Sklaven eingeführt: Getreide kam aus Sizilien, Ägypten und Nordafrika, Olivenöl und Wein aus Griechenland und Spanien, Edelmetalle wurden aus Spanien und Britannien, Marmor aus Afrika und Griechenland importiert. Die Fracht wurde vor dem Weitertransport in Speichern, Öl- und Weinmagazinen gelagert. In der Hafenstadt gab es auch Geschäftshäuser, Handwerksbetriebe, Fischläden, Gasthäuser und Imbisslokale (tabernae).

Für den Transport der Waren bevorzugten die Händler meist den Weg über das Meer (mare), obwohl im Römischen Reich ein gut ausgebautes Straßennetz zur Verfügung stand. Denn auf Schiffen konnten mehr Waren in kürzerer Zeit zu einem günstigeren Preis befördert werden.

Kaufleute (mercātōrēs), die sich im Seehandel betätigten, konnten es zu großem Reichtum bringen. Andererseits war dieser Beruf mit vielen Risiken verbunden. Die Angst, die teuren Waren und das eigene Leben auf einer Schifffahrt zu verlieren, war der Preis für den erhoffen Gewinn.

Oft kam es auch vor, dass die Schiffe von Piraten (pīrātae) gekapert und die Seeleute (nautae) als Sklaven verkauft wurden.

Noch öfter waren Stürme (tempestātēs), Navigationsschwierigkeiten oder schlechtes Kartenmaterial verantwortlich für den Untergang eines Handelsschiffes mit der gesamten Mannschaft.

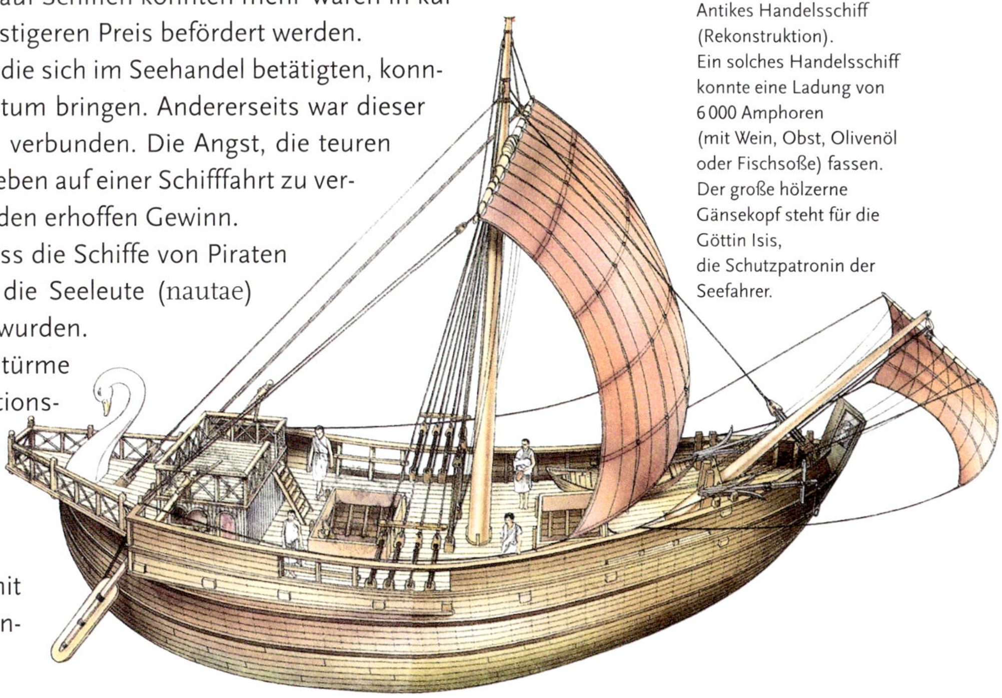

Antikes Handelsschiff (Rekonstruktion). Ein solches Handelsschiff konnte eine Ladung von 6 000 Amphoren (mit Wein, Obst, Olivenöl oder Fischsoße) fassen. Der große hölzerne Gänsekopf steht für die Göttin Isis, die Schutzpatronin der Seefahrer.

G

Der Accusativus cum Infinitivo (AcI)

1. Eutychus agmen imperātōris Tiberiī videt.
2. Eutychus videt: Imperātor Tiberius triumphum celebrat.
   Eutychus videt imperātōrem Tiberium triumphum celebrāre.
   Eutychus audit: Agmen forō appropinquat.
   Eutychus audit agmen forō appropinquāre.
3. Dāvus dīcit: „Etiam imperātor Augustus triumphōs celebrāvit."
   Dāvus dīcit etiam imperātōrem Augustum triumphōs celebrāvisse.
   Cōnstat etiam imperātōrem Augustum triumphōs celebrāvisse.
4. Quīntus dīcit: „Hodiē cīvēs laetī sunt."
   Quīntus dīcit hodiē cīvēs laetōs esse.
5. Scīmus: Triumphus imperātōris Tiberiī amplus fuit.
   Scīmus triumphum imperātōris Tiberiī amplum fuisse.

Erste Übungen

S • T • K • M
AcI erkennen und wiedergeben

1 Verwandle den Infinitiv Präsens in den Infinitiv Perfekt und umgekehrt:

amāre – parāvisse – fuisse – relinquere – tacēre – perdidisse – mīsisse

2 Aus zwei mach eins. Forme jeweils den zweiten Satz in einen AcI um, der vom Prädikat des ersten Satzes abhängig ist, und übersetze den neuen Satz.

a) Quīntus videt: Rōmānī imperātōrem salūtant.
b) Nōnia dīcit: Populus Rōmānus pācem dēsīderat.
c) Lūcius Nōnius scit: Legiōnēs Rōmānae hostēs vīcērunt.
d) Quīntus explicat: Triumphus imperātōris Tiberiī amplus est et multī hominēs laetī sunt.

3 Übersetze die folgenden Sätze:

a) Līberī nōn īgnōrant imperātōrem Tiberium triumphum celebrāre.
b) Populus imperātōrem cum mīlitibus urbem intrāvisse videt.
c) Cīvēs Rōmānī Tiberium forō appropinquāre audiunt.
d) Lūcius Nōnius scit Tiberium hostes ā fīnibus imperiī arcuisse.
e) Lūcius Nōnius līberīs explicat populum iam diū pācem dēsīderāre.

W

Pater Nōniae et Quīntō Ōstiam dēmōnstrat. Ibi multae *nāvēs* frūmentum et vīnum et *oleum* apportant. *Mercātōrēs* clāmant, nam *mercēs* vendere cupiunt. Etiam *nautae* ibi sunt. Iī per *mare* nāvigāvērunt et terrās *ignōtās* vīdērunt. Vīta *nautārum plēna* perīculōrum est. Nam *tempestātēs* saepe *nāvēs* dēlent.

Im Hafen von Ostia

L

Nonia und Quintus begleiten heute ihren Vater nach Ostia. Nachdem Lucius Nonius all seine Geschäfte erledigt hat, bummelt er noch ein wenig mit seinen Kindern durch die Straßen der Stadt und das Hafengelände mit seinen Marktplätzen:

Pater Nōniae et Quīntō aedificia Ōstiae dēmōnstrat. Dum per viās ambulant, multōs hominēs ad fora currere vident. Multōs mercātōrēs ante tabernās clāmāre audiunt.

Nōnia stupet: „Quot hominēs in viīs sunt!“

Pater respondet: „Audīvī herī multās nāvēs Ōstiam pervēnisse et multās mercēs apportāvisse. Hodiē cīvēs ad fora properāre et eās mercēs emere vidēs.“

Quintus clāmat: „Ecce, ea nāvis frūmentum, oleum, vīnum ē Siciliā apportāvit! Iam diū etiam ego cupiō per maria nāvigāre et terrās īgnōtās vidēre.“

Sed Nōnia ad patrem: „Putō frātrem meum dēlīrāre[1]. Nam cōnstat perīcula maris magna esse.“

Pater respondet: „Fortasse vōbīs fortūna Mārcī Sīlānī mercātōris, amīcī meī, nōta est: Eī multae nāvēs erant, saepe in ultimās terrās nāvigābat. Nūper autem comperī pīrātās nāvem eius in marī altō cēpisse et nautās in servitūtem dūxisse.“

Nōnia addit: „Nōn sōlum pīrātae nāvēs dēlent, sed etiam tempestātēs nāvibus mercātōrum īnstant. Ergō etiam tū, Quīnte, intellegere potes vītam nautārum semper plēnam perīculōrum esse.“

Quīntus autem rīdet: „Ego perīcula maris nōn timeō; nam putō Neptūnum deum mē semper servāre.“

[1] **dēlīrāre** Unsinn reden, verrückt sein

Darstellung eines Schiffsunglücks auf einen römischen Sarkophag (Ny Carlsberg Glyptothek, Kopenhagen)

Übungen

S • T • K • M
Zentrale Begriffe heraussuchen

1 Das Lesestück kann man anhand des jeweiligen Sachfeldes in zwei Teile gliedern. Nenne die Begriffe, die jeweils zu einem Sachfeld gehören.

S • T • K • M
Textaussagen reflektieren

2 Ordne die Satzteile der rechten Spalte sinnvoll den Subjekten der linken Spalte zu und übersetze dann:

1. Pater	a) nāvēs pulchrās habet.
2. Nōnia et Quīntus	b) terrās ignōtās vidēre cupit.
3. Nōnia	c) vītam Marcī Sīlānī dēlēvit.
4. Quīntus	d) Nōniae et Quīntō Ōstiam dēmōnstrat.
5. Mārcus Sīlānus	e) tantam turbam hīc esse stupet.
6. Pīrātae	f) mercatōrēs clāmāre audiunt.
7. Tempestās	g) perīcula maris nōn timet.
8. Quīntus	h) nautās in servitūtem dūxērunt.

S • T • K • M
Strukturieren und visualisieren

3 Suche im lateinischen Lesestück alle Sätze, die einen AcI enthalten. Schreibe jeweils das übergeordnete Subjekt und Prädikat heraus sowie den AcI, der davon abhängt. Unterstreiche beide Wortblöcke mit unterschiedlichen Farben.

S • T • K • M
AcI bilden und wiedergeben

4 Aus zwei mach eins! Forme jeweils den zweiten Satz in einen AcI um, der vom Prädikat des ersten Satzes abhängig ist, und übersetze den neuen Satz:

a) Cōnstat. Pater Nōniae et Quīntō Ōstiam dēmōnstrat.
b) Vident. Eae nāvēs mercēs ē Siciliā apportāvērunt.
c) Pater audīvit. Mārcus Sīlānus in terrās ultimās nāvigāvit.
d) Amīcus narrāvit. Pīrātae nāvem Sīlānī cēpērunt.
e) Nōnius comperit. Pīrātae Sīlānum in servitūtem dūxērunt.
f) Cōnstat. Quīntus perīcula maris nōn timet.

S • T • K • M
Konjugationen beherrschen

5 Bestimme genau die Verbform (Person, Numerus, Modus, Tempus) und bilde dann den Infinitiv im jeweiligen Tempusstamm. Beispiel:
sum: 1. Person Singular Indikativ Präsens → Infinitiv Präsens: esse
clāmāvistī: 2. Person Singular Indikativ Perfekt → Infinitiv Perfekt: clāmāvīsse

amant – colimus – dīxī – dūcunt – flexī – intersunt – mīsit – nāvigātis – pāruērunt – parō – fuistī – relīquistis – stupēmus – habuērunt – damus

S • T • K • M
Fremdwörter erkennen und erklären

6 Latein lebt! Erkläre die folgenden Wörter, die aus dem Lateinischen stammen. Suche dazu in einem Lexikon die heutige Bedeutung und nenne das lateinische Ursprungswort.

addieren – Defensive – Intelligenz – merkantil – maritim – Öl – Nautik

Lektion 20

Das Leben auf dem Land

Unter einer „Villa“ verstehen wir heute ein großes Haus mit Garten. Der lateinische Begriff vīlla wurde dagegen vor allem für Häuser, die außerhalb der Stadt lagen, beziehungsweise für Landgüter verwendet. Tatsächlich lebten die meisten Bewohner des römischen Reichs nicht etwa in Städten, sondern auf dem Land (rūs) und betrieben Acker- oder Weinbau und Viehzucht. Ihre Güter nannte man auch vīllae rūsticae.

Ebenso wie in den Stadthäusern gab es in vielen römischen vīllae ein Atrium, ein Peristyl sowie natürlich Schlafzimmer (Singular: cubiculum), Speisezimmer (Singular: triclīnium) und Räume für die Sklaven. Anzahl, Größe und Anlage der einzelnen Räume einer vīlla richteten sich nach dem Reichtum und den Ansprüchen ihres Besitzers. Typisch für vīllae rūsticae war außerdem ein großer Hof, auf dem auch gearbeitet wurde.

Allerdings war die Landwirtschaft nicht auf jedem Gut gleichermaßen wichtig. Reiche römische Bürger fuhren vor allem deshalb zu ihrer vīlla, weil sie Ruhe und Erholung suchten. Trotzdem waren diese vīllae zumeist keine Ferienhäuser, sondern auch dort wurde Landwirtschaft betrieben. Die Arbeit auf dem Feld verrichteten Sklaven, die von einem Gutsverwalter, dem vīlicus, angeleitet und überwacht wurden. Bei diesem handelte es sich ebenfalls um einen Sklaven oder Freigelassenen. Der vīlicus fällte die meisten Entscheidungen über die Leitung der vīlla selbst, sprach sich aber auch oft mit seinem Herrn ab.

Viele reiche Römer leisteten sich wahre Luxusvillen. So hat man riesige Landhäuser gefunden, die mit Wandmalereien, Statuen und sonstigen Kunstgegenständen prächtig ausgestattet waren. Auch gab es beeindruckende Gärten. Das Landleben in solchen vīllae unterschied sich sehr vom Alltag derjenigen Bauern, die nur einen kleinen Hof bewirtschafteten, denn diese hatten es oft schwer, überhaupt ihren Lebensunterhalt zu bestreiten.

Natürlich gab es auf dem Land weniger Möglichkeiten zur Unterhaltung als in der Stadt. Eine wichtige Rolle spielten daher die Landfeste. Berühmt sind die Cereālia, ein Fest zu Ehren der Cerēs, der Göttin der Feldfrüchte, bei dem ausgiebig getanzt und gesungen wurde.

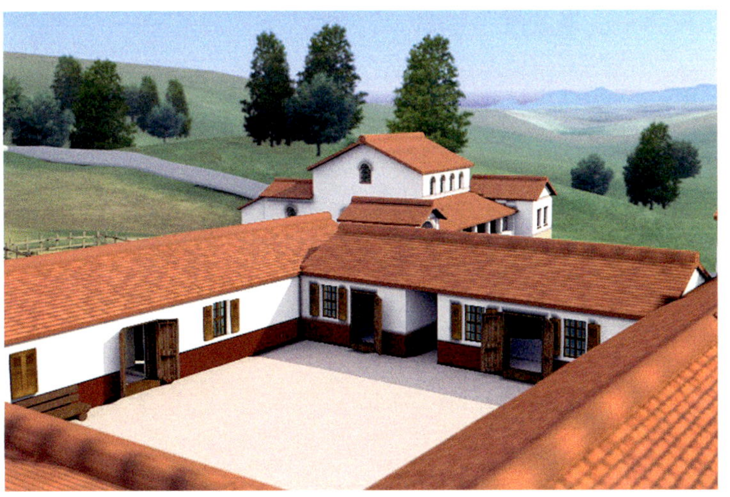

Computerrekonstruktion der Villa rustica in Hechingen-Stein mit Blick in den Innenhof

G Adjektive der 3. Deklination (dreiendige)/Das Verbum īre

Equus *celer* nōn est. Itaque *iter celere* nōn est. Sed nāvis *celeris* est. Libenter nāve celerī nāvigāmus.
Quīntus in thermās *it*. Tum Mārcus rogat: „Quō *is*, Quinte?“ Quīntus: „In thermās *eō*. Etiam amīcī in thermās *eunt*. Iam herī cum amīcīs in thermās *iī*. Iam herī *iimus*.“

Erste Übungen

S • T • K • M
Deklinationen und Konjugationen beherrschen

1 a) Bestimme die folgenden Substantiv-Adjektiv-Verbindungen nach Kasus, Numerus und Genus. Bilde dann den Nominativ (Singular oder Plural) und übersetze diesen:

equum celerem – equīs celeribus (2) – victōriā celerī – nāvis celeris (2) – animōs celerēs – victōriae celerī – cōnsilium celere – cum hoste celerī – mīlitī celerī

b) Setze sämtliche Wendungen in den anderen Numerus.

2 Sortiere die Formen von īre nach den Tempora (Präsens, Imperfekt, Perfekt und Plusquamperfekt) und übersetze sie dann:

eunt – iērunt – ierant – ībant – ībās – ierās – īs – īstis – ītis – iit

3 „īre“ oder i-Konjugation? Bestimme jeweils das Tempus und übersetze:

venis – redīs – redīstī – audīvistī – pervēnīstis – perīstis – pereō – dormiō – dormiunt – subeunt – subiērunt – comperērunt

W

Quīntus Nōniae dīcit: „Per Campāniam *iter facimus*. Nam patrem et mātrem patris vīsitāmus. *Avum* et *aviam* vīsitāmus.
Sed via *longa* est. *Neque* equus *celer* est. Itaque iter *longum* est.
Ad vīllam *avī īmus*. Ad vīllam *avī īre* placet. Ibi *avum* et *aviam ad-īmus*. Tum in urbem Rōmam *red-īmus*.“

Feldarbeit und Saat im Herbst, Mosaik aus Saint-Romain-en-Gal, Frankreich

Olivenernte im Herbst, Mosaik aus Saint-Romain-en-Gal, Frankreich

Aufs Land!

L

Der Großvater von Quintus und Nonia heißt ebenfalls Lucius Nonius Asprenas. Er war früher ein einflussreicher Senator. Doch nun widmet er sich ausschließlich seinem südlich von Rom gelegenen Landgut, auf dem er seit einigen Jahren lebt. Gerade im Sommer, wenn es in Rom sehr heiß wird, fahren auch Quintus' und Nonias Eltern, Lucius Nonius und Calpurnia, mit ihren Kindern gerne dorthin, um sich auf dem Land zu erholen. Die Reise ist jedoch mit einigen Strapazen verbunden.

Lūcius Nōnius Asprēnas, avus Lūciī Nōniī, in Campāniā rūs amoenum habet. Hodiē Lūcius Nōnius cōnsilium init cum familiā iter in rūs patris facere. In animō habent ad vīllam avī īre. Quīntus et Nōnia itinere gaudent, nam vīlla rūstica avī eīs valdē placet. Itaque ācrī animō raedam[1] ascendunt.

Nōniī raedā[1] ex urbe exeunt. In itinere sōl ardet. Raeda[1] onusta[2] est neque equī celerēs sunt. Līberī fīnem itineris dēsīderant et Quīntus rogat: „Cūr labōrēs itineris subīmus? Cūr nōn in urbem redīmus? Sitī[3] ācrī pereō!" Sed pater fīlium monet: „Quid est? Iter per Campāniam longum esse nōn īgnōrās. Tacē!"

Post multās hōrās ad rūs perveniunt. Avus et avia līberōs salūtant. Tum eīs vīllam praeclāram et hortum amplum dēmōnstrant. Dum per hortum ambulant, vīlicus[4] avum adit et dīcit: „Hodiē servī bene labōrāvērunt et māgnōs labōrēs subiērunt. Tuōs agrōs amplōs coluērunt. Ūnus autem ē servīs labōrēs nōn subiit. Putō eum servum aegrum esse." Avus vīlicō respondet: „Quod servus hodiē nōn labōrāvit, eī cēnāre nōn licet."

Quīntus et Nōnia stupent: Avus in līberōs bonus est, in servōs autem ācer!

[1] **raeda, ae f.** der Reisewagen

[2] **onustus, a, um** voll beladen

[3] **sitis, is f.** **(Abl.: sitī)** der Durst

[4] **vīlicus, ī m.** der Verwalter

Römischer Reisewagen
Relief an der Kirche von Maria Saal bei Klagenfurt (Kärnten)

Übungen

S • T • K • **M**
Sachfelder erstellen

1 Schreibe aus dem Lesestück die Wörter heraus, die zum Sachfeld „Bewegung/Reisen“ gehören, und ordne sie nach Wortarten.

S • **T** • K • M
Textsignale identifizieren

2 „Kleine“ Wörter – große Wirkung

nam – tum – sed etc. Suche aus dem Lesestück die Konnektoren (vgl. Gr. 13, S 5.3) heraus und beschreibe ihre Bedeutung für den inhaltlichen Zusammenhang des Textes.

S • T • K • M
Deklinationen und Konjugationen beherrschen

3 Substantive und Adjektive. Verbinde die folgenden Substantive und Adjektive zu sprachlich richtigen und inhaltlich sinnvollen Ausdrücken. Übersetze dann:

4 Eile mit Weile. Ersetze die Formen von properāre durch īre:

properō – properābant – properāvistī – properāverat – properant – properāvī – properābāmus

5 Alles „īre“?

a) Gib an, welche der folgenden Wörter keine Formen von īre sind. Nenne zu diesen die Lernform und die deutsche Bedeutung.

eō – ita – īra – iī – ibi – eī – eīs – īs – iūris – īstis – ītis – it – id – īmus – iimus – iērunt – iam – ieram – eram – ībam

b) Sortiere die Formen von īre nach den Tempora und übersetze sie.

6 Immer wieder „-i“.
Bestimme die folgenden Formen. Bilde jeweils die Lernform und übersetze diese.

clārī (2) – celerī (2) – cēterī – cīvī – cibī (2) – cēnāvī

7 Welche Bedeutung passt?
Zu zahlreichen Vokabeln hast du mehrere Bedeutungen gelernt, die sich teilweise erheblich voneinander unterscheiden. Bevor du die folgenden Substantiv-Adjektiv-Verbindungen übersetzt, nenne sämtliche Bedeutungen des Adjektivs, die du kennst. Welche passt hier am besten? Wo bietet sich eine freie Übersetzung an?

S • T • K • M
Mehrdeutigkeit erklären

hortus iūcundus – vir iūcundus – mūrus altus – mare altum – sōl ācer – animus ācer – cibus ācer – cibī variī – varia fortūna – nūntius malus – homō malus – poēta clārus – caelum clārum

8 Teller und Speisen, aus Ton gebrannt und ursprünglich bemalt, waren als Gaben an die Götter oder an die Toten gedacht. Gib an, welche Früchte du auf dieser Opferschale erkennst.

S • T • K • M
Römische Lebenswelt kennen

Früchteteller, 4./3. Jh. v. Chr. (Berlin, Staatl. Museen)

9 Die Entfernung von Rom in die Nähe von Neapel, wo das Landgut des Großvaters lag, betrug ca. 150 römische Meilen. Eine römische Meile entspricht 1,5 Kilometern. Berechne die Entfernung zum Landgut des Großvaters in Kilometern. Gib an, wie lange die Kinder unterwegs waren, wenn sie mit einem Reisewagen 60 Kilometer am Tag zurücklegten.

Plateaulektion 16 – 20

Grundwissen: Leben in der Stadt und auf dem Land

Ōstia

Den wichtigsten Hafen der Stadt Rom hatte die Stadt **Ostia**. Ostia ...

- ... lag an der Mündung des Tiber in das Tyrrhenische Meer
- ... war Umschlagplatz für Nahrungsmittel, Sklaven und Luxusgüter aus aller Welt.

Sklaven in Rom

Um Christi Geburt war ungefähr jeder dritte Einwohner des römischen Reiches ein **Sklave**. Sklaven ...

- ... waren zumeist als Kriegsgefangene in die Sklaverei geraten
- ... wurden auf Sklavenmärkten im ganzen Reich verkauft
- ... galten vor dem Gesetz als eine Sache und hatten keine Rechte
- ... arbeiteten oft unter sehr harten Bedingungen (z. B. in Bergwerken oder auf den Feldern der Landgüter)
- ... konnten aber auch qualifizierte Arbeiten verrichten (z. B. als Arzt, Lehrer)
- ... konnten auch ihre Freiheit erlangen, und zwar durch Freilassung oder Freikaufen

Die vīlla rūstica

Römische Bürger, die es sich leisten konnten, hatten neben einem Haus in der Stadt auch ein **Landgut**. Solche **vīllae rūsticae** ...

- ... waren oft landwirtschaftliche Betriebe
- ... konnten auch als Ort dienen, an dem man sich von den Strapazen in der Stadt erholte
- ... wurden zumeist von einem vīlicus, einem **Sklaven** oder Freigelassenen, verwaltet

Iō triumphe!

Als eine Nation, die vor allem durch militärische Erfolge groß geworden war, schätzten die Römer besonders den **Triumphzug**. Triumphe waren ...

- ... eine seltene Ehre für besonders verdiente Feldherren
- ... ein religiöses Ritual, bei welchem den Göttern geopfert wurde
- ... eine Möglichkeit, die römische Macht zur Schau zu stellen

Iō Sāturnālia!

Eines der beliebtesten Feste der Römer waren die **Saturnalien**. Die Saturnalien ...

- ... wurden im Dezember zu Ehren des Gottes Saturn gefeiert
- ... waren ein besonders ausgelassenes Fest
- ... wurden mit Essen, Trinken und Würfelspiel begangen
- ... waren ein Anlass, sich gegenseitig zu beschenken

Begegnung zweier Sklaven

Nicht nur Lucius Nonius, seine Frau Calpurnia und ihre Kinder Quintus und Nonia genießen das Leben auf dem Landgut des Großvaters. Hier hat auch ihr Sklave Eutychus weniger zu tun als in ihrem Haus in der Stadt. Neugierig geht er durch die vīlla rūstica ihres Gastgebers und schaut sich alles genau an, als er plötzlich eine laute Stimme hört.

„Quō īs, serve?“ Servus māgnus intrāvit. Verbīs ācribus Eutychum accūsat: „Quid raptāvistī? Ubī est aes dominī meī? Ego pecūniam eius observāre dēbeō.“ Eutychus cōgitat: „Corpus amplum eius virī timeō.“ Tum homō īrātus clāmat: „Quid tēcum cōgitās?“ Et Eutychus respondet: „Nihil[1] raptāvī. Vīllam praeclāram spectō.“
Sed vir īnfēstus eī nōn crēdit: „Tē īgnōrō. Dīc mihi nōmen[2] tuum!“ Et Eutychus: „Ego sum Eutychus, servus Lūciī Nōniī. Eius pater dominus tuus est. Tū scis dominum meum herī cum uxōre līberīsque advēnisse. Ego cum eīs vēnī.“ Nunc vir verbīs iūcundīs respondet: „Salvē, Eutyche. Ego sum Pulcher, servus Lūciī Nōniī, patris dominī tuī.“
Eutychus rīdet, nam is homō pulcher nōn est. Statim Pulcher clāmat: „Cūr mē rīdēs? Dominus mihi id nōmen[2] dedit, postquam Rōmam pervēnī. In bellō prō patriā meā cum Rōmānīs pūgnāveram. Postquam Rōmānī nōs superāvērunt, mē cēpērunt: Nunc servus sum. Dominus mē nōn bene habet[3]. Mē et cēterōs servōs saepe rīdet. Rōmānī, dominī nostrī, hominēs malī sunt.“
Eutychus tacet. Plūrimōs servōs vītam miseram agere scit. Et suum dominum virum bonum esse intellegit. Sed eius pater in servōs ācer est.

[1] **nihil** nichts

[2] **nōmen, nōminis n.** der Name

[3] **bene habēre** gut behandeln

Ein Sklave bringt seinem Herren Schreibtafeln; Antikes Grabrelief (Archäologisches Museum, Mailand)

- Beschreibe anhand des Lesestücks, wie der Großvater und der Vater jeweils in unterschiedlicher Weise mit den Sklaven umgehen. Nimm Stellung zu der Tatsache, dass der Großvater seinem Sklaven den Namen Pulcher gegeben hat.

S • T • K • M
Verhaltensweisen antiker Menschen erkennen und beurteilen

Methodenkompetenz (6): Adjektive und Pronomina

1. Adjektive: Im Übersetzungstext (Z. 1) findest du die Substantiv-Adjektiv-Verbindungen servus māgnus („ein großer Sklave") und verbīs ācribus („mit heftigen Worten"). Diese passen nach **Ka**sus, **N**umerus und **G**enus (**KNG**) zueinander. Mache dir immer klar, zu welcher Deklination ein Substantiv oder Adjektiv gehört. Denn die Deklinationsklassen ändern sich in den Verbindungen natürlich nicht:

Nom. Sg. m.	
servus	**māgnus**
Substantiv der o-Deklination m.	Adjektiv der a- und o-Deklination

Abl. Pl. n.	
verbīs	**ācribus**
Substantiv der o-Deklination n.	Adjektiv der konsonantischen Deklination

2. Possessivpronomina: Die Possessivpronomina meus, tuus, suus (Pl.: noster, vester, suus) werden wie Adjektive der a- und o-Deklination dekliniert und an Substantive nach KNG angepasst. Im Text (Z. 2) findest du zum Beispiel dominī meī („meines Herren"):

Gen. Sg. m.	
dominī	**meī**
Substantiv der o-Deklination m.	Possessivpronomen

3. is, ea, id als Demonstrativpronomen: Wird is, ea, id als Demonstrativpronomen verwendet, dann steht es in Verbindung mit einem Bezugswort, an das es nach KNG angepasst ist; vergleiche im Text (Z. 3) eius virī („dieses Mannes"):

Gen. Sg. m.	
eius	**virī**
is, ea, id als Demonstrativpronomen	Substantiv der o-Deklination m.

4. is, ea, id als Personalpronomen der 3. Person: Ohne direktes Bezugswort kann is, ea, id als Personalpronomen der 3. Person („er", „sie", „es") verwendet werden. Es steht dann für eine zuvor genannte Person oder Sache, mit der es in **Numerus** und **Genus** übereinstimmt, z. B.:

	Singular m./Singular f.	
Ubī est	**Dāvus servus/Dēlia serva**	?

Wo ist **der Sklave Davus/die Sklavin Delia?**

Sing m./Sing f.	
Eum/Eam	nōn videō.

„Ich sehe **ihn/sie** nicht."

Übungen

S • T • K • **M**
Paradigmata zur Bestimmung von Formen und Satzteilen nutzen

1 Im Übersetzungstext findest du zwölf weitere Adjektivformen, die entsprechend der KNG-Kongruenz an ein Substantiv angepasst sind. Schreibe die Verbindungen heraus und bestimme bei ihnen Kasus, Numerus und Genus. Gib auch die Deklination der Substantive und Adjektive an.

2 Im Text stehen sieben weitere Verbindungen von Possessivpronomen und Substantiv. Schreibe sie heraus und bestimme sie nach KNG. Gib die Deklination der Substantive an.

3 Im Text stehen zwei weitere Verbindungen von is, ea, id und Substantiv. Schreibe sie heraus und bestimme sie nach KNG. Gib die Deklination der Substantive an. Achtung! Formen von is, ea, id ohne Bezugswort werden nicht herausgeschrieben.

4 Im Übersetzungstext findest du zwei weitere Formen von is, ea, id als Personalpronomen der 3. Person. Schreibe sie heraus und bestimme sie nach KNG. Gib dann an, welchen zuvor genannten Begriff das Pronomen vertritt.

5 eius oder suus? Im Übersetzungstext wird das Besitzverhältnis sowohl durch eius als auch durch suus angegeben: pecuniam eius (Z. 2), eius pater (Z. 7), suum dominum (Z. 19/20) eius pater (Z. 21/22)
Nenne jeweils das Subjekt dieser Sätze und erkläre, wer mit eius oder suus gemeint ist. So kannst du beim Übersetzen von Texten die Bedeutung der Pronomen unterscheiden.

S • T • K • M
Deklinationen beherrschen

6 Substantiv sucht Adjektiv und Pronomen! Zu jedem Substantiv passt ein Adjektiv, ein Possessivpronomen und eine Form von is, ea, id. Ordne diese den Substantiven zu (KNG!). Bilde dann den Nominativ Singular und übersetze die Wendungen:

Substantive: corporibus – itinere – maris – nāvium – superbiam – verba
Adjektive: ācria – altī – celerī – longārum – māgnīs – malam
Possessivpronomina: meō – nostrī – sua – suīs – tuam – vestrārum
is, ea, id: ea – eam – eārum – eō – eīs – eius

7 Bilde die nach KNG passende Form von is, ea, id zu folgenden Substantiven. Setze die Verbindungen dann – sofern notwendig – in den Nominativ und übersetze sie:

aedificium – labōrēs (2) – libellī (2) – mortem – nautae (3) – pāce – puerōs – rēgis – servitūtī – sīgnō (2) – temporum – virum

Lektion 21 – 25

Viri et virtutes

Seit der Frühzeit der römischen Republik wurde die Erinnerung an die Taten bedeutender Männer (virī) durch die Jahrhunderte hindurch lebendig erhalten. Deren Taten galten als beispielhaft, wenn sie auf allgemein anerkannten Werten und bewunderten Tugenden (virtūtēs) beruhten. Zu diesen Tugenden gehörten z. B. die Ehrfurcht und Pflichterfüllung gegenüber den Eltern, den Göttern und dem Staat (pietās), der Mut (fortitūdō), die Treue (fidēs), das Maß und die Bescheidenheit (moderātiō), die Standhaftigkeit (cōnstantia).

Männer, die auf Grund ihrer Tugenden große Taten vollbracht oder wichtige Siege für Rom errungen hatten, wurden in Rom durch Statuen geehrt. Die Römer errichteten aber auch Tempel für die Tugenden als Gottheiten. Auch auf Münzen stellten sie die virtūtēs als Personen dar.

Kopf der personifizierten Virtus. Vorderseite eines Denars des M. Aquilius aus dem Jahr 71 v. Chr. Das Virtus-Bild weist auf einen militärischen Erfolg des Großvaters von Aquilius hin.

Köpfe des personifizierten Honos (Ehre) (links) und der Virtus. Vorderseite eines Denars, im Jahr 70 v. Chr. gemeinsam ausgegeben von einem Fufius Kalenus und einem Mucius Cordus.

Personifikation der Virtus in Amazonentracht mit Helm und in Fellstiefeln (rechts) und des Honos mit Hüftmantel, Füllhorn und Szepter. Rückseite eines Sesterz des Kaisers Galba, 69 n. Chr.

Kopf der personifizierten Pietas. Früheste Münzdarstellung der Pietas. Vorderseite eines Denars des M. Herennius, 108/107 v. Chr.

Übungen

S • T • K • **M**
Paradigmata zur Bestimmung von Formen und Satzteilen nutzen

1 Im Übersetzungstext findest du zwölf weitere Adjektivformen, die entsprechend der KNG-Kongruenz an ein Substantiv angepasst sind. Schreibe die Verbindungen heraus und bestimme bei ihnen Kasus, Numerus und Genus. Gib auch die Deklination der Substantive und Adjektive an.

2 Im Text stehen sieben weitere Verbindungen von Possessivpronomen und Substantiv. Schreibe sie heraus und bestimme sie nach KNG. Gib die Deklination der Substantive an.

3 Im Text stehen zwei weitere Verbindungen von is, ea, id und Substantiv. Schreibe sie heraus und bestimme sie nach KNG. Gib die Deklination der Substantive an. Achtung! Formen von is, ea, id ohne Bezugswort werden nicht herausgeschrieben.

4 Im Übersetzungstext findest du zwei weitere Formen von is, ea, id als Personalpronomen der 3. Person. Schreibe sie heraus und bestimme sie nach KNG. Gib dann an, welchen zuvor genannten Begriff das Pronomen vertritt.

5 eius oder suus? Im Übersetzungstext wird das Besitzverhältnis sowohl durch eius als auch durch suus angegeben: pecuniam eius (Z. 2), eius pater (Z. 7), suum dominum (Z. 19/20) eius pater (Z. 21/22)
Nenne jeweils das Subjekt dieser Sätze und erkläre, wer mit eius oder suus gemeint ist. So kannst du beim Übersetzen von Texten die Bedeutung der Pronomen unterscheiden.

S • T • K • M
Deklinationen beherrschen

6 Substantiv sucht Adjektiv und Pronomen! Zu jedem Substantiv passt ein Adjektiv, ein Possessivpronomen und eine Form von is, ea, id. Ordne diese den Substantiven zu (KNG!). Bilde dann den Nominativ Singular und übersetze die Wendungen:

Substantive: corporibus – itinere – maris – nāvium – superbiam – verba
Adjektive: ācria – altī – celerī – longārum – māgnīs – malam
Possessivpronomina: meō – nostrī – sua – suīs – tuam – vestrārum
is, ea, id: ea – eam – eārum – eō – eīs – eius

7 Bilde die nach KNG passende Form von is, ea, id zu folgenden Substantiven. Setze die Verbindungen dann – sofern notwendig – in den Nominativ und übersetze sie:

aedificium – labōrēs (2) – libellī (2) – mortem – nautae (3) – pāce – puerōs – rēgis – servitūtī – sīgnō (2) – temporum – virum

Lektion 21 – 25

Viri et virtutes

Seit der Frühzeit der römischen Republik wurde die Erinnerung an die Taten bedeutender Männer (virī) durch die Jahrhunderte hindurch lebendig erhalten. Deren Taten galten als beispielhaft, wenn sie auf allgemein anerkannten Werten und bewunderten Tugenden (virtūtēs) beruhten. Zu diesen Tugenden gehörten z. B. die Ehrfurcht und Pflichterfüllung gegenüber den Eltern, den Göttern und dem Staat (pietās), der Mut (fortitūdō), die Treue (fidēs), das Maß und die Bescheidenheit (moderātiō), die Standhaftigkeit (cōnstantia).
Männer, die auf Grund ihrer Tugenden große Taten vollbracht oder wichtige Siege für Rom errungen hatten, wurden in Rom durch Statuen geehrt. Die Römer errichteten aber auch Tempel für die Tugenden als Gottheiten. Auch auf Münzen stellten sie die virtūtēs als Personen dar.

Kopf der personifizierten Virtus. Vorderseite eines Denars des M. Aquilius aus dem Jahr 71 v. Chr. Das Virtus-Bild weist auf einen militärischen Erfolg des Großvaters von Aquilius hin.

Köpfe des personifizierten Honos (Ehre) (links) und der Virtus. Vorderseite eines Denars, im Jahr 70 v. Chr. gemeinsam ausgegeben von einem Fufius Kalenus und einem Mucius Cordus.

Personifikation der Virtus in Amazonentracht mit Helm und in Fellstiefeln (rechts) und des Honos mit Hüftmantel, Füllhorn und Szepter. Rückseite eines Sesterz des Kaisers Galba, 69 n. Chr.

Kopf der personifizierten Pietas. Früheste Münzdarstellung der Pietas. Vorderseite eines Denars des M. Herennius, 108/107 v. Chr.

Rückseite des Herennius-Denars als Beispiel für pietās: Aeneas trägt seinen en Vater Anchises aus m brennenden Troja.

Kopf der personifizierten Pietas mit dem Storch als Kennzeichen. Vorderseite eines Denars des Imperators Q. Caecilius Metellus Pius, 81 v. Chr.

Kopf der personifizierten Iustitia. Vorderseite eines Denars des Kaisers Titus (79–81 n. Chr.)

Personifikation der Fides, die einen Früchteteller und eine Ährengarbe hält. Rückseite eines Silber-Denars des Kaisers Trajan, 104/106 n. Chr.

- Beschreibe, wie einzelne virtūtēs auf den Münzen dargestellt sind, und überlege, warum sie auf Münzen abgebildet wurden. Beachte dabei auch die Datierung der abgebildeten Münzen.
- Informiere dich in einem Lexikon oder im Internet, welche Tugenden in einem Tempel auf dem Forum Romanum verehrt wurden.

Lektion 21

Exempla trahunt

„Darauf soll jeder genau sein Augenmerk richten, wie das Leben, wie die Sitten waren, durch welche Männer und durch welche Eigenschaften zu Hause und im Krieg die römische Herrschaft begründet und vergrößert wurde. [...] Daraus kann man für sich und den eigenen Staat das entnehmen, was man nachahmen kann, aber auch, was man vermeiden muss.“
Unter anderem mit diesen Worten leitet der römische Historiker Livius (ca. 59 v. Chr. – 17 n. Chr.) sein großes Geschichtswerk ein, in dem er die römische Geschichte von der Gründung der Stadt Rom (ab urbe conditā) bis zur Zeit des Kaisers Augustus erzählt. Ein Ziel der römischen Geschichtsschreibung ist es, den Lesern am Beispiel hervorragender Römer Vorbilder zu vermitteln, deren Einsatz für den römischen Staat die Zeitgenossen zur Nachahmung anregen soll. Das Motto lautet dabei: „Verba docent, exempla trahunt: Worte lehren, anschauliche Beispiele aber reißen mit!“
Entscheidend in der Darstellung sind dabei auch die einzelnen Tugenden (virtūtēs), für welche die jeweiligen Persönlichkeiten berühmt waren. Gerade für die Frühzeit Roms, als sich die Stadt nach der Vertreibung des Tarquinius Superbus in zahlreichen Kämpfen gegen ihre Nachbarn behaupten musste, gibt es eine Vielzahl von Erzählungen, die aus heutiger Sicht übertrieben wirken. Die Römer aber betrachteten diese Erzählungen als festen Bestandteil ihrer eigenen Geschichte. Denn an diesen Beispielen ließ sich gut zeigen, dass gerade in der frühen Republik einzelne Bürger immer wieder bereit waren, furchtlos für die Freiheit ihrer Stadt einzutreten.
Die Erzählung von C. Mucius Scaevola zählt zu diesen Legenden: Angeblich war Tarquinius Superbus aus Rom zu Porsenna, dem König der etruskischen Stadt Clusium, geflüchtet und hatte ihn überredet, Rache für seine Vertreibung zu nehmen. Als Porsenna daraufhin mit seinem Heer vor den Toren Roms erschien, gerieten die Bürger in große Angst. Porsenna schloss Rom mit einem dichten Belagerungsring ein und wartete darauf, dass sich die Römer freiwillig ergeben würden. In dieser aussichtslosen Lage schlich sich Mucius in das Lager des Etruskerkönigs und wollte Porsenna töten. Dieser Plan scheiterte zwar, aber Mucius ließ sich lieber seine Hand verbrennen, als dass er sein Vorhaben aufgab. Porsenna war von dem unerschrockenen Mut des jungen Römers so beeindruckt, dass er bald darauf mit seinen Truppen abzog. So hatte C. Mucius Rom gerettet.

Grabstein mit der Darstellung der Tat des Mucius Scaevola, aus Dunapentele (heute: Dunaújváros), in der römischen Provinz Pannonia, 2. Jh. n. Chr. (Ungarisches Nationalmuseum)

G

Pronomina im AcI

1. Quīntus amīcīs nārrat: „Scītis: Ego cum Nōniā in rūs avī iter fēcī." – „Scītis mē cum Nōniā in rūs avī iter fēcisse."
2. Amīcī respondent: „Nōn īgnōrāmus: Tū saepe in rūs avī iter facis." – „Nōn ignōrāmus tē saepe in rūs avī iter facere."
3. Quīntus dīcit: „Scītis: Multās hōrās per Campāniam iter fēcimus." – „Scītis nōs multās hōrās per Campāniam iter fēcisse." Amīcī respondent: „Scīmus vōs multās hōrās per Campāniam iter fēcisse."
4. Quīntus nārrat: „Vīllam praeclāram et hortum amplum spectāvī. Hortus mihi valdē placuit." – Quīntus nārrat sē vīllam praeclāram et hortum amplum spectāvisse. Dīcit hortum sibi valdē placuisse.
5. Amīcī dīcunt: „Tēcum vīllam avī tuī vīsitāre in animō habēmus." – Amīcī dīcunt sē in animō habēre cum Quīntō vīllam avī eius vīsitāre.

Erste Übungen

1 Ergänze die jeweils fehlenden Personalpronomina (1./2. Person):

S • T • K • M
Deklinationen beherrschen

a) ego – ? – nōs – ? b) ? – tuī – ? – vestrī c) mihi – ? – nōbīs – ?
d) ? – tē – ? – vōs e) ā mē – ? – ā nōbīs – ?

2 Aus zwei mach eins. Forme jeweils den zweiten Satz in einen AcI um, der vom Prädikat des ersten Satzes abhängt, und übersetze den Satz:

S • T • K • M
Pronomina im AcI beherrschen

Quintus dīcit:
a) „Scītis. Ego in rūs avī iter fēcī.
b) Nōn īgnōrātis. Fīnem itineris dēsīderāvī.
c) Nam audīvistis. Multās hōrās per Campāniam iter fēcimus."
Amīcī respondent:
d) „Comperimus. Multōs labōrēs in eō itinere subīstis.
e) Sed cōnstat. Tū vītam rūsticam amās."

3 Reflexiv oder nicht reflexiv? Welches Pronomen ist gefragt?

S • T • K • M
Pronomina im AcI unterscheiden

a) Eutychus servum māgnum videt. ? servum Lūciī Nōniī esse nōn scit.
b) Pulcher servus nārrat ? aliquandō prō patriā cum Rōmānīs pūgnāvisse.
c) Pulcher dominum suum nōn laudat; dīcit ? saepe servōs rīdēre.
d) Pulcher dē fortūnā suā nārrat; dīcit ? vītam miseram agere.

W

Porsenna rēx iam diū urbem Rōmam *oppūgnat.* Itaque cīvēs Rōmānī in māgnō timōre sunt et *dē salūte dēspērant. Senātōres* deīs sacrificant et multīs precibus auxilium ab eīs petunt. Tum *adulēscēns* Rōmānus cōnsilium capit: In animō habet castra hostium inīre et rēgem occīdere.

L Unerschrockener Mut

Auf die Bitte des Tarquinius Superbus hin beginnt der etruskische König Porsenna mit der Belagerung Roms: Die Einwohner sollen dafür bestraft werden, dass sie Tarquinius vertrieben haben. Als die Situation schon sehr kritisch ist, fasst C. Mucius, ein junger Römer, einen verwegenen Plan:

Iam diū Porsenna rēx cum plūrimīs mīlitibus urbem Rōmam oppūgnābat. Cīvēs in māgnō timōre erant et iam dē salūte dēspērābant. Tum C. Mūcius adulēscens senātōrēs adiit et dīxit: „Nōn īgnōrātis nōs summō in perīculō esse. Sed scīte mē parātum esse patriam hostibus līberāre! Nam cōnsilium iniī Porsennam rēgem occīdere. Itaque vōs rogō: Sinite mē clam castra Etruscōrum inīre!“

Senātōrēs, quod cōgnōvērunt sē summō in perīculō esse, precēs adulēscentis nōn negābant. Ac profectō C. Mūcius paulō post clam urbe exiit et castra hostium intrāvit. Quod autem Porsennam rēgem īgnōrābat, cāsū[1] virum, quī[2] cum rēge sedēbat, prō rēge occīdit. Statim fūgit et sibi viam per multitūdinem hostium fēcit; mīlitēs autem rēgis eum cēpērunt et ad rēgem trāxērunt.

Porsenna, postquam audīvit adulēscentem cōnsilium inīsse sibi mortem parāre, īrātus mīlitēs īgnem apportāre iūssit et Mūcium rogāvit: „Cūr mihi īnsidiās parāvistī? Nōnne[3] scīs mihi nunc potestātem esse tē occīdere?“ Mūcius autem, quamquam vīdit sē in summō perīculō esse, tamen respondit sē cīvem Rōmānum esse et mortem nōn timēre: „Multī aliī adulēscentes Rōmānōrum“, inquit, „parātī sunt tē occīdere.“ Tum dextram[4] in īgnem tetendit et dīxit: „Corpus vīle[5] est iīs, quī[6] glōriam petunt.“

[1] **cāsū** aus Zufall

[2] **quī (Relativpronomen im Nom. Sg. masc.)** der

[3] **nōnne?** etwa nicht?

[4] **dextra, ae f.** die rechte Hand

[5] **vīle (Adjektiv im Nom. Sg. neutr.)** wertlos

[6] **quī (Relativpronomen im Nom. Pl. masc.)** die

Peter Paul Rubens,
Mucius Scaevola vor Porsenna (entstanden vor 1628, Museum der Bildenden Künste, Budapest)

Übungen

1 Erläutere, für welche virtūs Mucius Scaevola den Römern ein Vorbild sein sollte. Nimm Stellung zu seiner Aussage im Lesestück (Z. 25–26): „Corpus vīle est iīs, quī glōriam petunt."

S • T • K • M
Textaussagen reflektieren

2 Suche im Lesestück alle Sätze, die einen AcI enthalten. Schreibe jeweils das übergeordnete Prädikat heraus sowie den AcI, der davon abhängt. Unterstreiche den Akkusativ und den Infinitiv. Wenn der Akkusativ mit einem Pronomen gebildet wird, erkläre jeweils, wer damit gemeint ist.

S • T • K • M
Strukturieren und visualisieren

3 Sammle alle bisher gelernten lateinische Verben, nach denen ein AcI steht, und ordne sie den folgenden Gruppen zu:
Sprechen Wahrnehmen Wissen Unpersönliche Ausdrücke

4 Aus zwei mach eins. Forme jeweils den zweiten Satz in einen AcI um, der vom Prädikat des ersten Satzes abhängt, und übersetze den Satz:

S • T • K • M
AcI bilden und wiedergeben

Tarquinius Porsennae rēgī dīcit:
a) „Nōn īgnōrās. Ego ex urbe Rōmā fūgī.
b) Scīs. Ego rēx vērus Rōmānōrum sum.
c) Appāret. Nōs amīcī sumus.
d) Cōnstat. Tū multīs cōpiīs imperās.
e) Sciō. Cum iīs multōs hostēs vīcistī.
f) Audīvī. Semper māgnā virtūte pūgnāvistis."

5 Wer ist gemeint? Übersetze und gib dann an, wer jeweils mit dem Pronomen im AcI bezeichnet wird:

S • T • K • M
Einen Text entschlüsseln

a) Porsenna rēx urbī appropinquāvit. Nūntius nūntiat *eum* multīs cum cōpiīs urbem adīre. Nārrat *sē* eās cōpiās vīdisse.
b) Senātōrēs, postquam nūntium audīvērunt, cōgnōvērunt *sē* summō in perīculō esse.
c) Tum C. Mūcius dīxit *sē* parātum esse castra hostium inīre.
d) Itaque senātōrēs *eum* ex urbe exīre et Porsennam rēgem adīre iūssērunt.
e) Postquam mīlitēs Porsennae rēgis Mūcium cēpērunt, adulēscens cōgnōvit *sibi* mortem īnstāre.
f) Mīlitēs rēgis enim dīxērunt *eī* mortem īnstāre.

6 Beschreibe die Szene auf dem Bild von P. Rubens (S. 124) und arbeite heraus, welche Inhalte des Lesestücks du hier wiedererkennst.

S • T • K • M
Fortleben römischer Sagen kennen und vergleichen

7 Im Deutschen gibt es die Redensart: „Für jemanden die Hand ins Feuer legen." Erkläre den Sinn dieser Wendung. Informiere dich im Internet oder in einem Lexikon, worauf diese Redensart zurückgeführt wird.

S • T • K • M
Informationen beschaffen und auswerten

Lektion 22

Rom und die griechischen Städte in Süditalien

Seit der Mitte des 8. Jahrhunderts v. Chr. siedelten sich in Süditalien viele Griechen, die ihr Mutterland verlassen hatten, an. Ihre erste Kolonie auf italischem Boden war Cumae (griech. Kyme). In den nächsten Jahrzehnten waren die Gründungen in Unteritalien so zahlreich, dass im 6. Jahrhundert für diese Region die Bezeichnung Māgna Graecia („Großgriechenland") oder – nach einer kleinen Landschaft im Süden – Italia aufkam.

Im 5. Jahrhundert suchte Rom Kontakt zu den Griechenstädten in Süditalien, um sich Getreide aus Cumae oder von Sizilien zu besorgen. Die zunehmende Bedeutung der Griechen für die Römer wurde auch dadurch deutlich, dass bereits in der ersten Hälfte des 4. Jahrhunderts einflussreiche Römer die griechische Sprache beherrschten. Als sich die römische Herrschaft im 3. Jahrhundert nach Süditalien ausdehnte, konnten die Römer auch in den Griechenstädten wie Capua, Cumae und Neapel Fuß fassen. Durch Verträge wurden die Einwohner dieser Städte zu ihren Bundesgenossen (sociī).

Nachdem die Römer im Jahr 298 v. Chr. auch die süditalische Landschaft Lukanien erobert hatte, suchten einige Griechenstädte bei ihnen Schutz gegen Angriffe feindlicher Stämme. Die mächtige Stadt Tarent (Tarentum) dagegen stellte sich gegen Rom und rief den König Pyrrhus von Epirus zu Hilfe. Zunächst war Pyrrhus gegen die Römer erfolgreich, wozu auch der für die Römer überraschende Einsatz von Kriegselefanten beitrug. Der endgültige Sieg gelang jedoch Rom im Jahre 275 in der Schlacht bei Benevent: Auf Grund seiner Verluste kehrte Pyrrhus in sein griechisches Königreich zurück. Drei Jahre später kam Tarent in den Herrschaftsbereich der Römer.

Rom beherrschte nun die italienische Halbinsel vom Süden bis weit in den Norden und übertrug auf dieses Gebiet den Namen Italia. Nach der Eroberung Süditaliens gehörte Rom zu den großen Mächten im Mittelmeerraum. Die Herrschaft Roms über die griechischen Städte hatte zur Folge, dass die Römer mit dem griechisch-hellenistischen Gedankengut in Berührung kamen.

Griechische Siedlungen in Süditalien und auf Sizilien

velle, nolle, malle/Adjektive der 3. Deklination (ein- und zweiendig)

G

W

Per multa saecula potestās cīvitātis Rōmānōrum *crēverat;* Rōmānī gentēs *potentēs* velut Etruscōs et Sabīnōs vīcerant. Cīvitātēs Māgnae Graeciae autem populō Rōmānō pārēre *nōluērunt.* Lībertātem *āmittere nōluērunt,* sed cum Rōmānīs bellum gerere *māluērunt.* Pyrrhus, rēx *audāx,* Graecōs adiūvit; *brevī* tempore cōpiās Rōmānās vincere *voluit.*

Erste Übungen

1 Dekliniere:

S • T • K • M
Deklinationen beherrschen

a) gēns potēns   b) iter breve

2 Setze zu dem Substantiv jeweils ein passendes Adjektiv:

Substantive

rēgēm, tempore, cīvitātum, itinera, viae, imperātor

Adjektive

brevia, potēns, brevī, audācem, brevis, potentium

3 Übersetze:

S • T • K • M
Verbformen erschließen und übersetzen

Quīntus: „Ego in thermās īre volō."
Mārcus: „Cūr tū nōn vīs mēcum ad forum īre?"
Quīntus: „Pater in thermās īre vult, et ego cum patre eō."
Mārcus: „Cūr in thermās īre māvīs?"
Quīntus: „In thermās īre volumus, quod ibi amīcī sunt."
Mārcus: „Vōs in thermās īre vultis, ego autem ad forum īre mālō."

L

Bewunderte Unbestechlichkeit

Zu den Geschichten, die sich die Familie der Nonier wie andere Römer auch von Generation zu Generation weitererzählten, gehörte die Geschichte vom König Pyrrhus von Epirus und vom römischen Konsul C. Fabricius Luscinus: Obwohl Pyrrhus viele Siege gegen die Römer errungen hatte, war sein Heer zum Schluss von den vielen Kämpfen völlig erschöpft. Fabricius erreichte durch seine Unbestechlichkeit die Freilassung der römischen Gefangenen.

Per multōs annōs potestās cīvitātis Rōmānōrum crēverat; multae gentes Italiae populō Rōmānō pāruērunt. Sed potentēs cīvitātēs Māgnae Graeciae velut Tarentum, Messāna, Syrācūsae populō Rōmānō pārēre nōluērunt; nam in lībertāte vīvere voluērunt. Imprīmīs Tarentīnī cum Rōmānīs bellum gerere māluērunt quam[1] lībertātem āmittere. Itaque Pyrrhum, rēgem audācem Ēpīrī, rogābant: „Adiuvā nōs et servā lībertātem nostram!“ Rēx libenter in Italiam venīre voluit; nam ingentem potestātem Rōmānōrum nōn timuit. Dīxit sē parātum esse Rōmānōs brevī tempore vincere.

Ac profectō rēx Ēpīrī complūribus pūgnīs cōpiās Rōmānōrum vīcit. Postquam senātōrēs dē clāde audivērunt, C. Fabricium cōnsulem cum lēgātīs ad Pyrrhum mīsērunt. Cōnsul cum eō dē captīvīs agere voluit, Pyrrhus autem Fabricium multīs dōnīs corrumpere māluit, quod putāvit se eō modō fīnem bellī facere posse. Sed Rōmānūs dōna accipere nōluit. Omnia dōna recūsāvit et: „Cūr“, inquit, „mē corrumpere vīs? Dē captīvīs Rōmānīs tēcum agere volō.“ Rēx Ēpīrī virtūte Fabriciī stupuit. Itaque captīvōs Rōmānōs sine pretiō[2] dīmīsit.

Paulō post Pyrrhus Rōmānōs rūrsus vīcit. Sed victōria eī clādes gravis fuit: Multī mīlitēs fortēs perierant. Tandem Pyrrhus in Ēpīrum rediit et cīvitātēs Māgnae Graeciae in potestātem populī Rōmānī vēnērunt.

[1] **quam** als

[2] **pretium, ī n.** das Lösegeld

Pyrrhus von Epirus

Übungen

S • T • K • M
Textsignale identifizieren

1 a) Schreibe aus dem Lesestück die Konnektoren (Gr. 13, S. 5.3) heraus und nenne ihre Sinnrichtung.

b) Gliedere den Text mithilfe der Konnektoren in sinnvolle Abschnitte.

2 Schreibe alle Adjektive mit ihren Bezugswörtern (Substantiven) heraus; bestimme sie nach Kasus, Genus und Numerus und bilde dann den Nominativ Singular.

S • T • K • M
Lateinische Formen kennen

3 Erkläre, was man unter einem „Pyrrhus-Sieg" versteht (Z. 19 ff.).

S • T • K • M
Textaussagen reflektieren

4 Bestimme folgende Formen nach Person, Numerus und Tempus und nenne den Infinitiv Präsens:

volō – videō – voluī – vultis – voluistis – videt – vult – volumus

S • T • K • M
Konjugationen und Deklinationen beherrschen

5 „Wortwechsel" I: Ersetze die Formen von cupere durch entsprechende Formen von velle:

cupit – cupīvit – cupiēbant – cupiō – cupīveras – cupis – cupitis – cupiunt

6 „Wortwechsel" II: Bestimme die Formen von velle nach Person, Numerus und Tempus und bilde dann die entsprechenden Formen von nōlle und mālle:

volēbat – vult – voluistis – vultis – voluerāmus – volēbant – vīs – voluērunt

7 Adjektiv sucht Substantiv. Suche für jedes Substantiv das richtige Adjektiv, bestimme Kasus, Numerus und Genus und nenne den Nominativ Singular:

cōnsulēs
mīlitī clādēs
cum imperātōre
tempus victōriam
cīvitātum

omnium
fortī breve
gravis probī
gravem
audācī

8 Wollen – nicht wollen – lieber wollen. Übersetze:

S • T • K • M
Vorläufiges Textverständnis entwickeln und übersetzen

1. Cīvitātēs Māgnae Graeciae Rōmānīs pārēre nōluērunt, sed līberae esse māluērunt. 2. Itaque Tarentīnī et Pyrrhus rēx cum Rōmānīs pūgnāre voluērunt. 3. Post clādēs gravēs Rōmānī cum Pyrrhō dē captīvīs agere voluērunt. 4. Rēx autem Fabricium et lēgātōs dōnīs corrumpere māluit. 5. Sed Rōmānī dōna Pyrrhī accipere nōluērunt.

9 Vergleiche die Karte auf S. 126 mit einer modernen Karte von Süditalien und Sizilien. Nenne die heutigen Namen der Städte, die auf griechische Siedlungen in der Antike zurückgehen.

S • T • K • M
Fortleben der antiken Welt erkennen

10 Nenne mithilfe des Lateinischen die Bedeutung der folgenden Fremdwörter:

Korruption, crescendo, Potentat, nolens – volens, akzeptieren, Omnipotenz

S • T • K • M
Fremdwörter erkennen und erklären

Lektion 23

Rom in höchster Gefahr

Seit dem 7. Jahrhundert v. Chr. war die Stadt Karthago eine bedeutende See- und Handelsmacht im westlichen Mittelmeer. Die Karthager, die von den Römern Punier (Poenī) genannt wurden, hatten über Jahrhunderte hinweg ihr Herrschaftsgebiet über Nordafrika hinaus bis nach Sizilien, Sardinien, Korsika und Südspanien ausgedehnt. Im 1. Punischen Krieg (264–241 v. Chr.) gelang es allerdings den Römern, die Karthager zu besiegen und von Sizilien zu vertreiben. Bald darauf wurde Sizilien die erste römische Provinz.

Als Ersatz für die verlorenen Gebiete erweiterten die Karthager ihren Machtbereich in Südspanien, das sie bis zum Fluss Ebro unterwarfen. Als der junge Feldherr Hannibal im Jahr 219 v. Chr. die Stadt Sagunt, die mit den Römern verbündet war, eroberte, wurde dies zum Auslöser für den 2. Punischen Krieg (218–201 v. Chr.).

Als die Römer noch mit Kriegsvorbereitungen beschäftigt waren, zog Hannibal ihnen schon mit einem Heer, in dem sich auch etwa 40 Kriegselefanten befanden, über die Pyrenäen und die Alpen entgegen und erreichte zur Überraschung der Römer Ende 218 v. Chr. Oberitalien. Die römischen Heere, die die Karthager aufhalten sollten, wurden mehrfach besiegt. Am 2. August 216 v. Chr. erlitten die Römer bei Cannae sogar die schwerste Niederlage ihrer Geschichte; mehr als 50 000 römische Soldaten fanden dabei den Tod. Diese Niederlage wurde später als schwarzer Tag (diēs āter) der römischen Geschichte bezeichnet.

Die Stadt Rom war jetzt in höchster Gefahr: Der Schreckensruf „Hannibal ad portās!“ brachte zum Ausdruck, wie sehr die Römer damals fürchteten, dass Hannibal ihre Stadt erobern werde. Doch dazu kam es nicht. Hannibal beschränkte sich auf die Besetzung Süd- und Mittelitaliens bis zur Stadt Capua.

Die Wende im 2. Punischen Krieg trat ein, als im Jahr 204 v. Chr. der Konsul P. Cornelius Scipio mit einem römischen Heer nach Nordafrika übersetzte und Karthago bedrohte. Dies hatte die Rückberufung Hannibals aus Italien zur Folge. In der entscheidenden Schlacht bei Zama (202 v. Chr.) wurden die Punier besiegt und mussten alle ihre Gebiete den Römern überlassen. Mit diesem Sieg sicherten sich die Römer die Vorherrschaft im westlichen Mittelmeerraum. Das Mittelmeer nannten sie von da an mare nostrum („unser Meer“).

Rom und Karthago zur Zeit des 2. Punischen Krieges

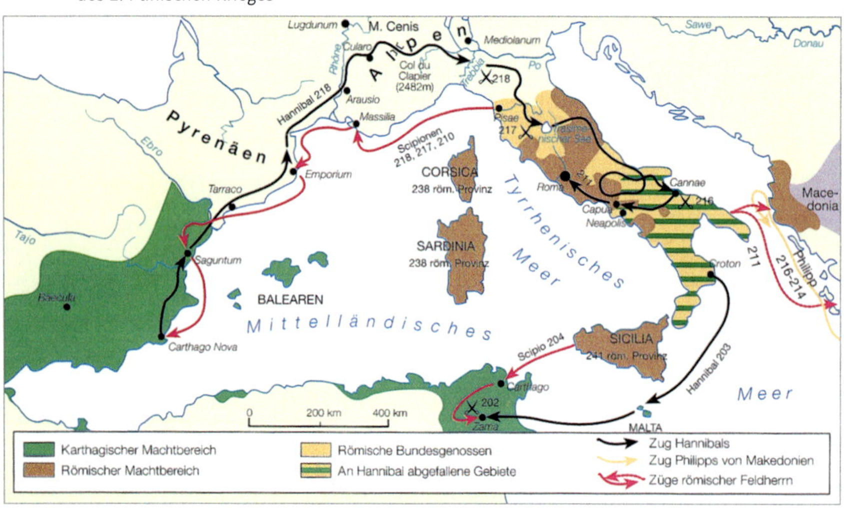

Das Relativpronomen

G

1. a) Pyrrhus rēx Ēpīrī erat. Pyrrhus potestātem Rōmānōrum nōn timuit.
   b) Pyrrhus, quī rēx Ēpīrī erat, potestātem Rōmānōrum nōn timuit.

2. a) Tarentīnī ā Pyrrhō rēge auxilium petīvērunt. Pyrrhum Rōmānī timēbant.
   b) Tarentīnī a Pyrrho rēge, quem Rōmānī timēbant, auxilium petīvērunt.

3. Pyrrhus rēx auxilium, quod Tarentīnī petīverant, nōn recūsāvit.
4. Post complūrēs clādēs cōpiārum suārum Rōmānī C. Fabricium, quī cōnsul erat, ad Pyrrhum mīsērunt.
5. Dōna, quae Pyrrhus lēgātīs Rōmānīs dare vōluit, Fabricius nōn accēpit.
6. Fabricius cum captīvīs, quōs Pyrrhus dīmīserat, Rōmam rediit.

Erste Übungen

1 Bilde jeweils zum Demonstrativpronomen die entsprechende Form des Relativpronomens:

S • T • K • M
Deklinationen beherrschen

a) is: ? b) eius: ? c) eī: ?
d) id: ? e) eae: ? f) eōs: ?

2 Ergänze das fehlende Relativpronomen im richtigen Kasus, Numerus und Genus und übersetze dann:

S • T • K • M
Pronomina im Kontext einsetzen und übersetzen

a) Cīvitātēs Māgnae Graeciae, ? Rōmanīs pārēre nōlūerunt, auxilium ā Pyrrhō rēge petīvērunt. b) Pyrrhus multīs cum mīlitibus, ? sēcum habēbat, in Italiam vēnit. c) Ibi cum cōpiīs Rōmānōrum, ? eum arcēbant, pūgnāvit. d) Senātōrēs, postquam dē clāde, ? cōpiae Rōmānae accēperant, audīvērunt, C. Fabricium, ? tum cōnsul erat, ad Pyrrhum misērunt.

W

Hannibal *dux* Poenōrum erat. Multīs cum mīlitibus iter per Alpēs fēcit. Iter per Alpēs *asperum* erat: *Nōnnūllī* mīlitēs Poenōrum labōrēs itineris *sustinēre* nōn poterant.
In Italiā Hannibal complūribus proeliīs Rōmānōs superāvit. Mox *tōtam* Italiam terrēbat.
Post *nōnnūllōs* annōs P. Cornēlius Scīpio imperātor in Āfricam *trānsiit*. Ita Scīpio Hannibalem *coēgit* patriam suam dēfendere.

L Hannibal ad portas!

Quintus kommt aus der Schule nach Hause und unterhält sich mit seiner Schwester Nonia und seinem Großvater über den 2. Punischen Krieg.

Quīntus: Hodiē cum magistrō dē eō bellō disputāvimus[1], quod Hannibal cum Rōmānīs in Italiā gessit.

Nōnia: Quōmodo Hannibal in Italiam pervēnerat?

Avus: Eō tempore, cum Hannibal dux Poenōrum fuit, magnae inimīcitiae inter Rōmānōs et Poenōs erant. Dux Poenōrum cum cōpiīs suīs, inter quās etiam elephantī[2] erant, iter per Hispaniam et Galliam fēcit. Hannibal prīmus imperātor fuit, quī Alpēs cum cōpiīs superāvit.

Quīntus: Iter, quod per Alpēs fēcit, asperum fuit; nam multī mīlitēs, quī labōrēs sustinēre nōn poterant, periērunt.

Avus: Hannibal, cuius cōpiae Rōmānōs complūribus proeliīs vīcerant, cīvēs tōtīus Italiae terrēbat. Dēnique cōnsulēs cōpiās novās cōnscrīpsērunt, quibus Hannibalem ad Cannās vincere volēbant. Sed Hannibalis ingeniō Poenī vīcērunt: Cōnsulēs et plūrimī mīlitēs Rōmānōrum periērunt.

Quīntus: Post eam clādem gravem Rōmānī in urbe Rōmā clāmābant: „Hannibal ad portās!“ Multī cīvēs, quī dē salūte dēspērābant, putābant mortem sibī īnstāre.

Avus: Nōnnūllī Rōmānī etiam negāvērunt deōs esse, ā quibus semper auxilium petēbant. Cōnstat autem Hannibalem Rōmānōs nōn dēvīcisse[3].

Nōnia: Quis fīnem eius bellī fēcit?

Quīntus: P. Cornēlius Scīpiō imperātor, quī cum mīlitibus in Āfricam trānsiit, Carthāginem oppūgnāvit.

Avus: Ita Scīpiō Hannibalem, cuius virtūtem et ingenium omnēs Rōmānī timēbant, coēgit Italiam relinquere et patriam suam dēfendere. Dēnique Scīpiō eō proeliō, quod ad Zamam fēcit, Hannibalem vīcit.

[1] **disputāre (dē mit Abl.)** (über etwas) diskutieren

[2] **elephantus, ī m.** der Elephant

[3] **dēvincere, dēvincō, dēvīcī** völlig besiegen

Karthagische Elefanten im Angriff auf römische Legionen

Übungen

1 Schreibe aus dem lateinischen Text alle Relativpronomina mit ihrem jeweiligen Bezugswort heraus. Stelle fest, worin jeweils die grammatische Übereinstimmung mit dem Beziehungswort besteht.

S • T • K • M
Pronomina bestimmen und Regeln ableiten

2 Schreibe aus dem Lesestück die Wörter heraus, die zum Sachfeld „Krieg" gehören, und ordne sie nach Wortarten.

S • T • K • M
Sachfelder erstellen

3 Aus zwei mach eins! Verbinde die beiden Aussagen zu einem Satz und ersetze dabei das Demonstrativpronomen durch das passende Relativpronomen. Übersetze dann:

S • T • K • M
Kenntnisse der Pronomina im Kontext anwenden

a) **Hannibal** Alpēs superāvit. **Eī** ingenium māgnum erat.
b) In **eō itinere** multī mīlitēs periērunt. **Id** asperum fuit.
c) **Cōpiae** Hannibalis cīvēs tōtīus Italiae terruērunt. **Eae** mīlitēs Rōmānōs vīcerant.
d) **Multī cīvēs** dē salūte dēsperāvērunt. **Iī** dē clāde gravī ad Cannās audīverant.
e) Dēnique **P. Cornēlius Scīpio** Hannibalem vīcit. **Eius** virtūs clāra erat.

4 Füge in die folgenden Sätze das jeweils passende Relativpronomen ein und übersetze:

a) Tarentīnī ā Pyrrhō, ? rēx Ēpīrī erat, auxilium petīvērunt.
b) Pyrrhus, ? audācia māgna erat, in Italiam vēnit.
c) Complūribus pūgnīs, ? ibi pūgnāverat, cōpīas Rōmānōrum vīcit.
d) Senātōrēs, postquam dē clāde Rōmānōrum audīvērunt, C. Fabricium cōnsulem, ? virtūs omnibus nōta erat, ad Pyrrhum mīsērunt.
e) Omnia dōna, ? Pyrrhus cōnsulem Rōmānōrum corrumpere voluit, Fabricius recūsāvit.
f) Captīvī Rōmānī, ? Pyrrhus dīmīserat, Rōmam rediērunt.

5 Beschreibe anhand der Landkarte (S. 130) die Wege der Heere Hannibals und der römischen Feldherrn. Erläutere, wie der 2. Punische Krieg verlaufen ist.

S • T • K • M
Wichtige Ereignisse der römischen Antike erarbeiten

Lektion 24

Römische Strenge in krisenhafter Zeit: Cato Censorius

Nach den Siegen über die Karthager im Westen und im Osten über Antiochos, den Herrscher des Seleukidenreiches, erhielten die Römer zu Beginn des zweiten Jahrhunderts v. Chr. riesige Summen Silber als Kriegsentschädigung für ihren Staatsschatz. Mit der Kriegsbeute kam auch ein bisher unvorstellbarer Reichtum und Luxus aus Kleinasien nach Rom, der aber nach Ansicht mancher Senatoren die römischen Sitten sehr veränderte. Sie beklagten auch einen Anstieg der Kriminalität.

In dieser Situation wurde der 50-jährige Senator M. Porcius Cato im Jahre 184 zum Zensor gewählt. Als erfahrener Politiker, der alle höheren Ämter, auch das Konsulat (195 v. Chr.), bekleidet hatte, machte er es sich zur Aufgabe, „die alten Sitten wiederherzustellen“. Dabei schreckte er nicht davor zurück, Senatoren, die gegen die Verhaltensvorschriften verstießen, aus dem Senat auszuschließen. Das Amt des Zensors übte Cato mit so großer Strenge aus – sieben Senatoren mussten tatsächlich ihren Sitz im Senat aufgeben –, dass er von den Römern den Beinamen Cēnsōrius erhielt. Das Volk ehrte ihn mit einer Statue im Tempel der Salus auf dem Quirinal und der Inschrift, er habe den schwankenden Staat wieder aufgerichtet.

Gegen Ende seines Lebens setzte sich Cato vehement für den dritten Krieg gegen Karthago ein. Denn trotz der sehr harten Bedingungen im Friedensvertrag von 201 v. Chr. hatte sich Karthago schon bald wirtschaftlich wieder gut erholt, was Cato mit großer Sorge betrachtete. Immer wieder warnte er die Senatoren vor Karthagos zunehmender Macht und forderte unermüdlich, dass diese Stadt endgültig vernichtet werden sollte. In dem Friedensvertrag hatte Karthago unter anderem zugestehen müssen, in Afrika nur noch mit Zustimmung Roms einen Krieg zu führen. Als der Numiderkönig Masinissa aber im Jahr 150 v. Chr. Karthagos Gebiet überfiel und sich die Stadt ohne Erlaubnis der Römer zur Wehr setzte, sah Cato die Gelegenheit gekommen: Es gelang ihm, die Römer zum dritten Punischen Krieg (149–146 v. Chr.) zu überreden. Kurz nach dem Beginn dieses Krieges ist Cato selbst im Alter von 85 Jahren gestorben.

M. Porcius Cato, Römische Marmorbüste, um 80 v. Chr., Palazzo Torlonia, Rom

Futur I/Relativer Satzanschluss

G

Unmittelbar vor der Schlacht bei Zama ermuntert Hannibal seine Soldaten und blickt dabei in die Zukunft:

„Pūgna, ut scītis, aspera erit. Sed nōs cōpiās Rōmānās iterum terrēbimus. Quibus mox mors īnstābit. Nam Scīpiōnem et cōpiās Rōmānas vincēmus. Quās iam ad Cannās vīcimus et iterum ad Zamam vincēmus. Dēfendētis urbem nostram. Quam Rōmānī nōn occupābunt. Virtūte et ingeniō meō vōs adiuvābo et in proelium dūcam."

Erste Übungen

S • T • K • M
Grundelemente lateinischer Formen kennen

1 Schreibe die Formen in dein Heft, bestimme sie nach Person, Numerus und Tempus und markiere mit verschiedenen Farben ihre Bestandteile:

a) superābit	b) terrēbō	c) crēscent	d) cōgam
e) perveniēmus	f) capiēs	g) trānsībunt	h) erit

2 Übersetze folgende Formen und gib an, um welche Konjugationsklasse es sich handelt:

a) negābunt	b) tendet	c) audiēs	d) iubēbō
e) faciam	f) tenēbimus	g) volet	h) erunt

3 Fülle die Lücken, sodass eine korrekte Form des Futur I entsteht:

recūsā ? tis – adī ? o – perd ? t – adhibē ? nt – reperī ? mus – parē ? s – dēfend ? m – occurr ? nt – servā ? tis – ag ? mus – placē ? t – pet ? tis

W

Aliquandō Poenī cum Masinissā, rēge Numidiae, bellum gerēbant. Masinissa autem *socius* et amīcus populī Rōmānī erat. Itaque M. Porcius Catō senātōrēs monuit: „Poenī *foedus neglēxērunt, contrā foedus* ēgērunt. Nōs Masinissam adiuvāre dēbēmus. Nam etiam *sociī* Rōmānōrum ā Poenīs *tūtī* nōn sunt. *Numquam* Poenī *odium* in hostēs *omittunt*."

Glasanhänger in Maskenform, 4./3. Jh. v. Chr., Karthago (Musée National de Carthago)

L Feindschaft ohne Versöhnung?

„Cēterum cēnseō Carthāginem esse dēlendam – Im Übrigen bin ich der Ansicht, dass Karthago zerstört werden muss!“ Mit diesen Worten soll Cato im Senat immer wieder seine Reden beendet haben. Er wollte dadurch die römischen Senatoren überzeugen, die Stadt Karthago endgültig zu vernichten. Quintus, der sich über diese feindselige Haltung wundert, unterhält sich darüber mit seinem Großvater:

Quīntus: Audīvī M. Porcium Catōnem Rōmānōs iterum atque iterum monuisse: „Dēlēte Carthāginem, urbem Poenōrum! Quī semper hostēs Rōmānōrum erunt!“ Nārrā mihi, ave: Cūr Catō tantō odiō in Poenōs ārserat?

Avus: Aliquandō Poenī bellum cum Masinissā, rēge Numidiae, gesserant. Quī erat socius et amīcus populī Rōmānī. Itaque senātōrēs lēgātōs ad Poenōs mīserant, qui dīxērunt eōs contrā foedus[1] ēgisse. Inter quōs etiam M. Porcius Catō erat.
Quī, postquam vīdit Poenīs nōn sōlum māgnās dīvitiās, sed etiam multa arma et multōs mīlitēs esse, statim Rōmam rediit et senātōrēs ita monuit: „Scītis Poenōs foedus[1] neglēxisse et nunc bellum cum sociō nostrō gerere. Quid post id bellum parābunt? Vīdī dīvitiās eōrum, vīdī arma et mīlitēs. Numquam, mihi crēdite, hostēs odium et inimīcitiās omittent. Numquam nōs ā Poenīs tūtī erimus! Cīvitās nostra summō in perīculō erit: Prīmum hostēs Masinissam vincent, deinde cum aliīs gentibus Italiae bellum gerent. Tandem etiam urbem nostram expūgnābunt, uxōrēs et līberōs in servitūtem abdūcent. Itaque nunc cōnsilium capere dēbēmus: Aut nōs urbem hostium dēlēbimus aut hostēs urbem nostram dēlēbunt.“

[1] **foedus** gemeint ist der Friedensvertrag, den die Karthager 201 v. Chr. mit den Römern schließen mussten und der es ihnen verbot, ohne Zustimmung der Römer Krieg zu führen

Das antike Karthago: Ruinen punischer Häuser auf dem Byrsa-Hügel

Übungen

1 a) Lies dir das Lesestück sorgfältig durch. Nenne die Argumente, die Cato für die Zerstörung Karthagos anführt.
b) Stellt euch vor, du und deine Mitschüler wären römische Senatoren. Wie würdet ihr auf Catos Forderung reagieren? Begründet eure Entscheidung.

S • T • K • M
Vorläufiges Textverständnis entwickeln

S • T • K • M
Sich in antikes Denken hineinversetzen

2 Lege in deinem Heft eine Tabelle an, die alle Zeiten des Präsensstammes enthält. Schreibe dann alle lateinischen Verbformen im Futur aus dem Lesestück heraus und ergänze die jeweils fehlenden Tempora:

S • T • K • M
Konjugationen beherrschen

Imperfekt	Präsens	Futur
erant	sunt	erunt

3 Vertausche den Numerus und übersetze:

a) expugnābō c) veniēs e) redībimus g) omittet
b) neglegētis d) erō f) capient h) tacēbis

4 Formenstaffel. Bilde die angegebenen Formen:

a) dīxit → Futur → Plural → Präsens → 2. Person → Imperfekt → Singular → Perfekt → 3. Person
b) veniēbātis → Singular → Plusquamperfekt → 3. Person → Futur → 2. Person → Plural → Imperfekt
c) adsum → Perfekt → Plural → Imperfekt → 3. Person → Futur → Singular → 1. Person → Präsens

5 Übersetze den folgenden Text. Wer oder was ist mit den hervorgehobenen Satzgliedern jeweils gemeint? Ersetze diese durch die entsprechenden Formen von is, ea, id.

S • T • K • M
Vorläufiges Textverständnis entwickeln und übersetzen

Mārcus Porcius Catō vir summā virtūte erat. **Quī** imprīmīs virtūtēs Rōmānōrum colēbat. **Quās** nōnnūllī senātōrēs neglēxērunt. **Quōs** autem Catō accūsāvit. Itaque Rōmānī eum „Cēnsōrium" vocāvērunt. **Cui** populus Rōmānus māgnam grātiam ēgit.

6 Memory mit Zukunft!
Schreibe auf eine Karte eine lateinische Verbform im Futur. Dein Nachbar notiert auf einer anderen Karte die entsprechende deutsche Bedeutung. Erstellt etwa zehn derartige Kartenpaare, mischt die Karten und legt sie verdeckt auf den Tisch. Wer die meisten Kombinationen richtig aufgedeckt hat, ist der Sieger.

S • T • K • M
Lerntechniken anwenden

7 M. Porcius Cato hießen zwei berühmte Römer mit verschiedenen Beinamen. Informiere dich mithilfe eines Lexikons oder des Internets über diese beiden.

S • T • K • M
Berühmte Persönlichkeiten der römischen Antike kennen

Lektion 25

Misstrauen gegenüber einer anderen Kultur

In Zuge der Erweiterung ihres Reiches kamen die Römer auch in Kontakt mit der griechischen Welt und ihren kulturellen Leistungen in der Literatur, in der Philosophie, in den Naturwissenschaften und in der Baukunst. In diesen Bereichen hatten die Griechen seit dem 5. Jahrhundert v. Chr. viel Neues geschaffen und waren den Römern weit überlegen.

Die Römer lernten erst allmählich die großen Leistungen der Griechen kennen. Als im Jahr 155 v. Chr. eine Philosophengesandtschaft aus Griechenland in Rom eintraf, wurde einer größeren Öffentlichkeit erstmals bewusst, was Redekunst (ēloquentia) und Philosophie (philosophia) leisten konnten. Viele Römer interessierten sich für diese bisher unbekannten Errungenschaften und wollten sie kennenlernen. In den folgenden Jahrzehnten erlernten daher immer mehr römische Jugendliche die griechische Sprache und gingen sogar zu einem Studienaufenthalt nach Griechenland.

Doch gab es auch Römer, die den Griechen skeptisch gegenüberstanden. Marcus Porcius Cato, der ehemalige Konsul und Zensor, lehnte zum Beispiel diese griechischen Einflüsse vehement ab. Obwohl er selbst die griechische Literatur gut kannte, war seine Abneigung gegen die Griechen sehr groß und gipfelte gelegentlich in feindlichen Äußerungen. Cato fürchtete wohl, dass die römischen Jugendlichen durch die Beschäftigung mit der griechischen Literatur und Wissenschaft die eigenen römischen Traditionen und Werte (mōres māiōrum) nicht mehr schätzen würden.

So warnte Cato seinen eigenen Sohn Marcus eindringlich vor allzu intensiver Lektüre griechischer Schriftsteller und vor den griechischen Ärzten, deren Heilkunst in der gesamten antiken Welt berühmt war: „Es ist gut, die Schriften der Griechen anzusehen, sie aber nicht auswendig zu lernen. Wenn dieses Volk uns einmal seine Schriften gibt, wird es alles verderben. Noch schlimmer aber wird es werden, wenn dieses Volk uns seine Ärzte schickt. Diese haben sich nämlich untereinander verschworen, alle Nichtgriechen durch ihre Medizin zu vernichten.“ (zitiert bei Plinius dem Älteren, Naturalis historia 29,5)

Karneades, römische Kopie einer Statue von der Agora in Athen, 150 v. Chr. (München, Glyptothek)

Die Formen des Futur II/Konditionalsätze

G

Mārcus Porcius Catō senātōrēs Rōmānōs monuit: „Sī verbīs meīs nōn pārēbitis, urbs Rōma māgnō in perīculō erit. Sī enim Poenī Masinissam rēgem vīcerint, cum gentibus Italiae bellum gerent. Sī Poenī cum gentibus Italiae bellum gesserint, Rōmam expūgnābunt. Sī Rōmam expūgnāverint, cīvēs Rōmānōs in servitūtem abdūcent. Sī urbem hostium dēlēverimus, urbem nostram servābimus."

Erste Übungen

1 Vom Präsens in den Perfektstamm. Übersetze die Formen und verwandle sie dann zunächst in den Indikativ Perfekt und dann in das Futur II:

S • T • K • M
Grundelemente lateinischer Formen kennen

expūgnant – sustinēmus – omittimus – neglegis – trānseō – volunt – audit – cōnscrībitis

2 Bist du perfekt im Perfektstamm? Ordne die folgenden Formen nach Perfekt Plusquamperfekt und Futur II:

laudāveris – laudāverās – laudāvistī – crēdiderāmus – crēdidimus – crēdiderimus – fuērunt – fuerint – fuerant – potuī – potueram – potuerō – monuistis – monuerātis – monueritis – abdūxerit – abdūxerat – abdūxit

3 Formenstaffel. Bilde die jeweils angegebene Form:

S • T • K • M
Konjugationen beherrschen

volō → 3. Person Singular → Perfekt → 2. Person → Plusquamperfekt → Plural → Futur II → 1. Person → 3. Person → Perfekt → Plusquamperfekt → 1. Person → Singular → Perfekt

W

Ōrātiōnēs Mārcī Catōnis clārae erant. Saepe cīvēs Rōmānōs *ōrātiōnibus* monuit: „*Māiōrēs* nostrī urbem Rōmam condidērunt. *Iūstitiā*, virtūte, *mōribus māiōrum* imperium Rōmānum crēvit. *Glōria māiōrum* nostrōrum māgna est. Itaque etiam vōs *studēte mōribus māiōrum*! *Sī sententiīs philosophōrum* Graecōrum *studēbitis*, imperium nostrum perdētis."

L Gefährdet griechische Philosophie das Imperium Romanum?

Im Jahr 155 v. Chr. kommt eine Gesandtschaft griechischer Philosophen nach Rom. Der berühmteste unter ihnen, der Athener Karneades, führt dabei in zwei beeindruckenden Reden vor, dass man über dieselbe Frage zwei einander völlig entgegengesetzte Auffassungen vertreten kann. Während die jungen Römer begeistert sind und sich für die griechische Philosophie interessieren, glaubt der alte Cato, dies sei der Anfang vom Ende der römischen Herrschaft.

[1] **dēspicere, dēspiciō, dēspexī** verachten, gering schätzen

[2] **adamāre** lieb gewinnen

Cōnstat aliquandō nōnnūllōs philosophōs Graecōrum Rōmam vēnisse ibique in forō ōrātiōnēs habuisse. Quās multī adulēscentēs Rōmānōrum audīvērunt. Imprīmīs ōrātiōnēs variae Carneadis philosophī animōs adulēscentium valdē excitāvērunt. Quī prīmā ōrātiōne iūstitiam laudāverat, deinde autem secundā ōrātiōne explicāverat iūstitiam in cīvitātibus nōn esse.

Plūrimī adulēscentēs Rōmānī, postquam ea verba audīvērunt, philosophiae et ēloquentiae Graecōrum studēre māluērunt quam mōribus antīquīs Rōmānōrum. Catō Cēnsōrius autem, quī philosophiam et ēloquentiam Graecōrum dēspiciēbat[1], senātōrēs iīs verbīs monuit:

„Mihi nōn placet fīliōs vestrōs sententiās Graecōrum cōgnōscere. Nam sī fīliī vestrī sententiās eōrum audīverint, philosophiam adamābunt[2]. Sī philosophiam adamāverint[2], litterās Graecōrum cōgnōscent. Sī litterās Graecōrum cōgnōverint, glōriae ēloquentiae studēbunt. Sī glōriae ēloquentiae studuerint, glōriam bellī et mōrēs māiōrum nostrōrum dēspicient[1].“

Tum Catō etiam adulēscentēs monuit: „Sī glōriam bellī et mōrēs Rōmānōs dēspēxeritis[1], nōn iam parāti eritis patriam nostram in perīculīs dēfendere. Nisī verbīs meīs pārueritis neque philosophōs dīmīseritis, vōs urbem nostram et imperium nostrum brevī tempore perdētis! Sī vōs autem mōribus māiōrum studueritis, imperium nostrum numquam perībit.“

Bronzestatue des Redners Aulus Metellus, der sog. Arringatore, Anfang des 1. Jh. v. Chr. (Florenz, Archäologisches Nationalmuseum)

Übungen

1 Lies das Lesestück noch einmal durch und nenne die Nachteile, die Cato durch die Beschäftigung mit der griechischen Philosophie befürchtet.

S • **T** • K • M
Textaussagen reflektieren

2 Überlege, warum die griechische Philosophie bei den Jugendlichen Roms so großes Interesse fand.

S • T • **K** • M
Sich in Denkweisen antiker Menschen hineinversetzen

3 Perfekt – Plusquamperfekt – Futur II? Bilde von den Verben esse, studēre und dūcere die folgende Formenkette:

S • T • K • M (**S** hervorgehoben)
Konjugationen beherrschen

1. Person Singular Perfekt → Plusquamperfekt → Plural → Futur II → 3. Person → Singular → 2. Person → Plusquamperfekt → Plural → 3. Person → Perfekt → 2. Person → Singular → 1. Person

4 Zeitenreise. Setze die Verben in alle dir bekannten Zeiten!

a) omittit b) petimus c) neglegitis d) accipiō e) student

5 Bilde möglichst viele lateinische Verben aus den einzelnen Bestandteilen und bestimme sie:

ded amāv dīx monu	eri era	m t o istī ērunt s nt mus

6 Futur I oder Futur II? Bilde die jeweils erforderlichen Verbformen im richtigen Tempus und übersetze dann:

S • T • K • M
Zeitstufen erkennen und Formen im Kontext bilden

Hannibal sprach auf dem Zug durch Gallien vor der Überquerung der Alpen zu seinen Soldaten:

a) „Sī Alpēs ??? (superāre), Italiam ??? (vidēre) et mox Rōmam ??? (pervenīre).
b) Nisī vōs ōtiō ??? (dare), copiās Rōmānās ??? (vincere).
c) Mīlitēs Rōmānī, sī elephantōs nostrōs ??? (vidēre), nōs ??? (timēre).
d) Sī cōpiās Rōmānās proeliō ??? (vincere), cīvēs tōtīus Italiae ??? (terrēre)."

7 Beschreibe die Kleidung und die Körperhaltung der Bronzestatue auf S. 140: In welcher Situation ist der Redner wohl dargestellt?

S • T • **K** • M
Antike Lebenswelt kennen

Plateaulektion 21 – 25

Grundwissen: Viri et virtutes

Der Begriff virtūs

- ist abgeleitet vom Substantiv vir und bedeutet ursprünglich „Mannhaftigkeit“
- umfasst alle körperlichen und geistigen Vorzüge, durch die sich ein edler Mann auszeichnet. Dazu gehören: **Tüchtigkeit** und **Leistung** in allen Lebensbereichen, **Tapferkeit** in Gefahren und im Kampf, **Tugend** im richtigen Verhalten gegenüber den Mitmenschen
- kann daher nur dann richtig übersetzt werden, wenn du dir vorher bewusst gemacht hast, in welchem Zusammenhang dieser Begriff verwendet wird.

Geschichten und Geschichte

- Etwa ab 200 v. Chr. verfassen die Römer auch Schriften über die Geschichte der Stadt Rom und die Ausbreitung der römischen Macht. Der berühmteste Historiker zur Zeit des Kaisers Augustus ist **Livius** (ca. 50 v. Chr. – 17 n. Chr.).
- Für den Zeitraum von der Gründung Roms bis etwa in das 3. Jahrhundert v.Chr. gab es in Rom kaum schriftliche Aufzeichnungen über die wichtigen Ereignisse. Alle römischen Historiker nutzten daher für die Darstellungen der frühen Jahrhunderte auch Sagen und Geschichten, in denen einzelne Taten verschiedener Patrizier groß ausgeschmückt oder sogar frei erfunden waren.
- Ziel dieser Darstellung war es, den Lesern nachahmenswerte Taten und große Vorbilder für hervorragende Leistungen vor Augen zu stellen: **exempla trahunt.**
- Den Römern des 1. Jahrhunderts machte diese verklärende und – aus heutiger Sicht – verfälschte Darstellung nichts aus: Sie sahen diese Sagen und Geschichten immer auch als eine Darstellung von Geschichte an, die sich für sie tatsächlich so ereignet hat.

Wichtige Punkte der römischen Geschichte

264 – 242 v. Chr. Erster Punischer Krieg gegen Karthago: Sizilien wird erste römische Provinz.

218 – 202 v. Chr. Zweiter Punischer Krieg: **Hannibal** überquert die Alpen, besiegt das römische Heer **216 v. Chr.** bei **Cannae** vernichtend und versetzt die Römer in Angst und Schrecken (**„Hannibal ad portās!“**). **P. Cornelius Scipio „Africanus“** besiegt Hannibal bei Zama.

149 – 146 v. Chr. Dritter Punischer Krieg: Zerstörung Karthagos (Catō: **„Cēterum cēnseō Carthāginem esse dēlendam!“**)

Ein Mädchen beeindruckt einen König

L

Es waren vor allem tatkräftige Männer, die als Feldherren oder Politiker dafür gesorgt haben, dass sich Rom im Laufe der Jahrhunderte gegen seine Nachbarn behaupten konnte. Eine Ausnahme gibt es aber doch: Die junge Römerin Cloelia bewies im Krieg gegen den Etruskerkönig Porsenna Mut und Unerschrockenheit. Was Mucius Scaevola noch nicht gelungen war, gelang ihr: Porsenna gab den Krieg gegen die Römer endgültig auf.

Porsenna rēx, postquam Mūcium adulescentem ē castrīs dīmīsit, lēgātōs Rōmam mīsit. Quī senātōribus nūntiāvērunt: „Porsenna rēx urbem Rōmam nōn iam oppūgnābit, sed vobiscum pācem faciet, sī ei obsidēs[1] dederitis.“ Quibus verbīs senātōrēs statim paruērunt: Māgnam cōpiam cīvium Rōmānōrum in castra hostium mīsērunt, quae erant ad Tīberim[2]. Inter eōs obsidēs erat Cloelia, puella audax. Quae clam cum nōnnūllīs puellīs, quās sēcum habēbat, ē castrīs Etruscōrum fūgit, Tiberim trānāvit[3] eāsque Rōmam ad parentēs re-dūxit.

Porsenna rēx prīmum īrātus lēgātōs Rōmam mīsit et senātōrēs iussit Cloeliam ad sē re-dūcere. Deinde autem, quod virtūte ingentī puellae stupuit, per legatos nūntiāvit: „Nisī Cloelia in castra mea redierit, urbem vestram dēlēbō omnēsque cīvēs in servitūtem abdūcam. Sī autem puella redierit, eam inviolātam[4] ad suōs re-mittam.“

Ac profectō Cloelia ad rēgem rediit. Quī virtūtem eius valde laudāvit dīxitque sē ei māgnam cōpiam obsidum dōnō[5] dare: „Ēlige[6] eōs, quōs tēcum in patriam dūcere vīs!“ Tum Cloelia ē cōpiā obsidum omnēs puellās omnēsque puerōs ēlēgit, quibuscum Rōmam rediit. Rōmānī autem eam novam in fēminā virtūtem novō modō glōriae coluērunt: Statuam equestrem[7] puellae audācis in viā sācrā posuērunt[8].

- Die Wendung „nova in feminā virtūs“ (Zeile 18 – 19) ist so bei dem Historiker Livius überliefert. Erkläre, was diese Wendung über die Einstellung der Römer zu „virtūs“ verrät.
- Vergleiche das Ölgemälde von Frans Wouters mit der Darstellung der Flucht der Cloelia im Lesestück.

[1] **obses, obsidis m./f.** die Geisel

[2] **Tiberim** Akkusativ Singular zu **Tiberis m.** der (Fluss) Tiber

[3] **trānāre** durchschwimmen

[4] **inviolātus, a, um** unversehrt, unverletzt

[5] **dōnō** (**Dat. Sg.**) zum Geschenk

[6] **ēligere, ēligo, ēlēgī** auswählen

[7] **statua equestris** das Reiterstandbild

[8] **pōnere, pōnō, posuī** aufstellen

Cloelia und ihre Gefährtinnen fliehen aus dem Lager des Porsenna, Ölgemälde von Frans Wouters (1612 – 1659), Privatbesitz

Methodenkompetenz (7): Wortbedeutungen erschließen

Wenn du dir bewusst bist, nach welchen Prinzipien lateinische Wörter gebildet werden, kannst du auch Wörter, deren Bedeutung dir momentan entfallen ist, oder sogar unbekannte Wörter leichter erschließen. Am Beispiel der bekannten Vokabeln aus dem ersten Band kannst du die folgenden Regeln nachvollziehen.

1. Suffix und Präfix

Eine Erweiterung am Ende des Wortstockes bezeichnet man als **Suffix**, eine Erweiterung am Anfang des Wortstockes bezeichnet man als **Präfix.**

2. Suffixe bei Substantiven

2.1 Die Suffixe **-ia**, **-tas**, **-tus** und **-tudo** bezeichnen eine **Eigenschaft** oder einen **Zustand**, z. B.: audācia, iūstitia, superbia – cīvitās, lībertās, potestās – salūs, servitūs, virtūs – multitūdō.

2.2 Das Suffix **-ium** bezeichnet eine **Handlung** oder ein **Ergebnis**, z. B.: aedificium, gaudium, imperium.

2.3 Das Suffix **-tor** bezeichnet eine **handelnde Person**, z. B.: mercātor, sēnātor.

3. Suffixe bei Adjektiven

Das Suffix **(ā)nus** bezeichnet eine Herkunft oder Zugehörigkeit, z. B.: Rōmānus.

4. Präfixe bei zusammengesetzten Verben (Komposita)

4.1 Bei den Komposita sind die Präfixe oft Präpositionen, die sich gelegentlich an das verbum simplex angleichen (vgl. Lektion 16, F 2.1).

4.2 Merke folgende Grundbedeutungen der Präfixe:

ab-:	weg- (ab-dūcere)	ad-:	heran-, herbei- (ad-īre)
con-:	zusammen- (con-venīre)	de-:	herab- (dē-pōnere)
ex-; e-:	heraus- (ex-īre)	in-:	hinein- (in-īre)
per-:	durch- (per-venīre)	pro-:	vor- (prō-hibēre)
trāns-:	hinüber- (trāns-īre)		

Übungen

1 Beachte die Suffixe und erschließe die Bedeutungen der folgenden Substantive mithilfe der bereits bekannten Vokabeln des ersten Bandes:

S • T • K • M
Elemente der Wortbildungslehre nutzen

a) adulēscentia, miseria, neglegentia, potentia, scientia
b) antīquitās, brevitās, celeritās, egestās, gravitās, societās, varietās
c) altitūdō, amplitūdō, fortitūdō, māgnitūdō, pulchritūdō
d) accūsātor, adiūtor, aedificātor, audītor, laudātor, līberātor, raptor, recitātor

2 Beachte das Suffix und erschließe die Bedeutung der folgenden Adjektive mithilfe der bereits bekannten Vokabeln des ersten Bandes:

frāternus, māternus, montānus, oppidānus, paternus, terrēnus, urbānus

3 Beachte das Präfix und erschließe die Bedeutung der folgenden Verben mithilfe der Präpositionen und des bekannten verbum simplex. Achtung: Manchmal ist die Form des verbum simplex leicht verändert:

a) abīre, abstinēre, abstrahere
b) addūcere, admittere, admovēre, advenīre
c) concelebrāre, concipere, concrēscere, concurrere, contrahere, convocāre, convīvere
d) dēclāmāre, dēcurrere, dēdūcere, dēflectere, dēmittere, dētrahere, dēvenīre
e) ēdere, effugere, ēnāvigāre, exaudīre, excipere, excurrere, extrahere
f) inclāmāre, incurrere, indūcere, invenīre
h) perambulāre, percurrere, perdūcere, perfugere, permittere, pervidēre
i) prōclāmāre, prōcurrere, prōdīre, prōdūcere, profugere, prōmovēre, prōpūgnāre, prōtrahere

4 Sententiae Latīnae: Übersetze die folgenden lateinischen Sprichwörter und erkläre kurz ihren Sinn. Nenne, wenn möglich, auch entsprechende deutsche Wendungen.

S • T • K • M
Lateinische Sprichwörter mit heutigen Denkweisen vergleichen

a) Fortēs Fortūna adiūvat.
b) Nōn omnia possumus omnēs.
c) Omnia vincit Amor(!).
d) Omnia mea mēcum portō.
e) Ubi bene, ibi patria.
f) Mediō tūtissimus[1] ībis.
g) Multum, nōn multa!
h) O tempora, o mōrēs!

[1] **tūtissimus** sehr sicher

Lektion 26 – 30

Mythen Europas

Europa und der Stier, römisches Mosaik aus Sparta, 4. Jh. n. Chr.

Mythen sind mündlich überlieferte Erzählungen von Göttern, Halbgöttern und berühmten Helden. Die Darstellungen von sagenhaften Abenteuern oder übermenschlichen Leistungen sind oft anschauliche Erklärungsversuche zu Fragen, welche die Menschen seit frühester Zeit beschäftigt haben. Sie lauten etwa: Wie ist die Welt entstanden? Wer lenkt das Schicksal der Menschen? Wie ist es gelungen, die Natur zu unterwerfen und ein zivilisiertes Zusammenleben zu erreichen?

Orpheus umgeben von wilden Tieren, die seinem Gesang lauschen, römisches Mosaik (Palermo, Archäologisches Museum)

Gerade die Mythen der Griechen sind von großer Bedeutung für die gemeinsame europäische Kultur. Sie wurden von den Römern übernommen, teilweise umgestaltet, teilweise weiterentwickelt und dann bis in unsere Zeit überliefert, sodass sie bis heute lebendig geblieben sind. In den folgenden Lektionen lernst du einige Mythen der Griechen und Römer kennen, die bis heute zum festen Bestandteil der europäischen Kultur gehören.

Odysseus und das hölzerne Pferd, Vorratsgefäß von der Insel Mykonos mit der ältesten Darstellung des hölzernen Pferdes, etwa 670 v. Chr.

- Informiere dich im Lexikon oder im Internet: Auf welchen Mythos gehen die Wendungen von der Sisyphusarbeit, von den Tantalusqualen, vom Damoklesschwert und vom Danaergeschenk zurück?

Aeneas rettet seinen Vater Anchises aus dem brennenden Troja, von einer schwarzfigurigen Bauchhenkelamphora, attisch, um 500 v. Chr. (Antikenmuseum Basel)

Lektion 26

Der Mythos von Europa

Der Mythos vom Raub der Europa gehört zu den ältesten Erzählungen des Abendlandes. Er wird schon im 8. Jahrhundert v. Chr. im Epos „Ilias“ des griechischen Dichters Homer erwähnt. Der Mythos erzählt, dass Zeus (Iuppiter) sich in eine junge Königstochter aus Phönizien (im heutigen Libanon und Syrien) verliebt hat und sie dann in Gestalt eines Stieres über das Mittelmeer auf die Insel Kreta entführt hat.

Diese Erzählung berichtet zunächst nur von einem der vielen Liebesabenteuer des Göttervaters Zeus. Andererseits aber konnte der Mythos von Europa und ihren Verwandten den Menschen in der Antike auch erklären, wie der Mittelmeerraum im Laufe der Zeit besiedelt wurde und warum die verschiedenen Herrscherfamilien in den jeweiligen Ländern zum Teil miteinander verwandt waren: So begründete ein Sohn der Europa, Minos, auf der Insel Kreta eine große Seeherrschaft und eine hohe Kultur, die nach ihm „minoisch“ benannt ist. Ein anderer Sohn der Europa, Sarpedon, wanderte nach Lykien in Kleinasien aus und wurde dort König. Der Vater Europas, der König Agenor, schickte seine Söhne, die Brüder der Europa, im ganzen Mittelmeerraum aus, mit dem Auftrag, ihre Schwester zu suchen. Dabei reisten sie durch die gesamte damals bekannte griechische Welt und gründeten unterwegs zahlreiche Städte, z. B. auf der Insel Rhodos, in Thrakien und in Böotien.

Die Figur des jungen Mädchens Europa, das von einem Stier über das Meer in eine neue Heimat getragen wird, ist bis heute das bekannteste Symbol für unseren Kontinent geblieben.

Europa auf dem Stier, Fresko in Pompeji, 1. Jh. v. Chr.

Moderne griechische Zwei-Euro-Münze

G

Das Verbum ferre

Catō Rōmānōs mōnet:
„Carneadēs philosophus sapientiam Graecōrum Rōmam trāns-fert. Graecī, quōs bellō vīcimus, mōrēs suōs in urbem nostram īn-ferunt. Quis id ferre potest? Iam temporibus antīquīs Graecī in Magnā Graeciā urbēs condidērunt et mōrēs suōs in Italiam intulērunt.
Nunc iuvenēs Rōmānī, quī labōrēs bellī semper ferēbant, verba philosophōrum audīre malunt. Sī sententiīs philosophōrum studuerint, labōrēs bellī nōn iam ferent.“

Erste Übungen

1 apportāre et afferre: Ordne den Formen von apportāre die entsprechenden Formen von afferre zu und übersetze sie dann in deinem Heft:

S • T • K • M
Konjugationen beherrschen

1. apportō	2. apportābas	3. apportābit	4. apportāvimus	5. apportāverātis
a) afferet	b) attulerātis	c) attulimus	d) afferēbās	e) afferō

2 Hin und weg! Ersetze die Formen von afferre jeweils durch die entsprechende Form von auferre und übersetze beide Formen:

afferō – afferēbat – afferent – attulimus – attulisse – attulerātis – attuleris

3 Komposita mit Köpfchen! Ordne ferre und sein Präfix der entsprechenden deutschen Bedeutung zu:

S • T • K • M
Elemente der Wortbildungslehre nutzen

1. re-
2. au- (< ab-)
3. in-
4. trāns-
5. af- (< ad-)

} ferre

a) hinüberbringen
b) herbeibringen
c) zurückbringen
d) hineinbringen
e) wegbringen

W

Virgō taurō *flōrēs offert.*

Taurus *virginem* ā *lītore aufert.*

Taurus *virginem* per mare *fert.*

L Europa – Die Entführung einer Königstochter

Der aus Griechenland stammende Eutychus erzählt Nonia und Quintus die Sage von Europa:

[1] **placidus, a, um** sanft, friedfertig

[2] **palpāre** streicheln

Eutychus narrat: „Aliquandō Eurōpa, fīlia Agēnōris rēgis, cum amīcīs in lītore ludēbat. Subitō taurus pulcher appāret et virginibus appropinquat. Amīcae māgnō in timōre sunt, Eurōpa autem fōrmā taurī stupet et sentit eum placidum[1] esse. Itaque taurum adit et flōrēs eī offert. Dēnique etiam corpus taurī tangit, eum palpat[2], in taurō cōnsīdit.

Statim taurus surgit, cum virgine abit, marī appropinquat, fīliam rēgis in mare īnfert. Eurōpa autem clāmat: ‚Afferte mihi auxilium, amīcae! Taurus mē ad lītus nōn refert. Quō mē auferet?'"

Quīntus: „Quō taurus virginem miseram abstulit?"

Eutychus: „Taurus, ut Graecī ferunt, Eurōpam in Crētam īnsulam trānstulit, ubī virgō multōs annōs procul ā patriā vivēbat."

Nōnia: „Quōmodo Eurōpa fortūnam miseram perferēbat?"

Europa und der Stier, Nolanische Amphora, um 490 v. Chr. (Berlin, Staatliche Museen)

Eutychus: „Eurōpa valdē dolēbat sē nōn iam in patriam redīre posse."

Nōnia: „Cūr nēmō Eurōpae auxilium attulit vel eam in patriam rettulit?"

Eutychus: „Nēmō Eurōpae auxilium afferre poterat, nam taurus Iuppiter erat, quī Eurōpam abīre nōn sīvit."

Quīntus: „Cūr Iuppiter fōrmam suam mūtāvit?"

Eutychus: „Deus summus Eurōpam amābat, sed virginem māiestāte suā terrēre nōn voluit. Itaque sē in taurum pulchrum mūtāvit."

Übungen

S • T • K • M
Textaussagen reflektieren

1 Erläutere, wie Europa auf das Erscheinen des Stieres reagiert. Nenne dazu die entsprechenden Wörter im Text.

2 Beschreibe die sprachliche Gestaltung des Satzes Z. 6 f. und bringe sie in Zusammenhang mit dem Inhalt des Satzes.

3 Verwandle die Präsensformen von ferre der Reihe nach in die angegebenen Tempora:

S • T • K • M
Konjugationen beherrschen

Imperfekt → Futur I → Perfekt → Plusquamperfekt → Futur II

a) ferō b) offert c) auferunt d) refers e) trānsferimus

4 Liebesschwüre: Was Jupiter zu Europa gesagt haben könnte, bekommst du heraus, wenn du von apportāre ausgehst und die entsprechenden Formen von afferre bildest. Trage in deinem Heft die angegebenen Buchstaben in die Lücken ein.

V	E	?	?	?	?	?	?	?	?
	1.	2.	3.	4.	5.	6.	7.	8.	9.

Beispiel: 1. apportat → affert (4. Buchstabe)

2. apportant → (7. Buchstabe)
3. apportāvimus → (8. Buchstabe)
4. apportābas → (9. Buchstabe)
5. apportāmus → (7. Buchstabe)
6. apportābat → (6. Buchstabe)
7. apportābō → (6. Buchstabe)
8. apportābunt → (6. Buchstabe)
9. apportāvistis → (7. Buchstabe)

5 Wähle die richtige Übersetzung:

S • T • K • M
Verwechselbare Formen unterscheiden

1. offert	a) du bietest an	b) er bietet an
2. auferunt	a) sie tragen herbei	b) sie tragen weg
3. tulistī	a) ich habe getragen	b) du hast getragen
4. rettulerāmus	a) wir haben zurückgebracht	b) wir hatten zurückgebracht
5. pertulī	a) ich habe ertragen	b) ich habe vorgezogen
6. ferte	a) ihr bringt	b) bringt
7. fortis	a) tapfer	b) ihr tragt

6 Suche im Lexikon oder im Internet nach einem weiteren griechischen Mythos, in dem eine Frau entführt wird. Als Folge dieser Entführung kommt es zu einem großen Krieg. Trage das Ergebnis deiner Suche in deiner Klasse vor.

S • T • K • M
Verschiedene Quellen nutzen und Arbeitsergebnisse präsentieren

7 Versuche, die Beschriftungen auf der griechischen Zwei-Euro-Münze (S. 148) zu entziffern. Überlege, warum die Griechen dieses Motiv für ihre Münze gewählt haben.

S • T • K • M
Fortleben antiker Sagen kennen

8 Welches lateinische Wort liegt den folgenden Wörtern jeweils zugrunde? Erkläre ausgehend vom lateinischen Wort die heutige Bedeutung. Nimm auch ein Fremdwörterbuch zu Hilfe.

S • T • K • M
Fremdwörter erkennen und erklären

Offerte – sensibel – Tangente – Transfer – Form – Mutation – Referat

Lektion 27

Der Mythos von Ödipus

Der Mythos von Ödipus enthält alle Elemente einer klassischen Tragödie. Denn diese Geschichte veranschaulicht die antike Auffassung, dass kein Mensch seinem vorbestimmten Schicksal entkommen kann. Je mehr er sich bemüht, vor dem drohenden Unglück zu fliehen, umso mehr gerät er in die unausweichliche Katastrophe.

Laius, der König von Theben (Thēbae), war einst gewarnt worden: Wenn er mit seiner Frau Iokaste einen Sohn bekomme, werde dieser ihn später töten. Daher ließ Laius sofort nach der Geburt eines Sohnes dem Kind die Fußknöchel durchbohren und befahl, es im Kithairongebirge bei Theben auszusetzen. Aber ein Hirte (pāstor) fand den Säugling und übergab ihn Polybus, dem König von Korinth (Corinthus), der selbst kinderlos war. Polybus zog das Kind wie seinen eigenen Sohn auf und nannte ihn wegen seiner Fußverletzungen Ödipus („Schwellfuß“).

Als Ödipus viele Jahre später im Streit mit einem Korinther vorgeworfen wurde, er sei gar nicht der leibliche Sohn des Königs, wollte er sich darüber Gewissheit beim Orakel von Delphi (ōrāculum Delphicum) verschaffen. Doch statt einer deutlichen Auskunft erhielt er die drohende Antwort, er werde seinen Vater töten und seine Mutter heiraten. Entsetzt beschloss Ödipus, nicht nach Korinth zu seinen vermeintlichen Eltern zurückzukehren, um so dem Unheil aus dem Weg zu gehen. An einer Kreuzung, die nach Theben führte, traf er aber einen alten Mann (senex), mit dessen Dienern Ödipus in Streit geriet. Voller Zorn tötete er die Diener und den Alten, ohne zu wissen, dass dieser sein leiblicher Vater Laius war und er damit schon den ersten Teil der Prophezeiung erfüllt hatte!

Als Ödipus in Theben ankam, wurde die Stadt gerade von der Sphinx belagert. Dieses Ungeheuer fraß alle Einwohner der Stadt, die ihr Rätsel nicht lösen konnten. Ödipus jedoch gelang es leicht, die Frage der Sphinx zu beantworten, und so rettete er die Stadt. Zum Dank erlaubten ihm die Thebaner, die Königin Iokaste zur Frau zu nehmen. So erfüllte sich auch der zweite Teil des Orakels an Ödipus.

Ödipus löst das Rätsel der Sphinx, rotfigurige Kylix des sog. Oedipus-Malers, um 470 v. Chr. (Rom, Vatikanische Museen)

G

Der Konjunktiv Imperfekt/Der Irrealis der Gegenwart

Eurōpa in lītore taurum pulchrum videt. Amīcīs dīcit:
„Fōrmā taurī stupeō. Sī taurō flōrēs obtulerō, corpus eius tangere poterō. Sī corpus eius tetigerō, in taurō cōnsīdere poterō.“
Amīcae autem Eurōpam monent: „Sī taurō appropinquāveris, multa perīcula tibi īnstābunt: Nam sī taurō flōrēs offerrēs, taurum lacesserēs. Taurus, sī in eō cōnsīderēs, in mare tē auferret. Sī autem in marī essēs, nēmō tibi adesse posset.“

Erste Übungen

1 Vergleiche: laudāre → laudārem; timēre → timērem; audīre → audīrem; agere → agerem; capere → caperem.
Nenne die Bestandteile, aus denen der Konjunktiv Imperfekt gebildet ist.
Erkläre, inwiefern der Infinitiv für die Bildung der neuen Form hilfreich ist.

S • T • K • M
Grundelemente lateinischer Formen benennen

2 Bilde die entsprechende Form im Konjunktiv:
dolēbat – mūtābam – sentiēbās – abībant – cōnsīdebātis – tangebāmus – afferēbat – erant

S • T • K • M
Konjugationen beherrschen

3 Formenstaffel. Bilde die entsprechenden Verbformen:

parō → 1. Plural → Futur I → 3. Singular → Perfekt → 3. Plural → Futur II → 2. Singular → Imperfekt → Konjunktiv → 2. Plural → Indikativ → 1. Singular → Präsens

sunt → 2. Plural → Futur I → 1. Singular → Imperfekt → 3. Singular → Konjunktiv → 1. Plural → Indikativ → Perfekt → 2. Singular → Futur II → 1. Singular → Präsens → 3. Plural

W

Iocasta, uxor rēgis Thēbārum, fīlium *parit.* Sed Lāius rēx eum in montibus *expōnit. Cāsū pāstor* Polybī, rēgis Corinthī, fīlium *invenit. Pāstor* puerum servat et Polybō rēgī fert. Quī *cōnstituit* puerum ut fīlium suum *alere.*

L Niemand kann seinem Schicksal entkommen

Ōlim Lāius, rēx Thēbārum, ōrāculum mīrum accēperat: „Sī Iocasta, uxor tua, fīlium pepererit, is puer aliquandō tē occīdet." Itaque Lāius, postquam Iocasta puerum peperit, servum fīdum arcessīvit et: „Sī fīlium alerem", inquit, „mihi mortem offerret. Itaque iubeō tē īnfantem[1] in montibus expōnere." Quī fēcit, quod rēx iusserat.

Cāsū autem pāstor Polybī, rēgis Corinthī, īnfantem[1] in montibus invēnit et sēcum cōgitāvit: „Nisī puerum miserum servārem, certē īram deōrum excitārem! Īnfāns[1] perīret, nisī eī adessem." Itaque puerum ad Polybum rēgem tulit. Quī eum Oedipum[2] nōmināvit et ut fīlium suum alēbat.

Ödipus wuchs bei König Polybus zu einem jungen Mann heran, der bald alle Gleichaltrigen an Kraft und Intelligenz übertraf. Dies rief den Neid einiger junger Männer hervor. Eines Tages geriet ein Korinther mit ihm in Streit und machte sich dabei über dessen Herkunft lustig:

„Tū, quī putās tē omnēs adulēscentēs vīribus corporis et animī superāre, nōn fīlius rēgis, sed pāstōris es. Nam sī fīlius rēgis essēs, tibi etiam mōrēs rēgis essent."

Oedipus, postquam ea verba audīvit, cōnsilium cēpit ōrāculum Delphicum adīre et Apollinem deum cōnsulere. Ibi sacerdōs eī respondit: „Sī in patriam redieris, patrem occīdēs, mātrem uxōrem dūcēs." Tum Oedipus dīxit: „Sī Corinthum redīrem, parentibus māgnam calamitātem īnferrem" et cōnstituit Thēbās iter facere.

Sed in itinere senex cum servīs eī occurrit. Quī adulēscentem iussērunt senī viam dare[3]. Oedipus autem, quī nescīvit senem Lāium patrem esse, īrātus eum et servōs eius occīdit.

1 **īnfāns, īnfantis m.** der Säugling, das Kleinkind

2 **Oedipus** „Schwellfuß". Der Sklave des Laius hatte dem Kind die Knöchel an den Füßen durchbohrt, um zu verhindern, dass es weglief.

3 **viam dare** (jemandem) den Weg frei machen

Ödipus tötet seinen Vater Laios, Römischer Sarkophagdeckel, 3. Jhd. n.Chr. (Rom, Katakomben an der Via Latina)

Übungen

1 Schreibe aus dem Lesestück alle Konditionalsätze heraus und ordne sie nach Realis und Irrealis.

S • T • K • M
Lateinische Modi analysieren

2 Erkläre aus dem Lesestück (Z. 17–27), warum man das Schicksal des Ödipus als tragisch bezeichnen kann.

S • T • K • M
Textaussagen reflektieren

3 Bilde die entsprechenden Formen im Indikativ und Konjunktiv Imperfekt:

arcessit – alunt – sum – nominātis – nescīs – fers – sumus – studet – facitis

S • T • K • M
Konjugationen beherrschen

4 Falsche Zwillinge! Nur jeweils eine Form ist eine Verbform im Konjunktiv Imperfekt, die andere ist ein Substantiv. Bestimme alle Formen genau:

clāmārem – clāmōrem	dolōrēs – dolērēs	regerem – rēgem
cōnsulem – cōnsulerem	imperārem – imperātōrem	salūtem – salūtārem
dūcerem – dūcem	labōrem – labōrārem	timērem – timōrem

S • T • K • M
Verwechselbare Formen unterscheiden

5 Vorsicht Falle! Ordne die folgenden Formen den richtigen Infinitiven zu und bestimme sie genau:

parant – pārent – parient – pariunt – parārent – pārērent – parerent – parat – pāret – parāret – pareret – pariet – pārēret

S • T • K • M
Verbformen im Kontext einsetzen und übersetzen

6 Was wäre, wenn ...? Nachdem Ödipus das verhängnisvolle Orakel erhalten hat, überlegt er, was passieren würde. Ergänze die jeweils passenden Verben und übersetze:

adīrem – dūcerem – essent – facerem – īnferrem – excitārem – neglegerem – occīderem – redīrem – servārem – viverem

a) Sī verba sacerdōtis ?, īram deī ?.
b) Sī in patriam ?, parentēs meī in māgnō perīculō ?.
c) Sī autem Thēbās iter ?, calamitātem mihi nōn ?.
d) Sī parentēs meōs nōn ?, patrem nōn ?, mātrem uxōrem nōn ?.
e) Sī multōs annōs procul a patriā ?, mē parentēsque ?.

7 Informiere dich in einem Lexikon oder im Internet: Welches Rätsel hat die Sphinx den Thebanern gestellt und wie hat Ödipus es gelöst? Wie geht der Mythos von Ödipus weiter, nachdem er König von Theben geworden ist?

S • T • K • M
Berühmte Persönlichkeiten der antiken Mythen kennen

Lektion 28

Orpheus und Eurydike

Orpheus, der Sohn des thrakischen Königs Oiagros und der Muse Kalliope, galt in der Antike als der berühmteste Sänger. Man erzählte, dass er das Spiel mit der Lyra und der Kithara bei dem Gott Apollo gelernt hatte und diese Kunst so gut beherrschte, dass sich ihm sogar wilde Tiere friedlich näherten, um ihm zuzuhören. Selbst Bäume und Steine sollen von seinem Gesang (carmen) angelockt worden sein.
Am bekanntesten ist der Mythos des Sängers Orpheus und der Nymphe Eurydike. Kurz nach ihrer Hochzeit mit Orpheus wurde Eurydike von dem Hirten Aristaeus verfolgt, der sich ebenfalls in die Nymphe verliebt hatte. Auf ihrer Flucht trat sie auf eine Schlange, wurde von ihr tödlich gebissen und starb durch das Gift. Orpheus war über den Verlust seiner frisch vermählten Ehefrau untröstlich und beschloss daher, in die Unterwelt hinabzusteigen. Dort wollte er Eurydike mithilfe seiner Sangeskunst in die Welt der Lebenden zurückholen. Für diesen Wunsch wagte Orpheus etwas, was außer ihm nur ein Held wie Herakles geschafft hatte: den Eintritt in das Totenreich. Unerschrocken trat der Sänger vor Pluto, den König der Unterwelt, und dessen Gattin Proserpina.
Der Mythos von Orpheus und Eurydike spiegelt auch die uralte Sehnsucht der Menschen wider, den Tod eines geliebten Menschen rückgängig machen zu können. Der Ausgang der Geschichte zeigt aber, dass es den Menschen trotz aller Anstrengungen und Opfer eben doch nicht gegeben ist, die Endgültigkeit des Schicksals zu verändern.

Orpheus singt vor thrakischen Soldaten, Kolonettenkrater aus Gela des sog. Orpheus-Malers, um 440 v. Chr. (Berlin, Antikensammlung)

Der Konjunktiv Plusquamperfekt/Der Irrealis der Vergangenheit

G

Oedipus, postquam ōrāculum audīvit, sēcum cōgitat: „Sī Corinthum redīrem, parentibus māgnam calamitātem īnferrem.“ Itaque cōnstituit Thēbās iter facere. Post multōs annōs autem cōgnōvit:
„Sī Corinthum redīssem, parentibus calamitātem nōn intulissem. Nam sī Corinthum redīssem, Lāius pater mihi numquam occurrisset. Nisī servī regis mē lacessīvissent, Lāium nōn occīdissem. Nisī Sphinx Thēbānōs terruisset, cīvēs māgnō in timōre nōn fuissent. Nisī Sphingem superāvissem, mātrem uxōrem nōn dūxissem.“

Erste Übungen

1 Vergleiche:

S • T • K • M
Grundelemente lateinischer Formen benennen

superāvī → superāvissem; redīstī → redīsses; terruit → terruisset; lacessīvērunt → lacessīvissent

Nenne die Bestandteile, aus denen der Konjunktiv Plusquamperfekt gebildet ist. Erkläre, inwiefern der Indikativ Perfekt für die Bildung der neuen Form hilfreich ist.

2 Bilde die entsprechende Form im Konjunktiv:

S • T • K • M
Konjugationen beherrschen

nomināverās – fuerāmus – arcessīverat – pepererant – invēnerat – cōnstituerāmus – obtulerās – abīeram

3 Vom Präsensstamm in den Perfektstamm. Verwandle die folgenden Formen (Präsens → Perfekt, Imperfekt → Plusquamperfekt, Futur I → Futur II). Achte dabei auch auf den Modus.

tangō – sentiēbās – erit – ferimus – dolerētis – expōnent – dūcis – nescīret – lacessēbant

W

Omnēs hominēs, quī *carmina* Orpheī audiēbant, poētam et *vōcem* eius laudābant. Post mortem uxōris Orpheus diū per agrōs *errābat* et fortūnam suam *carminibus trīstibus flēbat*. Tandem in Tartarum iit et Plūtōnem, rēgem Tartarī, rogāvit: „*Redde* mihi meam uxōrem! Sī mihi licuerit cum eā ad *lūcem* redīre, semper tibi grātiās agam.“

L Gibt es eine Rückkehr aus der Unterwelt?

Orpheus, postquam Eurydicēn[1] uxōrem dūxit, paulō post māgnam calamitātem accēpit. Nam Eurydicē, dum Aristaeum pāstōrem fugit, in altā herbā[2] serpentem[3] nōn vīdit et periit.

Orpheus, quī dē uxōris morte valdē doluit, māgnā vōce clāmāvit: „Heu[4], mē miserum! Quantam calamitātem deī mihi īntulērunt! Eurydicē, nisī Aristaeum fūgisset, numquam perīsset. Sī ego affuissem, certō uxōrem servāvissem!“ Diū per agrōs errābat et fortūnam trīstem flēbat.

Tandem Plūtōnem et Prōserpinam, quī Tartarum regēbant, adiit et animōs eōrum carminibus movēbat: „Etiam mihi, deī immortālēs“, inquit, „nōtum est omnēs hominēs mortuōs in Tartarum pervenīre. Sī Eurydicē uxor post vitam longam perīsset, vōs nōn adīssem. Sī eī licuisset multōs annōs mēcum vīvere, nōn flērem. Nunc autem mortua est. Itaque vōs rogō: Reddite mihi Eurydicēn[1]! Sī nōnnūllōs annōs mēcum vīxerit, hūc redībit.“

Ac profectō Plūtō respondit: „Tibi licet Eurydicēn[1] tēcum ad lūcem dūcere. Sed eam condiciōnem tibi pōnō: In itinere tibi nōn licet cōnsistere et ad uxōrem tē vertere.“

Māgnō cum gaudiō Orpheus cum Eurydicē[5] ē Tartarō iter fēcit. Iam lūcem vidēbat, cum sē subitō ad uxōrem vertit. Statim Eurydicē vōce trīstī clāmāvit: „Heu[4], mē miseram! Nisī tē ad mē vertissēs, mē servāvissēs! Nunc autem in Tartarō vītam agere debeō.“

[1] **Eurydicēn** Akk. Sg. zu Eurydice
[2] **herba, ae f.** das Gras
[3] **serpēns, serpentis m.** die Schlange
[4] **heu!** O weh! Ach!
[5] **Eurydicē** Abl. Sg. zu Eurydice

Hermes, Eurydike und Orpheus, römische Kopie eines attischen Reliefs um 409 v. Chr. (Neapel, Archäologisches Nationalmuseum)

Gerhard Marcks, Eurydike, Orpheus, Hermes, Holzschnitt 1948

Übungen

1 a) Gib mit eigenen Worten wieder, wie Orpheus Pluto dazu bewegte, ihm Eurydike zurückzugeben.

b) Was wäre, wenn Orpheus sich nicht umgedreht hätte? Schreibe die Geschichte weiter.

S • T • K • M
Textaussagen reflektieren

2 Falsche Zwillinge! Bestimme jeweils die Verbform und unterscheide dabei genau, ob sie zu reddere oder redīre gehört:

reddō – redeō | reddidissēmus – redīssēmus | redderem – redīrem
redit – reddit | reddunt – redeunt

S • T • K • M
Verwechselbare Formen unterscheiden

3 Vom Präsensstamm in den Perfektstamm. Bilde die entsprechenden Formen im Perfektstamm:

a) cōnsistunt b) vertēbās c) invenient d) ferēmus e) arcesserētis
f) tangēbam g) auferrēs h) affert i) sentient j) abītis

S • T • K • M
Konjugationen beherrschen

4 Ō tempora, ō modī! Ergänze jeweils die fehlenden Verbformen:

	Ind. Imperfekt	Konj. Imperfekt	Ind. Plusquamperfekt	Konj. Plusquamperfekt
a)	errābat	?	?	?
b)	?	flērent	?	?
c)	?	?	?	fuissēmus
d)	ferēbam	?	?	?

5 Was wäre, wenn ...? Nachdem Orpheus allein aus der Unterwelt zurückgekehrt ist, macht er sich Vorwürfe. Ergänze die jeweils passenden Verben und übersetze die Sätze:

appropinquāvisset – ēgissem – fūgisset – mōvissem – pāruissem – reddidisset – redīsset – rettulissem – servāvissem – vertissem

a) Eurydicē nōn per herbās ? , nisī Aristaeus pāstor eī ? .
b) Nisī Plūtōnem carminibus meīs ? , Eurydicēn mihi nōn ? .
c) Sī verbīs Plūtōnis ? , Eurydicē mēcum ad lūcem ? .
d) Nisī mē in itinere ad uxōrem ? , Eurydicen ? .
e) Sī uxōrem meam ad lūcem ? , semper deīs grātiās ? .

S • T • K • M
Verbformen im Kontext einsetzen und übersetzen

6 Vergleiche die beiden Abbildungen (S. 158) miteinander und erläutere, welche Szene aus dem Mythos jeweils dargestellt ist. Überlege, warum die Künstler jeweils diesen Moment gewählt haben.

S • T • K • M
Fortleben antiker Mythen vergleichen

Lektion 29

Der Trojanische Krieg

Zur Vorgeschichte des Trojanischen Krieges gehört ein Streit zwischen den Göttinnen Juno (Hera), Minerva (Athene) und Venus (Aphrodite), wer die schönste sei. Der trojanische Königssohn Paris, der um sein Urteil gebeten worden war, entschied sich für Venus, weil sie ihm Helena, die schönste Frau der Welt, versprochen hatte. Da Helena jedoch mit Menelaos, dem König von Sparta, verheiratet war, musste Paris sie von dort nach Troja entführen. Als Paris Helena ihrem Mann nicht zurückgeben wollte, stellte Agamemnon, der König von Mykene und Bruder des Menelaos, mit anderen Königen Griechenlands ein Heer auf. Sie zogen gemeinsam gegen Troja.

Zehn Jahre lang belagerten die Griechen vergeblich die Stadt Troja. Da hatte Odysseus, der listige König von Ithaka, die Idee, ein hölzernes Pferd zu bauen; in seinem Bauch sollten sich die tapfersten griechischen Kämpfer verbergen. Das griechische Heer täuschte seinen Abzug vor, sodass die Trojaner glaubten, sie hätten den Krieg gewonnen. Am Strand ließen die Griechen ein großes hölzernes Pferd zurück. Der Priester Laokoon warnte jedoch die Trojaner davor, dieses Pferd in die Stadt zu ziehen. Der Sage nach wurden er und seine Söhne sofort nach dieser Warnung von zwei Seeschlangen getötet. Die Trojaner erkannten die Gefahr dagegen nicht: Sie zogen das Pferd in die Stadt und feierten den ganzen Abend ihren Sieg.

Mitten in der Nacht kletterten Odysseus und seine Gefährten aus dem Pferd heraus und öffneten für die übrigen Griechen, die sich auf ihren Schiffen hinter einer nahen Insel versteckt hatten, die Stadttore. Sie überfielen die wehrlosen Trojaner im Schlaf. Viele, unter ihnen der König Priamus, wurden getötet, nur wenige konnten entkommen. Troja wurde dem Erdboden gleichgemacht.

Auf der Grundlage älterer mündlicher Erzählungen über den trojanischen Krieg hat im 8. Jahrhundert v. Chr. der griechische Dichter Homer sein Epos Ilias geschrieben. Ilion war der griechische Name für Troja. Heinrich Schliemann, der schon als Kind begeistert die Ilias las und an die Erzählungen Homers glaubte, hatte den Traum, Troja zu finden und auszugraben. In den Jahren 1871–73 fand er den Ort des antiken Troja (heute: Hisarlık).

Die Laokoon-Gruppe (Rom, Vatikanische Museen)

Der dativus finalis

G

Orpheus dē morte uxōris doluit. Mors uxōris Orpheō dolōrī erat.
Diū clāmābat: „Cūr nōn affuī uxōrī meae? Cūr uxōrī auxiliō nōn vēnī?
Aristaeō pāstōrī īrātus sum. Aristaeus pāstor mihi semper odiō erit!"
Tandem Orpheus in Tartarum iit et Plūtōnem deum carminibus mōvit. Verba deī Orpheō summō gaudiō fuērunt: Nam Orpheō uxōrem sēcum dūcere licuit.

Die e-Deklination

W

G

Orpheus amīcō dē fortūnā suā nārrat:
„Herī calamitātem gravem accēpī. Nam is *diēs* uxōrī meae *perniciēī* fuit: Eō *diē* Eurydicē periit. Deī immortālēs calamitātem eius *diēī* nōn prohibuērunt. Eam *perniciem* perferre nōn possum! Ante paucōs *diēs* Eurydicēn uxōrem dūxeram. Multōs *diēs* cum eā vīvere in animō habuī.

Erste Übungen

1 In jeder Reihe sind vier Dativformen enthalten. Suche sie heraus:

S • T • K • M
Verwechselbare Formen unterscheiden

a) vōcī, dominī, flēvī, uxōrī, deī, senī, aluī, ōrāculī, flōrī
b) mortuō, sentiō, virgō, gaudiō, sociō, consīdō, nūntiō
c) fōrmīs, carminis, mortuīs, trīstis, dīvitiīs, lūcis, nautīs, māiestātis

2 Schreibe die folgenden Sätze ab. Unterstreiche dann jeweils den Dativ der Person und den Dativ des Zwecks mit einer unterschiedlichen Farbe und übersetze die Sätze wörtlich. Formuliere anschließend jeweils eine angemessene deutsche Übersetzung.

S • T • K • M
Konstruieren: Wortgruppen bestimmen

a) Salūs uxōris Orpheō cūrae est.
b) Amīcae Eurōpae flōrēs dōnō dant.
c) Sphinx Thēbānīs odiō fuit.
d) Respōnsum sacerdōtis Laiō rēgī māgnō dolōrī erat.

3 Bilde jeweils mit māgna perniciēs und diēs ultimus die folgende Formenkette:

S • T • K • M
Deklinationen beherrschen

Genitiv Singular → Plural → Ablativ → Singular → Dativ → Akkusativ → Plural → Dativ → Nominativ → Singular

L Das hölzerne Pferd

Graecī, quamquam iam decem annōs urbem Trōiam oppūgnābant, tamen eam expūgnāre nōn poterant. Tandem Ulixēs cōnsilium cēpit Trōiānōs dolō superāre. Rēgēs Graecōrum convocāvit et: „Iam diū", inquit, „frūstrā urbem hostium oppūgnāmus. Sed mox nōbīs spēs victōriae erit. Equum līgneum[1] aedificābimus et ..."

Post paucōs diēs Graecī castra relīquērunt et nāvēs solvērunt. Trōiānī, postquam eam rem comperērunt, statim castra hostium petīvērunt. Sed nihil vīdērunt nisī ingentem equum līgneum[1]. Dum dē eā rē mīrā disserunt, subitō vir, cui faciēs trīstis erat, appāruit et dīxit: „Mihi nōmen est Sinōn. Graecus sum. Rēs incrēdibilēs vōbis nārrābō: Graecī, quia spem victōriae deposuērunt, in patriam navigāvērunt. Mē hīc relīquērunt, quia Ulixī odiō sum. Eum equum līgneum Minervae deae dōnō dant. Is, sī eum in urbem tuleritis, vōbīs praesidiō erit."

Trōiānī valdē gaudēbant. Tum Lāocoōn sacerdōs māgnā vōce clāmāvit: „Numquam fidem habēte Graecīs! Nam timeō Danaōs et dōna ferentēs![2] Equus urbī nostrae perniciēī erit!"

Trōiānī, sī verbīs sacerdōtis pāruissent, urbem servāvissent. Sed equum in urbem trāxērunt et mediō in forō posuērunt. Sīc is diēs ultimus diēs urbis fuit: Nam in equō Ulixēs cum multīs mīlitibus latēbat[3]. Quī mediā nocte ex equō exiērunt et portās urbis cōpiīs Graecōrum, quī clam redierant, aperuērunt. Tum Graecī tōtam urbem dēlēvērunt.

[1] **līgneus, a, um** hölzern, aus Holz

[2] **timeō Danaōs et dōna ferentēs!** Ich fürchte die Danaer (Griechen), auch wenn sie Geschenke bringen!

[3] **latēre** verborgen sein

Amphora aus Mykonos mit der Darstellung des Trojanischen Pferdes, um 670 v. Chr. (Mykonos, Archäologisches Museum)

Die Trojaner ziehen das Pferd in ihre Stadt. Filmszene aus W. Petersens „Troja" (2004)

Übungen

1 Richtig oder falsch? Entscheide dich und korrigiere die falschen Aussagen:

S • T • K • M
Textaussagen reflektieren

a) Graecī urbem Trōiam novem annōs oppūgnābant.
b) Tum Ulixēs Trōiam dolō expūgnāre voluit.
c) Mīlitēs Trōiānōrum castra hostium petīvērunt et ibi equum parvum vīdērunt.
d) Subitō vir appāruit, cui nōmen Achillēs erat.
e) Is vir equum dōnum deae Minervae esse dīxit.
f) Quamquam Trōiānī valdē gaudēbant, Lāocoōn sacerdōs Trōiānōs māgnā vōce monuit.
g) Trōiānī verbīs sacerdōtis pāruērunt et equum in mare trāxērunt.

2 Ersetze durch die passende Form von perniciēs:

S • T • K • M
Deklinationen beherrschen

calamitāte – calamitātī – calamitās – calamitātis – calamitātem – calamitātēs

3 Ordnung muss sein. Bestimme jeweils den Kasus und ordne die folgenden Substantive den richtigen Deklinationen zu:

cōnsulem – fidem – noctem – spem; diērum – flōrum – ingenium – ōrāculum – pāstōrum – rērum; amīce – māiestāte – perniciē – sene – serve – spē; condiciōnēs – diēs – faciēs – vīrēs

4 Ordne den Substantiven das richtige Adjektiv zu. Achte dabei auf KNG-Kongruenz:

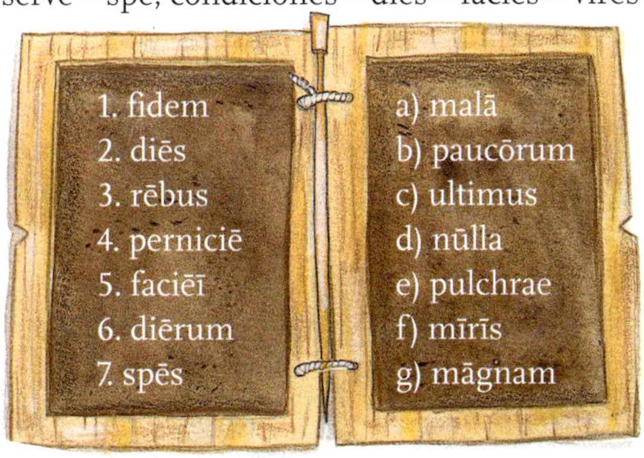

5 Lateinischer Doppel-Dativ und seine Übersetzung. Nenne in den folgenden Sätzen die beiden Dative und gib an, welcher von ihnen der dativus commodi (incommodi) und welcher der dativus finalis ist. Übersetze dann:

S • T • K • M
Konstruieren: Wortgruppen bestimmen

a) Fōrma taurī Eurōpae māgnō gaudiō fuit.
b) Sed taurus pulcher virginī perniciēī fuit.
c) Amīcae Eurōpae auxiliō venīre nōn potuērunt.
d) Trōiānī Graecīs odiō fuērunt.
e) Trōiānī equum līgneum Minervae deae dōnō dare voluērunt.
f) Putavērunt mūrōs altōs urbis sibi praesidiō esse.
g) Perniciēs Trōiae cīvibus māgnō dolōrī fuit.

Lektion 30

Vergils Aeneis

Der griechische Dichter Homer überliefert in seinem Epos Ilias eine Episode aus dem Mythos vom Kampf um Troja. In der Odyssee berichtet derselbe Dichter von der Heimkehr des Odysseus auf seine Insel Ithaka und von den Abenteuern, die Odysseus dabei auf seiner zehnjährigen Irrfahrt zu bestehen hatte.
Der wichtigste Ependichter der Römer war Publius Vergilius Maro (Vergil), der von 70 bis 19 v. Chr. lebte und zu den bedeutendsten Dichtern zur Zeit des Kaisers Augustus zählt. Sein lateinisches Epos trägt den Titel Aeneis und berichtet vom Schicksal des Trojaners Aeneas, des Sohnes der Liebesgöttin Venus. Vergil erzählt vom Fall Trojas und der Flucht des Aeneas gemeinsam mit seinem Vater Anchises und seinem Sohn Ascanius sowie von langen Irrfahrten und Abenteuern der Trojaner. Besonders berühmt ist die Geschichte von der Liebe der karthagischen Königin Dido zu Aeneas, die jedoch unglücklich endet: Aeneas muss Dido verlassen, denn die Götter haben ihm eine neue Heimat in Italien vorbestimmt. Dort wird sein Sohn Ascanius (Iulus) nach langen Kriegen die Stadt Alba Longa gründen, und unter den Nachfahren des Ascanius werden dann Romulus und Remus, die Gründer Roms, sein. Diese ruhmreiche Zukunft hebt auch Jupiter hervor, als er der besorgten Venus erklärt, warum ihr Sohn auf den gefährlichen Meeren die lange Reise nach Italien unternehmen muss: Immerhin ist Aeneas der Ahnherr des römischen Volkes – eines Volkes, das einmal große Teile der Welt beherrschen wird. So lässt Vergil den Göttervater prophezeien: Imperium sine fīne dedī. („Ich habe ihnen ein Reich ohne Grenzen gegeben.")
Für Kaiser Augustus war die Aeneis ein besonders wichtiges Werk. Der mächtige Herrscher stellte sich nämlich gerne als Nachkommen des Aeneas dar, dessen Zielstrebigkeit und Pflichtbewusstsein für jeden Herrscher vorbildhaft waren.

Aeneas' Flucht aus Troja, Gemälde von Federico Barocci (1598)

Konjunktiv Präsens/Abhängige Begehrsätze

G

Lāocoōn sacerdōs clāmāvit: „Urbs nostra māgnō in perīculō est.
Trōiānī, vōs rogō: Servāte urbem nostram, pārēte verbīs meīs, relinquite equum ad lītus!
Vōs rogō, ut urbem nostram servētis, verbīs meīs pareātis, equum ad lītus relinquātis.
Vōs moneō, ut callidī sītis. Vōs rogō, nē equum in urbem trahātis.
Nam perīculum est, nē Graecī eō modō in urbem nostram perveniant et eam dēleant. Sed timeō, nē equum in urbem ferātis."
Lāocoōn timuit, nē equus urbī Trōiae perniciēī esset, sed Trōiānī eī nōn pāruērunt.

Erste Übungen

1 Unterscheide Indikativ Präsens, Indikativ Imperfekt, Konjunktiv Präsens und Konjunktiv Imperfekt. Lege in deinem Heft eine Tabelle an und ordne die Formen zu. Markiere danach mit verschiedenen Farben das jeweilige Modus- und Tempuskennzeichen.

S • T • K • M
Segmentieren: Grundelemente lateinischer Formen bestimmen

a) a- und e-Konjugation: adiuvat – dābat – tenēret – prohibet – putet – adhibeat – rogat – excitet – pūgnāret – respondēbat – videt – properet – servāret
b) i- und konsonantische Konjugation und ferre: audiat – invenit – mittit – referat – reddat – regat – reperiat – fugiēbat – veniat – vinceret – refert
c) esse und posse: sunt – sint – possint – possunt – possent – essent – erant – poterant

2 Indikativ Präsens – Konjunktiv Präsens – Indikativ Imperfekt – Konjunktiv Imperfekt: Stelle fest, welche Form in jeder Reihe fehlt, und ergänze sie. Alle vier Verbformen müssen in Person und Numerus übereinstimmen.

S • T • K • M
Formen sicher bestimmen

a) adsum – adsim – adessem
b) condit – condēbat – conderet
c) studēs – studeās – studēbās
d) petāmus – petēbāmus – peterēmus
e) venītis – veniēbātis – venīrētis
f) vincunt – vincant – vincerent
g) fugiat – fugiēbat – fugeret

W

Quia Graecī Trōiam diū oppūgnābant, rēs Trōiānōrum secunda nōn erat. Itaque Trōiānī *rēs adversās* timēbant, *rēs secundās* dēsīderābant. Venus in somnō Aenēae appāruit et dīxit: „*Dēsere* Trōiam et *quaere* patriam novam!" Tum fīlius Veneris cum nōnnūllīs *comitibus fugā* salūtem petīvit. Post longōs errōrēs ad lītora Ītaliae pervēnit.

L Die Flucht des Aeneas aus Troja als göttlicher Auftrag

Das hölzerne Pferd der Griechen bedeutet das Ende von Troja: Die Feinde wüten in der brennenden Stadt. Aber die überlebenden Trojaner spielen im antiken Mythos noch eine wichtige Rolle – vor allem für die Geschichte Roms.

Dum Graecī Trōiam dēlent, Aenēās dormīvit. Subitō in somnō[1] Hector, quem Achillēs occīdit, adest et eum monet, ut fugiat: „Fuge, Aenēa[2], hostis habet mūrōs! Servā rēs sacrās penātēsque[3] Trōiānōs! Quōs cape et quaere eīs patriam novam!“

Aenēās, postquam ea verba audīvit, prīmō dē salūte dēspērāvit. Tum autem Venus dea appāruit et dīxit: „Fīlī, es bonō animō! In rebus secundīs tibi semper aderam. Etiam in rēbus adversīs tē tuōsque nōn dēseram. Ōrō tē, ut ex urbe Trōiā fugiās! Moneō tē, nē frūstrā patriam dēfendere studeās! Rogō tē, ut tē tuōsque servēs! Itaque vōbīs imperō, ut fugā salūtem petātis!“

Aenēās verbīs mātris pāruit: Anchīsem patrem, quī iam senex erat, umerīs portat, Ascanium fīlium manū[4] tenuit. Tum sē cum nōnnūllīs comitibus ad nāvēs contulit et ē patriā fūgit.

Venus dea etiam Iovem adiit et implōrāvit, ut fīlium servāret. Nam timuit, nē Aenēās in marī tempestātibus perīret. Iuppiter autem Venerī respondit: „Bonō animō es, mea fīlia! Perīculum nōn est, nē Aenēās in marī pereat. Tempestātēs adhūc Aenēam impediēbant, nē patriam novam reperīret. Sed brevī tempore ad lītora Italiae perveniet. In Latiō bellum longum geret, multōs hostēs vincet. Postrēmō Ascanius fīlius Albam Longam condet.“

Flucht des Aeneas mit seinem Sohn und seinem Vater, der die Penaten hält. Marmorgruppe von Gianlorenzo Bernini, um 1619 (Rom, Museo Borghese)

[1] **somnus, ī m.** der Schlaf

[2] **Aenēa** Vokativ zu Aeneas

[3] **penātēs, um m.** die Hausgötter

[4] **manū** (Abl.) an der Hand

Übungen

1 Namen, Namen, Namen – Dīc mihi nōmen …

S • T • K • M
Textaussagen reflektieren

a) … virī Trōiānī, quem Achilles occīdit.
b) … patris Aenēae.
c) … fīliī Aenēae.
d) … deae, quae timuit, nē Aenēās perīret.
e) … terrae, in quā Aenēas patriam novam invēnit.
f) … deī, quī Rōmānīs imperium sine fīne dedit.

2 Moduswechsel: Indikativ – Konjunktiv
Trenne die folgenden Formen in einer Tabelle nach Indikativ und Konjunktiv. Bestimme dann das Tempus und die Konjugationsklasse und setze die jeweilige Form in den anderen Modus. Übersetze die Indikativformen.

S • T • K • M
Konjugationen beherrschen

tenēret – ēgisset – gesserat – dēfendēbat – lacesseret – monueram – pāream – rīdēbam – sciās – tacuerās – portās

3 īre – esse – posse. Setze die Konjunktivformen in den Indikativ.

eam – īrem – īssem – esset – est – sīs – potuissēs – possīs – posset – īret

4 Begehrsatz oder Konditionalsatz? Schreibe vor der Übersetzung die Konjunktivformen und die Subjunktionen heraus. Bestimme, ob ein Begehrsatz oder ein irrealer Konditionalsatz vorliegt, und übersetze dann:

S • T • K • M
Satzarten und ihre Funktion unterscheiden

„Aenēās comitēs, quī tempestātem ingentem timēbant, monuit, nē dēspērārent: „Deī nōbīs semper aderant; etiam nunc adsunt. Nisī deī nōbis affuissent, iam in marī perīssēmus. Nisī deī nōbīs adessent, nunc in perīculō essēmus. Vōs implōrō, ut deīs fidem dētis. Nunc deōs rogābō, nē nōs dēserant.“

5 Wünsche über Wünsche. Setze sowohl in den Hauptsätzen als auch in den Nebensätzen die passenden Prädikate ein. Übersetze dann den Text.

S • T • K • M
Verbformen im Kontext einsetzen und übersetzen

a) agō – b) perīculum est – c) dēseram – d) dēspērāret – e) impediēbam – f) monuit – g) pereat – h) perīret – i) perveniat – j) rogō – k) servēs – l) timēs

Venus Iovī patrī dīxit: „Tē 1 , ut fīlium meum ē perīculō 2 . 3 , nē in marī 4 .“ Pater deōrum deam amōris 5 , nē 6 : „Cūr 7 , nē ego fīlium tuum 8 ? Semper 9 , nē Aenēās 10 . Etiam nunc 11 , ut fīlius tuus in Italiam 12 .“

6 Beschreibe die Darstellung des Aeneas auf dem Gemälde Baroccis (S. 164) und die Statue Berninis (S. 172). Nenne Gemeinsamkeiten und Unterschiede.

S • T • K • M
Fortleben antiker Mythen kennen und vergleichen

Plateaulektion 26 – 30

Grundwissen: Griechische und römische Sagenwelt

Die Römer übernahmen zahlreiche griechische Sagenstoffe in die römische Mythologie und setzten die griechischen Götter mit ihren eigenen Gottheiten gleich. Sie werden sowohl mit griechischen als auch lateinischen Namen bezeichnet, z. B.:

Zeus/Iuppiter **Hera/Iuno** **Athene/Minerva** **Artemis/Diana** **Apollon/Apollo** **Hermes/Mercurius** **Aphrodite/Venus** **Ares/Mars**

Bekannte Sagenstoffe der Griechen

- **Europa:** Eine phönizische Königstochter, die **Jupiter in Gestalt eines Stieres** nach Kreta entführte. Sie gab unserem Kontinent den Namen.
- **Ödipus:** Der Königssohn aus **Theben**, der seinem vorbestimmten Schicksal entgehen wollte und gerade dadurch die tragische Katastrophe für sich und seine Familie auslöste.
- **Orpheus:** Der großartigste Sänger in der antiken Mythologie bewegte durch seinen Gesang die Unterweltgottheiten dazu, dass seine verstorbene Frau **Eurydike** die Unterwelt verlassen konnte. Da Orpheus aber auf dem Rückweg die Bedingungen Plutos und Proserpinas missachtete, verlor er seine Frau zum zweiten Mal.

Der trojanische Sagenkreis

- **Paris**, ein Sohn des Königs von **Troja**, erklärte in einem Wettstreit der Göttinnen **Juno**, **Minerva** und **Venus** die Liebesgöttin für die schönste („**Parisurteil**") und erhielt zur Belohnung **Helena**, die schönste sterbliche Frau. Deren Mann **Menelaos** rief seinen Bruder **Agamemnon** zu Hilfe. Dieser führte voller Zorn die Griechen zum Krieg gegen Troja.
- Nach zehn Jahren brachte eine List des Griechen **Odysseus** die Entscheidung: Verborgen in einem hölzernen Pferd („**Trojanisches Pferd**") gelangten griechische Soldaten in die Stadt, öffneten die Tore und zerstörten Troja.

- Sowohl **Odysseus**, der zehn Jahre benötigte, um zu seiner Ehefrau **Penelope** nach Hause zurückzukehren, als auch der junge Held **Aeneas**, einer der wenigen überlebenden Trojaner, mussten nach Ende des Krieges lange **Irrfahrten** über die Meere erdulden.
- **Aeneas** hatte die Bestimmung, nach **Italien** zu fahren, Diesen Auftrag vergaß er, als er in **Karthago** (Nordafrika) strandete und sich dort in Königin **Dido** verliebte. Auf Druck der Götter verließ er Dido, die sich daraufhin das Leben nahm.
- Nach der Ankunft in Italien gründete Aeneas' Sohn **Ascanius** die Stadt **Alba Longa**. Später haben dessen Nachfahren **Romulus und Remus** Rom gegründet.

Aeneas in der Unterwelt

Der Dichter Vergil berichtet, wie Aeneas mithilfe der Apollopriesterin Sibylle in die Unterwelt hinabsteigt, um seinen inzwischen verstorbenen Vater Anchises wiederzusehen. Nachdem ihn der Fährmann Charon über den Unterweltsfluss Acheron gebracht hat, muss Aeneas jedoch zunächst die Unterweltsregion durchwandern, in der sich die zu früh Verstorbenen aufhalten. Doch dort befindet sich der Schatten Didos, die sich aus Kummer darüber, dass Aeneas sie verlassen hat, das Leben genommen hat.

Aenēās per Tartarum iit, cum subitō Dīdōnem vīdit. Statim eam adiit et multīs cum lacrimīs clāmābat: „Salvē, Dīdō! Tē rogō, nē abeās! Tē ōrō, ut cōnsistās et verba mea audiās!“

Quamquam Dīdō nihil respondit, Aenēās dīxit: „Ergō nūntius vērus fuit: Tū mortua es! Tē ipsam[1] interfēcistī. Sed ego causa mortis tuae fuī. Nisī patriam relīquissem, adhūc vīverēs. Nisī tē dēseruissem, vītā tē nōn prīvāvissēs[2]. Sī Carthāgō patria mea esset, ibi nunc tēcum vīverem. Sed deīs immortālibus pārēre dēbuī: Iuppiter cōnstituit, ut cum comitibus patriam novam in Italiā quaererem. Itaque pater deōrum impedīvit, nē tēcum in urbe tuā vīverem. Per Mercurium, nūntium deōrum, Iuppiter mihi imperāvit, ut tē relinquerem et Italiam peterem.

Mercurius mē monuit, nē glōriam gentis Trōiānōrum neglegerem. Nōs enim in Italiā urbem novam condēmus. Hoc cupiunt deī immortālēs. Ego autem tē dēserere nōluī. Crēde mihi! Numquam ā lītore tuō abīre voluī. Tēcum vīvere cupīvī, sed mihi nōn licuit. Neque crēdere possum mē tibi tantum dolōrem parāvisse. Sed cūr mē fugis? Cūr nōn cessās? Tē implōrō, ut respondeās.“ Dīdō autem tacēbat atque fūgit.

Äneasmosaik aus einer römischen Villa in Low Ham (Südengland) mit Motiven des Liebesgeschichte von Dido und Aeneas, 2. Jh. n. Chr. (Taunton, Museum of Somerset)

[1] **tē ipsam** (Akk. Sg. f.) dich selbst

[2] **sē vītā prīvāre** Selbstmord begehen

- Beschreibe mit eigenen Worten, wie Dido sich verhält und welche Wirkung dies auf Aeneas hat.

S • T • K • M
Textaussagen reflektieren

- Lies die Sachinformation zu Lektion 30 durch und sammle mögliche Gründe, die dafür sprechen, dass Aeneas Dido verlässt, sowie solche, die dagegen sprechen. Veranstaltet in der Klasse eine Diskussionsrunde, in der einige von euch für Aeneas Partei ergreifen und andere die Gegenposition vertreten.

S • T • K • M
Sich in Verhaltensweisen antiker Menschen hineinversetzen und Perspektivenwechsel vollziehen

Methodenkompetenz (8): Die Bildung der Formen im Konjunktiv

Zur Wiederholung stellen wir noch einmal die wichtigsten Regeln zur Bildung der Konjunktivformen zusammen (vgl. die Grammatikkapitel zu den Lektionen 27, 28 und 30).

1. Der Konjunktiv Präsens

Der **Konjunktiv Präsens** ist ein Tempus des Präsensstamms. Er wird zumeist durch das **Moduszeichen -a-** gebildet, z. B.:

Indikativ	Konjunktiv
monet	moneat

Nur bei Verben der a-Konjugation lautet das Moduszeichen des Konjunktiv Präsens **-e-**. Dieses ersetzt das -a- des Präsensstamms, z. B.:

Indikativ	Konjunktiv
vocat	vocet

Hilfsverben bilden den Konjunktiv Präsens zumeist unter Verwendung des Buchstaben -i-:

esse → sim, sīs, sit, ...
posse → possim, possīs, possit, ...
velle → velim, velīs, velit, ...
nōlle → nōlim, nōlīs, nōlit, ... usw.

2. Der Konjunktiv Imperfekt ist ebenfalls ein Tempus des Präsensstamms. Er wird zumeist durch das Moduszeichen **-re-** gebildet. Noch einfacher ist folgende Faustregel:

Konjunktiv Imperfekt = Infinitiv Präsens + Personalendungen

monēre → monērem, monērēs, monēret, ...
vocāre → vocārem, vocārēs, vocāret, ...
esse → essem, essēs, esset, ...
posse → possem, possēs, posset, ...
velle → vellem, vellēs, vellet, ...
nōlle → nōllem, nōllēs, nōllet, ... usw.

3. Der Konjunktiv Plusquamperfekt ist ein Tempus des Perfektstamms. Er wird mit dem Moduszeichen **-isse-** gebildet:

monēre → monuissem, monuissēs, monuisset, ...
vocāre → vocāvissem, vocāvissēs, vocāvisset, ...
esse → fuissem, fuissēs, fuisset, ...
īre → īssem, īsses, īsset, ... usw.

Übungen

S • T • K • M
Konjugationen beherrschen

1 Im Übersetzungstext findest du insgesamt 15 Verben im Konjunktiv. Zeichne eine dreispaltige Tabelle in dein Heft und ordne diese Verben nach den Tempora Konjunktiv Präsens, Konjunktiv Imperfekt, Konjunktiv Plusquamperfekt.

2 Im Übersetzungstext stehen 10 Verben im Indikativ Präsens und Imperfekt.
a) Schreibe diese heraus und setze sie in den entsprechenden Konjunktiv.
b) Ergänze zu diesen Verbformen jeweils den Konjunktiv Plusquamperfekt.

Methodenkompetenz (9): Die Funktionen des Konjunktivs und seine Übersetzung I

Die unterschiedlichen Funktionen des Konjunktivs wirken sich auch auf die Übersetzung aus.

1. **Abhängige Begehrsätze** werden mit **ut** (verneint: **nē**) eingeleitet. Sie gehören zu den Gliedsätzen, die immer im Konjunktiv stehen. Bei der Übersetzung solcher Gliedsätze wird der Konjunktiv normalerweise mit dem **deutschen Indikativ** wiedergegeben:

Tē ōrō, ut verba audiās.	Ich bitte dich, dass du die Worte anhörst.
Konjunktiv Präsens	Indikativ Präsens

   Das Tempus des lateinischen Konjunktivs im Gliedsatz folgt den Regeln der **consecutio temporum**: Steht im Hauptsatz **Präsens oder Futur**, so steht im Gliedsatz der **Konjunktiv Präsens**. Steht im Hauptsatz ein **Tempus der Vergangenheit**, steht im Gliedsatz der **Konjunktiv Imperfekt**.

Ōrat, ut verba audiant.	Er bittet, dass sie die Worte anhören.
Präsens — Konjunktiv Präsens	Indikativ Präsens
Ōrāvit, ut verba audīrent.	Er bat, dass sie die Worte anhörten.
Perfekt — Konjunktiv Imperfekt	Indikativ Imperfekt

2. **Der Irrealis** kommt in Hauptsätzen und in konditionalen Gliedsätzen vor. Er drückt aus, dass eine Handlung **nicht wirklich** oder **nicht möglich** ist. Bei der Übersetzung wird er auch mit einem deutschen Konjunktiv wiedergegeben. Der **Konjunktiv Imperfekt** steht für den **Irrealis der Gegenwart** und der **Konjunktiv Plusquamperfekt** für den **Irrealis der Vergangenheit**.

Sī Aenēās cum Dīdōne viveret,	Wenn Aeneas mit Dido **zusammenlebte (zusammenleben würde)**,
glōriam gentis Trōiānae neglegeret.	würde er den Ruhm des trojanischen Volkes **vernachlässigen**. (Gegenwart)
Nisī Aenēās Dīdōnem relīquisset,	Wenn Aeneas Dido nicht **verlassen hätte**,
glōriam gentis Trōiānae neglexisset.	**hätte er** den Ruhm des trojanischen Volks **vernachlässigt**. (Vergangenheit)

Übungen

1 Gib zu jeder der 15 Konjunktivformen aus dem Übersetzungstext an, ob der Konjunktiv im abhängigen Begehrsatz steht oder als Irrealis der Gegenwart bzw. Vergangenheit verwendet wird.

S • T • K • M
Satzarten und ihre Funktionen unterscheiden

2 Übersetze und verwandle in den folgenden Sätzen das Prädikat des übergeordneten Hauptsatzes jeweils in die entsprechende Form des Perfekts. Inwiefern verändert sich dadurch auch der Gliedsatz?

Tē rogō, nē abeās! – Tē ōrō, ut cōnsistās et verba mea audiās! – Iuppiter mē monet, ut patriam novam quaeram. – Mihi imperat, ut tē relinquam.

Lektion 31 – 35

Die römische Republik im Wandel

Grabmal des Poblicius, ca. 40 n. Chr. (Köln, Römisch-Germanisches Museum)

Nach der Vertreibung der Könige wurde die römische Republik über Jahrhunderte von einer Gruppe adeliger Familien regiert. Ein Kennzeichen dieser angesehenen Familien war, dass sie eine lange Ahnenreihe hatten und über großen Grundbesitz verfügten. Mitglieder dieser Familien übernahmen auch die wichtigsten Ämter des Staates. Politiker aus nichtadeligen Familien konnten nur selten hohe Ämter bekleiden.

Der Stolz der adligen Familien auf ihr Alter und auf die Angehörigen, die seit mehreren Generationen politische Ämter bekleidet hatten, kam in besonderer Weise beim Begräbnis eines vir nobilis zum Ausdruck, wie es auf dem Relief dargestellt ist.

Die Verstorbenen wurden außerhalb der Stadt bestattet, oft an beiden Seiten einer Straße. Wie vor Rom z. B. die Via Appia, so gab es auch in den römischen Provinzen Gräberstraßen, an denen Grabdenkmäler nach römischem Vorbild errichtet wurden. Das Grabmal des Poblicius wurde in Köln an einer Straße gefunden, die nach Bonn führte.

- Informiere dich, wie die Verstorbenen bestattet wurden, die nicht aus adeligen Familien stammten, und berichte darüber in deiner Klasse.
- Informiere dich über das Grabmal des Poblicius und berichte darüber in deiner Klasse.

Pompeji, Gräberstraße (Via dei Sepolcri), die vom Herculaner Tor stadtauswärts führte

Grabrelief aus Amiternum (Abruzzen) mit der Darstellung eines Leichenzuges, 1. Jh. v. Chr. (L'Aquila, Museum)

- Beschreibe das Grabrelief von Amiternum und informiere dich, wer an einem Leichenzug teilnahm.

In der Spätzeit der römischen Politik kam es zwischen den politischen Gruppen zu Straßenschlachten und sogar Bürgerkriegen. In den letzten Jahrzehnten waren es vor allem zwei Persönlichkeiten, die das politische Leben bestimmten: Pompeius und Caesar. Zuerst miteinander verbündet, wurden sie zu Rivalen um die führende Stellung in Rom. Beiden gemeinsam waren eine hohe Feldherrnkunst und der Ehrgeiz, wie Alexander der Große neue Gebiete zu erobern.

Gaius Iulius Caesar (100–44 v. Chr.), zeitgenössisches Porträt (Turin, Archäologisches Museum)

Gnaeus Pompeius Magnus (106–48 v. Chr.), Porträt in Anlehnung an eine Statue aus dem Jahr 55 v. Chr. (Kopenhagen, Ny Carlsberg Glyptotek)

- Beschreibe die beiden Porträts von Caesar und Pompeius und vergleiche sie in ihrem Ausdruck miteinander.

Lektion 31

Die römische Adelsgesellschaft und ihre Bräuche

Der römische Staat (rēs pūblica) war nach Vertreibung der Könige Jahrhunderte lang eine Adelsrepublik. Die adligen gentēs, die zur Zeit der Republik lange nur aus etwa 300 Familien bestanden, bestimmten das gesellschaftliche und das politische Leben des gesamten imperium Rōmānum.

Vornehmer Römer mit Büsten seiner Vorfahren (sogenannter Togatus Barberini), spätes 1. Jh. v. Chr. (Rom, Kapitolinische Museen)

In den Wertvorstellungen der Adligen (nōbilēs) spielten Traditionen eine bedeutende Rolle. Die Ahnen (māiōrēs), die Großes für den Staat geleistet hatten, wurden in jeder Adelsfamilie besonders verehrt. Ihrem Beispiel (exemplum) galt es nachzueifern. Dabei orientierte man sich stets an den Sitten der Vorfahren (mōrēs māiōrum), die man bewahren wollte. Denn gute Sitten, so glaubte man, förderten die Tugendhaftigkeit (virtūs), mit der sich adlige Männer im Idealfall auszeichnen mussten, wenn sie Ruhm (glōria) erringen wollten. Der tugendhafte Einsatz für den Staat – sowohl im Krieg als auch im Frieden – wurde von den Römern als Grundlage des gemeinschaftlichen Zusammenlebens angesehen. Dies veranschaulichen die berühmten Worte des Dichters Ennius: Mōribus antīquīs rēs stat Rōmāna virīsque: „Auf alten Sitten und auf Männern ruht der römische Staat."

Ein besonderes Zeugnis der römischen Adelsgesellschaft ist der Totenkult. Die Gesichtszüge verstorbener Adliger hielt man auf Wachsmasken fest. Diese wurden als Ahnenbilder (imāginēs) von Generation zu Generation weitergereicht und bei festlichen Anlässen, insbesondere bei Leichenzügen und Bestattungsfeierlichkeiten, öffentlich gezeigt. In der Leichenrede wurden nicht nur die Leistungen des Verstorbenen gewürdigt, sondern auch die seiner Ahnen. Auf diese Art und Weise verbreitete sich der Ruhm einzelner herausragender Persönlichkeiten und ganzer Adelsgeschlechter.

Die Demonstrativpronomina hic, haec, hoc und ille, illa, illud/ Der doppelte Akkusativ

G

Aenēās, postquam in Italiam pervēnit, sociōs monuit: „In hāc terrā nōbīs nōn sōlum hostēs sed etiam amīcī sunt. Hīs māgna virtūs est, sed illīs odium māgnum. Hī nōs adiuvāre possunt, sed illī castra et nāvēs nostrās dēlēre volunt. Trōia, patria nostra, periit. Nunc hanc patriam novam contrā hostēs illōs dēfendere volumus.

Este bonō animō! Amīcī nostrī semper fīdī erant. Etiam vōs virōs fortēs et bonōs dūcō. Itaque hostēs vincēmus. Aliquandō Iuppiter nōs dominōs Italiae faciet!"

Erste Übungen

1 Dekliniere die folgenden Beispiele:

S • T • K • M
Deklination der Pronomina beherrschen

a) hic cōnsul b) haec cūra c) illud corpus d) ille discipulus

2 Ergänze die jeweils passende Form des Demonstrativpronomens hic, haec, hoc:

spem, īnsulās, carminis, lūcī, virginum, nōmina, pāstōrēs (2), reī (2)

3 Ergänze die jeweils passende Form des Demonstrativpronomens ille, illa, illud:

fugam, flōrem, comitibus, fide, ōrāculum, lītorum, noctēs (2)

4 Forme die folgenden Sätze entsprechend dem Beispiel um:

S • T • K • M
Konstruktionen beherrschen

a) Aenēās dīcit: „Amīcī fīdī sunt." → Aenēās dīcit: „Amīcōs fīdōs dūcō."
b) „Vōs omnēs fortēs estis."
c) „Latīnus rēx bonus est."
d) „Etiam Latīnī amīcī nostrī sunt."

W

Multī *nōbilēs* dīcunt: „Virtūs māiōrum praeclāra est. Eōrum *facta ēgregia* semper *commemorāre* et *pūblicō ostendere* dēbēmus. Ea *facta ēgregia* animōs hominum *commovēre* et *incitāre* possunt. Ita *rem pūblicam cōnservāmus*." Post mortem virī nōbilis, quī bonum et fortem sē *praestiterat*, familiārēs corpus et imāginēs māiōrum in forum tulērunt. Fīlius ōrātiōnem habuit et *facta* patris laudāvit.

L Die Masken der Verstorbenen

Der Grieche Polybios (lat.: Polybius), der im 2. Jahrhundert v. Chr. als kriegsgefangener Sklave nach Rom kam, studierte die ihm unbekannten Gebräuche mit großer Genauigkeit. Er beschäftigte sich vor allem mit der römischen Geschichte. Sein Herr, der jüngere Scipio Africanus, schätzte ihn wegen seiner philosophischen und historischen Bildung sehr. Zwischen beiden kann es sicherlich zu einem Gespräch wie dem folgenden gekommen sein:

Polybius: Ego, domine, audīvī Rōmānōs imāginēs māiōrum māgnā cūrā cōnservāre et certīs diēbus palam[1] ostendere. Hic mōs mihi īgnōtus est.

Scipio: Saepe, mī[2] Polybī, mē rogābās, ut tibi mōrēs populī nostrī explicārem. Hoc etiam nunc libenter faciam et tibi haec explicābō: Nōs illum virum, quī in bellō sē fortem praestitit aut reī pūblicae praefuit, post mortem in pūblicō laudāmus. Etiam illōs virōs, quōs populus iterum imperātōrēs fēcit aut cōnsulēs creāvit, laudāmus et illōrum gentem celebrāmus: In pompā fūnebrī[3] familiārēs virum mortuum et eius imāginem in forum ferunt, ubi populus convenit. Tum aut fīlius aut nepōs huius virī, quī ē vītā discessit, in forō ōrātiōnem habet, in quā praeclāra eius facta commemorat. Omnēs, quī adsunt, nōn sōlum mortuī imāginem, sed etiam imāginēs māiōrum illīus virī spectāre possunt.

Römischer Leichenzug

Polybius: Quot imāginēs gentibus nōbilibus sunt?

Scipio: Nōbilibus gentibus plūrimae imāginēs antīquae sunt. Hās imāginēs et in ātriō villae et in pompā fūnebri ostendunt. Hae imāginēs fīliōs et nepōtēs commovent et hōrum animōs incitant ad virtūtem. Nam exempla māiōrum adulēscentēs trahunt. Itaque glōria ēgregiōrum virōrum et gentium nōbilium crēscit in annōs[4].

Polybius: Ac profectō perīculum nōn est, nē glōria illārum Rōmānārum gentium pereat.

[1] **palam** öffentlich, in der Öffentlichkeit

[2] **mī** Vokativ: mein (lieber)

[3] **in pompā fūnebrī** bei der Beerdigung, beim Leichenzug

[4] **in annōs** von Jahr zu Jahr

Übungen

1 Stelle aus dem Lesestück (Z. 7–12) alle lateinischen Begriffe zusammen, die aufzeigen, wie man in der römischen Adelsgesellschaft Ruhm erwerben konnte. Erkläre, auf welche Bereiche des Lebens sich die ruhmreichen Taten beziehen.

S • T • K • M
Semantische Merkmale eines Textes benennen

2 Erkläre aus dem Lesestück (Z. 21–26), welche Funktion der Brauch hat, bei dem Begräbnis eines Adligen die Abbilder aller Vorfahren mitzutragen.

S • T • K • M
Textaussagen reflektieren

3 Ersetze die nachfolgenden Formen des Pronomens hic, haec, hoc durch die entsprechenden des Pronomens ille, illa, illud und umgekehrt:

hōrum, hāc, illō, illīs, hunc, hoc, hōc, ille, illīus, huic, hōs, illa.

S • T • K • M
Deklination der Pronomina beherrschen

4 hic oder ille? Ergänze die jeweils fehlenden Pronomina und übersetze dann:

a) Scīpiō nūper in ? bellō hostēs vīcit, pater eius ōlim in ? bellō rem pūblicam dēfenderat.
b) ? ōrātiō, quam nunc audiō, mihi nōn placet. Sed ? ōrātiō, quam Scīpiō herī habuit, mē valdē commōvit.
c) ? cīvēs, quī nōn adsunt, ōrātiōnem Scīpiōnis audīre nōn possunt. ? cīvēs, quī adsunt, eam audīre nōlunt.
d) Quis ? Scīpiōnis īgnōrat: „Imāginēs mē ad virtūtem incitant."

S • T • K • M
Pronomina im Kontext einsetzen und übersetzen

5 Ordne die folgende Ausdrücke dem passenden Satzzusammenhang zu und übersetze:

Albam Longam – dūcem – fīdōs – fīdum – hostēs – īnfēstōs

a) Graecī Trōiānōs ? putāvērunt.
b) Trōiānī Graecōs ? habuērunt.
c) Aenēās semper sē ? praestābat.
d) Etiam comitēs eius sē ? praestābant.
e) Postrēmō Trōiānī Ascanium quoque ? fēcērunt.
f) Ascanius urbem novam, quam condiderat, ? nōmināvit.

S • T • K • M
Konstruktionen im Kontext beherrschen

6 Entwickle, welche typischen Werte eines römischen Adligen an der Statue auf S. 174 zum Ausdruck kommen.

S • T • K • M
Wesentliche Merkmale der römischen Gesellschaft erläutern

7 Nenne Bereiche des heutigen Lebens, in denen Bildnisse berühmter Personen eine wichtige Rolle spielen, und erläutere deren Funktion. Vergleiche die Möglichkeiten, heute zu Ruhm zu gelangen, mit den Möglichkeiten der Römer in der Antike.

S • T • K • M
Perspektivenwechsel vollziehen

Lektion 32

Die Ämterlaufbahn der römischen Republik

Zu Beginn der Republik lenkten nur die alten adligen Familien die Geschicke der Stadt Rom. Nachdem der Zugang zum Konsulat (cōnsulātus) auch Plebejern eröffnet worden war, gab es vor allem im 4. und 3. Jahrhundert v. Chr. Aufstiegsmöglichkeiten für all diejenigen, die sich durch militärische und politische Leistungen auszeichneten. Ein Römer wurde von nun an immer dann zur obersten Schicht der Adligen (nōbilēs) gezählt, wenn einer seiner Vorfahren (māiōres) das höchste politische Amt des Konsuls erlangt hatte.

Der politische und gesellschaftliche Aufstieg war aber schwierig und gelang nur selten. Man musste wohlhabend sein und in der Regel die Reihenfolge der höheren römischen Ehrenämter, den sog. cursus honōrum, durchlaufen. Zunächst hatte man sich als quaestor in der Finanzverwaltung zu bewähren, dann als aedīlis bei der Ausrichtung von öffentlichen Spielen und in der Aufsicht über die Marktpolizei sowie das Bauwesen. Wenn man daraufhin praetor wurde, war man für die Rechtsprechung zuständig. Nur wenigen gelang es, cōnsul zu werden, um zusammen mit einem Kollegen die Leitung der rēs pūblica zu übernehmen.

In alle Ämter (magistrātūs) wurde man in den jährlich abgehaltenen Volksversammlungen gewählt. Es war meist sehr kostspielig, sich im Wahlkampf zu behaupten und in Absprache mit mächtigen Politikern eine ausreichend große Anhängerschaft zu gewinnen. Als Beamter (magistrātus) war man noch dazu in einen politischen Prozess eingebunden, in dem der Senat (senātus) als Versammlung der mächtigen Adelsfamilien und ehemaligen Beamten einen beträchtlichen Einfluss besaß. Im Amt, das man ein Jahr lang ausübte (Prinzip der Annuität), hatte man stets mindestens einen Kollegen (Prinzip der Kollegialität).

Ab dem 2. Jahrhundert v. Chr. wurde es für ehrgeizige junge Römer aus dem Volk immer schwerer, in oberste politische Ämter zu gelangen. Ein politischer Aufsteiger, ein sog. homō novus, wurde zur Seltenheit. Zu den wenigen, die Erfolg hatten, zählte C. Marius (157–86 v. Chr.), der aufgrund seiner überragenden militärischen Fähigkeiten und Verdienste sogar siebenmal das Konsulat erlangte.

C. Marius (Rom, Vatikanische Museen)

Die u-Deklination/Der Ablativus qualitatis

Exercitus Rōmānōrum fīnēs imperiī dēfendit. Glōria *exercitūs* Rōmānōrum māgna fuit. Imperātōrēs aut dūcēs *exercituī* praefuērunt. In perīculīs populus Rōmānus semper auxilium ab cōnsule et *exercitū* petēbat. Postquam *exercitus* Rōmānōrum *impetū* ācrī hostēs vīcit, omnēs cīvēs cōnsulem et *exercitum* celebrāvērunt.

Cōnsulēs summī *magistrātūs* erant. Cōnsulēs cēterīs *magistrātibus* praefuērunt. Sed etiam cōnsulēs *senātuī* parēre dēbēbant.

Rōmānī in summō perīculō virōs ēgregiōs imperātōrēs creāvērunt. Hī summō ingeniō erant. Virī summā virtūte cīvitātem rēxērunt.

Römische Beamte und Senatoren (Relief an der Ara pacis)

Erste Übungen

1 Bilde jeweils die passende Form des Substantivs zu den Pronomina:

S • T • K • M
Deklinationen beherrschen

a) exercitus: illīus, illīs, illum, illōrum, illō, illī (2), illōs
b) magistrātus: hunc, hōrum, hōc, hī, huius, huic, hīs

2 Formenstaffel. Bilde jeweils die angegebene Form:

a) exercitus Rōmānus → Plural → Akkusativ → Singular → Genitiv → Plural → Ablativ → Singular → Dativ → Plural
b) impetus celer → Akkusativ → Plural → Genitiv → Singular → Dativ → Plural → Nominativ → Ablativ → Singular

3 Übersetze:

S • T • K • M
Kasusfunktionen zielsprachengerecht übersetzen

a) Eurōpa virgō fōrmā pulchrā fuit. b) Oedipūs māgnō ingeniō erat. c) Orpheus poēta māgnā ēloquentiā fuit. d) Ulixēs, vir audāciā incrēdibilī, dolum praeclārum adhibuit. e) Aenēās nōn semper bonō animō fuit.

L Marius – ein homo novus

Kurz nach dem Tod des C. Marius unterhalten sich zwei Soldaten, die zu seinen Anhängern zählen, über die Leistungen des großen Feldherrn und mächtigen Politikers. Dieser führte eine bedeutende Heeresreform durch und besiegte die Kimbern und Teutonen, die Italien bedrohten.

Mīles I: C. Marium subitō in cōnsulātū septimō ē vītā discessisse herī audīvī. Nunc populus, ut crēdō, cōnsulem māgnō animō et virum summā virtūte āmīsit.

Mīles II: Ita est, amīce! Nisī Marius exercitum nostrum iterum atque iterum incitāvisset, ut māgnā fortitūdine pūgnāret, multōs hostēs, quī nōbīs paene perniciēī fuērunt[1], fīnibus imperiī Rōmānī nōn arcuissēmus.

Mīles I: Hoc nōn īgnōrō. Quia Marius imperātor maximō ingeniō fuit, et Iugurtham et Germānōs, barbarōs ingentī māgnitūdine corporis, vīcimus.

Mīles II: In cōnsulātū quīntō Marius ad Vercellās[2] impetū vehementī exercituum Rōmānōrum cōpiās Cimbrōrum dēvīcit et fugāvit. Tum et amīcī et inimīcī cōgnōvērunt: Is, quī rem mīlitāriam[3] mūtāverat, etiam rem pūblicam servāvit. Multī dīxērunt Marium urbem Rōmam iterum condidisse.

Mīles I: Nōn sōlum rem pūblicam servāvit, sed etiam plēbem semper adiūvit. In magistrātū patrōnus plēbis et mīlitum fuit. Cum in senātū lēgēs, quae nōbīs ūsuī erant, ferēbat, numquam timuit, nē nōbilēs virōs, quī aut cōnsulēs aut praetōrēs aut aedīlēs[4] aut quaestōrēs[5] erant, lacesseret.

Mīles II: C. Marius, quamquam nōn ē nōbilī genere erat, tamen cōnsulātum petīvit. Ac profectō homō novus[6] summum magistrātum obtinuit et cursum honōrum complēvit. Is cōnsul, quī nōbīs et cīvitātī semper cōnsuluit, etiam post mortem vīvet!

[1] **fuērunt** übersetze als Irrealis der Vergangenheit

[2] **ad Vercellās** bei Vercellae

[3] **rēs mīlitāria** das Militärwesen

[4] **aedīlēs** die Ädilen (siehe Einführung)

[5] **quaestōrēs** die Quästoren (siehe Einführung)

[6] **homō novus** als Aufsteiger

Übungen

1 Gib an, welche körperlichen und geistigen Eigenschaften Marius im Text des Lesestücks zugeschrieben werden und welche Leistungen mit seiner politischen Karriere in Verbindung gebracht werden.

S • **T** • K • M
Textaussagen reflektieren

2 Schreibe aus dem Lesestück die Wendungen heraus, die einen ablativus qualitatis enthalten, und bestimme jeweils, ob er dabei als ein Attribut oder ein Prädikatsnomen verwendet ist.

S • T • K • M
Kasusfunktionen erkennen und bestimmen

3 Vervollständige die Reihen der Substantive jeweils mit der passenden Form des Wortes exercitus.

a) mīlitum, ?, dūcum, sociōrum
b) armīs, victōriīs, ?, dūcibus
c) praedā, bellō, clāde, ?
d) exercitus, exercitūs, ?, exercitum
e) ?, exercituum, exercitibus, exercitūs

S • T • K • M
Formen sicher bestimmen

4 Bestimme die folgenden Formen nach Kasus, Genus, Numerus und bilde jeweils den Nominativ Singular. Ordne das Substantiv dann der richtigen Deklination zu:

cōnsulum, cōnsulātum, cūrārum, cursuum, ūsūs, umerōs, exemplī, exercituī, magistrātibus, mercātōribus, inimīcōs, impetūs, senātōrī, senātuī.

5 Übersetze und gib die Funktion der unterstrichenen Ablative an:

Marius imperātor <u>summā fortitūdine</u> fuit. Is, postquam Germānōs cum mīlitibus suīs dēvīcit, Rōmānōs <u>timōre</u> līberāvit. Omnēs cīvēs <u>victōriā</u> laetī fuērunt. Virtūtem eius <u>multīs verbīs</u> laudābant. <u>Māgnō gaudiō</u> imperātōrem et huius exercitum in omnibus viīs urbis Rōmae salūtāvērunt.

S • **T** • K • M
Kasusfunktionen im Kontext erkennen und zielsprachengerecht übersetzen

6 Informiere dich in einem Lexikon oder im Internet, in welchen modernen Staaten es heute noch einen Senat gibt.

S • T • **K** • **M**
Fortleben der Antike kennen

Lektion 33

Soziale Probleme und innenpolitische Kämpfe in Rom

Die Jahre zwischen der Ermordung des Volkstribunen Tiberius Gracchus 133 v. Chr. und dem Sieg des Augustus über Antonius und Kleopatra in der Seeschlacht bei Actium 31 v. Chr. waren in Rom von zahlreichen Auseinandersetzungen und Bürgerkriegen geprägt. Wie kam es dazu?

Durch viele siegreiche Kriege hatte Rom seine Herrschaft im 3. und 2. Jahrhundert ausgedehnt. Nach dem Sieg über Karthago im Jahr 146 v. Chr. beherrschte es das gesamte westliche Mittelmeer. Vor allem die römischen Bauern mussten unter den Folgen der Kriege leiden: Da sie als Soldaten kämpften und oft nicht auf ihren Höfen waren, konnten sie ihre Äcker nicht mehr bewirtschaften und machten hohe Schulden. Daher mussten sie ihr Land oft an reiche Patrizier verkaufen, die so ihren Besitz weiter vergrößern konnten. Die Bauern selbst arbeiteten dann als Tagelöhner oder wanderten nach Rom ab, wo sie in Armut lebten.

Tiberius Gracchus, der aus der sehr angesehenen und reichen Patrizierfamilie der Cornelier stammte, erkannte die wachsenden sozialen Probleme und wollte vor allem mit Unterstützung der Volksversammlung Reformen durchführen. Er ließ sich zum Volkstribunen wählen und versuchte, durch eine Landreform den Bauern wieder zu Landbesitz zu verhelfen. Sein Plan stieß jedoch bei den Senatoren, die größtenteils Patrizier waren, auf so großen Widerstand, dass sie Tiberius und seine Anhänger schließlich erschlugen.

In der Folgezeit entstanden in der politischen Führungsschicht zwei Gruppierungen: die Popularen, die sich politisch auf die Seite des Volkes stellten, und die Optimaten, die die Herrschaft des Senats beibehalten wollten. Unter diesen beiden Gruppierungen kam es in den folgenden Jahrzehnten häufig zu heftigen Auseinandersetzungen und zu Bandenkriegen.

Die Via Appia heute

Zwei der berühmtesten Bandenführer dieser Zeit waren Publius Clodius Pulcher (ca. 92–52 v. Chr.), der auf der Seite der Popularen stand, und Titus Annius Milo († 48 v. Chr.), der mit Cicero befreundet war und die Optimaten unterstützte. Ihre Banden kämpften immer wieder in regelrechten Straßenschlachten gegeneinander, bei denen es um die Kontrolle verschiedener Stadtviertel Roms ging.

Eines Tages trafen sich Clodius und Milo mit ihren Männern auf der Via Appia vor den Toren Roms. Dort kam es zu einem folgenschweren Kampf.

Konjunktiv Perfekt/Die Subjunktion cum mit dem Konjunktiv

G

Cum Germānī exercitum Rōmānōrum devīcissent, populus Rōmānus Marium cōnsulem creāvit. Marius, cum legiōnēs contrā cōpiās Germānōrum cōnstituisset, mīlitēs hīs verbīs incitāvit:
„Mīlitēs! Cum Iugurtham, rēgem potentem, vīcerim, etiam nunc vōbīscum Germānōs vincam. Cum vōs semper maximā fortitūdine pūgnāveritis, vōbīs fidem habeō. Deī nōs servābunt, cum eīs semper sacrificāverimus.“

Erste Übungen

1 Stelle aus dem Text die Formen des Konjunktivs Perfekt zusammen und nenne die Bestandteile, aus denen sie gebildet sind. Konjugiere dann diese Verben vollständig im Konjunktiv Perfekt.

S • T • K • M
Segmentieren: Grundelemente lateinischer Formen benennen

2 Konjunktiv Perfekt oder Futur II? Suche aus den folgenden Verbformen diejenigen heraus, die eindeutig Konjunktiv Perfekt oder eindeutig Futur II sind:

S • T • K • M
Konjugationen beherrschen

complēverint, obtinuerō, cōnservāverim, discesseritis, commōverō, ostenderis, fuerim, ieris

3 Formentausch: Verwandle die Konjunktiv-Formen in die entsprechende Indikativ-Form und umgekehrt!

dēseruistī, ōrāverint, quaesīvī, affuerimus, condidistis, sē praestiterit, discesserim, fuī

W

Clōdius Pulcher et Titus Milō inimīcī erant. Ille cum servīs saepe in viīs Rōmae *tēlīs* et *gladiīs* cum Milōne et servīs eius pūgnābat. Aliquandō virī Clōdiī Milōnem impetum fēcērunt et nōnnūllōs servōs eius *interfēcērunt*. Milō autem et servī eius multōs sociōs Clōdiī *cecīdērunt*.

L Tod eines Bandenführers

In den letzten Jahren der römischen Republik wurde die Politik in Rom zunehmend von brutalen Bandenkämpfen überschattet. Manchmal endeten die Begegnungen sogar tödlich, wie Titus Annius Milo seinem Verteidiger Marcus Tullius Cicero erzählt:

Mē et Pūblium Clōdium semper inimīcōs fuisse nōn īgnōrās. Cum ego cōnsulātum peterem, ille praetūram[1] petīvit. Clōdius autem, cum cōgnōsceret mē summō cōnsēnsū[2] populī Rōmānī cōnsulem fierī[3], mihi īnsidiās parāvit. Et in senātū et in conciliō plēbis[4] ille iterum iterumque dīcēbat: „Etsī cōnsulātum Milōnī ēripere nōn possum, tamen vītam eī ēripiam!" Tantum erat odium Clōdiī in mē.

Nunc tibi dē fīne Clōdiī narrābō:

Clōdius, cum compererit mē in animō habēre iter Lānuvium[5] facere, subitō Rōmam cum comitibus relinquit et ad vīllam suam contendit. Ego autem, cum eō diē in senātū diū fuerim, domum veniō, vestēs mūtō. Tum cum uxōre meā Rōmam relinquō. Ad Bovillās Clōdius nōbīs occurrit, in equō, sine currū, sine uxōre, cum ego cum uxōre in currū sedeam. Statim complūrēs comitēs Clōdiī cum tēlīs impetum in nōs faciunt, raedārium[6] occīdunt. Cum ego autem dē currū dēsiluerim mēque ācrī animō dēfendam, servī Clōdiī gladiōs ēdūcunt et ad currum currunt. Ibi mē a tergō petunt et servōs meōs caedere parant. Tum nōnnūllī ē servīs meīs, cum Clōdium mē occīdisse audīverint et putāverint rem vēram esse, Clōdium interficiunt.

Cōnstat: Ego vim Clōdiī vī vīcī, ego virtūte meā nōn sōlum vītam meam servāvī, sed etiam rem pūblicam.

[1] **praetūra, ae f.** die Prätur, das Amt des Prätoren
[2] **cōnsēnsus, ūs m.** die Zustimmung
[3] **cōnsulem fierī** zum Konsul gewählt werden
[4] **concilium plēbis** die Volksversammlung
[5] **Lānuvium** nach Lanuvium
[6] **raedārius, ī m.** der Kutscher

Übungen

S • **T** • K • M
Textaussagen reflektieren

1 Beantworte die folgenden Fragen:

a) Cūr Clōdius Milōnī īnsidiās parāvit?
b) Quō Milō iter facere in animō habuit?
c) Quis cum Milōne iter fēcit?
d) Ubī Clōdius Milōnī occurrit?
e) Quis impetum in Milōnem fēcit?
f) Cūr nōnnūllī ē servīs Milōnis Clōdium interfēcērunt?

2 Stelle aus dem Lesestück alle Verben zum Sachfeld „Angriff, Kampf und Verteidigung" zusammen.

S • T • K • M
Sachfelder erstellen

3 Wie perfekt bist du im Perfektstamm? Übertrage die unten stehende Tabelle in dein Heft und ordne die Formen richtig ein. Vorsicht: Einige Formen kannst du mehrfach zuordnen.

S • T • K • M
Formen sicher bestimmen

	Indikativ	Konjunktiv
Perfekt	?	?
Plusquamperfekt	?	?
Futur II	?	

īgnōrāverāmus – īgnōrāverimus – īgnōrāvimus – īgnōrāvissēmus – petīverim – petīverō – petīveram – petīvī – dēsiluerit – dēsiluit – dēsiluerat – dēsiluisset – fuit – fuisset – fuerat – fuerit – potuissēs – potuistī – potuerās – potueris

4 Vom Präsens- in den Perfektstamm. Verwandle die folgenden Formen (Präsens → Perfekt, Imperfekt → Plusquamperfekt, Futur I → Futur II):

S • T • K • M
Konjugationen beherrschen

dēfendunt – eram – relinquit – sedeam – faciant – currerent – esse – ēripiet – ēdūcunt – caederet – putent – dēfendet – relinquāmus – sedērem – faciam (2) – possēs – ēdūcit – caedunt – putābātis

5 Verbinde die folgenden Hauptsätze mit den passenden Gliedsätzen. Übersetze anschließend die Sätze.

S • T • K • M
Textaussagen reflektieren und kontextgerecht präzisieren

1. Clōdius urbem Rōmam relīquit,	a) ... cum vēstes mūtāverit.
2. Milō vestēs mūtat ...	b) ... cum virī pūgnent.
3. Milō cum muliere domum relinquit, ...	c) ... cum domum vēnerit.
4. Servī Clōdiī impetum in Milōnem faciunt ...	d) ... cum dē currū dēsiluerit.
5. Uxor Milōnis in currū sedet et clāmat ...	e) ... cum dominum mortuum esse putent.
6. Milō cum servīs Clōdiī pūgnat ...	f) ... cum Milō in senātū esset.
7. Servī Milōnis Clōdium interficiunt ...	g) ... cum Milō inimīcus Clōdiī sit.

6 Nimm Stellung zu der Aussage des Milo in Zeile 19 f.: „Ego nōn sōlum vītam meam servāvī, sed etiam rem pūblicam."

S • T • K • M
Textaussagen reflektieren und beurteilen

Lektion 34

Caesar und Pompeius – Verbündete werden Feinde

Münze mit dem Porträt des Cn. Pompeius, ca. 46 v. Chr. (London, Britisches Museum)

Münze aus der Zeit 55/54 v. Chr. mit dem Hinweis auf den Sieg des Pompeius über die Seeräuber (London, Britisches Museum)

Denar, ca. 49 v. Chr. für Caesar in Gallien geprägt. Der Elefant, Symbol der Herrschaft Caesars, zertritt eine Carnyx, die gallische Kriegstrompete.

Im 1. Jahrhundert v. Chr. gehörte Cn. Pompeius (106–48 v. Chr.) zu den wichtigsten Politikern in Rom. Besondere Verdienste und Anerkennung erwarb er sich vor allem durch zwei Erfolge: Er überwand im Jahre 67 die Seeräuber, die das Mittelmeer unsicher machten, und besiegte in Kleinasien die mächtigen Könige Mithridates und Tigranes, gegen die römische Feldherren viele Jahre vergeblich gekämpft hatten. Nach seiner Rückkehr feierte Pompeius in Rom einen glänzenden Triumph, bei dem er einen erbeuteten Mantel Alexanders des Großen trug und dem Volk die Beute von 20000 Talenten Gold (dies entspricht etwa 524 Tonnen!) zeigte. Das Volk verglich ihn mit Alexander dem Großen und feierte ihn mit dem Ruf: Māgnus! Beim Senat jedoch fand Pompeius für seine Maßnahmen, die er in Kleinasien getroffen hatte, nicht die gewünschte Unterstützung. In dieser Situation bot ihm der Politiker C. Iulius Caesar (100–44 v. Chr.) die Zusammenarbeit an. Caesar war zu der Zeit noch nicht so berühmt wie Pompeius, aber er war sehr ehrgeizig.

Caesar und Pompeius besprachen sich noch mit Crassus, einem mächtigen und sehr reichen Politiker in Rom, und schlossen im Jahre 60 ein geheimes Bündnis, das Triumvirat (abgeleitet von: trēs virī). Sie vereinbarten, „dass nichts im Staat geschehen solle, was einem der drei missfalle" (Sueton, divus Iulius 19). So gelang es den drei Männern, den Einfluss des Senates weitgehend auszuschalten.

Nun begann die politische Laufbahn Caesars: Im Jahr 59 wurde er Konsul und sorgte dafür, dass die Maßnahmen des Pompeius durch Gesetze genehmigt wurden. Diese waren vor allem die Neuordnung der Provinzen im Osten und die Versorgung der Veteranen, die für Pompeius gekämpft hatten, mit Land.

Nach seinem Konsulat wurde Caesar im Jahr 58 prōcōnsul in Illyrien und in den gallischen Provinzen (Gallia Cisalpīna und Gallia Nārbōnēnsis). In den folgenden Jahren eroberte er das ganze Gebiet zwischen Rhein und Atlantik und machte es zur römischen Provinz.

Inzwischen war nach dem Tod des Crassus (im Jahr 53, im Kampf gegen die Parther) das Triumvirat zerbrochen. Pompeius stand nicht mehr auf Caesars Seite, sondern hatte sich dem Senat angenähert. Caesar wollte sofort nach seiner Statthalterschaft, die im Jahr 50 endete, in Rom Konsul werden, was der Senat jedoch nicht zuließ. Aber ohne ein Amt hätte Caesar seine bisherige Macht verloren, seine politische Laufbahn wäre beendet gewesen. Deshalb weigerte er sich, seine ihm treu ergebenen Soldaten zu entlassen, wie es der Senat von ihm forderte. Nun musste es zur Entscheidung kommen.

G

Interrogativpronomen (substantivisch, adjektivisch)/ Fragesätze (Wortfragen, Satzfragen)

Nōnia: Quis impetum in Clōdium fēcit? Quī vir eum interfēcit?
Quīntus: Ego īgnōrō. Quid cīvēs dē morte Clōdiī nārrant?
Nōnia: Multī dīcunt comitēs Milōnis Clōdium interfēcisse. Num nunc pāx in cīvitāte est?
Quīntus: Pāx nōn est. Pūgnās novās sustinēre debēmus. Nōnne fīnem reī pūblicae timēs?
Nōnia: Fīnem reī pūblicae timeō. Quī cōnsul rem pūblicam servāre potest? Cuī cōnsulī fidem habēmus? Potestne Pompēius pūgnīs fīnem facere?

Erste Übungen

1 Dekliniere und achte bei den Interrogativpronomina auf den Unterschied in der adjektivischen und der substantivischen Verwendung:

S • T • K • M
Deklination der Pronomina beherrschen

a) quis? quī vir? quae fēmina? b) quid? quod cōnsilium?

2 Ergänze das passende adjektivische Interrogativpronomen und übersetze:

a) ? rēx? b) ? imperātōrem? c) ? populōs?
d) ? prōvincia? e) ? templa? f) ? exercituī?
g) ? glōriam? h) ? cōnsilium? i) ? lēgēs? (2)

3 Ergänze die fehlenden Interrogativpronomina bzw. Fragepartikel und übersetze die Sätze:

S • T • K • M
Fragewörter im Kontext einsetzen und übersetzen

nōnne – quae – quis – -ne

a) Nōnia: ? Clōdium interfēcit?
b) Quīntus: Comitēs Milōnis Clōdium interfēcērunt. Cōgnōvistī ? Cicerōnis ōrātiōnem prō Milōne?
c) Nōnia: Ōrationem nōn cōgnōvi. ? cōnsīlia Clōdius et Milō habuērunt? ? summum imperium petīvērunt?
d) Quīntus: Ita est. Et Clōdius et Milō cōnsulātum petīvērunt.

W

Et Caesarī et Pompēiō maxima *auctōritās* fuit. Hic māgnās *regiōnēs* Asiae expūgnāvit. Caesar, cum *prōcōnsul* in Galliā esset, tōtam *ferē* Galliam *ūsque* ad Ōceanum *subiēcit*. Quō modō *potentiam* et glōriam *auxit*. Senātus autem Pompēiō *fāvit*. Itaque Caesar, cum Galliam relinqueret, exercitum nōn dīmīsit, ut senātus *popōscerat*, sed cum mīlitibus in Italiam contendit et bellum *cīvīle commīsit*.

L

„Iacta alea est!“

Lucius möchte von Quintus mehr über die unruhigen Jahrzehnte in Rom und über das Verhältnis zwischen den drei Männern im Triumvirat, Crassus, Cäsar und Pompeius, wissen:

Lūcius: Cuī ex tribus virīs tum maxima auctōritās erat?

Quīntus: Tum Pompēius maximam auctōritātem habuit, nam paucīs annīs ante in Asiā multās regiōnēs expūgnāverat.

Lūcius: Quās regiōnēs Pompēius expūgnāverat? Quōs rēgēs et imperātōrēs vīcerat?

Quīntus: Pompēius Mithridātem et Tīgrānem rēgēs superāverat, Bīthȳniam et Pontum, Syriam, Iūdaeam expūgnāverat.

Lūcius: Nōnne Pompēius triumphum celebrāvit, postquam Rōmam rediit?

Quīntus: Ita est. Pompēius triumphum praeclārum celebrāvit. Populus eum cum Alexandrō Māgnō comparāvit.

Lūcius: Nōnne etiam Caesar imperātor clārus erat?

Quīntus: Ita est. Caesar, cum prōcōnsul in Galliā Cisalpīnā[1] esset, tōtam ferē Galliam ūsque ad Ōceanum subiēcit. Quō modō potentiam suam et glōriam auxit.

Lūcius: Num senātōribus placuit Caesarem tam potentem esse?

Quīntus: Ita nōn est. Eō tempore, cum Caesar Galliam expūgnāvit, senātus Pompēiō fāvit et populus Rōmānus eum ter[2] cōnsulem creāvit. Ā Caesare autem senātōrēs popōscērunt, ut sine exercitū Rōmam redīret.

Lūcius: Placuitne Caesarī hoc cōnsīlium? Parātusne erat exercitum dīmittere?

Quīntus: Hoc cōnsīlium prōcōnsul recūsāvit. Quī ā senātōribus popōscit, ut sibi iterum cōnsulātum dēferrent. Id autem senātus negāvit.

Lūcius: Quid Caesar tum fēcit? Cur bellum cīvīle commīsit?

Quīntus: Caesar, cum exercitum ad Rubicōnem[3] flūmen dūxisset, ad rīpam flūminis cōnstitit et: „Etiam nunc“, inquit, „redīre possumus. Sī pontem trānsierimus, dē summā rērum dēcertāre[4] dēbēbimus.“ Dum mīlitēs cessant, Caesar ad alteram rīpam trānsiit et clāmāvit: „Iacta ālea est!“[5] Tum cum exercitū in Italiam contendit.

[1] **Gallia Cisalpīna** das diesseitige Gallien

[2] **ter** zum dritten Mal

[3] **Rubicō, Rubicōnis** der Rubikon

[4] **dē summā rērum dēcertāre** um die letzte Entscheidung kämpfen

[5] **Iacta ālea est.** Der Würfel ist geworfen.

Caesar am Rubikon (Paris, Louvre, Cabinet de Dessins). Diese mittelalterliche Illustration spiegelt wider, wie der Maler sich Caesar am Rubikon vorgestellt hat. Dabei fügt er zwei antike Berichte in sein Bild ein: Der römische Schriftsteller Lucan berichtet, dass der Geist von Rom – in Gestalt einer jungen Frau – Caesar gebeten habe, am Fluss Halt zu machen. Sueton erzählt, dass ein überirdisches Wesen auf einer Rohrpfeife gespielt habe, dann aber verschwunden sei.

Übungen

1 Stelle aus dem Lesestück alle Wörter zusammen, die zum Sachfeld „Herrschaft, Kampf, Sieg/Niederlage" gehören, und ordne sie in einer Tabelle nach Wortarten.

S • T • K • M
Sachfelder erstellen

2 Stelle aus dem Lesestück in einer Tabelle alle Wortfragen und alle Satzfragen zusammen und gib jeweils die lateinische Antwort an.

S • T • K • M
Fragesätze erkennen und unterscheiden

3 Wortfrage oder Satzfrage? Übersetze und bestimme die Art des Fragesatzes:

Nōnia ē Quintō quaerit:

a) Quīnte, nōnne audīvistī C. Marium ē vītā discessisse?
b) Quōs hostēs Marius vīcit?
c) Iterumne Marius condidit Rōmam?
d) Nōnne Marius fuit patrōnus plēbis?
e) Num Marius virōs nōbilēs timuit?
f) Quem Marius semper adiūvit?

S • T • K • M
Satzarten umformen

4 Zurück zur Frage: Formuliere eine Frage, auf die die unterstrichenen Wörter eine Antwort geben. Verwende das substantivische Interrogativpronomen.

Beispiel: Antwort: Pompēius <u>Mithridātem et Tigrānem</u> rēgēs in Asiā vīcit.
Frage: Quem Pompēius in Asiā vīcit?

a) Pompēius post victōriās <u>triumphum</u> celebrāvit.
b) Māgna potestās Caesaris <u>senātuī</u> nōn placuit.
c) Senātōrēs <u>ā Caesare</u> popōscērunt, ut exercitum dīmitteret.
d) <u>Caesar</u> cum mīlitibus Rōmam contendit.
e) Postrēmō legiōnēs <u>Caesaris</u> exercitum Pompēī vīcērunt.

S • T • K • M
Wörter im Kontext einsetzen und bestimmen

5 Vielfältiges quī, quae, quod. Setze die jeweils passende Form ein, bestimme die Wortart (Interrogativpronomen, Relativpronomen oder Subjunktion) und übersetze den Satz.

quem – quod – quae – quī – quī – cuius – quī – quās – quod – quī

a) Pompēiō et Caesarī et Crassō maxima potestās erat. ? cōnstituērunt, ut senātus sibi parēret.
b) Pompēius, ? populus Rōmānus Māgnum dīcēbat, in Asiā multās regiōnēs expūgnāverat.
c) ? ille prōvinciās cōnstituit.
d) ? senātuī nōn placuit.
e) Potentia Caesaris valdē crēverat, ? tōtam ferē Galliam subiēcerat et māgnās dīvitiās sibi parāverat.
f) Senātōrēs fāvērunt Pompēiō, ? nōn iam Caesarem, sed senātum adiūvit.
g) ? ā prōcōnsule popōscit, ut exercitum dīmitteret et Rōmam redīret.
h) Tum Caesar sēcum cōgitāvit: „ ? cōnsīlia Pompēius habet? Eritne pūgna inter mē et Pompēium? ? imperātor summum imperium habēbit?“
i) Postrēmō Caesar, ? audācia māgna erat, bellum cīvīle commīsit.

S • T • K • M
Berühmte Persönlichkeiten der Antike und ihre Taten kennen

6 a) Beschreibe das Münz-Porträt des Pompeius (S. 186) und vergleiche es mit der Büste S. 173. Nenne eine wichtige Gemeinsamkeit.
b) Erkläre, warum Caesar und Pompeius ihre militärischen Erfolge auf Münzen darstellen ließen (S. 186).

S • T • K • M
Darstellungen historischer Ereignisse beschreiben und vergleichen

7 Beschreibe die mittelalterliche Illustration auf S. 189 und nenne Gemeinsamkeiten und Unterschiede zum Text des Lesestücks.

Lektion 35

Das Ende der res publica – Wollte Caesar König werden?

Die Auseinandersetzung zwischen Caesar und Pompeius wurde im Jahre 48 v. Chr. in der Schlacht bei Pharsalus (Nordgriechenland) durch Caesars Sieg entschieden: Pompeius floh nach Ägypten und wurde dort ermordet. Durch weitere Feldzüge und Schlachten in Afrika und Spanien gegen seine politischen Gegner entschied Caesar den Bürgerkrieg endgültig für sich. Der Senat verlieh ihm nun zahlreiche Ehrungen wie den Titel Imperator (Oberbefehlshaber über alle römischen Truppen) und ernannte ihn zum Diktator auf zehn Jahre, im Jahre 44 sogar auf Lebenszeit (dictātor perpetuus), außerdem zum Konsul für zehn Jahre. Schon seit 63 v. Chr. war Caesar außerdem der oberste Priester (pontifex maximus).

Trotz seiner großen Macht bestrafte Caesar seine Gegner in Rom nicht, sondern er begnadigte sie. Durch seine Milde brachte er auch sein Überlegenheitsgefühl zum Ausdruck.

In der folgenden Zeit begann Caesar mit umfangreichen Reformen: Viele Arbeitslose beschäftigte er durch seine rege Bautätigkeit, Bedürftige und kinderreiche Familien in Rom erhielten kostenlos Getreide, Nachlass bei Mietzahlungen und andere Sonderzuwendungen. Er siedelte ca. 80 000 Plebejer in verschiedenen Teilen des Reiches in Kolonien an und reduzierte auf diese Weise die plēbs in Rom. Die Einführung des julianischen Kalenders mit 365 Tagen war ebenfalls eine bedeutende Reform, die bis heute nachwirkt.

Caesars Regierungsstil entsprach jedoch nicht den Vorstellungen der senatorischen Führungsschicht, die wollte, dass die alte lībera rēs pūblica wiederhergestellt wurde. Diese existierte jedoch nicht mehr. Am Lupercalien-Fest (15. Februar) des Jahres 44 v. Chr. zeigte sich deutlich, wie Caesar seine Herrschaft auffasste: Er trat in der Tracht der etruskischen Könige im Purpurgewand und mit einem goldenen Kranz in der Öffentlichkeit auf.

Als immer deutlicher wurde, dass Caesar seine große Machtfülle nicht zur Wiederherstellung der alten rēs pūblica einsetzte, fassten etwa 60 Senatoren unter der Führung von Cassius und Brutus den Entschluss, Caesar zu ermorden und den Staat der Vorfahren wiederherzustellen. Als Termin für die Ermordung bestimmten sie eine Senatssitzung an den Iden des März (15.3.) 44 v. Chr. Ort der Sitzung war die Kurie beim Pompeius-Theater.

Münze aus dem Jahr 44 v. Chr. Caesar trägt einen goldenen Kranz; hinter dem Hals der lituus (Krummstab), das Kennzeichen der Auguren. Zum ersten Mal in der Republik ist das Porträt eines Lebenden abgebildet. (London, Britisches Museum)

G

Indirekter Fragesatz

Lūcius: Quis Syriam et Iūdaeam expūgnāvit?

Quīntus: Rogās, quis Syriam et Iūdaeam expugnāverit. Pompēius hās prōvinciās subiēcit. Lūcī, scīsne, quam prōvinciam Caesar expūgnāverit?

Lūcius: Sciō Caesarem Galliam expūgnāvisse. Cūr Caesar bellum cum Pompēiō gessit?

Quīntus: Nesciō, cūr Caesar bellum cum Pompēiō gesserit.

Lūcius: Herī patrem rogāvī, utrum senātus Caesarī an Pompēiō fāvisset. Pater haec respondit: Cum senātus Pompēiō fāvēret, Caesar ad flūmen Rubicōnem cōgitāvit, num flūmen trānsīret.

Erste Übungen

S • T • K • M
Konjugationen beherrschen

1 Formenreihe. Setze die Formen in die Konjunktive des Präsens- und des Perfektstamms:

parō – habet – veniunt – capis – petitis – adīs

2 Forme um in die entsprechenden Formen des Konjunktivs:

a) accēdunt	b) augēbāmus	c) popōscī	d) volāvistī
e) temptāverātis	f) favet	g) comparābant	h) dēcrēveram

S • T • K • M
Satzarten umformen

3 Übersetze die direkten Fragen. Verwandle sie dann in indirekte Fragen, indem du sie abhängig machst von: Quīntus īgnōrat .../Quīntus īgnōrāvit ...

a) Quōmodo Caesar in Galliā Cisalpīnā potentiam auxit?
b) Quid senātōrēs ā Caesare poscunt?
c) Cūr Caesar Rubicōnem flūmen trānsit?
d) Num Caesar parātus erat ad bellum cum Pompēiō?

W

Nōnnūllī senātōrēs, quia Caesarem nōn cōnsulem, sed rēgem esse *exīstimāvērunt*, *dēcrēvērunt* eum occīdere. Caesar, cum *somnia* mīra habuisset, *dubitāvit* cūriam adīre. Calpurnia uxor dīxit: „Sī cūriam adībis, mē cūrīs *afficiēs*. Tē rogō, ut *domī maneās*.“ Cum Caesar *dubitāret*, Brūtus appāruit et rogāvit, ut ad senātum venīret.

Die Iden des März

Der Schriftsteller Sueton berichtet, was in den letzten Tagen und Stunden vor Caesars Tod passierte.

Caesar, cum fīliōs Pompēī Māgnī superāvisset, Rōmam rediit. Ibi senātōrēs eī multōs honōrēs dēcrēvērunt, velut cōnsulātum continuum[1], perpetuam dictātūram[2], statuam inter rēgēs[3]. Nōnnūllī autem senātōrēs, quī exīstimābant Caesarem nōn cōnsulem, sed rēgem esse, cōnsilium cēpērunt eum occīdere. Diū sēcum cōgitābant, utrum Caesarem in Campō Mārtiō an in Viā Sacrā occīderent. Tandem eīs placuit īnsidiās parāre in cūriā Pompēī[4], quō senātōrēs Īdibus Mārtiīs[5] convenīrent.

Caesarī multa sīgna mortem futūram ostenderant. Ante Īdūs Mārtiās in somniō vīderat sē suprā nūbēs volāre et cum Iove dexteram iungere. Etiam Calpurnia, uxor eius, timēbat, nē inimīcī Caesarem occīderent. Itaque eum implōrāvit: „Cōgitā, quantīs cūrīs mē afficiās! Timeō, nē senātōrēs tibi īnsidiās parent. Tē ōrō, nē eō diē cūriam adeās!“

Caesar prīmum nescīvit, quid faceret. Diū dubitābat, num domī manēret. Subitō Decimus Brūtus appāruit et rogāvit, cūr nōn venīret: „Senātōrēs iam diū tē exspectant.“

Quod cum Caesar audīvisset, tandem ad theātrum Pompēī iit et cūriam intrāvit. Cum ibi consīderet, senātōrēs, quī cōnsilium cēperant Caesarem interficere, eum circumstetērunt[6]. Ūnus ex eīs propius[7] accessit. Cum Caesar eum rogāvit, quid in animō habēret, subitō aliī senātōrēs gladiōs ēdūxērunt et eum petīvērunt. Caesar sē dēfendere temptāvit, sed frūstrā: Senātōrēs eum occīdērunt. Corpus Caesaris diū in cūriā iacuit; dēnique trēs servī eum domum rettulērunt.

Die Ermordung Caesars, Gemälde von Carl-Theodor von Piloty, 1865 (Hannover, Niedersächsisches Landesmuseum)

[1] **continuus, a, um** ununterbrochen

[2] **dictātūra, ae f.** das Amt des Diktators

[3] Damit sind die Statuen der römischen Könige auf dem Kapitol gemeint.

[4] **cūria Pompēī** die Kurie beim Pompeiustheater

[5] **Īdibus Mārtiīs** an den Iden des März (15. März)

[6] **circumsistere, circumsistō, circumstetī** (jemanden) umringen

[7] **propius** (Adv.) näher

Übungen

S • T • K • M
Textaussagen reflektieren

1 Erkläre mithilfe des Infotextes und des Lesestücks, warum einige Senatoren beschlossen, Cäsar zu ermorden.

S • T • K • M
Fragesätze erkennen und unterscheiden

2 Stelle aus dem Lesestück alle indirekten Fragesätze zusammen:
a) Unterscheide sie nach Wort- und Satzfragen und trage sie in eine Tabelle ein.
b) Notiere jeweils das Prädikat des Haupt- und des konjunktivischen Gliedsatzes und gib deren Zeitverhältnis an.

3 Fragen über Fragen! Übersetze die direkten Fragesätze. Verwandle sie dann in indirekte Fragesätze, indem du sie abhängig machst von: Quīntus scit .../ Quīntus scīvit ...

a) Cūr senātōrēs Caesarī īnsidiās parant?
b) Ubi senātōrēs conveniunt?
c) Cūr Caesar cūriam intrat?
d) Quis Caesarem in cūriā exspectāvit?
e) Quōmodo senātōrēs Caesarem occīdērunt?

S • T • K • M
Modus- und Tempusgebrauch erkennen und kontextgerecht übersetzen

4 Übersetze und bestimme das Zeitverhältnis:

a) Audīvistī, ubi senātōrēs Caesarem interfēcissent.
b) Scīsne, quis Caesarī in somniō appāruerit?
c) Cum Calpurnia dē illō somniō audīvisset, Caesarem monuit:
d) „Tē ōrō, ut domī maneās!"
e) Brūtus rogāvit, cūr Caesar cūriam nōn adīret.

S • T • K • M
Verbformen im Kontext einsetzen und übersetzen

5 Lückenfüller. Setze die Verben in Klammern in den passenden Konjunktiv und übersetze:

a) Caesar nescit, utrum domī ? (manēre) an ad cōnsilium senātūs ? (īre).
b) Calpurnia implōrat, nē Caesar cūriam ? (adīre).
c) Brūtus rogat, ut Caesar in cūriam ? (venīre).
d) Cum Caesar sē dēfendere ? (temptāre), senātōrēs eum occīdērunt.
e) Magister rogāvit, utrum senātōrēs Caesarem in Campō Mārtiō an in cūriā ? (occīdere).

S • T • K • M
Darstellungen historischer Ereignisse kennen, beschreiben und vergleichen

6 Beschreibe das Gemälde von Carl-Theodor von Piloty (S. 193) und erläutere, welchen Moment der Maler beleuchtet. Berücksichtige dabei auch das Lesestück.

7 Die Inschrift auf der Münze (S. 191) lautet: CAESAR – DICT – QUART. Erschließe die Bedeutung dieser Abkürzungen.

8 Erkläre, was die Inschrift EID MAR auf der Rückseite der Münze unten bedeutet. Zwischen den beiden Dolchen ist eine Filzkappe (pīleus) dargestellt, die in Rom Sklaven nach ihrer Freilassung tragen durften. Erläutere, was Brutus mit diesem Symbol zum Ausdruck bringen will.

Münze (Silberdenar), ca. 43/42 v. Chr. Die Vorderseite zeigt des Kopf des Brutus, die Rückseite den pīleus (Freiheitsmütze) zwischen zwei Dolchen, darunter die Inschrift: EID MAR (London, Britisches Museum)

9 Geflügelte Worte Caesars – Übersetze und erkläre sie:

S • T • K • M
Lateinische Sprichwörter kennen

Vēnī, vīdī, vīcī!   Iacta ālea est!   Et tū, mī fīlī!
Est rērum omnium magister ūsus.

10 Latein lebt – Nenne die lateinischen Grundformen, die den folgenden deutschen Begriffen zugrunde liegen:

S • T • K • M
Fremdwörter erkennen und erklären

Alternative – Autorität – Dom – Exempel – Favorit – Konserve – Kurs – Publikum – Quinte – Weste – Zar

Rekonstruktion des Divus-Iulius-Tempels, den Augustus 29 v. Chr. auf dem Forum an der Stelle errichten ließ, an der der Leichnam Caesars im Jahre 44 verbrannt worden war. Zum ersten Mal wurde in Rom der orientalische Brauch übernommen, einen Herrscher nach seinem Tod zu vergöttlichen.

Plateaulektion 31 – 35

Grundwissen: Die römische Republik im Wandel

Die mōrēs māiōrum

Die Sitten der Vorfahren waren für die römischen Adligen (**nōbilēs**) eine sehr wichtige Orientierungshilfe im Leben. Wenn sie ihnen nacheiferten, erreichten sie **virtūs** (Tüchtigkeit im privaten und öffentlichen Leben, Tapferkeit im Krieg), **glōria** (langanhaltenden Ruhm) und **honor** (Ehre). Da die Vorfahren den Römern als Vorbilder galten, deren Taten man immer wieder erreichen oder sogar übertreffen musste, wurden ihre Ahnenbilder (**imāginēs**) in den adligen Familien über Generationen hinweg geehrt und bei festlichen Anlässen in der Öffentlichkeit gezeigt.

Der cursus honōrum

Die „Ämterlaufbahn“ bezeichnete die Reihenfolge der politischen Ämter (**magistrātūs**), die man in Rom durchlaufen musste, um zum höchsten Amt zu gelangen. Alle Ämter waren Ehrenämter (**honōrēs**), für die man kein Geld erhielt. Gewählt wurden die Beamten von der Volksversammlung. Jeder Beamte hatte mindestens einen Kollegen und durfte jeweils nur ein Jahr lang sein Amt ausüben.

			cōnsul
		praetor	
	aedīlis		
quaestor			
Finanzverwaltung	Öffentliche Ordnung	Rechtsprechung	Regierung

Ein Römer, der es geschafft hatte, Konsul zu werden, obwohl er nicht aus einer der adligen Familien stammte, wurde als **homō novus** („Aufsteiger“) bezeichnet. Zu diesen wenigen Ausnahmen zählten Cato, Marius und Cicero.

Optimaten und Popularen

Seit dem 2. Jahrhundert v. Chr. kam es in Rom zu einer Verarmung der breiten Bevölkerungsschichten und zu einem Anwachsen der **plēbs urbāna**. Diese wählte aber die römischen Beamten; daher war sie für die nōbilēs von großer Bedeutung. Unter ihnen bildeten sich bald zwei Gruppen heraus:

- die **Optimaten** („die Besten“), die die Macht des Senats mit aller Kraft verteidigten,
- die **Popularen** („die Volksfreundlichen“), die sich auf die Seite der plēbs stellten und in der Volksversammlung ihre eigenen politischen Ziele durchzusetzen versuchten.

Zwischen beiden Gruppen kam es im 1. Jahrhundert v. Chr. in Rom immer wieder zu heftigen Auseinandersetzungen und Kämpfen.

Aufruf zum Umsturz

L

Eine schillernde Gestalt im 1. Jahrhundert v. Chr. war L. Sergius Catilina (108 – 62 v. Chr.), der zwar aus einer alten Patrizierfamilie stammte, aber in zweifelhaftem Ruf stand. Als er nach seiner Prätur (68 v. Chr.) die Provinz Āfrica verwaltete, soll er die Provinzbewohner so rücksichtslos ausgebeutet haben, dass diese ihn noch vor seiner Rückkehr nach Rom anklagten. Nur durch massive Bestechung erreichte Catilina in diesem Prozess einen Freispruch, doch war seine politische Karriere damit zunächst beendet. Seine Bewerbung für das Konsulat des Jahres 65 wurde abgelehnt. Im Sommer 64 kandidierte Catilina erneut für das Konsulat. Sein Gegenkandidat, der Redner Cicero, wurde von den Rittern und dem überwiegenden Teil der Nobilität unterstützt und zum Konsul des Jahres 63 gewählt. Da entschloss sich Catilina, gewaltsam die Macht zu erobern. Er sammelte eine große Schar gleichgesinnter Anhänger um sich und versteckte seinen persönlichen Ehrgeiz hinter Schlagwörtern der Popularen: Er gab sich als Anwalt der unzufriedenen kleinen Leute aus und versuchte so, einen Umsturz einzuleiten:

L. Catilīna, vir nōbilis, fuit māgnā vī et animī et corporis, sed ingeniō malō. Hic iterum atque iterum cōnsulātum petēbat, sed frūstrā. Itaque, cum cīvēs Cicerōnem cōnsulem creāvissent, novīs rēbus studuit[1]. Postquam amīcōs et sociōs, quī māgnā audāciā erant, clam in domum suam convocāvit, hanc ferē ōrātiōnem habuit:

„Vōs omnēs nōn īgnōrātis, cur cōnsilium cēperim novīs rēbus studēre. Certē vōbis nōtum est, quem cīvēs Rōmānī cōnsulem fēcerint. Num vōbis placet hominem novum nunc cōnsulātum obtinēre, mihi autem nōn licēre reī pūblicae praeesse? Quam futūram condiciōnem vītae exspectābimus, nisī nōs ā potentiā paucōrum nōbilium līberāverimus? Illīs sunt potentia, honor, dīvitiae, nōbis relīquērunt labōrēs, iniūriās, aes aliēnum. Quis ferre potest illōs abundāre[2] dīvitiīs, nōbis dēesse rēs ad vītam necessāriās? Nōnne praestat[3] in proeliō cum potentibus pūgnāre atque ē vitā discēdere quam vītam miseram agere, sine honōre, sine auctōritāte, sine potentiā? Lībertās, dīvitiae, glōria mox nōbis erunt: Nam fortūna haec omnia nōbis praemia[4] pōnet, sī potentes vīcerimus. Itaque mēcum arma capite, mēcum īnsidiās parāte Cicerōnī cōnsulī, gerite mēcum bellum cum potentibus!“

Catilina und seine Freunde besiegeln die Verschwörung mit einem Bluteid, Ölgemälde von Salvator Rosa, 1615 – 1673 (Florenz, Museo di Casa Martelli)

[1] **novīs rēbus studēre** einen Umsturz vorbereiten

[2] **abundāre** (an etwas) Überfluss haben

[3] **praestat** es ist besser

[4] **praemium, ī n.** die Belohnung

Methodenkompetenz (10): Texte analysieren

1. Die Ansprache, die Catilina im Lesestück hält, gehört zur Textsorte **Rede**. In ihr spricht Catilina seine Freunde an, um sie zu veranlassen, sich an seinem Umsturzversuch zu beteiligen. Dafür verwendet er zum einen Argumente, die er für überzeugend hält, zum anderen unterstützt er diese Argumente gleichzeitig auch durch eine gut überlegte sprachliche Form. Dabei verwendet er auch **Stilfiguren**.

2. Wichtige **Stilfiguren**, die die Aussage des Textes unterstreichen können, sind:
   - **Alliteration:** Aufeinanderfolgende Wörter beginnen mit demselben Anlaut: Fortēs fortūna adiuvat.
   - **Anapher:** Das Anfangswort bei Satzteilen oder Sätzen wird wiederholt: Ō tempora, ō mōrēs.
   - **Antithese:** Gegensätzliche Begriffe oder Gedanken werden einander gegenübergestellt: Summum iūs, summa iniūria.
   - **Asyndeton:** Wörter, Wortreihen oder Sätze folgen unverbunden aufeinander: Vēnī, vīdī, vīcī.
   - **Parallelismus:** Entsprechende Satzteile oder Sätze werden (bei etwa gleicher Wortzahl) in der gleichen Reihenfolge angeordnet: Numquam aliud nātūra, aliud sapientia dīcit.
   - **Chiasmus:** „Kreuzstellung" (nach dem griechischen Buchstaben „Chi": X) – Inhaltliche entsprechende Wörter oder Wortgruppen werden in umgekehrter Reihenfolge („über Kreuz") angeordnet: Quī mortem timet, amittit gaudia vītae.
   - **Rhetorische Frage:** Eine Frage, auf die keine Antwort erwartet wird, da ihre Antwort dem Redner und seinen Zuhörern längst klar ist.

3. In einer guten Rede bilden **Inhalt** und **Form** immer eine Einheit, um die Zuhörer zu beeindrucken. Wenn du den Gedankengang eines Textes untersuchst, achte daher auf diese drei Aspekte:
   - **Was** sagt der Redner?
   - **Wie** sagt er es? Welchen Gedanken betont er besonders?
   - **Welchen Eindruck** will er durch die Art seiner Darstellung bei seinen Zuhörern hervorrufen?

Übungen

S • T • K • M
Aufbau eines Textes erkennen

1 Gliedere die Rede Catilinas an seine Freunde in sinnvolle Abschnitte und gib ihnen jeweils eine kurze Überschrift.

S • T • K • M
Zentrale Begriffe herausarbeiten

2 Catilina vermittelt seinen Zuhörern den Eindruck, in Rom gäbe es eine „Zweiklassengesellschaft". Stelle in einer Tabelle beide Gruppen, die hier beschrieben werden, gegenüber, und trage aus der Rede alle Wendungen, die Catilina ihnen jeweils zuordnet, ein. Suche dann jeweils einen deutschen Begriff, der beide Gruppen treffend charakterisiert.

S • T • K • M
Stilmittel nennen und ihre Absicht klären

3 Suche heraus, wo sich die oben genannten Stilmittel in der Rede Catilinas finden, und erläutere kurz, welche Absicht der Redner damit verfolgt.

Methodenkompetenz (11): Die Funktionen des Konjunktivs und seine Übersetzung II

1. Du hast bisher den Konjunktiv in abhängigen Begehrsätzen und als Irrealis der Gegenwart und der Vergangenheit kennengelernt (vgl. Plateaulektion 26–30, S. 171). Der Konjunktiv steht im Lateinischen außerdem auch **immer** in **abhängigen Fragesätzen**. Dieser Konjunktiv wird im Deutschen aber mit dem Indikativ übersetzt:

   Catilīna dīxit: „Certē vōbīs nōtum est, quem cīvēs Rōmānī cōnsulem **fēcerint**."
   Catilina sagte: „Sicher ist euch bekannt, wen die römischen Bürger zum Konsul gemacht **haben**."

2. In allen konjunktivischen Gliedsätzen, die du bisher kennengelernt hast, gelten die Regeln der **consecutio temporum**. Du kannst daher immer durch den Vergleich des Tempus des übergeordneten Satzes mit dem Tempus des Gliedsatzes erkennen, welches **Zeitverhältnis** zwischen diesen beiden Sätzen herrscht:

Tempus des übergeordneten Satzes	Tempus des konjunktivischen Nebensatzes	Zeitverhältnis
Präsens/Futur	Konjunktiv Präsens	gleichzeitig
	Konjunktiv Perfekt	vorzeitig
Imperfekt/Perfekt/Plusquamperfekt	Konjunktiv Imperfekt	gleichzeitig
	Konjunktiv Plusquamperfekt	vorzeitig

Übungen

1 Suche aus dem Lesestück alle Fragesätze heraus. Bestimme dann jeweils: Handelt es sich um eine direkte oder eine indirekte Frage? Handelt es sich um eine Wortfrage oder eine Satzfrage?

S • T • K • M
Fragesätze erkennen und unterscheiden

2 Bestimme in den folgenden indirekten Fragesätzen, ob sie mit einem adjektivischen oder einem substantivischen Interrogativpronomen eingeleitet werden. Bestimme außerdem in jedem indirekten Fragesatz das Zeitverhältnis und übersetze ihn erst dann:

a) Audīvimus, quibus verbīs Catilīna amīcōs excitāvisset.
b) Quibus nārrāvit, quod cōnsilium cēpisset et quid in animō habēret.
c) Catilīna explicāvit, quem cīvēs nūper cōnsulem fēcissent et quī virī reī pūblicae Rōmānae praeessent.
d) Ōrātiōne dēmōnstrāvit, quae dīvitiae potentibus essent et quae perīcula sibī īnstārent.

Lektion 36 – 40

Aus der römischen Kaiserzeit

Büste Octavians zur Zeit der Schlacht bei Actium (Rom, Kapitolinische Museen)

Nachdem Octavian-Augustus seinen innenpolitischen Gegner Antonius in der Seeschlacht bei Actium im Jahre 31 v. Chr. besiegt hatte, beendete er das Zeitalter der Bürgerkriege. Er war nun die beherrschende politische Persönlichkeit. In seiner Zeit wurde Rom das künstlerische und literarische Zentrum der antiken Welt. Zu keiner Zeit entstanden so zahlreiche Werke von Dichtern und Geschichtsschreibern, die durch die Jahrhunderte wirkten und bis in unsere Gegenwart gelesen werden. Zu diesen bedeutenden Dichtern gehören Vergil, Ovid, Horaz und der Fabeldichter Phädrus.
Gleichzeitig vollzog sich in der römischen Gesellschaft ein Wandel. Mehr als früher beschäftigten sich nun auch Angehörige aus der politischen Führungsschicht mit Kunst, Literatur und Philosophie, die von den Griechen entwickelt worden waren.

Junge Frau mit einem Schreibgriffel und einem Buch in Form von Wachstäfelchen, Wandmalerei aus Pompeji, 1. Jh. n. Chr. (Neapel, Archäologisches Nationalmuseum)

Lesender Bürger mit Thalia, der Muse der Komödie, Fragment eines Sarkophags aus Kleinasien, um 200 n. Chr. (London, Britisches Museum)

- Beschreibe das Porträt des Octavian-Augustus und seine Wirkung.
- Beschreibe das Wandgemälde und das Relief des Sarkophags und erläutere, was die Attribute der Personen zum Ausdruck bringen.

Zur Zeit des Kaisers Augustus lebte Jesus von Nazareth und verkündete den christlichen Glauben. Nach seinem Kreuzigungstod wurde die christliche Religion von den Jüngern Jesu und vom Apostel Paulus über Palästina hinaus verbreitet, zunächst noch im griechischen Sprachraum, später auch in Rom und im gesamten römischen Reich. Da die Christen ihre Gottesdienste nicht öffentlich abhielten und sich weigerten, dem Kaiser als dem dominus et deus zu opfern, erregten sie Misstrauen. Kaiser Nero begann im Jahr 64 n. Chr. mit der ersten Christenverfolgung. Zu großen Christenverfolgungen kam es wieder im 3. Jahrhundert. Kaiser Konstantin der Große brachte die Wende. Er besiegte seinen kaiserlichen Konkurrenten Maxentius „im Zeichen des Kreuzes" und erließ 313 das Toleranzedikt von Mailand. Damit stellte er die christliche Religion den anderen Religionen gleich. Im Jahr 380 erhob Kaiser Theodosius den christlichen Glauben zur Staatsreligion.

Konstantin der Große, Kopf der Kolossalstatue (Rom, Kapitolinische Museen)

Silbermünze mit dem Kopf Konstantins, 315 in Ticinum geprägt (München, Staatliche Münzsammlung)

Adam-und-Eva-Schale aus Augsburg, 340–350 n. Chr. Die Szene auf der Unterseite der Glasschale zeigt Adam und Eva im Paradies: Eva greift nach dem Apfel am Baum der Erkenntnis. Über dem Baum, an dem sich eine Schlange emporwindet, das Christogramm (Augsburg, Römisches Museum)

- Beschreibe die Münze Konstantins und erläutere, was die einzelnen Attribute zum Ausdruck bringen sollen. (Auf dem Schild rechts unten ist die römische Wölfin abgebildet.)
- Die Adam-und-Eva-Schale wurde wohl in Köln hergestellt und bei Ausgrabungen in einer Latrine nahe der antiken Stadtmauer von Augsburg gefunden. Sie ist das bislang älteste christliche Zeugnis in der ehemaligen Hauptstadt der Provinz Rätien. Erschließe aus dieser Tatsache, auf welchem Weg sich das Christentum im römischen Reich und darüber hinaus verbreiten konnte.

Lektion 36

Die Herrschaft des Augustus

Als Augustus im Jahre 14 n. Chr. starb, hatte sich der römische Staat und die römische Gesellschaft während seiner 44-jährigen Herrschaft grundlegend verändert. Für viele seiner Zeitgenossen war die Herrschaft des Augustus gleichbedeutend mit einer Zeit des Friedens (pāx), den alle Römer nach einem Jahrhundert innerer Auseinandersetzungen und Bürgerkriege herbeisehnten. Octavian, der 63 v. Chr. geboren wurde, erlebte als junger Mann die Machtkämpfe zwischen den Popularen und den Optimaten, die in den blutigen Bürgerkrieg (bellum cīvīle) zwischen Caesar und Pompeius mündeten.
Als Neffe und Erbe Caesars musste sich Octavian nach der Ermordung Caesars gegen Marcus Antonius durchsetzen. In der Seeschlacht bei Actium 31 v. Chr. gelang es ihm, die Flotte des Antonius, der sich mit Kleopatra verbündet hatte, zu besiegen. Nun war er unumstrittener Herrscher im Römischen Reich. Vier Jahre später, 27 v. Chr., verlieh der Senat Octavian den Ehrentitel Augustus, „der Erhabene".
Im Gegensatz zu seinem Onkel Caesar, der als dictātor der römischen Republik ein Ende gesetzt hatte, hat Octavian dem äußeren Anschein nach die Republik und deren Institutionen, den Senat und die Beamten, beibehalten. In Wirklichkeit jedoch war er Alleinherrscher: Er ließ sich mehrmals zum Konsul wählen und sich die Amtsgewalt eines Volkstribuns (tribūnus plēbis) übertragen. Außerdem erhielt er die Befehlsgewalt (imperium) über die Heere in den wichtigsten Provinzen. Augustus selbst bezeichnete sich als prīnceps, d.h. als führender Mann im Staat.
Als sichtbares Zeichen des Friedens ließ Augustus den Janustempel schließen, dessen Tore in Kriegszeiten immer offen standen. Er renovierte viele alte Tempel, errichtete auf dem Palatin einen neuen Apollo-Tempel und erließ Gesetze zum Schutz von Ehe und Familie. Im Jahre 9 v. Chr. wurde zu Ehren des Augustus der Friedensaltar (āra pācis) geweiht. Dichter wie Horaz und Vergil betrachteten die Zeit des Augustus sogar als Wiederkehr des Goldenen Zeitalters. Als Augustus im Jahre 14 n. Chr. starb, wurde ihm zu Ehren sein Sterbemonat „August" genannt. Er selbst wurde offiziell zum Gott erhoben.
Auch wenn viele die Herrschaft des Augustus als Friedenszeit rühmten, gab es auch Stimmen, die sein Verhalten während des Bürgerkriegs kritisierten und seine Herrschaft als Zeit der Unterdrückung beklagten.

Augustus von Primaporta, nach 20 v. Chr. (Rom Vatikanische Museen)

Das Passiv im Präsensstamm

G

1. Senātōrēs Caesarem in cūriā exspectant. – Caesar ā senātōribus in cūriā exspectātur.
   Brūtus ad senātōrēs: „Potestās Caesaris nōs omnēs terret. – Nōs omnēs potestāte Caesaris terrēmur.
   Nōnne vōs, senātōrēs, superbia istīus dictātōris lacessit? – Nōnne vōs, senātōrēs, superbiā istīus dictātōris lacessiminī?“
2. Cassius ad Brūtum: „Etsī tū, Brūte, potestāte Caesaris terrēris et lacesseris – ego ā Caesare neque terreor neque lacessor. Temporibus antīquīs cīvitātēs iam saepe vī et armīs rēgibus superbīs līberābantur. Etiam urbs nostra brevī tempore istō rēge līberābitur.“

Erste Übungen

1 Schreibe die passiven Verbformen aus dem G-Teil heraus und vergleiche sie mit den dir bekannten Formen des Aktivs. Gib an, was sich im Passiv an den lateinischen Verbformen verändert.

S • T • K • M
Grundelemente lateinischer Formen kennen

2 Übertrage die Tabelle in dein Heft, füge die entsprechenden Passiv-Endungen ein und bilde die Konjugation des Präsens Passiv.

	Stamm	Endung
1. Sg.	exspect	?
2. Sg.	exspectā	?
3. Sg.	exspectā	?
1. Pl.	exspectā	?
2. Pl.	exspectā	?
3. Pl.	exspecta	?

minī tur
or mur
ris ntur

3 Vom Aktiv ins Passiv und umgekehrt! Übersetze die folgenden Formen und verwandle sie:
temptāris, dēcernitur, afficiam, mūtābunt, augēmus, subiciēbātis

S • T • K • M
Konjugationen beherrschen

W

Octāviānus bellum cīvīle *cōnfēcit*. Adversāriōs reī pūblicae *oppressit*, bonōs mōrēs coluit, templa antīqua *restituit*. Itaque senātus eum Augustum dīxit, Rōmānī eum patrem patriae *appellāvērunt*. Augustus sē nōn rēgem, sed *prīncipem* nōmināvit. Tamen nōnnūllī putāvērunt Augustum, quī in bellō cīvīlī *scelera* commīserat, *paulātim* Rōmānīs lībertātem *sustulisse*.

L Die Einweihung der Ara Pacis

Bei der Einweihung der Ara Pacis im Jahre 9 v. Chr. unterhalten sich Lucius und Cornelius über den princeps Augustus. Die beiden haben die schwierigen Jahre der römischen Politik nach der Ermordung Caesars jeweils anders erlebt:

Lūcius: Hodiē diēs fēstus[1] ab omnibus Rōmānīs agitur: Nunc pāx perpetua est. Augustus ā cīvibus laudātur, Rōmānī bellīs nōn iam terrentur. Nōnne tū pāce dēlectāris?

Cornēlius: Semper pācem bellō praeferō. Sed fortāsse īgnōrās Octāviānum, quī nunc ā multīs Augustus nōminātur, familiae meae agrōs et vīllam ēripuisse et mīlitibus suīs dedisse. Octāviānus in bellō cīvīlī etiam iussit patrem meum occīdī.

Lūcius: Rēs pūblica multōs annōs ā multīs hostibus opprimēbātur. Augustus autem rem pūblicam dēfendit et ā licentiā virōrum potentium līberāvit.

Cornēlius: Nisī fallor, „rēs pūblica“ nunc nihil nisī nōmen est: Nam ab ūnō prīncipe regimur, nōn ā cōnsulibus et senātū.

Lūcius: Necesse est summam potestātem prīncipī darī.

Cornēlius: Sed pāx Augusta[2] ā nōnnūllīs senātōribus servitūs putātur.

Lūcius: Nisī Augustus bellō cīvīlī fīnem fēcisset, plūrimī Rōmānī pūgnīs periīssent.

Cornēlius: Octāviānus, postquam Marcum Antōnium ad Actium[3] vīcit, omnēs mīlitēs pecūniā atque dōnīs corrūpit. Paulātim etiam populus Rōmānus, quī discordiīs fessus erat, movebātur, ut prīncipī pārēret.

Lūcius: Sed nunc pāx est, quae ab omnibus dēsīderābātur. Ab Augustō bonī mōrēs colentur, templa antīqua restituentur, templa nova aedificābuntur. Tempora mūtābuntur.

Cornēlius: Augustus, quī antea multa scelera commīserat, nunc ā plūrimīs pater patriae appellātur. Bellum cīvīle quidem cōnfēcit, sed sustulit omnibus lībertātem.

[1] **diēs fēstus** der Feiertag

[2] **pāx Augusta** der Friede unter Augustus

[3] **Actium, ī n.** Hafenstadt in Nordwestgriechenland

Die Ara Pacis Augustae, der Altar des Augustus-Friedens

Übungen

1 Stelle aus dem Lesestück zusammen, welche unterschiedlichen Äußerungen Lucius und Cornelius über die Herrschaft des Augustus machen. Fasse die positiven und die negativen Einschätzungen jeweils kurz zusammen.

S • T • K • M
Textaussagen reflektieren

2 Formenstaffel.

S • T • K • M
Konjugationen beherrschen

dēlectāmus → Passiv → Imperfekt → Singular → 3. Person Singular → Aktiv → Futur → Passiv → 2. Person → Plural → Präsens → 1. Person → Aktiv
dūcor → Plural → Aktiv → 3. Person → Imperfekt → Passiv → 2. Person → Futur → Singular → Präsens → Aktiv → 1. Person

3 Futur I oder Passiv? Lege in deinem Heft eine Tabelle mit zwei Spalten an. Trage in die linke Spalte alle Präsens Passiv-Formen und in die rechte Spalte alle Futur I-Formen ein. Übersetze dann die Formen.

4 Nōnne tū pāce dēlectāris? (Z. 3): „Wirst du etwa nicht durch den Frieden erfreut?" → „Freust du dich etwa nicht über den Frieden?" Übersetze entsprechend:

a) Cīvēs Rōmānī pāce dēlectantur.
b) Cīvēs perīculīs nōn iam terrentur.
c) Cīvēs dīcunt: „Tempora mūtantur.
d) Nōn fallimur."

5 Wandle die folgenden Sätze vom Aktiv ins Passiv um. Achte dabei auf den Ablativ: Wird er mit oder ohne Präposition verwendet?

S • T • K • M
Genera verbi beherrschen

a) Bella cīvīlia diū cīvēs Rōmānōs vexābant.
b) Nunc autem pāx Rōmānōs dēlectat.
c) Itaque multī cīvēs Augustum laudant et patrem patriae appellant.
d) Prīnceps templa antīqua restituet.
e) Auctōritās prīncipis rem pūblicam reget.

6 a) Informiere dich im Lexikon oder im Internet, welches Ereignis auf dem Brustpanzer des Augustus von Primaporta (S. 202) dargestellt ist.

S • T • K • M
Berühmte Persönlichkeiten der Antike und ihre Taten kennen

b) Informiere dich im Lexikon oder im Internet, was der kleine Knabe auf dem Delfin neben der Statue des Augustus bedeutet.

Lektion 37

Der Dichter Ovid

In der Zeit des Augustus entstanden zahlreiche bedeutende Werke großer Dichter. Ihr kennt bereits Vergil, den Autor der Aeneis. Ein weiterer hervorragender Dichter war Publius Ovidius Naso, der im Jahr 43 v. Chr. in der italienischen Stadt Sulmo geboren wurde. Er war ein Naturtalent, wie er selbst schreibt (Tristia 4, 10, V. 25 f.):

Sponte suā carmen numerōs veniēbat ad aptōs	Ganz von selbst kam mein Gedicht zu den geeigneten Rhythmen
et, quod temptābam scrībere, versus erat.	und was auch immer ich versuchte zu schreiben, war ein Vers.

Ovids bekanntestes Werk sind die Metamorphosen („Verwandlungen"). Wie bei Vergils Aeneis handelt es sich um ein Epos (lange Erzählung in Versen). Die Metamorphosen enthalten zahlreiche Mythen, in denen beschrieben wird, wie ein Gott, ein Mensch oder ein anderes Lebewesen eine neue Gestalt annimmt. Zum Beispiel haben wir schon gelesen, wie Jupiter sich in einen Stier verwandelte und Europa entführte (Lektion 26).

Bedeutend ist auch ein anderes Werk Ovids, sein Lehrgedicht Ars amatoria („Liebeskunst"). In der Antike war es nichts Ungewöhnliches, wenn ein Autor seinen Lesern einen komplizierten Inhalt in Gedichtform erklärte, ihnen also durch ein Gedicht etwas beibrachte. Ungewöhnlich ist jedoch das Thema von Ovids Lehrgedicht: Im Stile eines „Liebeslehrers" erklärt er jungen Männern und jungen Frauen, wo sie ein junges Mädchen oder einen jungen Mann kennenlernen und für sich gewinnen können.

Ovid im Exil, Gemälde von Ion Theodorescu-Sion (1915)

Ein derartiges Werk gefiel Kaiser Augustus jedoch nicht, denn er war sehr um die Bewahrung der guten Sitten bemüht und ließ Ehebruch sogar gesetzlich verbieten. Die Verärgerung des prīnceps über die Liebesdichtungen des Ovid war so groß, dass er den Dichter an den am Schwarzen Meer gelegenen Ort Tomi (heute: Constanza in Rumänien) verbannte. In Tomi entstand das Werk Tristia („Trauergedichte"). Darin schreibt Ovid, er sei wegen carmen et error verbannt worden. Worin der „Irrtum" bestanden haben mag, der Augustus so gegen Ovid aufgebracht hatte, bleibt jedoch ein Rätsel. Auch wenn Ovid den Herrscher immer wieder um Begnadigung bat, durfte er dennoch nicht nach Rom zurückkehren. Ovid starb um das Jahr 17 n. Chr. in Tomi.

Passiv im Perfektstamm

G

Augustus – ein Heilsbringer?

„Augustum laudō. Nam Augustus Antōnium superāvit. Antōnius ab Augustō *superātus est.* Diū hostēs cīvēs terruerant. Cīvēs diū *territī erant.* Dēnique rēs pūblica *līberāta est.* Cīvibus pāx perpetua *data est.*
Augustus templa nova aedificābit: Sī templa *aedficāta erunt,* dī nōbīs favēbunt. Augustus cīvibus lēgēs novās dabit: Sī cīvibus lēgēs novae *datae erunt,* mōrēs cīvium mūtābuntur."

Erste Übungen

1 Erschließe zu den folgenden Partizipien den Infinitiv Präsens Aktiv. Übersetze diesen:

S • T • K • M
Grundelemente lateinischer Formen kennen

abductum – āctum – āmissum – circumdatum – commissum – commōtum – scrīptum – datum – ductum – imperātum – missum – mōtum – territum

2 Ordne in einer Tabelle die folgenden Passivformen nach ihren Tempora (Perfekt, Plusquamperfekt, Futur II):

abductus est – circumdatī erāmus – commōtī sumus – cōnscrīptī erunt – datum erit – ducta erās – missī erātis – territa sum – laudātus erō

3 Ergänze jeweils die im Partizip fehlenden Buchstaben, sodass sinnvolle und korrekte Sätze entstehen. Übersetze diese:

S • T • K • M
Verbformen im Kontext ergänzen und übersetzen

a) Lībertās āmiss ? erat. b) Scelera commiss ? sunt.
c) Mīlitēs cōnscrīpt ? erant. d) Nōnia ā Quīntō territ ? est.
e) Quīntus: „Ā patre miss ? sum."
f) „Tū, Nōnia, ā parentibus vocāt ? es."
g) Nōnia: „Ego ā parentibus nōn vocāt ? sum."
h) „Tū, Quīnte, a parentibus vocat ? es."

W

Augustus – ein Unterdrücker?

„Valdē doleō, nam ‚rēs pūblica' nihil nisī nōmen est. Itaque *īnfēlīx* sum. *Lūctus* mē superat. *Sōlācium* quaerō, sed frūstrā.
Potestāte Augustī *perterreor.* Multī poētae quidem *scrībunt:* ‚Augustus nōbīs lībertātem dedit.' Sed errant. Augustus eōs in *errōrem indūxit.*"

L Ovid – Verbannung fern der Heimat

In seinem Verbannungsort Tomi blickt der Dichter Ovid auf den Abend zurück, an dem er Rom verlassen musste:

Nōnnūllī amīcī in domō meā aderant. Omnēs dolōre ingentī movēbantur. Nam Augustus Caesar imperāverat, ut familiam meam et urbem praeclāram relinquerem. Etiam iusserat mē iam ante lūcem ex urbe discēdere. Uxōrī, quae valdē flēbat, sōlācium dabam.

Subitō ā mīlitibus Caesaris ante domum sīgnum datum est: Omnēs amīcī exclāmāvērunt; nam perterritī erant. Uxor lūctū superāta est. Mēcum discēdere voluit et exclāmāvit: „Ego tēcum urbem relinquam! Ego parāta sum tēcum iter in regiōnēs barbarās facere! Sī tū hinc abductus eris, semper īnfēlīx erō. Tū īrā Caesaris coactus es ex urbe discēdere; ego pietāte coacta sum tēcum discēdere. Coniūnx exsulis[1] sum, itaque etiam ego exsul erō.“

Quibus verbīs uxōris commōtus sum, tamen sine eā domum relīquī. Raeda[2] iam aderat, ultima ōscula[3] data sunt. Tum discessī.

Mē miserum! Mihi ā prīncipe īrātō imperātum est, ut in regiōne īnfēstā vītam agerem. Nunc et tempestātibus et frīgore et hieme perpetuā vexor. Mōribus asperīs barbarōrum perterritus sum. Vītam miseram agō, quia carmen ā mē scrīptum est. Hūc ab Augustō missus sum, quia cāsū in errōrem inductus eram.

[1] **exsul, exsulis m./f.** der/die Verbannte
[2] **raeda, ae f.** der Reisewagen
[3] **ōsculum, ī n.** der Kuss

Ovid-Statue in Constanza

Übungen

S • T • K • M
Sachfelder erstellen

1 Schreibe aus dem Übersetzungstext sämtliche Wörter heraus, die zum Sachfeld „Trauer/Leid/Schrecken“ gehören. Ordne diese nach Wortarten.

S • T • K • M
Genera verbi beherrschen

2 Setze die folgenden Verbformen ins Aktiv. Behalte dabei die Person, den Numerus und das Tempus bei. Unterscheide genau zwischen Zeiten des Präsens- und des Perfektstamms:

abductus eris – āmissa est – coāctī estis – commōtus sum – cōnscrīptī erāmus – dabātur – discēditur – dūcēbāmur – ēductī eritis – imperātum est – inductus eram – missus sum – movēbantur

3 Setze die folgenden Verbformen ins Passiv. Behalte dabei die Person, den Numerus und das Tempus bei. Unterscheide genau zwischen Zeiten des Präsens- und des Perfektstamms.

abdūcēmus – ageret – commīserō – commovēs – cōnscrībō – dabat – dīmittent – dūxistī – exclāmāvit – indūxērunt – iūsserat – mīsērunt – perterrēbātis – relinquam – scrīpserās – terruerāmus

4 Setze die fehlenden Formen von esse an den richtigen Stellen ein. Achte dabei besonders auf die richtige Zuordnung von Indikativ- und Konjunktivformen. Übersetze dann.

S • T • K • M
Verbformen im Kontext einsetzen und übersetzen

erit – esse – essem – essent – esset – sim – sum – sunt

Ovidius poēta dīcit:
a) Saepe cōgitō, quōmodo ā patriā abductus ? .
b) Ā prīncipe coāctus ? , ut procul ā patriā vīverem.
c) Familiārēs īram prīncipis carminibus meīs excitātam ? existimāvērunt.
d) Certē īrā prīncipis perterritī ? .
e) Nisī carmen ā mē scrīptum ? , domī mānsissem.
f) Nisī in errōrem inductus ? , familiārēs ā mē relictī nōn ? .
g) Sī cōnsilium prīncipis mūtātum ? , fortāsse domum redībō.

5 Beschreibe das Bild (S. 206) und erläutere, wie der rumänische Künstler Ion Theodorescu-Sion die Stimmung Ovids im Exil zum Ausdruck bringt.

S • T • K • M
Darstellungen von Persönlichkeiten der Antike erläutern

6 Gerade über das lateinische PPP lassen sich zahlreiche deutsche Fremdwörter erklären. Zeichne die Tabelle ab und trage die folgenden Erklärungen von Fremdwörtern in die richtigen Felder ein. Ergänze dann das lateinische PPP und den dazugehörigen Infinitiv sowie eine Bedeutung des Infinitivs.

S • T • K • M
Fremdwörter erkennen und erklären

Auftrag – Beweggrund – (handgeschriebene) Niederschrift – Sendung/Auftrag – Tagesangabe

Fremdwort	Erklärung des Fremdworts	lateinisches PPP	lateinischer Infinitiv	deutsche Bedeutung
Mandat	Auftrag	mandatum	mandare	übergeben, anvertrauen
Datum	?	?	?	?
Manuskript	?	?	?	?
Mission	?	?	?	?
Motiv	?	?	?	?

Lektion 38

Darstellung des Aesop. Holzschnitt im Fabelbuch des Heinrich Steinhoevel (sog. Ulmer Aesop), erstmals 1476/77

So stellte sich der spanische Künstler Diego Velázquez (17. Jh.) den antiken Fabelerzähler Aesop vor (Madrid, Prado-Museum).

Antike Fabeln

Der schlaue Fuchs (vulpēs), der böse Wolf (lupus) oder der starke Löwe (leō) – all das sind typische Figuren in Fabeln, wie sie heute gern gelesen werden. Tatsächlich ist die Fabel aber eine sehr alte Literaturform, die sich bereits in der griechischen Antike großer Beliebtheit erfreute.

Fabeln – unser Begriff stammt von dem lateinischen fābula – sind kurze Erzählungen, die ihre Leser belehren (docēre) sollen. Dies geschieht zumeist dadurch, dass Tiere (animālia) auftreten, die sich wie Menschen verhalten und sprechen. Dabei legen sie eben auch ganz typische menschliche Schwächen an den Tag. So sollen wir dann aus dem Beispiel, das die Tiere uns geben, eine Lehre für unser eigenes Leben ableiten. Das gilt gleichermaßen für antike und für moderne Fabeln. Der berühmteste Fabelerzähler der Antike war der Grieche Aesop. Er soll im 6. Jahrhundert v. Chr. als Kind von Sklaven geboren worden sein. Die antiken Quellen berichten, dass er sehr hässlich war, aber die Menschen mit seinem Erzähltalent beeindruckte. Seine Werke waren so bekannt, dass schon in der Antike der Name Aesop untrennbar mit der Gattung Fabel verbunden wurde.

So waren die Fabeln des Aesop wiederum der entscheidende Einfluss für den berühmtesten römischen Fabelerzähler Phaedrus, der in den frühen Jahrzehnten des 1. Jahrhunderts n. Chr. lebte und möglicherweise ein Freigelassener (ehemaliger Sklave) des Augustus war. Phaedrus verwandelte Aesops griechische Geschichten in lateinische Gedichte. Mit seinen Fabeln in Versen (versūs) wollte er seine Leser – wie er selbst schreibt – einerseits unterhalten und sie andererseits zu einem klugen Leben bewegen.

Auch in den folgenden Jahrhunderten wurden immer wieder Fabeln geschrieben, und nicht wenige von ihnen geben Stoffe aus den Fabeln des Aesop wieder. In Frankreich wurden die Fabeln von Jean de la Fontaine (17. Jh.) berühmt, in Deutschland die von Gotthold Ephraim Lessing (18. Jh.). Ein berühmter Fabelautor des 20. Jahrhunderts war der Amerikaner James Thurber, der seine humorvollen Tiergeschichten in der modernen Welt spielen ließ. Tatsächlich ist die Fabel alles andere als eine altmodische Literaturform. Ihre Lehren sind bis heute aktuell.

Grund- und Ordnungszahlen/Pronomina ipse und iste

G

Ovidius poēta trēs libellōs dē „arte amātōriā“ cōnfēcit. Prīmum libellum et secundum adulēscentibus, quī puellam quaerēbant, scrīpsit. In tertiō libellō puellīs cōnsilia bona dedit.
Multī hominēs libellōs Ovidiī amāvērunt. Ovidius ipse autem patriam relinquere dēbēbat. Ab Augustō ipsō coāctus est ex urbe ipsā discēdere. Prīnceps dīxit: „Istī libellī mōribus carent. Rōmānī istōs libellōs nōn iam amābunt.“

Erste Übungen

1 Bestimme die folgenden Verbindungen mit iste und ipse nach Kasus, Numerus und Genus. Bilde dann den Nominativ Singular und übersetze die Wendung:

S • T • K • M
Deklination der Pronomina beherrschen

cum coniuge ipsā – ipsīs dolōribus – ipsās domōs – ipsī errōrēs – istud frīgus – istam hiemem – istīus lūctūs – istōs mōrēs – ipsā pietāte – istī sōlāciō

2 Achte auf die Ähnlichkeiten: Ordne die Formen von ipse und iste den nach Kasus, Numerus und Genus passenden Formen der Pronomina is, hic oder ille zu:

1. ipsō	2. ipsōrum	3. istum	4. istud	5. istam	6. ipsīus
7. istārum	8. ipsī	9. istōs			

a) huic	b) illam	c) eōrum	d) hōs	e) eō	f) hārum
g) id	h) eum	i) illīus			

3 Setze die passenden Pronomina ein und übersetze:

S • T • K • M
Pronomina im Kontext einsetzen und übersetzen

istam – ipsa – istā – ipse – ista

Augustus ? iūssit Ovidium ex urbe Rōmā discēdere. ? poenā etiam aliī hominēs affectī sunt, quī prīncipī nōn pāruērunt. Uxor Ovidiī flēvit: „Ego ? tēcum urbem relinquam.“ Procul ā Rōmā Ovidius nōn ? vītam ēgit, quam anteā ēgerat, et nōn ? carmina scrīpsit, quae in urbe Rōmā scrīpserat.

W

Ovidius multōs *versūs* dē „arte amātōriā“ scrīpsit. Poēta *prūdēns* hominēs amōrem *docēbat*. Carmen dē „arte amātōriā“ in trēs *partēs dīvīsit*. Īī *librī* quidem adulēscentibus puellīsque Rōmānīs valdē placuērunt. Prīnceps autem carmina Ovidiī *improba* putāvit.

L Die Dreistigkeit des Stärkeren

Die Fabeln des Phaedrus zeigen in anschaulicher Form, welche Eigenschaften die Menschen haben und wie sie sich untereinander verhalten. Ein Beispiel ist die Fabel von der Kuh, der Ziege, dem Schaf und dem Löwen:

Phaedrus, poēta Rōmānus, multās fābulās, quae ab Aesōpō repertae erant, ipse in versūs Latīnōs vertit. Hīs fābulīs Phaedrus nōn modo rīsum movet[1], sed etiam hominēs cōnsiliō prūdentī mōrēs docet.

In prīmō librō fābulārum, quem Phaedrus cōnscrīpsit, etiam haec sententia dēmōnstrāta est: „Numquam est amīcitia certa cum potentibus.“ Hanc sententiam vēram esse Phaedrus in eā fābulā, quam dē vaccā[2] et capellā[3] et ove[4] et leōne scrīpsit, docet:

Ōlim tria animālia – vacca, capella, ovis – cum leōne per montēs et silvās ambulābant. Leō ipse plūs valēbat quam ista animālia; tamen sociī leōnis fuērunt. Hī, cum cēpissent cervum[5] ingentī māgnitūdine corporis, istam praedam dīvīsērunt et quattuor partēs fēcērunt. Sed leō comitibus haec dīxit: „Ego prīmam partem tollō, quia ipse sum rēx animālium. Istam secundam partem dabitis mihi, quia fortis sum. Tum tertiam partem tollam, quia plūs quam vōs valeō. Sī autem hanc quartam partem tetigeritis, vōs ā mē ipsō interficiēminī.“

Sīc iste leō improbus tōtam praedam abstulit.

Löwe, Schaf, Rind und Ziege, Holzschnitt aus dem „Ulmer Aesop“ des Heinrich Steinhoevel

[1] **rīsum movēre** Gelächter erregen; zum Lachen anregen
[2] **vacca, ae** f. die Kuh
[3] **capella, ae** f. die Ziege
[4] **ovis, is** f. das Schaf
[5] **cervus, ī** m. der Hirsch

Übungen

S • T • K • M
Handlungsträger bestimmen und Textaussagen erläutern

1 Untersuche die Rede des Löwen (Z. 13 – 22): Bestimme jeweils das Subjekt der Hauptsätze und erläutere dann, wie der Löwe in den Gliedsätzen die Verteilung der Beute begründet.

2 Erläutere, inwiefern die Fabel die Sentenz des Phaedrus: „Numquam est amīcitia certa cum potentibus“ (Z. 5) veranschaulicht.

S • **T** • K • M
Textaussagen reflektieren

3 Bestimme die Substantivformen nach Kasus, Numerus und Genus und bilde dazu jeweils die passenden Formen der genannten Pronomina. Achtung: Sämtliche Substantivformen sind mehrdeutig. Es gibt also immer mehrere Lösungen.

adulēscentēs (ipse) – populī (iste) – carmen (ille) – cīvis (ipse) – rēs (is – ipse) – diēī (hic – ipse) – versus/versūs (iste – ipse) – partibus (is – iste)

S • T • K • M
Deklination der Pronomina beherrschen

4 Vom Präsens- in den Perfektstamm und umgekehrt. Verwandle die folgenden Formen (Präsens ↔ Perfekt, Imperfekt ↔ Plusquamperfekt, Futur I ↔ Futur II):

accipiēs – ablāta sunt – afferret – capiuntur – cōnfectum sit – dēmōnstrātum est – dīvīserat – facta essent – fertur – interfectī erant – reperiēbantur – tetigeritis – vertāmus

S • T • K • M
Konjugationen beherrschen

5 Caesar und die Zahlen: Die in den folgenden Sätzen von Caesar verwendeten Zahlwörter sind in deiner Grammatik nicht vollständig aufgelistet. Mithilfe der Grammatik (F 3.4) kannst du ihre Bedeutung erschließen. Unterscheide zwischen Grund- und Ordnungszahlen und übersetze die Sätze:

a) Gallia omnis in partēs trēs dīvīsa est. b) Gallī quadringenta oppida dēlēvērunt. c) Hostēs numerō erant quīngentī. d) Erant mīlia nōnāgintā duo virōrum, quī arma ferēbant. e) Caesar trēcentōs mīlitēs cōnscrīpsit. f) Diē quīntō in prōvinciam pervēnit et castra collocāvit.

S • T • K • M
Zahlwörter beherrschen

6 Leite die Bedeutung der folgenden deutschen Fremdwörter aus den Stammformen der bekannten lateinischen Verben ab:

Affekt – Division – Doktor – Fakten – Referat – Takt – Transfer – Version

S • T • **K** • M
Fremdwörter erkennen und erklären

7 Ordne die entsprechenden italienischen und französischen Zahlwörter den römischen Zahlzeichen zu:

III, VIII, IX, X, XII, XVII, XIX, XX, C, M

I: cento – diciannove – diciassette – dieci – dodici – mille – nove – otto – tre – venti

F: cent – dix – dix-neuf – dix-sept – douze – huit – mille – vingt – neuf – trois

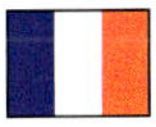

S • T • K • **M**
Lateinische Wörter für das Erlernen von Fremdsprachen nutzen

8 „Stark wie ein Löwe“ – Sammle weitere menschliche Eigenschaften, die durch den Vergleich mit Tieren beschrieben werden, und trage sie in der Klasse vor.

S • T • K • **M**
Informationen präsentieren

Lektion 39

Der Brand Roms: Kaiser Nero und die Christen

Die Gefahr einer Feuersbrunst (incendium) war im antiken Rom stets gegenwärtig. Trotz vielfältiger Bemühungen der römischen Kaiser waren die Schutzvorkehrungen in der Millionenstadt ungenügend. Unter der Regierung des grausamen Herrschers Nero kam es im Jahr 64 n. Chr. zu einer besonders schweren Brandkatastrophe, bei der zehn Stadtbezirke zerstört wurden.

Das Verhalten des gefürchteten und ungeliebten Kaisers scheint vor und nach der Brandkatastrophe so auffällig gewesen zu sein, dass sich schnell ein Gerücht (rūmor) verbreitete. Man sagte, Nero selbst habe den Brand gelegt, um ein neues prächtigeres Rom zu errichten, das ganz seinen persönlichen Vorstellungen entspreche. Dieser Vorwurf (crīmen) wog schwer. In die Kritik geraten, bemühte sich der Herrscher nach Kräften, von seiner Person abzulenken, und suchte Leute, die er als Schuldige hinstellen konnte. Er fand sie in den Christen.

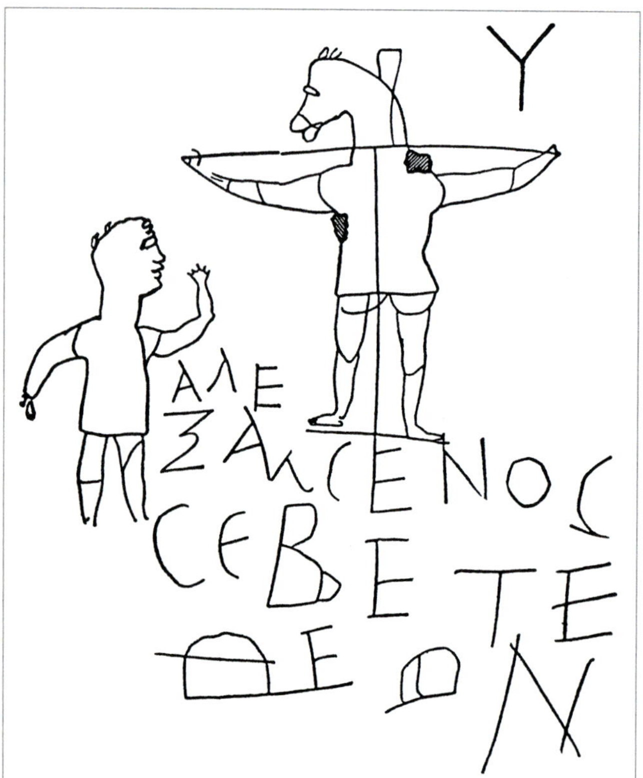

„Alexamenos betet seinen Gott an." – (Griechisch geschriebenes) Graffito, mit dem ein Christ verspottet wurde. Aus einer Kaserne der kaiserlichen Garde auf dem Palatin, um 125 n. Chr. Älteste erhaltene Kreuzesdarstellung.

Die christliche Glaubensgemeinschaft war im 1. Jahrhundert n. Chr. in Rom eine Minderheit, die sich vielen Vorwürfen (crīmina) ausgesetzt sah: Christen nahmen nicht aktiv am öffentlichen Leben teil, lehnten heidnische Opferhandlungen (sacra) ab und blieben, insbesondere wenn sie ihre eigenen religiösen Feiern begingen, unter sich. So wurden schnell Gerüchte (rūmōrēs) über sie verbreitet. Man unterstellte ihnen grundsätzlich, sie würden das Menschengeschlecht hassen und einem verrückten Aberglauben anhängen. Es machte sie nicht zuletzt die Tatsache verdächtig, dass sie zu einem Gekreuzigten beteten, zu einer Person, die mit der Todesstrafe für einen Schwerverbrecher hingerichtet worden war.

Da Brandstifter zu den Schwerverbrechern zählten, kam nach Ansicht Neros für die Christen nur eine Strafe (poena) in Betracht: die Todesstrafe (supplicium). Der Kaiser ließ sie aufspüren, gefangen nehmen und auf schauerliche Art und Weise hinrichten. Einmal mehr zeigte sich, wie grausam (crūdēlis) er war. Die Christen starben als Märtyrer.

Das Partizip Perfekt Passiv/Das Participium coniunctum

G

1. Hodiē quoque fābulīs, quae ā Phaedrō poētā cōnscrīptae sunt, dēlectāmur.
   Hodiē quoque fābulīs ā Phaedrō poētā cōnscrīptīs dēlectāmur.
   Etiam fābula, quae dē amīcitiā cum potentibus cōnscrīpta est, multīs nōta est.
   Etiam fābula dē amīcitiā cum potentibus cōnscrīpta multīs nōta est.

2. Tria animālia, cum cervus ingēns captus esset, eum cum leōne dīvidēbant.
   Tria animālia cervum ingentem captum cum leōne dīvidēbant.
   Sed leō improbus tōtam praedam, cum dīvīsa esset, abstulit.
   Sed leō improbus tōtam praedam dīvīsam abstulit.

Erste Übungen

1 Dekliniere folgende Wortverbindungen, die aus einem Substantiv und einem Partizip zusammengesetzt sind:

S • T • K • M
Deklinationen beherrschen

a) liber cōnscrīptus b) praeda dīvīsa c) animal captum

2 Bilde das Partizip Perfekt Passiv folgender Verben:

S • T • K • M
Grundelemente lateinischer Formen kennen

appellāre, afficere, iubēre, perterrēre, sacrificāre, facere, committere, ēdūcere, discēdere, cōnscrībere, perferre, interficere, capere

3 Übersetze und achte auf das Bezugswort des Partizips:

S • T • K • M
Partizipialkonstruktionen auflösen

a) In fābulā ā Phaedrō poētā cōnscrīpta haec ferē comperīmus:
b) Cervus ā quattuor sociīs captus ā leōne interfectus est.
c) Leō praedam in quattuor partēs dīvīsam tamen sociīs nōn dedit.

W

Cum Nerō imperātor esset, multī Christiānī *iussū* prīncipis *suppliciō* affectī sunt. Nam prīnceps *incendium* urbis Rōmae Christiānīs *crīminī* dedit. Multī cīvēs autem exīstimāvērunt urbem ā prīncipe ipsō *incēnsam* esse. Nerō, cum hōc *rūmōre* perterritus esset, Christiānōs *comprehendī* et *poenīs crūdēlibus* afficī iussit.

Bildnis des Kaisers Nero, um 65 n. Chr. (Glyptothek, München)

L Wer hat Rom in Brand gesteckt?

Als nach dem verheerenden Brand Roms die Gerüchte nicht verstummten, Kaiser Nero selbst sei für die Katastrophe verantwortlich, klagte dieser die Christen als Schuldige an und ließ viele von ihnen hinrichten. Über diese Ereignisse diskutieren einige Römer:

Marcus: Audīvī multōs hominēs, quōs populus Christiānōs appellat, nūper iussū prīncipis poenīs crudelibus affectōs esse. Et fēminae et virī in hortīs Nerōnis caesī sunt.

Aulus: Ego hās poenās prīncipis probō. Nam istī Christiānī reī pūblicae nostrae īnfestī sunt. Mōrēs ā māiōribus nostrīs trāditōs neglegunt: Sacrīs nūper in Capitōliō factīs nōn interfuērunt, numquam aut Iovī aut Iūnōnī aut Minervae sacrificant. Nostrōs deōs ōdērunt et pūblicum fugiunt. Nēmō scit, quōs deōs colant et quid faciant.

Quīntus: Ego audīvī Christiānōs certīs diēbus ante lūcem convenīre et Christō cuidam[1] quasi deō carmina canere. Sed scelera ab hīs hominibus commissa esse nōn putō. Num tū putās urbem ā Christiānīs incēnsam esse? Nōnne hunc rūmōrem audīvistī: Caesar, quia in animō habet urbem novam condere, gaudet aedificia incendiō dēlēta esse.

At prīnceps hōc rūmōre perterritus Christiānīs incendium urbis crīminī dedit. Quae crīmina ā familiāribus Caesaris iterum atque iterum repetīta in urbe audīta sunt. Ac profectō plēbs hīs crīminibus excitāta Christiānōs suppliciō afficī cupīvit. Tum Nerō Christiānōs quaerī et comprehendī iussit. Quī comprehensī et incendiī accūsātī in hortīs Nerōnis suppliciō crūdēlī affectī sunt. Tamen multī cīvēs urbem Rōmam nōn ā Christiānīs, sed ā prīncipe ipsō incēnsam esse exīstimant.

[1] **cuidam** Dat. Sg. m. von quīdam: ein gewisser

Karl Theodor von Piloty, Nero auf den Trümmern des brennenden Rom, 1860 (Budapest, Museum der bildenden Künste)

Übungen

1 Stelle aus dem Lesestück die lateinischen Wortverbindungen zusammen, in denen Vorwürfe und Vorurteile der Römer gegenüber den frühen Christen zum Ausdruck kommen.

S • T • K • M
Zentrale Begriffe heraussuchen

2 Stelle aus dem Lesestück alle Partizipien und ihre jeweiligen Bezugswörter zusammen und ordne sie in einer Tabelle nach attributiver und adverbialer Verwendung.

S • T • K • M
Partizipien im Kontext erkennen und unterscheiden

3 Bestimme die folgenden Formen nach KNG. Schreibe dann nur die Partizipien mit ihrer Grundform heraus:

dōna – data – modīs – mōtīs – mortis – ācrī – āctī – agmina – āmissa – mīrī – missī – fāvī – factī – captīvī – captī – lātum – laetum – versuī – versī

S • T • K • M
Flektierte Formen auf ihre Grundformen zurückführen

4 Übersetze und achte dabei auf die adverbiale Verwendung des Partizips:

a) Augustus īrā incēnsus Ovidium poētam iussit urbem Rōmam relinquere.
b) Amīcī Ovidiī dolōre māgnō commōtī in domō poētae affuērunt.
c) Uxor Ovidiī lūctū superāta cum poētā Rōmam relinquere voluit.
d) Poēta lūctū uxōris valdē commōtus tamen sine eā ex urbe discessit.

S • T • K • M
Partizipialkonstruktionen beherrschen

5 Übersetze ins Deutsche und forme dann die lateinischen Sätze um, indem du die Gliedsätze durch die entsprechenden Partizipialkonstruktionen ersetzt.

a) Imperātor Nerō, cum rūmōre perterritus esset, Christiānīs haec crīminī dedit:
b) „Christiānī numquam sacrīs, quae in Capitōliō facta erant, interfuērunt.
c) Mōrēs, quī ā māiōribus nostrīs trāditī sunt, nōn colunt.“
d) Etiam plēbs, quia hīs crīminibus excitāta erat, Christiānōs poenīs afficī cupīvit.
e) Itaque multī Christiānī, postquam comprehensī sunt, in hortīs Caesaris interfectī sunt.

6 a) Beschreibe das Gemälde (S. 216) und erkläre, welche Stimmung über die Herrschaft Neros hier zum Ausdruck kommt.

b) Beschreibe das Graffito (S. 214) und erkläre, inwiefern sich der Erfinder der Kritzelei über Alexamenos lustig macht.

S • T • K • M
Darstellungen historischer Ereignisse beschreiben und erklären

7 Informiere dich über Symbole bzw. Zeichen des frühen Christentums.

S • T • K • M
Informationen aus anderen Fächern einbeziehen

8 Unter Nero starben in Rom auch die beiden Apostel Petrus und Paulus den Märtyrertod. Ihre Gräber werden noch heute von Christen aus der ganzen Welt aufgesucht. Überlege, welche Gründe dies haben könnte.

Lektion 40

Konstantin der Große

Flavius Valerius Constantinus war römischer Kaiser von 306–337. Er wurde 285 als Sohn des Constantius Chlorus und der Flavia Helena in Illyrien geboren. Sein Vater war ein bedeutender Heerführer und hatte ab 293 als einer von drei Mitregenten des Kaisers Diocletian geherrscht.

Weil sich der jugendliche Konstantin in Britannien militärisch bewährt hatte, konnte er nach dem Tod seines Vaters dessen Machtstellung im Westen des imperium Rōmānum übernehmen. Er stützte sich dabei auf seine Truppen, die ihm treu ergeben waren, als er sich gezwungen sah, mit anderen Regenten um die Vorherrschaft zu kämpfen. Einer von ihnen war Maxentius, den Konstantin am 28. Oktober 312 in der Schlacht an der Milvischen Brücke (pōns Mulvius) nördlich von Rom besiegte. Am 29. Oktober wurde er, nun alleiniger Herrscher im Westen des Reiches, mit seinen Truppen ehrenvoll innerhalb der Stadtmauern (intrā moenia) empfangen.

Medaillon Konstantins aus dem Jahr 315 n. Chr.

Mit dem Sieg des jungen Kaisers änderte sich grundsätzlich auch die Lage der Christen, die unter Diocletian noch grausam verfolgt worden waren: Konstantin unterstützte die christliche Kirche großzügig und machte die Bischöfe zu wichtigen Stützen seiner Herrschaft.

Er selbst ließ sich wohl erst kurz vor seinem Tod 337 taufen. Aber dass seine Soldaten 312 mit dem Christussymbol, d. h. den griechischen Buchstaben X (Chi) und P (Rho), auf ihren Schilden (scūta) in die Schlacht zogen, scheint historisch glaubwürdig zu sein. Ein Medaillon des Jahres 315 zeigt den siegreichen Herrscher mit dem Christusmonogramm am Helm. Und auf der Inschrift des Konstantinsbogens, der ab 313 errichtet wurde, ist davon die Rede, dass der Kaiser mit seinem Heer (cum exercitū suō) nicht nur durch Geistesgröße (mentis māgnitūdine), sondern auch durch göttliche Eingebung (īnstīnctū dīvīnitātis) gegenüber seinem Rivalen Erfolg gehabt habe. Zeitgenossen erzählten sich die Legende, dass Konstantin in der Nacht vor der Schlacht im Traum (somnium) ein göttliches Zeichen (sīgnum dīvīnum) erschienen sei.

Der Konstantinsbogen in Rom (errichtet 313 n. Chr.)

Die Konjunktivformen der Verben im Passiv/Konsekutivsätze/ Finalsätze

G

1. Multī cīvēs nārrant: „Cum urbs Rōma flammīs dēlērētur, imperātor Nerō carmen dē incendiō Trōiae cecinit.
   Cum māgna pars urbis flammīs dēlēta esset, Nerō Christiānōs incendiī accūsāvit.
   Quamquam plūrimī Christiānī suppliciīs affectī sunt, tamen multī cīvēs non putant urbem ā Chrīstiānīs incēnsam esse."
2. Multī cīvēs, cum exīstimārent urbem Rōmam ā Nerōne ipsō incēnsam esse, dīxērunt:
   „Incendium tam vehemēns fuit, ut māgna pars urbis dēlēta sit.
   Incendium tam vehemēns fuit, ut plūrima aedificia servārī nōn possent.
   Nunc imperātor Nerō rūmōribus ita perterritur, ut īram plēbis timeat.
3. Itaque Nerō Christiānōs incendiī accūsat, ut īram plēbis in Christiānōs vertat.
   Christiānōs suppliciīs afficit, nē plēbs sibi incendium crīminī det."

Erste Übungen

1 Schlimme Folgen des Stadtbrandes – Übersetze:

S • T • K • M
Gliedsätze in ihrer Sinnrichtung unterscheiden

a) Vīs incendiī tanta fuit, ut multae partēs urbis dēlētae sint.
b) Tantae flammae in viīs erant, ut plūrimī cīvēs fugere nōn iam possent.
c) Tanta multitūdō cīvium per viās urbis errāvit, ut omnēs, quī auxiliō veniēbant, impedīrentur.

2 Gerüchte über Gerüchte – Übersetze:

a) Nōnnūllī cīvēs dē incendiō urbis haec exīstimāvērunt:
b) Imperātor ipse iussit urbem incendī, ut urbem novam conderet.
c) Cīvēs, quōrum aedificia dēlēbantur, in Campum Mārtium fūgērunt, ut ibi cōnsīderent.
d) Nerō Christiānōs incendiī accūsāvit, nē īra plēbis in eum verterētur.

W

Cōnstantīnus cum Maxentiō contendit: Maxentius *sē* in urbem Rōmam *recēpit*, Cōnstantīnus ante *moenia* urbis castra *collocāvit*. Cui autem nōn *contigit*, ut urbem expūgnāret et Maxentium ex urbe *expelleret*. Postrēmō *accidit*, ut Cōnstantīnō in somniō vōx *dīvīna* appārēret et dīceret: „Sīgnō deī Christiānōrum vincēs!"

L „Hoc signo vinces!“

Ein Einwohner der Stadt Rom berichtet seinem Freund, der wissen will, was sich in Rom zugetragen hat, von dem Kampf zwischen den beiden Kaisern Konstantin und Maxentius am 28. Oktober 312 bei der Milvischen Brücke:

Petis, ut tibi scrībam, quid nūper ad pontem Mulvium acciderit. Quod libenter faciam, ut omnia, quae ibi facta sunt, comperiās.

Certē scīs, quōmodo cīvēs Rōmānī diū vexātī sint eō bellō cīvīlī, quod Cōnstantīnus et Maxentius imperātōrēs inter sē gerēbant. Cōnstantīnus enim Maxentiō bellum indīxerat[1], ut eum ex Italiā expelleret. Māxentius autem sē in urbem Rōmam recēperat, ut intrā moenia urbis impetūs Cōnstantīnī arcēret, quī ad pontem Mulvium castra collocāverat. Nōtum est, quantā vī ante urbem inter exercitūs pūgnātum sit. Quā dē causā cōpiīs Cōnstantīnī nōn contigit, ut urbem Rōmam expūgnārent.

Post multōs diēs autem accidit, ut Cōnstantīnō in somniō sīgnum deī Chrīstiānōrum appārēret. Et vōx dīvīna eum monuit, ut hoc sīgnum in scūtīs mīlitum notāret[2] atque ita proelium committeret. Statim Cōnstantīnus fēcit, ut vōx dīvīna iūsserat, et cūrāvit, ut sīgnum deī in scūtīs mīlitum notārētur. Hōc sīgnō animī mīlitum Cōnstantīnī ita cōnfīrmātī sunt, ut mortem nōn timērent: Cum aciēs īnstrūctae essent, tantā fortitūdine pūgnāvērunt, ut cōpiās Maxentiī vincerent.

Maxentius ipse ad pontem Mulvium fūgit, nē ā mīlitibus Cōnstantīnī occīderētur. Sed ibi multitūdine mīlitum, quī cum eō fugiēbant, pressus in Tiberī flūmine periit. Multī crēdunt Maxentium ā Cōnstantīnō auxiliō deī Chrīstiānōrum victum esse.

Valē!

[1] **bellum indīcere** jemandem den Krieg erklären

[2] **notāre** malen, zeichnen

Pieter Lastmann, Schlacht zwischen Konstantin und Maxentius, 1613 (Bremen, Kunsthalle)

Übungen

1 Verschaffe dir vor der Übersetzung einen Überblick über die Ausgangslage, in der sich Maxentius und Konstantin befanden, indem du aus Z. 3 – 9 jeweils Subjekt und Prädikat herausschreibst.

S • T • K • M
Handlungsträger und Satzaussage ermitteln

2 Gib mit eigenen Worten den Textinhalt der Zeilen 10 – 22 in der geschilderten Reihenfolge wieder.

S • T • K • M
Texte paraphrasieren

3 Schreibe aus dem Lesestück alle Prädikate heraus und forme die aktiven ins Passiv um, die passiven ins Aktiv.

S • T • K • M
Genera verbi beherrschen

4 Setze die folgenden Perfektformen ins Plusquamperfekt, Präsens und Imperfekt. Beispiel: collocātum sit → collocātum esset → collocētur → collocārētur

commōta sīs – repertae sītis – relictī sīmus – captus sim – laudātae sint

S • T • K • M
Konjugationen beherrschen

5 Formenstaffel. Bilde die folgenden Formen:

acceptus es → Konjunktiv Plusquamperfekt → Plural → Konjunktiv Perfekt → Singular → Konjunktiv Präsens → Plural → Konjunktiv Imperfekt → Singular.

6 Lege in deinem Heft eine Tabelle an mit jeweils einer Spalte für abhängige Begehrsätze, Finalsätze und Konsekutivsätze. Übertrage dann die entsprechenden Gliedsätze des Lesestücks unter Angabe der einleitenden Subjunktion und des jeweiligen Gliedsatzprädikats in die Tabelle.

Begehrsatz	Finalsatz	Konsekutivsatz

S • T • K • M
Gliedsätze im Kontext nach ihrer Sinnrichtung unterscheiden

7 Ein Kampf um Rom. Übersetze und gib an, ob es sich bei den Gliedsätzen jeweils um einen Begehrsatz, einen Finalsatz oder einen Konsekutivsatz handelt:

a) Cōnstantīnus optāvit, ut Maxentium vinceret. b) Cōnstantīnus Rōmam contendit, ut cum Maxentiō pūgnāret. c) Maxentius timuit, nē ā Cōnstantīnō vincerētur. d) Cōpiīs Cōnstantīnī diū nōn contigit, ut Maxentium vincerent. e) Quī intrā moenia sē recēperat, nē ante urbem pūgnāret. f) Cōnstantīnus vōce dīvīnā monitus est, nē dēspērāret. g) Mīlitēs Cōnstantīnī tantā fortitūdine impetum fēcērunt, ut Maxentius eōs urbe arcēre nōn posset.

8 Erschließe, was Konstantin zum Ausdruck bringen wollte, als er sich im Jahr 315 mit einem Christusmonogramm am Helm (S. 218) abbilden ließ.

S • T • K • M
Berühmte Persönlichkeiten und Ereignisse der Antike kennen

9 Beschreibe das Gemälde von Pieter Lastmann und erläutere, welcher Augenblick der Schlacht dargestellt ist. Vergleiche das Bild mit der entsprechenden Passage des Lesestücks.

Plateaulektion 36 – 40

Grundwissen: Die römische Kaiserzeit

Von der Republik zum Prinzipat

44 v. Chr. Ermordung Cäsars → weitere Bürgerkriege beginnen

31 v. Chr. Octavian siegt bei Actium über Antonius und Kleopatra

27 v. Chr. Verleihung des Ehrentitels **Augustus** an Octavian → Ende der rēs pūblica, Begründung des Prinzipats

Die frühe Kaiserzeit (1. Jahrhundert n. Chr.)

- Prinzipat: Die folgenden Herrscher führen den Titel **Augustus** und tragen den Namen von Octavians Adoptivvater **Caesar**, z. B.: Tiberius Iulius Caesar Augustus (14–37 n. Chr.), Nero Claudius Caesar Augustus (54–68 n. Chr.)
- Unter Kaiser Nero: Gewaltherrschaft, Brand Roms (64 n. Chr.) und erste Christenverfolgung

Das Zeitalter des Augustus (27 v. Chr. – 14 n. Chr.)

- Ideal der **Pax Augusta**
- Errichtung der Ara Pacis
- Blüte der Literatur:
  Vergil, Aeneis; Horaz, Carmina;
  Ovid, Metamorphosen, Ars amatoria;
  Livius, Ab urbe condita

Die späte Kaiserzeit (4./5. Jahrhundert n. Chr.)

- 312 n. Chr.
  Sieg Konstantins des Großen an der Milvischen Brücke über Maxentius:
  „Hōc sīgnō vincēs!"
- 313 n. Chr.
  Toleranzedikt von Mailand:
  Das Christentum wird als Religion anerkannt.

Wie soll ich mit den Christen verfahren?

L

Bei der Verwaltung seiner Provinz Bithynien (in der heutigen Türkei) hatte der Statthalter Gaius Plinius häufig schwierige Probleme zu lösen. In solchen Fällen schrieb er stets an Kaiser Trajan nach Rom. In einem berühmten Brief aus dem Jahr 112 n. Chr. fragte er an, wie er mit Christen umgehen soll:

C. Plīnius Trāiānō imperātōrī salūtem dīcit.

Numquam cōgnitiōnibus[1] dē Christiānīs interfuī. Itaque nesciō, quībus poenīs Christiānōs accūsātōs afficere dēbeam. Timeō, nē errem. Tē rogō, ut mē adiuvēs, nē diūtius[2] dubitem!

Christiānī neque nostrōs deōs immortālēs colunt neque imāginibus tuīs sacrificant. Cum haec sacra recūsent, accūsantur. Nesciō autem, quōmodo agam cum iīs, quī Christiānī fuērunt neque iam sunt. Imperāsne, ut illī dīmittantur?

Adhūc hōc modō ēgī: Hominēs accūsātōs rogāvī, utrum essent Christiānī an nōn. Iī, quī dīxērunt sē esse Christiānōs, iterum ac tertiō[3] rogābantur. Tum Christiānī ad mortem abductī sunt.

Nōnnūllī autem negāvērunt sē esse Christiānōs aut fuisse. Dīxērunt quidem sē ante lūcem convēnisse, ut Christō quasi deō carmina dīcerent et cibōs caperent, sed cōnfīrmāvērunt sē nūlla scelera commisisse. Quibus imperāvī, ut imāginī tuae et simulācrīs deōrum apportātīs sacrificārent. Cum id fēcissent, eōs Christō maledīcere[4] iussī. Ad hoc nēmo cōgī potest, quī rē vērā[5] est Christiānus. Ac profectō multī Christō tantopere[6] maledīxērunt, ut dīmitterentur.

Cum numerus Christiānōrum tōtā prōvinciā crēscat, mihi placet tē cōnsulere. Valē!

[1] **cōgnitiō, cōgnitiōnis f.** der Prozess

[2] **diūtius** (Adv.) länger

[3] **tertiō** (Adv.) zum dritten Mal

[4] **maledīcere** (mit Dat.) (jemanden) verhöhnen

[5] **rē vērā** wirklich

[6] **tantopere** (Adv.) so sehr

- Übersetze die Grußworte am Briefanfang und -ende zunächst wörtlich und wähle dann eine Übersetzung, die den heutigen Gewohnheiten entspricht.

S • T • K • M
Textaussagen reflektieren

- Arbeite aus Z. 9–18 heraus, wie Plinius mit denen verfährt, die bei ihm als Christen angeklagt worden sind.

- Informiere dich über die Behandlung der Christen in der Zeit von Kaiser Nero bis Kaiser Konstantin. Vergleiche damit das Vorgehen des Plinius gegenüber den Christen.

S • T • K • M
Informationen aus anderen Fächern einbeziehen

Methodenkompetenz (12): Stammformen lernen mit Verstand

Folgende Informationen gewinnst du aus den **Stammformen**:
Der Infinitiv Präsens und die Präsensform zeigen dir, wie der **Präsensstamm** lautet. Der Präsensstamm wiederum wird zur Bildung von **Präsens, Imperfekt und Futur I (jeweils in Aktiv und Passiv)** verwendet.
Aus der Perfektform kannst du den **Perfektstamm** erkennen. Dieser wird zur Bildung der **Aktivformen** von **Perfekt, Plusquamperfekt und Futur II** verwendet.
Das **Partizip Perfekt Passiv (PPP)** dient in Verbindung mit Formen von esse zur Bildung der **Passivformen des Perfektstamms (Perfekt, Plusquamperfekt und Futur II)**.
Vergleiche die folgende Tabelle:

<table>
<tr><th colspan="2">monēre</th><th colspan="2">moneō</th><th>monuī</th><th>monitum</th></tr>
<tr><td colspan="4">Präsensstamm: mone-</td><td>Perfektstamm: monu-</td><td>Partizipstamm: monit-</td></tr>
<tr><td colspan="2">Infinitiv Präsens</td><td colspan="2">1. P. Sg. Präsens</td><td rowspan="2">1. P. Sg. Perfekt Aktiv
monuī</td><td rowspan="2">1. P. Sg. Perfekt Passiv
monitus, a sum</td></tr>
<tr><td>Aktiv
monēre</td><td>Passiv
monērī</td><td>Aktiv
moneō</td><td>Passiv
moneor</td></tr>
<tr><td colspan="4">Zeiten des Präsensstamms (Präsens, Imperfekt, Futur I) in Aktiv und Passiv
Präsensstamm + Tempuszeichen + Aktiv- oder Passivendungen</td><td>Zeiten des Perfektstamms (Perfekt, Plusquamperfekt, Futur II) nur im Aktiv
Perfektstamm + Endungen</td><td>Zeiten des Perfektstamms (Perfekt, Plusquamperfekt, Futur II) nur im Passiv
PPP + Formen von esse</td></tr>
<tr><td colspan="6">Das Partizip Perfekt Passiv ohne die Formen von esse kann als Participium coniunctum verwendet werden.</td></tr>
</table>

Übungen

S • T • K • M
Grundelemente lateinischer Formen beherrschen

1 Zeichne eine Tabelle (Präsensstamm – Perfektstamm Aktiv – Perfektstamm Passiv) und ordne die im Lesestück vorkommenden Prädikate (ohne Imperative), Infinitive und Partizipien in die richtigen Spalten ein.

S • T • K • M
Partizipien im Kontext erkennen und unterscheiden

2 Setze die im Text vorkommenden Formen des Infinitiv Präsens Passiv in den Infinitiv Präsens Aktiv und übersetze diesen.

3 Im Übersetzungstext kommen drei Partizipien (ohne esse) als Participium coniunctum vor. Gib jeweils das Bezugswort an, mit dem sie „verbunden“ sind, und überlege, ob diese Partizipien ein Attribut oder ein Adverbiale sind.

Methodenkompetenz (13): Konjunktivische Gliedsätze unterscheiden

Wenn der Konjunktiv in konjunktivischen Gliedsätzen vorkommt (also in Gliedsatzarten, die immer im Konjunktiv stehen), dann wird er in der Regel mit dem deutschen Indikativ wiedergegeben. Für die richtige Übersetzung ist es wichtig, dass du die **Art** und die **Einleitung** des konjunktivischen Gliedsatzes erkennst. Präge dir daher die folgende Übersicht gut ein:

Art des Gliedsatzes	Einleitung/Subjunktion	Beispielsatz
Indirekter Fragesatz	Fragewort (z. B. cūr, quis, quī) oder Fragepartikel (z. B. -ne, num, utrum ... an)	Nesciō, quid facere dēbeam. Ich weiß nicht, was ich tun muss.
Abhängiger Begehrsatz	ut („dass"), verneint: nē („dass nicht") nach Verben des Fürchtens und Hinderns: nē („dass"), ut („dass nicht")	Tē ōrō, ut mihi adsīs. Ich bitte dich, dass du mir hilfst. Timeō, nē errem. Ich fürchte, dass ich einen Fehler mache.
Finalsatz	ut („damit"), verneint: nē („damit nicht")	Mihi ades, nē dubitem! Hilf mir, damit ich nicht zweifle!
Konsekutivsatz	ut („[so]dass"), verneint: ut nōn („[so]dass nicht")	Christō tantopere maledīxērunt, ut dīmitterentur. Sie schmähten Christus so sehr, dass sie freigelassen wurden.
Temporalsatz	cum („als", „nachdem")	Cum hominēs dīxissent sē esse Christiānōs, ad mortem abductī sunt. Als die Menschen gesagt hatten, dass sie Christen sind, sind sie zur Hinrichtung weggeführt worden.
Kausalsatz	cum („weil")	Cum sacra recūsāverint, accūsantur. Weil sie die Opfer verweigert haben, werden sie angeklagt.

Übungen

1 Schreibe aus dem Übersetzungstext alle Konjunktive heraus und ordne sie nach den Arten der konjunktivischen Gliedsätze.

S • T • K • M
Gliedsätze unterscheiden

2 Forme die Verben in den anderen Numerus und in den anderen Modus um.

dīmittantur — ēgī — abductī sunt — apportāta erant — sacrificārent

S • T • K • M
Grundelemente lateinischer Formen beherrschen

Lektion 41 – 45

Die Ausdehnung des Imperium Romanum

Gesichtsmaske des Helms eines römischen Reiters, gefunden in dem Gebiet der Varus-Schlacht (Kalkriese, Museum und Park)

Kopf eines germanischen Kriegers mit dem typischen Suebenknoten in der Henkeltasche des Bronzekessels aus dem Fürstengrab von Czarnówko (Polen), 1. Jh. n. Chr. (Lębork/Polen, Muzeum w Lęborku)

Mit der Eroberung Galliens dehnte Caesar das römische Reich nach Norden aus. Zum ersten Mal drangen die Legionen Roms bis an den Rhein vor. Kaiser Augustus unternahm den Versuch, ganz Germanien zu erobern. Dabei erlitt sein Statthalter Varus im Jahre 9 n. Chr. im Teutoburger Wald eine vernichtende Niederlage. Von nun an beschränkten sich die Römer auf die Sicherung ihrer Grenze an Rhein und Donau. Sie legten befestigte Truppenlager (castra) an und errichteten in den folgenden Jahrzehnten eine Demarkationslinie (līmes). Diesen Limes bauten die Römer bis zur 2. Hälfte des 2. Jahrhunderts als 550 km lange Sperranlage aus, die mit einer Mauer oder einem Palisadenzaun, mit Gräben, Erdwällen, mit Türmen und Kastellen gesichert war. Auch in Britannien (vallum Hadriānī) und sogar in Afrika (fossātum Africae: ein 10 m breiter und 750 km langer Graben) errichteten die Römer Grenzbarrieren.

Wieder aufgebauter Steinturm mit Wall, Graben und Palisade des Limes bei Großerlach-Grab (Rems-Murr-Kreis)

Teil des Hadrianswalls bei Housesteads Crags, Northumberland

- Vergleiche das Erscheinungsbild des römischen Legionärs und des germanischen Kriegers miteinander.
- Informiere dich über den Verlauf des Limes und des Hadrianswalls und berichte darüber in deiner Klasse.

Mit der Ausdehnung des Imperium Romanum ging die Verbreitung der lateinischen Sprache und der Lebensweise der Römer einher. Diese wurden im Wesentlichen durch Veteranen und Kaufleute vermittelt. Heute noch beeindrucken Bauwerke, die von den Römern errichtet wurden. Die romanischen Sprachen sind die Folge der Vermischung der jeweiligen Landessprache mit der lateinischen Sprache.

Der Pont du Gard bei Nîmes. Reste der römischen Wasserleitung beim antiken Nemausus in der Gallia Narbonensis

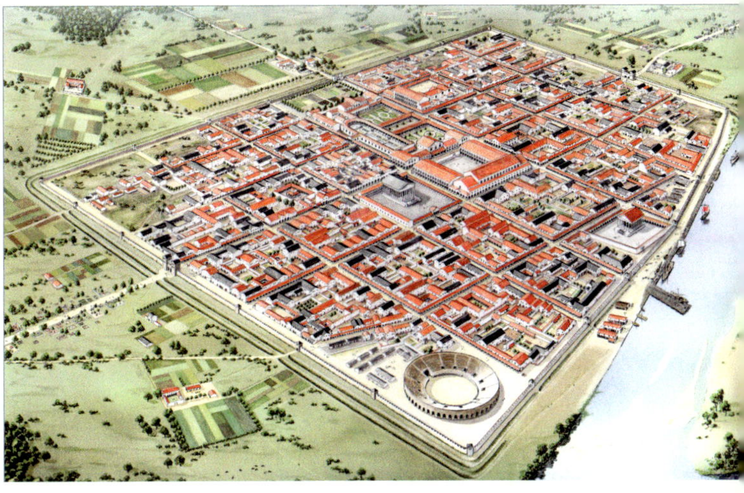

Die Colonia Ulpia Traiana (Modell), 2./3. Jh. n. Chr. Diese Colonia wurde in der Nähe des Römerlagers Castra Vetera angelegt. (Rekonstruktion: LVR-Archäologischer Park Xanten/LVR-Römer Museum)

Die Porta Nigra in Trier (ca. 180 n Chr. und im heutigen Zustand)

- Beschreibe den Plan der Colonia Ulpia Traiana, die in der Nähe des Legionslagers Castra Vetera lag, und nenne die Bauwerke, die es auch in Rom gab. Erschließe, warum es sie auch in der Colonia gab.
- Informiere dich über die Bedeutung Triers in der römischen Kaiserzeit und berichte darüber in deiner Klasse.

Lektion 41

Caesar in Gallien

Nach dem Konsulat wurde Caesar im Jahr 58 Prokonsul der gallischen Provinzen und Illyriens. Dies nutzte er, um die Grenzen des römischen Reiches nach Norden zu erweitern und sich so großen Ruhm zu erwerben, wie Pompeius ihn durch seine Eroberungen im Osten erlangt hatte.

Caesar eroberte das Land der Kelten, das die Römer Gallien nannten, in den Jahren 58–52 und beschrieb die Ereignisse in sieben Büchern, den commentāriī bellī Gallicī. Jedem Kriegsjahr widmete er ein Buch. Darin berichtete er sowohl über seine Eroberungen als auch über die Zustände in Gallien und über die Gewohnheiten einzelner Stämme. Die Kriegsführung war nicht einfach, da die ungefähr 300 Völker teilweise untereinander verfeindet waren und es innerhalb einzelner Stämme (cīvitātēs) blutige Auseinandersetzungen gab.

In den ersten vier Jahren seiner Statthalterschaft war es Caesar weitgehend gelungen, in Gallien die Oberhand zu gewinnen. Im Herbst 54 kam es jedoch zu einer Reihe von Aufständen gallischer Stämme, die den römischen Statthalter in erhebliche Schwierigkeiten brachten und die er erst zwei Jahre später endgültig niederschlagen konnte.

Im Sommer 54 hatte es in Gallien eine Missernte gegeben, was auch die Versorgung des römischen Heeres erschwerte. Denn das römische Heer von insgesamt acht Legionen verbrauchte an einem einzigen Tag 90 Tonnen Weizen und 35 Tonnen Gerste. Caesar verteilte seine Legionen auf verschiedene Gegenden Galliens, wo sie ihr Winterlager aufschlugen. Fünfzehn Kohorten (cohortēs), ca. 7 500 Soldaten, schickte Caesar in das Gebiet der Eburonen (Eburōnēs), die im Gebiet der Maas (nördlich von Lüttich) siedelten und unter der Führung ihres Königs Ambiorix standen. Diesem, zum Aufstand entschlossen, gelang es durch Taktik und Tapferkeit, in Abwesenheit Caesars das römische Heer vernichtend zu schlagen. Erst durch persönliches Eingreifen konnte Caesar die drohende Aufstandsbewegung unterdrücken. Diese flammte im Jahr 52 noch einmal auf, als der Arverner Vercingetorix an die Spitze der gallischen Stämme trat und ein großes Heer organisierte. Er konnte Caesar bei Gergovia besiegen, wurde aber schließlich in der Festung Alesia, wohin er sich mit seinen Truppen zurückgezogen hatte, eingeschlossen. Dort belagerte ihn Caesar mit seinem Heer so lange, bis sich Vercingetorix und die ausgehungerten Gallier ergeben mussten. Mit dem Sieg von Alesia war der Widerstand der Gallier gebrochen, Caesar konnte Gallien als Provinz in das Imperium Romanum eingliedern.

Römischer Denar des Lucius Hostilius Saserna aus dem Jahr 48 v. Chr. Die Darstellungen beziehen sich auf Caesars Erfolge in Gallien: Vorderseite: Kopf eines Galliers (möglicherweise Vercingetorix); Rückseite: Ein Streitwagen mit einem kämpfenden Gallier

Das Partizip Präsens Aktiv/Das Participium coniunctum

G

1. Imperātor Maxentius cum ingentī exercitū urbem Rōmam occupāverat.
2. Sed Cōnstantīnus, quia Maxentium ex Italiā expellere cupīvit, cōpiās suās Rōmam dūxit.
   Sed Cōnstantīnus Maxentium ex Italiā expellere cupiēns cōpiās suās Rōmam dūxit.
3. Mīlitēs Cōnstantīnī, quamquam moenia urbis diū oppūgnābant, tamen Rōmam nōn expūgnāvērunt.
   Mīlitēs Cōnstantīnī moenia urbis diū oppūgnantēs tamen Rōmam nōn expūgnāvērunt.
4. Maxentiō, quod ōrāculum timuit, urbem nōn relinquere placuit.
   Maxentiō ōrāculum timentī urbem nōn relinquere placuit.
5. Cīvēs impetū mīlitum, quī māgnā virtūte pūgnābant, perterritī sunt.
   Cīves impetū mīlitum māgnā virtūte pūgnantium perterritī sunt.

Erste Übungen

1 Bilde das Partizip Präsens Aktiv im Nominativ und Genitiv Singular zu den folgenden Verben:

S • T • K • M
Deklination der Partizipien beherrschen

collocāre – monēre – comperīre – premere – recipere

2 Dekliniere schriftlich in deinem Heft:

clāmor ingēns – mīles pūgnāns – uxor petēns

3 Bilde das Partizip Präsens Aktiv, sodass es mit seinem Bezugswort in KNG übereinstimmt:

cīvēs (timēre) – cōpiārum (pūgnāre) – imperātōrī (iubēre) – mīlitis (expūgnāre) – dux (imperāre) – cīvem (dolēre) – exercituī (petere)

W

Caesar nōnnūllās *cohortēs* in fīnēs Eburōnum mīsit. Postquam mīlitēs Rōmānī castra collocāvērunt, Eburōnēs impetum in Rōmānōs fēcērunt. Quī cōnstituērunt castra relinquere. Gallī, cum hostēs castra relinquere *animadverterent*, exercitum Rōmānōrum *undique* premere *coepērunt* et proelium commīsērunt. Mīlitibus Rōmānīs nōn *pepercērunt*: Rōmānōs *circumvēnērunt* et tēla in mīlitēs *coniēcērunt* et *ōrdinēs* Rōmānōrum fugāvērunt.

L Cäsars Truppen in schwerer Bedrängnis

Vierzehn Tage nachdem die 15 Kohorten im Gebiet der Eburonen ihr Winterlager aufgeschlagen hatten, gab der Eburonenkönig Ambiorix das Signal zum Aufstand. Mit seinen Kämpfern erschien er vor dem römischen Lager und wollte es erstürmen, doch konnte er von den Römern in die Flucht geschlagen werden. Die Situation blieb jedoch gefährlich und wurde im römischen Kriegsrat besprochen, wo es zu einer heftigen Auseinandersetzung kam. Einige, wie der Legat Lucius Aurunculeius Cotta, wollten im Lager bleiben und sich dort verteidigen; der andere Legat, Quintus Titurius Sabinus, dagegen war für einen sofortigen Abzug der Soldaten. Sabinus setzte sich durch, und so brachen im Morgengrauen des nächsten Tages alle Soldaten auf und verließen das Winterlager. Den weiteren Verlauf der Ereignisse schildert Caesar im fünften Buch des bellum Gallicum:

Eburōnēs, cum animadverterent mīlitēs Rōmānōs castra relinquere, eīs īnsidiās parāvērunt: In silvās sē abdidērunt[1] atque adventum Rōmānōrum exspectāvērunt.

Cum maxima pars agminis Rōmānōrum in māgnam vallem[2] dēscendisset, subitō Gallī sē ostendērunt et exercitum Rōmānūm undique prementēs proelium commīsērunt.

Tum dēmum Sabīnus, quī nihil ante prōviderat, timōre perterritus cohortēs īnstruere coepit. Cotta autem mīlitēs appellāns et ad pūgnam excitāns ipse māgnā cum virtūte proelium iniit.

Hostēs māgnā cum audāciā contendērunt: Tēla in Rōmānōs conicientēs cohortēs Rōmānās ita urgēbant, ut multī mīlitēs Rōmānī occīderentur. Hīs rēbus commōtus Sabīnus nūntium mīsit ad Ambiorīgem mīlitēs suōs ad pūgnam excitantem et rogāvit, ut sibi mīlitibusque parceret. Ambiorīx hās precēs nōn recūsāns nūntiō respondit: „Sī Sabīnus mēcum sermōnem habēre vult, licet. Sed necesse est eum arma abicere." Quī fēcit, quae Ambiorīx iusserat.

Ambiorīx sermōnem trahēns cum Sabīnō dē pācis condiciōnibus ēgit. Subitō Sabīnus ab hostibus circumventus et interfectus est. Tum Gallī suō mōre ululātum[3] tollentēs victōriam conclāmāvērunt[4] atque impetum in ōrdinēs Rōmānōrum fēcērunt. Ibi Cotta pūgnāns interfectus est cum maximā parte mīlitum.

Hāc victōriā gaudēns Ambiorīx statim in aliās cīvitātēs Gallōrum contendit et haec dēmōnstrāvit: „Nunc nōbīs occāsiō data est: Tōtam Galliam ā Rōmānīs līberābimus!"

[1] **se abdere, abdō, abdidī** sich verstecken

[2] **vallis, vallis f.** das Tal

[3] **ululātus, ululātūs m.** das Geheul, Geschrei

[4] **victōriam conclāmāre** den Sieg bejubeln

Gallien zur Zeit Cäsars

Übungen

1 a) Erfasse vor der Übersetzung des Lesestücks den Handlungsverlauf, indem du in eine Tabelle jeweils für die „römische Seite“ und die „gallische Seite“ das Subjekt, das Prädikat und das Objekt der Hauptsätze einträgst und den Inhalt knapp darstellst.
b) Erläutere nach der Übersetzung, wie die Römer und Gallier jeweils charakterisiert werden.

S • T • K • M
Handlungsträger und Satzaussage ermitteln

2 Schreibe aus dem Übersetzungstext alle Formen des Partizip Präsens Aktiv sowie ihre Bezugswörter heraus und bestimme sie nach Kasus, Numerus und Genus.

S • T • K • M
Partizipien im Kontext erkennen und bestimmen

S • T • K • M
Verwechselbare Formen unterscheiden

3 PPA oder kein PPA? Bestimme die Wortart der folgenden Formen:

animadvertēns – potēns – gerēns – gēns – pōns – tollēns – trahentēs – adulēscentēs – dēscendentēs – parcentī – prūdentī – vehementī – ingentibus – urgentibus – incipientis – vehementis – gentium – prementium

S • T • K • M
Deklinationen beherrschen

4 Die Partizipien haben ihre Bezugswörter verloren. Bilde die passenden Paare:

1. mīlitibus	a) appellantis
2. Gallōs	b) imperantem
3. hostī	c) fugientem
4. imperātōris	d) petentēs
5. rēgem	e) pūgnantium
6. legiōnum	f) expūgnantibus
7. mīlitem	g) īnstantī

S • T • K • M
Partizipialkonstruktionen beherrschen

5 Übersetze und ersetze dann die Gliedsätze durch eine Partizipialkonstruktion:

a) Sabīnus lēgātus, quod cōnsilia Gallōrum nōn prōvidēbat, cum cōpiīs castra relīquit.
b) Rōmānī, cum impetum Gallōrum animadverterent, perterrēbantur.
c) Sabīnus, dum dē pācis condiciōnibus cum Ambiorīge agit, circumventus et interfectus est.
d) Cotta, quamquam maximā fortitūdine pūgnābat, tamen occīsus est.
e) Gallī, quia māgnā cum audāciā pūgnābant, Rōmānōs vīcērunt.

6 Suche das richtige Partizip heraus und übersetze die Sätze:.

a) Eburōnēs castra (relinquentēs/relinquentem/relinquēns) in exercitum Rōmānum impetum fēcērunt.
b) Sabīnus lēgātus impetum hostium (timēns/timentem/timentium) cohortēs instruxit.
c) Cotta māgnā cum virtūte (pūgnante/pūgnāns/pūgnantēs) mīlitēs Rōmānōs ad pūgnam excitāvit.
d) Gallī tēla in ōrdinēs Rōmānōrum (conicientia/conicientēs/conicientium) multōs mīlitēs occīdērunt.
e) Dux Eburōnum lēgātō Rōmānō veniam (petēns/petentī/petentem) tamen nōn pepercit.
f) Cīvitātēs Gallōrum victōriam ab Ambiorīge (nūntiātae/nūntiātō/nūntiātam) māgnō clāmōre celebrāvērunt.

S • T • K • M
Karten vergleichen und zum Informationserwerb nutzen

7 Vergleiche das von Caesar in Gallien eroberte Gebiet mit einer modernen Karte: Welche heutigen Länder sind durch Caesar zum Gebiet des imperium Romanum gekommen?

Lektion 42

Eine bittere Niederlage in Germanien

Zu Beginn des 1. Jahrhunderts n. Chr. waren römische Truppen schon bis zur Elbe vorgedrungen.

Im Jahre 7 n. Chr. übertrug Kaiser Augustus dem Publius Quintilius Varus das Oberkommando über die am Rhein stationierten römischen Truppen. Varus galt als erfahrener Feldherr, der sich als Statthalter in den Provinzen Afrika und Syrien einen Namen gemacht hatte. In Germanien übernahm er damals die Aufgabe, die neu eroberten Gebiete dauerhaft zu einer römischen Provinz zu machen. Um dieses Ziel zu erreichen, musste Varus im Landesinnern seine Macht durchsetzen, römisches Recht sprechen und die den Germanen auferlegten Abgaben (tribūta) eintreiben. Dieses Vorgehen stieß jedoch bei den Germanen auf Ablehnung.

Deren Anführer wurde der Cheruskerfürst Arminius. Dieser war vermutlich im Kindesalter als Geisel nach Rom gekommen und dort nach römischer Art erzogen worden. Arminius besaß das römische Bürgerrecht und hatte den Rang eines römischen Ritters. Er war mit der Sprache, dem Denken und der militärischen Taktik der Römer bestens vertraut und genoss das uneingeschränkte Vertrauen des Varus, da er in den Jahren 6–9 n. Chr. auf Seiten der Römer gegen Aufständische in Pannonien (Niederösterreich) gekämpft hatte. Nach seiner Rückkehr zu den Cheruskern gelang es Arminius im Alter von 25 Jahren, unterschiedliche germanische Stämme für ein gemeinsames Vorgehen gegen die Römer zu gewinnen.

Im Jahre 9 n. Chr. ließ sich Varus von Arminius in das Gebiet des Teutoburger Waldes locken, da dort angeblich Aufstände ausgebrochen seien. In dem Vertrauen, auf befreundete Stämme zu treffen, bemerkte Varus die List des Arminius zu spät. In unbekanntem und schwierigem Gelände wurden die drei römischen Legionen XVII, XVIII und XIX und neun Hilfstruppen innerhalb von drei bis vier Tagen im Teutoburger Wald bei Kalkriese vernichtend geschlagen.

Briefmarke aus dem Jahr 2009

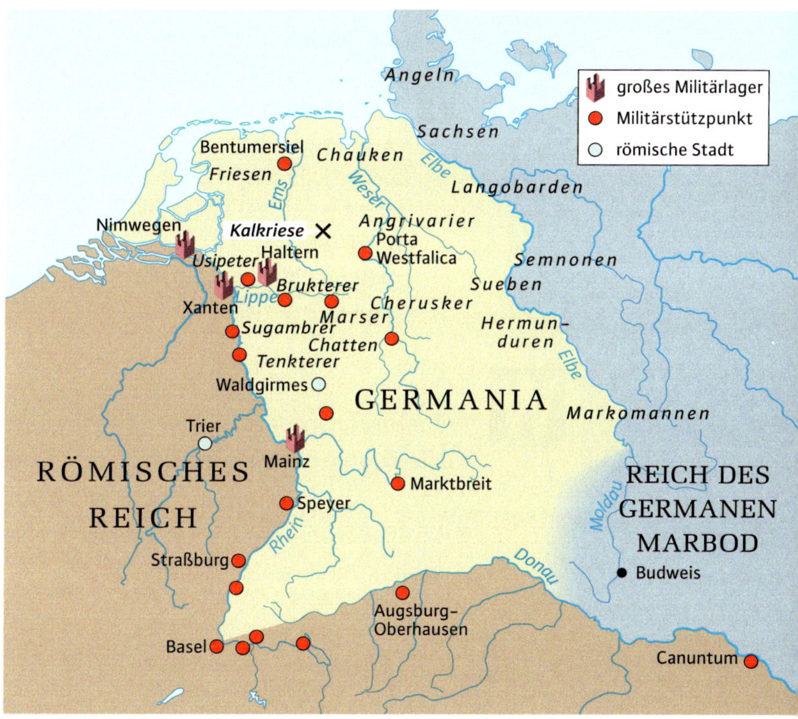

Das römische Reich und Germanien kurz vor der Varusschlacht

G

Das Adverb/Substantiv und Adjektiv als Prädikativum

1. Ambiorīx dux callidus Eburōnum erat. Rōmānīs īnsidiās callidē parāvit.
2. Cotta lēgātus prūdēns erat. Caesaris adventum prūdenter exspectāvit.
3. Mīlitēs Rōmānī fortēs erant. Sed quamquam fortiter pugnāvērunt, ab Ambiorīge victī sunt.
4. Cohortēs Sabīnī lēgātī saepe fēliciter pugnāverant. Sed post victōriam Ambiorīgis paucī mīlitēs miserī in castra rediērunt. Dixērunt: „Sabīnus lēgātus prūdenter nōn ēgit."

Erste Übungen

S • T • K • M
Wortarten und Satzglieder unterscheiden

1 Lege in deinem Heft eine Tabelle an und schreibe aus den Sätzen 1–4 die Adjektive in die linke, die Adverbien in die rechte Spalte. Formuliere dann selbst die Regel für die Bildung des Adverbs.

Adjektiv	Adverb
callidus	

2 Bestimme in den Sätzen 1–4, welche Satzgliedfunktion das Adjektiv jeweils einnimmt.

S • T • K • M
Verwechselbare Formen unterscheiden

3 Ordne die folgenden Formen nach Wortarten (Substantiv, Verb, Adjektiv, Adverb):

amīce, opportūnē, celere, respondē, beātē, vocāte, nōbile, occāsiōne, maximē, canere
pater, celeriter, liber, breviter, alter, māter, crūdēliter, miser, fer, dexter, pulcher, ācriter

W

Cum cōpiae Rōmānōrum *loca* Cheruscōrum relinquerent, Arminius, dux Cheruscōrum, eīs in silvīs et *palūdibus* īnsidiās parāvit. Mīlitēs Rōmānī, quia in aciē pūgnāre et impetum hostium arcēre nōn poterant, *animō dēficiēbant*. Caedēs Cheruscōrum crūdēlis erat. Paucī Rōmānī ē proeliō *effugere* potuērunt. Vārus, dux Rōmānōrum, nōn *bene fēcit, quod sēcūrus* fuit et Arminium amīcum Rōmānōrum putāvit. Ab eō enim *dēceptus est*.

„Vare, legiones redde!"

L

Nonius unterhält sich mit dem Centurio Lucius, einem der wenigen Soldaten, der den Überfall der Germanen auf die Legionen des Varus überlebt hat:

Grabrelief des Centurio M. Caelius (Bonn, Rheinisches Landesmuseum)

Nōnius: Quōmodo accidit, ut trēs legiōnēs victae essent?

Lūcius: Exercitus noster, cum loca Cheruscōrum incolumis relinqueret, animadvertit Arminium cōpiīs nostrīs īnsidiās parāvisse. Silvīs et palūdibus impedītus in aciē pūgnāre nōn poterat. Germānī autem modo nōs ex īnsidiīs ācriter oppūgnāvērunt, modo sē recēpērunt. Mīlitēs nostrī, cum impetum hostium arcēre nōn possent, nōn iam fortiter pūgnābant, sed animō dēficiēbant. Plūrimī crūdēliter occīsī sunt, paucī ex hāc caede salvī effūgērunt. Vārus imperātor, cum īgnōminiam[1] timēret, vim sibi attulit.

Nōnius: Cōgnōveratne Vārus Arminium callidē dolum adhibuisse?

Lūcius: Vārus quidem audīverat Arminium nōbis īnsidiās parāvisse. Arminium amīcum vērum Rōmānōrum putāns dē eius fidē nōn dubitābat. Itaque imperātor facile dēceptus est.

Nōnius: Vārus nōn bene fēcit, quod tam sēcūrē ēgit. Cūr Arminius ā Rōmānīs dēfēcit, cūr exercituī nostrō turpiter īnsidiās parāvit?

Lūcius: Aliī dīcunt Arminium in animō habuisse omnibus Germānīs praeesse, aliī narrant eum cōnsilium cēpisse Germāniam ā Rōmānīs subiectam līberāre. Nam Vārus Germānīs imperāverat, ut tribūta[2] darent atque lēgibus Rōmānīs pārērent. Quārē Arminius opēs Rōmānōrum nōn iam tolerāns Germānīs celeriter persuāsit, ut Rōmānōs ē Germāniā expellerent.

Nōnius: Nōnnūllī trādunt Augustum, cum haec clādēs Rōmam nūntiāta esset, exclāmāvisse: „Quīntīlī Vāre, legiōnēs redde!"

[1] **īgnōminia, ae f.** der Verlust der Ehre

[2] **tribūtum, ī n.** die Steuer, die Abgabe

Übungen

S • T • K • M
Sachfelder erstellen

1 Stelle aus dem Lektionstext (Z. 1–16) alle lateinischen Wörter zusammen, die zum Sachfeld „Kampf/Schlacht" gehören, und ordne sie nach Wortarten (Substantiv, Verb, Adjektiv, Adverb).

S • T • K • M
Textaussagen reflektieren

2 a) Erläutere, wie die Germanen in der Varus-Schlacht die römischen Truppen besiegten.
b) Arbeite die möglichen Gründe heraus, die Arminius veranlassten, von einem amīcus zu einem hostis der Römer zu werden.
Belege deine Antworten mit den entsprechenden lateinische Textstellen.

S • T • K • M
Semantische Merkmale erläutern

3 Nenne alle Adverbien in den Zeilen 3–16 und erläutere, wie sich die Darstellung des Geschehens verändert, wenn diese Adverbien fehlten.

S • T • K • M
Wortarten unterscheiden

4 a) Lege eine Tabelle in deinem Heft an und ordne die folgenden Adverbien und Adjektive in die entsprechende Spalte.
b) Bilde dann die jeweils fehlende Form und ergänze die Tabelle.

callidus, ācriter, bene, sēcūrus, turpis, vērē, vehementer, malē, prūdēns, maximus, longē, graviter

Adjektiv	Adverb
callidus	callidē
...	ācriter

S • T • K • M
Satzgliedfunktionen des Adjektivs beherrschen

5 Bilde aus den folgenden Wörtern einen Satz. Überlege, ob das Adjektiv jeweils als Attribut, Prädikatsnomen, Adverbiale oder Prädikativum verwendet wird. Begründe deine Entscheidung.

a) Arminius – callidus – esse. Dux Cheruscōrum – Rōmānī – callidus – īnsidiae – parāre
b) Rōmānī – fortis – pūgnāre – sed – paucī – salvus – caedēs – effugere
c) Vārus – facilis – dēcipī – quod – sēcūrus – esse
d) Augustus – īrātus – esse – cum – nūntius – trīstis – audīre

S • T • K • M
Darstellungen historischer Ereignisse beschreiben und erklären

6 Beschreibe die Briefmarke (S. 233) und erläutere, warum die abgebildeten Motive für das Jubiläum der Varusschlacht ausgewählt wurden.

Lektion 43

Der Rückzug der Römer aus Germanien

Durch die Eroberung Gallliens war der Rhein die Grenzlinie zwischen Rom und den Germanen. Dennoch gab es weiterhin Einfälle rechtsrheinischer Germanenstämme in die neue römische Provinz.
Unter Kaiser Augustus wurden deshalb römische Legionen in Militärlagern am Rhein stationiert, und es wurde damit begonnen, Germanien zwischen Rhein und Elbe zu erobern und als römische Provinz mit der Hauptstadt Köln einzurichten. Die vernichtende Niederlage des Varus und seiner drei Legionen war jedoch ein Rückschlag für diese Pläne und zwang Rom zum Rückzug an den Rhein. In den folgenden Jahren gelang es Tiberius, dem Adoptivsohn und späteren Nachfolger des Augustus, den Rhein als nördliche Grenze des imperium Rōmānum zu sichern. In den Jahren 14–16 n. Chr. unternahm dann Germanicus, der Adoptivsohn des Tiberius, einige siegreiche Feldzüge in Germanien. Doch auch aufgrund von Unruhen in verschiedenen anderen Provinzen, die Roms militärische Kräfte beanspruchten, beschloss im Jahre 16 n. Chr. Tiberius, der seit dem Jahr 14 Kaiser war, die Kriegszüge einzustellen und den Rhein als Grenze zum rechtsrheinischen Germanien (Germānia māgna) durch eine Reihe von Militärlagern zu sichern.
Die Germanen blieben jedoch weiterhin eine Gefahr für Rom: An der Grenze kam es immer wieder zu Aufständen und kriegerischen Auseinandersetzungen.

Germanicus (links) überreicht dem sitzenden Kaiser Tiberius eine Statuette der Victoria als Symbol seines Sieges über germanische Stämme, im Hintergrund Mars und Victoria. Sog. Schwert des Tiberius (in Mainz gefunden), wohl 16/17 n. Chr. (London, Britisches Museum; ergänzte Kopie des Römisch-Germanischen Zentralmuseums Mainz)

G

Der Ablativ mit Partizip (Ablativus absolutus): vorzeitig

1. Postquam loca Cheruscōrum ā Rōmānīs relicta sunt, Germānī exercitum Rōmānum oppūgnāvērunt.
   Locīs Cheruscōrum ā Rōmānīs relictīs Germanī exercitum Rōmānum oppūgnāvērunt.
2. Quia īnsidiae ā Germānīs parātae erant, exercitus Rōmānus in aciē pūgnāre nōn poterat.
   Īnsidiīs ā Germānīs parātīs exercitus Rōmānus in aciē pūgnāre nōn poterat.
3. Cum plūrimī mīlitēs Rōmānī occīsī essent, Vārus imperātor sibi mortem dedit.
   Plūrimīs mīlitibus Rōmānīs occīsīs Vārus imperātor sibi mortem dedit.
4. Haec clādēs legiōnibus Rōmānīs dēvictīs Augustō prīncipī nūntiāta est.

Erste Übungen

S • T • K • M
Verwechselbare Formen unterscheiden

1 Suche die Formen heraus, die Partizipien Perfekt Passiv im Ablativ sein können:

rīpā – cōgnitā – dōna – flūmina – abdūctīs – prīncipis – proeliīs – victīs – oppidō – acceptō – portātō

S • T • K • M
Flektierte Formen auf ihre Grundformen zurückführen

2 Nenne den Infinitiv Präsens Aktiv der folgenden Partizipien:

interrogātō – petītō – datō – dēlētīs – dēceptīs – dictīs – āmissīs

S • T • K • M
Partizipien in den Kontext einsetzen und übersetzen

3 Setze das passende Partizip im Ablativus absolutus ein und übersetze:

a) oppūgnātīs – b) victō – c) dēceptō – d) cōgnitā

1. Vārō ? Arminius exercitum Rōmānum in palūdibus oppūgnāre potuit.
2. Mīlitibus Rōmānīs ? Germānī in silvās sē recēpērunt.
3. Exercitū Rōmānō ? Germānī lēgibus Rōmānīs nōn iam paruērunt.
4. Calamitāte ? Vārus vim sibi attulit.

W

Aliquandō Arminiō, dūcī Cheruscōrum, *facultās* data est, ut cum Flāvō frātre, quī in exercitū Rōmānōrum erat, sermōnem habēret. Arminius, cum vidēret frātrem in *ōre vulnus* accēpisse, rogāvit, quōmodo hoc *vulnus* accēpisset. Flāvus locum et proelium referens *praedicāvit mīlitāria* dōna, quae ā Rōmānīs accēperat. Arminius autem ea *praemia* rīsit.

Zwei feindliche Brüder

L

Während der Feldzüge des Germanicus kam es im Jahre 16 n. Chr. an der Weser (Vīsurgis) zu einer Begegnung zwischen Arminius und seinem Bruder Flavus, der als Soldat im römischen Heer diente. Der römische Schriftsteller Tacitus berichtet von der interessanten Unterhaltung zwischen den beiden Brüdern:

Vīsurgis flūmen Rōmānōs Cheruscōsque interfluēbat[1]. Eius in rīpā Arminius cum cēterīs prīncipibus Cheruscōrum cōnstitit et Germānicum rogāvit, ut sibi licēret cum frātre sermōnem habēre. Quī erat in exercitū Rōmānōrum et Flāvus nōminābātur. Aliquandō in proeliō oculum āmīserat; hōc vulnere acceptō multī Flāvum fortem dūxērunt.

Arminius facultāte ā Germānicō datā, ut sermōnem habēret, Flāvum salūtāvit. Cum comitēs frātrum sē recēpissent, eum interrogāvit, unde dēfōrmitās[2] ōris esset. Respōnsō datō ille quaesīvit, quod praemium accēpisset. Cum Flāvus aucta stīpendia[3] et corōnam[4] et alia mīlitāria dōna commemorāvisset, frāter haec dōna pretia vīlia[5] servitūtis illūsit[6].

Deinde frātrēs verbīs contendere coepērunt. Flāvus māgnitūdinem imperiī Rōmānī et opēs Caesaris praedicāvit et: „Hostibus“, inquit, „sē dedentibus Rōmānī veniam dant. Hostibus autem proeliō victīs Rōmānī veniam nōn dant. Oppidīs vicīsque dēlētīs virōs, fēminās liberōsque in servitūtem abdūcunt.“

Arminius respondit: „Numquam Germānī Rōmānīs sē dedent. Apud Germānōs enim mōs est patriam, lībertātem, deōs dēfendere. Etiam ā tē petō, nē familiārēs deōsque Germāniae dēserās nēve gentem tuam prōdās.“

Hīs verbīs dictīs ambō frātrēs valdē īrātī erant. Flāvus arma et equum popōscit, ut frātrem peteret. Arminius quoque plēnus īrae fuit et proelium dēnūntiāvit[7]. Nē flūmine quidem frātrēs prohibitī essent, nē armīs contenderent, nisī lēgātus Germānicī Flāvum retinuisset.

[1] **interfluere, interfluō** (mit Akk.) zwischen ... fließen

[2] **dēfōrmitās, dēfōrmitātis f.** die Entstellung

[3] **aucta stīpendia** (n. Pl.) die Erhöhung des Soldes

[4] **corōna, ae f.** die Krone (als Auszeichnung für große Tapferkeit)

[5] **vīlis, vīle** billig, wertlos

[6] **illūdere, illūdo, illūsī** verspotten

[7] **dēnūntiāre** androhen

Goldene Zweiknopffibel des Kaisers Maxentius, Aquileia oder Slowenien 308/309 n. Chr. Inschrift: MAXENTI VINCAS und ROMVLE VIVAS (München, Prähistorische Sammlung)

Goldener Treuering des Kaisers Magnentius, 350–353 n. Chr., Inschrift: FIDEM MAGNENTIO (München, Prähistorische Sammlung).
Die Fibel und der Ring aus dem 4. Jahrhundert n. Chr. sind Beispiele für militärische Auszeichnungen (dōna mīlitāria), die Kaiser an verdiente Offiziere und Beamte verliehen.

Übungen

S • T • K • M
Textaussagen reflektieren und bewerten

1 Beschreibe die Ausgangssituation des Gespräches zwischen Arminius und Flavus und gib wieder, wie die Verletzung des Flavus und deren Folgen von beiden Brüdern jeweils beurteilt wird (Z. 1–10).

2 Stelle die Argumente zusammen, die jeder der Brüder für seinen Standpunkt vorträgt (Z. 11–22), und nimm dazu Stellung.

S • T • K • M
Ablativus absolutus erkennen

3 Sammle aus dem Lesestück die Ablativi absoluti (Partizipien im Ablativ und deren Bezugswort) und nenne ihre jeweilige Sinnrichtung.

S • T • K • M
Partizipialkonstruktionen beherrschen

4 Participium coniunctum oder Ablativus absolutus? Suche das richtige Partizip heraus, bestimme die Konstruktion und übersetze:

a) Arminius exercituī Rōmānō in palūdibus īnsidiās (parantēs/parāns/parātus) dolum adhibuit. b) Germānī ex īnsidiīs (oppūgnātīs/oppūgnantibus/oppūgnantēs) exercitum Rōmānūm valdē pressērunt. c) Vārus sēcūrē (agēns/agente/āctus) exercitum Rōmānum in māgnum perīculum addūxit. d) Īnsidiīs (cōgnitī/cōgnōscentes/cōgnitīs) mīlitēs Rōmānī animō dēficiēbant. e) Plūrimīs mīlitibus (occīsīs/occīsī/occīdentibus) Vārus sibi mortem dedit.

5 Vervollständige den Ablativus absolutus, indem du den Infinitiv in die passende Form des Partizips Perfekt Passiv setzt. Übersetze anschließend die Sätze und verwende dabei verschiedene Übersetzungsmöglichkeiten (Unterordnung, Beiordnung, Präpositionalausdruck):

a) Flāvus ūnō oculō ? (āmittere) ā Rōmānīs multa praemia accēpit. b) Hāc rē ? (comperīre) Arminius frātrem nōn laudāvit, sed dīxit: c) „Gentibus Germāniae ā Rōmānīs ? (subicere) tū tamen in exercitū Rōmānōrum in Germānōs pūgnās." d) Sermōne ? (habēre) ambō frātrēs valdē īrātī erant. e) Flāvō ā lēgātō Germānicī ? (retinēre) frātrēs armīs contendere nōn potuērunt.

6 a) Beschreibe die Szene auf der Schwertscheide (S. 237) und erkläre, warum Tiberius und Germanicus mit dem Gott Mars und der Göttin Victoria dargestellt sind.
b) Die Aufschrift auf dem Schild des Tiberius lautet: FELICITAS TIBERI. Erkläre, was sie zum Ausdruck bringen soll.

S • T • K • M
Darstellungen historischer Ereignisse beschreiben und erklären

7 Erschließe die Bedeutung der folgenden französischen und italienischen Wörter aus der Kenntnis der lateinischen Wörter:

französisch: le don, le frere, la liberté, la mère, le père

italienisch: il fiume, l'impero, la patria, il prezzo, il sermone

S • T • K • M
Lateinische Wörter für das Erlernen von Fremdsprachen nutzen

Silberner Maskenbecher, aus augusteischer Zeit (Berlin, Staatliche Museen, Antikensammlung)

8 Sententiae Latīnae: Übersetze die folgenden lateinischen Sprichwörter und erkläre kurz ihren Sinn:

a) Laudāta virtūs crescit.
b) Pāx intrantibus, salūs exeuntibus!
c) Volentī nōn fit[1] iniūria.
d) Dūcunt volentem fāta, nōlentem trahunt.
e) Nūllus agentī diēs longus est.
f) Iūcundī āctī labōres.

S • T • K • M
Lateinische Sprichwörter erklären

[1] **fit** es geschieht

Lektion 44

Römer und Germanen im Grenzgebiet

Nach dem Tod Neros kämpften in Rom vier Männer um die Kaiserkrone. In dieser unruhigen Zeit nutzte Iulius Civilis, der Anführer des germanischen Stammes der Bataver, im Herbst 69 n. Chr. die Abwesenheit der römischen Legionen am Rhein aus und zerstörte die römischen Legionslager in Xanten (castra Vetera), Bonn (castra Bonnensia) und Neuss (Novaesium). Schon im darauffolgenden Jahr wurde dieser Aufstand jedoch von den römischen Legionen, die aus Italien zurückgekehrt waren, unterdrückt. Danach begann am Rhein und im Gebiet des heutigen Süddeutschlands eine etwa zweihundertjährige Friedenszeit, die das Leben der dortigen Bewohner nachhaltig beeinflusste.

Die römischen Militärbezirke westlich des Rheines wurden in Provinzen umgewandelt, nämlich in Germania superior mit der Hauptstadt Mainz (Mogontiacum) und in Germania inferior mit der Hauptstadt Köln (Colōnia Claudia Āra Agrippīnēnsium). Das Moselgebiet wurde der Provinz Gallia Belgica zugeteilt mit der Hauptstadt Trier (Augusta Trēverōrum), das heutige Bayern kam zur Provinz Raetia mit seiner Hauptstadt Augsburg (Augusta Vindelicōrum). Rhein (Rhēnus), Main (Moenus) und Donau (Dānuvius) bildeten von nun an die natürliche Nordgrenze des römischen Reiches. Zwischen diesen Flüssen sollten der obergermanische Limes sowie der rätische Limes mit einer hohen Steinmauer Feinde abhalten. Große Legionslager und kleine Kastelle sorgten dafür, dass bei Angriffen schnell Hilfe herbeigeholt werden konnte.

Germanien in römischer Zeit

In der Umgebung der Legionslager verbreitete sich rasch die römische Kultur. Sehr eindrucksvoll muss diese Entwicklung etwa in der Stadt Köln gewesen sein, einem oppidum des germanischen Stammes der Ubier, das 50 n. Chr. von Kaiser Claudius zur colōnia erhoben worden war. Hier siedelten sich vor allem römische Veteranen an und umgaben die Stadt mit einer fast vier Kilometer langen Steinmauer, was den Germanen bis dahin völlig unbekannt war. Für die täglichen Bedürfnisse der Bewohner der Orte rings um die Lager sorgten Handwerksbetriebe, die Alltagsgegenstände und Luxuswaren aus Ton, Keramik, Bronze oder Glas herstellten. Zahlreiche Gutshöfe (vīllae rūsticae), die von römischen Veteranen betrieben wurden, ermöglichten eine ausreichende Versorgung der Provinzbevölkerung mit Lebensmitteln.

Der Ablativ mit Partizip (Ablativus absolutus): gleichzeitig/ nominaler Ablativus absolutus

G

1. Facultāte ab imperātōre datā Flāvus cum Arminiō frātre sermōnem habuit.
2. Cum frātrēs sermōnem habērent, comitēs aberant.
   Frātribus sermōnem habentibus comitēs aberant.
3. Cum Flāvus praemia Rōmānōrum commemorāret, Arminius haec dōna rīsit.
   Flāvō praemia Rōmānōrum commemorante Arminius haec dōna rīsit.
4. Cum Arminius dōna mīlitāria Rōmānōrum rīdēret, Flāvus īrātus erat.
   Arminiō dōna mīltāria Rōmānōrum rīdente Flāvus īrātus erat:
5. „Germānicus", inquit, „dux noster est. Germānicō duce mīlitēs Rōmānī Germāniam expūgnābunt." Arminius autem respondit: „Mē duce Germānī Rōmānōs fugābunt!"

Erste Übungen

1 Suche aus den folgenden Formen nur die Partizipien im Ablativ heraus und begründe deine Entscheidung:

S • T • K • M
Partizipien erkennen

a) adulēscente – audiente – cōnsule – cōnsulente – facultāte – faciente – favente – fortāsse – fortitūdine – timōre – timente
b) inferentibus – ingentibus – potentibus – pōscentibus – prohibentibus

2 PPA oder PPP? Bestimme genau das Partizip und das Zeitverhältnis, das es ausdrückt:

S • T • K • M
Zeitverhältnisse in Partizipialkonstruktionen unterscheiden

cōpiīs Rōmānīs oppida Germānōrum dēlentibus – oppidīs Germānōrum dēlētīs – Arminiō cum frātre sermōnem habente – sermōne cum frātre habitō – lēgātīs verba frātrum audientibus – verbīs frātrum ā lēgātīs audītīs – Flāvō dōna Rōmānōrum praedicante – dōnīs ā Flāvō praedicātīs

3 Übersetze die Ablativi absoluti jeweils durch eine Beiordnung oder einen Präpositionalausdruck:

S • T • K • M
Ablativus absolutus unterschiedlich übersetzen

a) Frātribus inter sē contendentibus comitēs āfuērunt. b) Flāvō māgnitūdinem imperiī Rōmānī praedicante Arminius verba frātris rīsit. c) Arminiō rīdente Flāvus īrātus fuit. d) Flavō arma pōscente Arminius proelium committere voluit.

W

Post mortem Nerōnis prīncipis duo imperātōres dē *prīncipātū* contendērunt. Tum Iūlius Cīvīlis, dux Batāvōrum, *novīs rēbus studuit: Coniūrātiōnem* gentium Germānārum fēcit et cohortēs Batāvōrum, quae in castrīs Rōmānīs erant, cum cēterīs cōpiīs Germānōrum *coniūnxit*. Cum hīs mīlitibus castra Rōmāna ad Rhēnum flūmen *sita* expūgnāvit.

L Besonnenheit in unruhigen Zeiten

Im Jahr 69 n. Chr. hatte sich Vitellius, der Kommandeur der römischen Legionen am Niederrhein, zum Kaiser ausgerufen und war nach Rom gezogen. Gleichzeitig beanspruchte aber auch Vespasian, der Kommandeur der Legionen im Osten, den Kaisertitel. In Rom kam es zwischen den Truppen beider Generäle zu blutigen Straßenkämpfen. Dabei ging sogar der Jupitertempel auf dem Kapitol in Flammen auf. Die Nachricht von diesem Unglück wurde in Germanien als ein göttliches Zeichen gedeutet. Der Stamm der Bataver, die an der Rheinmündung siedelten und eigentlich treue Verbündete der Römer waren, wollten unter ihrem Anführer Civilis diese Situation ausnutzen:

Multī Germānī incendiō Capitōliī nūntiātō crēdidērunt fīnem imperiī Rōmānī adesse. Dīxērunt hunc īgnem duōbus imperātōribus dē prīncipātū contendentibus sīgnum īrae dīvīnae esse. Potentiā populī Rōmānī dēficiente putāvērunt difficile nōn esse coniūrātiōnem facere, ut Germānia līberārētur.

Imprīmīs Iūlius Cīvīlis, dux Batāvōrum, novīs rēbus studuit: Cohortibus Batāvōrum, quae Mogontiacī[1] in castrīs erant, persuāsit, ut cētera castra Rōmānōrum ad Rhēnum flūmen sita oppūgnārent. Ac profectō Batāvī Cīvīlī duce prīmō ad castra Bonnensia[2] legiōnem Rōmānam dēvīcērunt, deinde Vetera[3] mīlitibus Rōmānīs castra fortiter dēfendentibus expūgnāvērunt.

Hīs castrīs dēlētīs Cīvīlis lēgātōs in colōniam Agrippinensem[4] mīsit et cīvibus haec ferē nūntiāvit: „Sī parātī estis mēcum foedus facere, mē duce tandem līberī inter līberōs eritis. Ut amīcitia nostra perpetua sit, ā vōbīs pōstulō, ut mūrōs oppidī, monumenta servitūtis, dēleātis et omnēs Rōmānōs in fīnibus vestrīs occīdātis."

Agrippīnēnsēs[5] respondērunt: „Cōnsilia tua nōbīs nōn placent. Nam sī mūrōs dēlēverimus, cīvitās nostra nōn iam tūta erit legiōnibus Rōmānīs in castra redeuntibus. Mīlitēs, quī ex Italiā in nostrōs fīnēs vēnerant, aut bellō occidērunt aut Batāvīs accedentibus in patriam suam fugērunt. Iīs autem, quī in cīvitāte nostrā cōnsēdērunt et nōbīscum per cōnūbium[6] coniūnctī sunt, oppidum nostrum patria est. Quōs numquam occīdēmus, cum parentēs, frātrēs, līberī nostrī sint."

[1] **Mogontiacī** in Mainz
[2] **castra Bonnensia** das römische Legionslager bei Bonn
[3] **(castra) Vetera** das römische Legionslager bei Xanten
[4] **colōnia Agrippīnēnsis** römische Siedlung an der Stelle der heutigen Stadt Köln
[5] **Agrippīnēnses** die Einwohner der colonia Agrippinensis
[6] **cōnūbium, ī n.** die Eheschließung, das Ehebündnis

Die römische Stadt Köln im 3. Jh. n. Chr. (Rekonstruktion des Römisch-Germanischen Museums in Köln)

Übungen

1 Verschaffe dir vor der Übersetzung des Lesestücks einen Überblick, indem du für den Text (Z. 1–11) jeweils das Subjekt, das Prädikat und das Objekt der Hauptsätze herausschreibst und den Inhalt knapp darstellst.

S • T • K • M
Handlungsträger und Satzaussage ermitteln

2 a) Erläutere, was Civilis zum Ausdruck bringen möchte, wenn er die Stadtmauern der colōnia Agrippīnēnsis (Z. 15) als monumenta servitūtis bezeichnet.
b) Arbeite (mit Belegen aus dem Text) heraus, warum sich die Einwohner der colōnia weigern, alle nichtgermanischen Mitbürger zu töten.

S • T • K • M
Textaussagen reflektieren

3 Schreibe aus dem Lesestück alle Ablativi absoluti heraus und ordne sie wie im Beispiel entsprechend der jeweiligen Sinnrichtung in eine Tabelle ein. Wenn es zwei Möglichkeiten gibt, notiere beide.

temporal	kausal	konzessiv
incendiō nūntiātō		

S • T • K • M
Ablativus absolutus im Kontext erkennen und seine Sinnrichtung bestimmen

4 Vorsicht Falle: Welche Form gehört jeweils als „falsche Wortart" nicht in die Reihe?

S • T • K • M
Verwechselbare Formen unterscheiden

flente	monte	ingentī	dīvīsīs
gerente	gente	prūdentī	difficilis
dante	pōnente	portantī	dēlētīs
ante	ponte	potentī	dīmissīs

S • T • K • M
Wendungen zielsprachengerecht übersetzen

5 Übersetze die folgenden nominalen Ablativi absoluti:

Cicerōne cōnsule – Cīvīlī duce – Tarquiniō rēge – nōbīs ducibus

S • T • K • M
Ablativus absolutus unterschiedlich übersetzen

6 Unterordnung, Beiordnung oder Präpositionalausdruck – Probiere für die Übersetzung des Ablativus absolutus jeweils alle drei Möglichkeiten aus:

a) Germānī dīcunt: „Templō Iovis dēlētō fīnis imperiī Rōmānī īnstat.
b) Urbe ōlim ā Gallīs captā templum Iovis nōn dēlētum est et imperium Rōmānum cōnservātum est.
c) Sed Vitelliō et Vespasiānō imperātoribus deōs nōn colentibus urbs mox dēlēbitur."
d) Iūliō Cīvīlī novīs rēbus studente Batāvī cōnsilium cepērunt coniūrātiōnem facere.
e) Coniūrātiōne factā cohortēs Batāvōrum castra Rōmānōrum expūgnāvērunt.
f) Cīvibus colōniae Agrippīnēnsis imperiō Cīvīlis nōn parentibus mūrī cīvitātis nōn dēlētī sunt.

S • T • K • M
Karten vergleichen und zum Informationserwerb nutzen

7 Die Namen vieler deutscher Städte sind aus den Namen der römischen Militärlager an der Grenze zu Germanien hervorgegangen. Erkläre mithilfe des Einführungstextes und einer modernen Karte, welche heutigen Städtenamen sich hinter den lateinischen Bezeichnungen auf der Karte S. 242 verbergen.

S • T • K • M
Informationen präsentieren

8 Informiere dich mithilfe eines Lexikons oder des Internets über die wichtigsten Bauwerke in der colōnia Agrippīnēnsis im 1. Jahrhundert n. Chr. und berichte darüber in deiner Klasse.

9 Informiere dich, worauf der Name „Xanten" zurückzuführen ist.

Ansicht des Zweilegionenlagers Castra Vetera (I) zur Zeit Neros, das von den Batavern zerstört wurde

Lektion 45

Die Römer in Britannien

Während Caesar Statthalter von Gallien war, unternahm er als erster römischer Feldherr in den Jahren 55 und 54 v. Chr. zwei Expeditionen nach Britannien. Damit rückte die Insel in das Blickfeld der Römer.

Die Eroberung Britanniens durch die Römer und die Einrichtung als Provinz begann jedoch erst im Jahre 43 n. Chr. unter Kaiser Claudius, der selbst mit seinen Truppen siegreich kämpfte und die Hauptstadt Camulodūnum (Colchester) einnahm. Dort errichtete er das erste Legionslager. Nach der Eroberung des Südens drangen die Römer in den folgenden Jahren immer weiter in den Norden vor. Der römische Statthalter Agricola unternahm sogar Feldzüge bis nach Schottland. In der Schlacht am Mons Graupius 84 n. Chr. gelang es Agricola, alle übrigen britannischen Stämme zu unterwerfen.

Im 2. Jahrhundert n. Chr. kam es erneut zu schweren Unruhen in Britannien. Hadrian, der von 117–138 n. Chr. als römischer Kaiser herrschte und vor allem um Frieden an den Reichsgrenzen bemüht war, ließ 122 n. Chr. auf der Solway – Tyne-Linie eine riesige Befestigungsanlage erbauen, welche die Grenze zwischen römischer Provinz und dem Norden sicherte. Dieser Hadrianswall (vallum Hadriānī) hatte eine Länge von etwa 113 km, war etwa drei Meter breit und vier Meter hoch. Zahlreiche Türme und Kastelle säumten ihn. Eine parallel zum Wall verlaufende Militärstraße verband die Kastelle miteinander. Der Hadrianswall hatte keine große militärische Bedeutung. Vielmehr diente er dazu, den Verkehr an der Grenze zu überwachen und kleinere Angriffe von Norden abzuwehren. Bis 410 n. Chr. gehörte Britannien zum römischen Reich.

Hadrianswall mit dem Umriss eines Lagers

G

genitivus qualitatis/genitivus subiectivus und obiectivus

1. Cīvīlis, dux Batāvōrum, māgnā fortitūdine fuit. – Cīvīlis, dux Batāvōrum, māgnae fortitūdinis fuit.
   Cīvīlis, vir māgnae fortitūdinis, cum exercitū quattuor mīlium mīlitum castra Rōmānōrum oppūgnāvit.

2. Castrīs Rōmānōrum dēlētīs Cīvīlis cum exercitū colōniae Agrippīnēnsium appropinquāvit. Exercitū appropinquante timor cīvium māgnus erat. – Cīvēs timōre hostium perterritī sunt.
   Nam putāvērunt sibi nūllam spem salūtis esse.

Erste Übungen

S • T • K • M
Genitive beherrschen

1 Genitive gesucht – Suche aus den folgenden Formen die Genitive heraus, nenne ihren Nominativ Singular und die Bedeutung:

a) incendī – incendiī – regis – rēgis – foederis – fēceris – cōnsiliī – cōnsuluī – cōnsulis – cōnsiliīs – oppidī – obiī – timēris – timōris
b) līberum – līberōrum – parentum – parātum – rēgum – rēgnum – omnium – somnium – gentium – gaudium

S • T • K • M
Kasusfunktionen zielsprachengerecht übersetzen

2 Suche einen treffenden deutschen Ausdruck für die Übersetzung des genitivus qualitatis:

puella decem annōrum – iter quattuor diērum – labōrēs multī temporis – rēs eius modī

S • T • K • M
Kasusfunktionen reflektieren und übersetzen

3 Genitivus subiectivus, obiectivus oder beides? Übersetze und begründe deine Entscheidung:

imperium Rōmānōrum – cūra patris – cūra reī pūblicae – timor amīcōrum – timor perīculōrum – spēs cīvium – spēs salūtis – odium hostium

W

Calgācus dux Britannōrum fuit et omnibus Britannīs virtūte et *genere praestitit*. *Apud* Britannōs hīs ferē verbīs Rōmānōs *reprehendit*: „Rōmānī populōs et *divitēs* et *pauperēs* subiciunt. Occidunt et rapiunt et omnia *possidēre* volunt. Nōs autem *avāritiam* superbiamque eōrum nōn tolerābimus.“

„Gierige Römer – unersättliche Eroberer!"

L

Die Eroberung Britanniens war für die Römer ein besonderes Ereignis, das sie über die Grenzen des Ozeans hinausführte. Vier Jahrzehnte nach der Invasion unter Kaiser Claudius war der Statthalter Agricola bis in den Norden der Insel vorgestoßen. Am Mons Graupius stand er 84 n. Chr. dem britannischen Heer unter Führung des Fürsten Calgacus gegenüber. Dieser hielt vor der Schlacht eine Rede an seine Soldaten.

Calgācus, dux Britannōrum, quī māgnae virtūtis erat et omnibus genere praestābat, apud mīlitēs proelium pōscentes haec ferē verba dīxit: „Videō vōs omnēs cupidōs proeliī esse. Putō hunc diem tōtī Britanniae initium lībertātis esse.

Rōmānī, postquam cēterās regiōnēs orbis terrārum vāstāvērunt[1], Britanniam occupāvērunt. Quōrum superbiam nōn effugiēmus. Nam Rōmānī, quī māgnae avāritiae sunt, omnia possidēre cupiunt: Et populīs dīvitibus et populis pauperibus subiectīs māgnā licentiā imperant. Auferre, occīdere, rapere falsīs nominibus imperium appellant; sōlitūdinem[2], quam faciunt, pācem appellant.

Nōs autem servitūtem nōn tolerābimus et līberōs, coniugēs, patriam ab hostibus dēfendēmus. Omnia incitāmenta[3] victōriae apud nōs sunt: Mīlitēs Rōmānī in terrā ignōtā pūgnant, nūllae coniugēs animōs eōrum incendunt, nūllī parentes fugam eōrum reprehendunt. Legiōnēs Rōmānae ē dīversīs gentibus coāctae sunt, eīs aut nūlla patria aut alia quam Italia est. Illī paucī sunt et plēnī timōris, quia Britanniae īgnārī sunt. At nōs patriae īgnārī nōn sumus, nōbis nōn est timor hostium. Este bonō animō: Hīc dux, hīc exercitus, hīc vetus virtūs, ibi tribūta[4], ibi licentia, ibi cēterae servōrum poenae!

Itaque mēcum arma capite et proelium committite, este memorēs vestrōrum māiōrum et posterōrum!"

Römisches Amphitheater in Caerleon (Wales)

1 **vāstāre** verwüsten

2 **sōlitūdō, sōlitūdinis f.** die Einsamkeit, die Verlassenheit

3 **incitāmentum, ī n.** der Anreiz, der Antrieb

4 **tribūtum, ī n.** die Steuer, die Abgabe

Übungen

S • T • K • M
Textaussagen reflektieren; Perspektivenwechsel vollziehen

1 Stelle die Vorwürfe zusammen, die Calgacus gegenüber den Römern erhebt (Z. 2–10).

2 Stelle die vorteilhafte Lage der Britannier der nachteiligen Situation der römischen Soldaten gegenüber, wie Calgacus sie sieht (Z. 13–24).

3 Stell dir vor, du bist der Anführer der römischen Truppen. Wie würdest du deine Truppen am Mons Graupius motivieren? Verfasse eine entsprechende Rede.

S • T • K • M
Deklinationen beherrschen

4 Setze den Singular in den Plural und umgekehrt!

a) servus īgnārus b) mōribus veteribus c) rēgem crūdēlem
d) mercātōris dīvitis e) puer pauper f) vulnerum gravium

5 Setze die Adjektive (in Klammern) in KNG-Kongruenz und übersetze:

a) cum rēge (potēns et dīves) b) līberōrum (prūdēns et pauper)
c) templa (vetus et ingēns) d) imperātōrem (fortis et dīves)

S • T • K • M
Kasusfunktionen unterscheiden

6 Schreibe aus dem Lesestück alle Genitive heraus und ordne sie in einer Tabelle nach genitivus obiectivus, genitivus subiectivus und genitivus qualitatis.

S • T • K • M
Kasusfunktionen im Kontext erkennen und zielsprachengerecht übersetzen

7 Bestimme die Verwendung der Genitive und übersetze:

a) Calgācus, dux Britannōrum, summī ingeniī erat. b) Ante proelium Calgācus mīlitēs monuit, ut prō salūte Britanniae pūgnārent. c) Cum amor patriae māgnus esset, Britannī fortiter pūgnāvērunt. d) Quamquam Calgācus verbīs suīs mīlitēs incitāverat, tamen timor Rōmānōrum māgnus erat.

S • T • K • M
Fortleben der römischen Kultur in England kennen

8 Informiere dich, welche heutigen englischen Städte auf ehemalige Römerlager zurückgehen.

Das römische Bad in Bath, Großbritannien, erbaut zwischen dem 1. und 4. Jh. n. Chr.

Plateaulektion 41 – 45

Grundwissen: Die Ausdehnung des imperium Romanum

Gallien wird römisch

- **58 – 51 v. Chr.:** Caesar erobert als Prokonsul Gallien von den Alpen bis zum Atlantik.
- Er unternimmt dabei als erster Römer zwei Expeditionen über den Rhein nach Germanien und setzt zweimal mit der Flotte nach Britannien über.

Rom und Germanien

- **9 n. Chr.:** Niederlage des P. Quintilius **Varus** im Teutoburger Wald: Drei Legionen werden von den Germanen unter dem Cherusker **Arminius** vernichtet. Augustus: „**Vāre, legiōnēs redde!**"
- **Rhein** und **Donau** werden zur Nordgrenze des imperium Rōmānum, gesichert durch zahlreiche Legionslager (castra) und durch einen Grenzwall (līmes). Das linksrheinische Gebiet wird eingeteilt in die Bezirke **Germānia superior** und **Germānia inferior**.

- In den und um die römischen Siedlungen in Gallien und Germanien beginnt die Romanisierung, die Übernahme der römischen Lebensweise und Kultur durch die einheimische Bevölkerung.

Die Römer in Britannien

- 43 n. Chr.: Kaiser Claudius erobert England.
- 84 n. Chr.: Cn. Iulius Agricola erobert Nordengland und Schottland bis zu den Highlands.
- 122 n. Chr.: Kaiser Hadrian errichtet eine befestigte Mauer (vallum Hadriānī: **Hadrianswall**) zur Sicherung der nördlichsten Grenze des römischen Reiches.

L Erinnerungen an die Kindheit in Cambodunum

Eine der Legionen, die Kaiser Vespasian an den Niederrhein geschickt hatte, um den Bataveraufstand zu beenden, war die 10. Legion (X legiō Gemina). Sie war von 71–104 n. Chr. in der Provinz Germānia inferior im Legionslager Nijmegen (Noviomagus) stationiert und wurde dann vom Rhein an die Donau, nach Budapest (Aquincum) verlegt. In dieser 10. Legion diente auch ein Soldat namens Tibērius Claudius Satto, der aus Kempten (Cambodūnum) im Allgäu stammte und als Veteran in Budapest gestorben ist.
Bevor Augsburg (Augusta Vindēlicum) zu Beginn des 2. Jahrhunderts n. Chr. zur Hauptstadt der Provinz Raetia wurde, war vermutlich Kempten für einige Zeit Sitz des römischen Statthalters. Tiberius Satto erinnert sich gerne an seine Kindheit in Cambodūnum zurück:

Cum mīles in exercitū Rōmānō essem, multa castra, multa oppida, multās terrās imperiī Rōmānī vīdī; cōgnōvī Ōceanum, Rhēnum flūmen, Dānuvium flūmen. Sed mihi dē hīs regiōnibus cōgitantī nūllus locus tam placet quam Cambodūnum, patria mea. Saepe huius locī memor sum. Trāiāno imperātōre pater mēcum per forum Cambodūnī ambulāns mihi plūrimās mercēs ante tabernās expositās explicāvit. Quās Mercuriō deō adiuvante mercātōrēs ex omnibus terrīs imperiī Rōmānī hūc apportāverant. Ibi prīmum fīcōs[1], māla Persica[2], prūna[3] cōgnōvī, quae in regiōnibus nostrīs adhūc nōta nōn erant. Mercātōribus māgnā vōce clāmantibus et haec pōma[4] offerentibus patrem rogābam, ut mihi nōnnūlla pōma emeret. Pōmīs emptīs pater mēcum basilicam ad forum sitam intrāvit. In basilicam certīs diēbus virī ex omnibus cīvitātibus prōvinciae nostrae convenērunt, ut ante prōcūrātōrem Augustī[5] in tribūnālī[6] sedentem causās agerent. Sententiīs adversariōrum audītīs prōcūrātor iūs dīxit. Ad sinistram basilicae sunt māgnae thermae, quās saepe cum patre vīsitābam. Nōn procul ā forō māgna āra est. Ibi sacerdōtēs deīs oppidum et cīvēs servantibus sacra faciunt. In templum[7] altīs mūrīs circumdatum etiam lēgātī omnium cīvitātum prōvinciae conveniunt, ut dē rēbus pūblicīs cōnsulant. Optō, ut Iuppiter patriam meam per multa saecula cōnservet!

1 **fīcus, ī f.** die Feige
2 **mālum Persicum** der Pfirsich
3 **prūnum, ī n.** die Pflaume
4 **pōma, ōrum n.** die Früchte
5 **prōcūrātor Augustī** der Statthalter (der Provinz Raetia)
6 **tribūnal, tribūnālis n.** das Tribunal (eine halbkreisförmige Erhöhung, auf welcher der Sitz des Statthalters stand, wenn er Gericht hielt)
7 **templum, ī n.** der heilige Bezirk

S • T • K • M
Durch Leitfragen zentrale Aussagen erfassen

- Erschließe aus der Inschrift auf S. 253: Wie alt war Satto, als er starb? In welcher Legion diente er? Wer hat den Grabstein gestiftet?

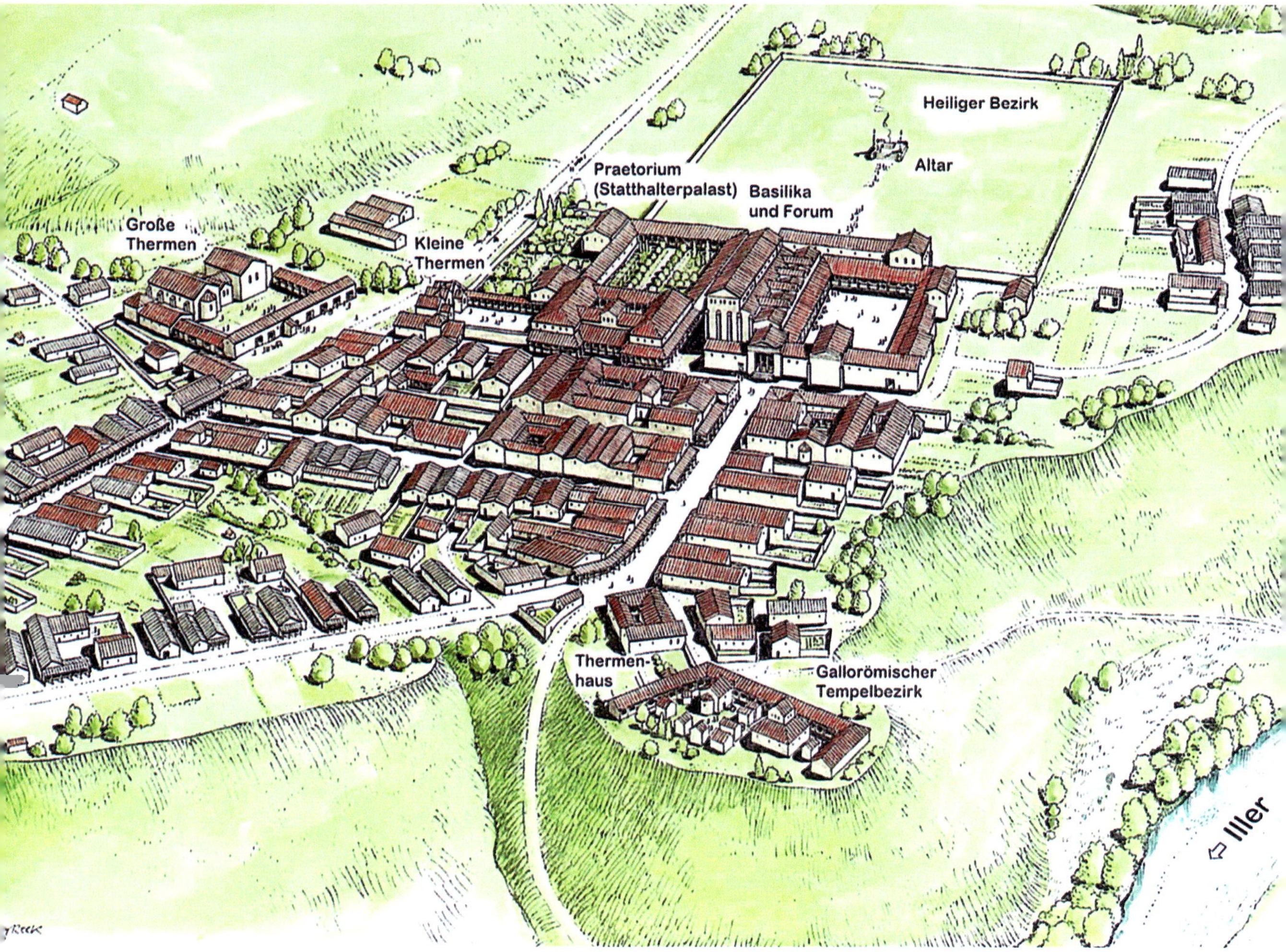

Cambodunum im 1. Jahrhundert n. Chr. (Rekonstruktion)

Tib(erius) Tiberī f(īlius)/	TIB TIBERI F
Cla(udius) Sattō Ca/	CLA SATTO CA
mbodūnō/	MBODVNO
vete(rānus) leg(iōnis) X G(eminae)/	VETE LEG X G
h(īc) s(itus) e(st) an(nōrum) LX/	H S E AN LX
Ulpia Ursula/	VLPIA VRSVLA
coniugī pient(issimō)/	CONIVGI PIENT
t(itulum) p(osuit)	T P

Der Grabstein des Tiberius Satto aus Kempten (CIL 03, 15162)

Methodenkompetenz (14): Ein Participium coniunctum im Kontext auflösen

1. „Dīvide et imperā!" – Diese lateinische Redewendung, die vorschlägt, das Gebiet eines scheinbar unbezwingbaren Gegners aufzuteilen, um es dann Stück für Stück zu beherrschen, kannst du auch für die Übersetzung längerer lateinischer Sätze benutzen, die ein Participium coniunctum enthalten: Teile die Sätze auf, um dann schrittweise erfolgreich zu übersetzen.
2. Mihi dē hīs regiōnibus cōgitantī nūllus locus tam placet quam Cambodūnum.

   Probiere folgende Arbeitsschritte aus:

2.1 **Unterstreiche** das Partizip und sein Bezugswort, **klammere** dann die Wörter nach dem Bezugswort bis (einschließlich) zum Partizip **ein**:

Mihi [dē hīs regiōnibus cōgitantī] nūllus locus tam placet quam Cambodūnum.

2.2 **Übersetze** den Satz ohne die eingeklammerten Wörter:

„Mir gefällt kein Ort so sehr wie Cambodunum."

2.3 Stelle das **Zeitverhältnis** zum restlichen Satz fest, das durch das P.c. ausgedrückt wird: Das PPA drückt die Gleichzeitigkeit aus, das PPP die Vorzeitigkeit, hier also Gleichzeitigkeit wegen cōgitantī.

2.4 Überlege, ob das P.c. die Satzfunktion eines **Attributs** (selten – Frage: Was für ein?) oder eines **Adverbiales** (meist – Frage: Unter welchen Umständen?) übernimmt. Das P.c. als Attribut wird mit einem Relativsatz, das P.c. als Adverbiale kann durch einen adverbialen Gliedsatz (Unterordnung), durch einen Hauptsatz mit Verknüpfung (Beiordnung) oder durch einen Präpositionalausdruck übersetzt werden.

2.5 Überlege, welche **Sinnrichtung** für das P.c. als Adverbiale im Verhältnis zum Kontext sinnvoll ist, und wähle dann eine der drei genannten Übersetzungsmöglichkeiten aus.
Tipp: Nicht immer eignen sich alle drei Möglichkeiten in gleicher Weise für die Übersetzung; der Adverbialsatz aber eignet sich immer:
„(Immer) wenn ich über diese Gegenden nachdenke, gefällt mir kein Ort so gut wie Cambodunum."
„Ich denke über diese Gegenden nach und dabei gefällt mir kein Ort so gut wie Cambodunum."
„Beim Nachdenken über diese Gegenden gefällt mir kein Ort so gut wie Cambodunum."

Übungen

S • T • K • M
Texterschließungsmethoden anwenden

- Schreibe aus dem Lesestück alle Sätze heraus, die ein Participium coniunctum enthalten, und übersetze sie nach der oben beschriebenen Methode.

Methodenkompetenz (15): Einen Ablativus absolutus im Kontext auflösen

1. Auch bei der Auflösung eines Ablativus absolutus kannst du das Prinzip: „Divide et imperā!“ anwenden und nach den Arbeitsschritten vorgehen, die du vom Participium coniunctum her kennst.

2. Sententiīs adversariōrum audītīs prōcūrātor iūs dīxit.

2.1 **Unterstreiche** das Partizip im Ablativ und sein Bezugswort, **klammere** dann **ein**, jetzt allerdings **alle** Wörter vom Bezugswort bis (einschließlich) zum Partizip:

[Sententiīs adversariōrum audītīs] prōcūrātor iūs dīxit.

2.2 Übersetze zunächst die **restliche Aussage**:

„Der Statthalter verkündete das Urteil.“

2.3 Übersetze dann den **Ablativus absolutus als selbständige Aussage**, berücksichtige dabei auch schon das Zeitverhältnis, das durch das Partizip ausgedrückt wird:

„Die Aussagen der Prozessgegner waren gehört worden.“

2.4 Der Ablativus absolutus nimmt **immer** das Satzglied eines **Adverbiales** ein. Überlege daher eine **Sinnrichtung**, die zum Kontext passt, und übersetze dann nach einer der drei bekannten Möglichkeiten:
„Nachdem die Aussagen der Prozessgegner gehört worden waren, verkündete der Statthalter das Urteil.“
„Die Aussagen der Prozessgegner waren gehört worden und danach verkündete der Statthalter das Urteil.“
„Nach der Anhörung der Aussagen der Prozessgegner verkündete der Statthalter das Urteil.“

2.5 Die Übersetzung mit dem Präpositionalausdruck macht deutlich: Diejenigen, die die Aussagen der Prozessgegner gehört haben, sind nicht unbekannte Personen, sondern es ist der Statthalter selbst. Man nennt diese Verwendung des PPP im Ablativus absolutus auch: **„kryptoaktiv“** („heimlich aktiv“). Eine gute Übersetzung lautet daher folgendermaßen:
„Nachdem **er** die Aussagen der Prozessgegner angehört **hatte**, verkündete der Statthalter das Urteil.“

Übungen

- Schreibe aus dem Lesestück alle Sätze heraus, die einen Ablativus absolutus enthalten, und übersetze sie nach der oben beschriebenen Methode.

S • T • K • M
Texterschließungsmethoden anwenden

Lektion 46 – 49

Von der Antike zum Mittelalter

Cicero und Hieronymus am Schönen Brunnen in Nürnberg

Auch nach dem Untergang des weströmischen Reiches 476 n. Chr. lebten die lateinische Sprache und das kulturelle Erbe der Römer weiter. Der gelehrte Kirchenvater Hieronymus (347 – 420 n. Chr.) ist in besonderer Weise ein Beispiel für die Verknüpfung von antiker Literatur und Christentum. Dies kommt zum Ausdruck in dem berühmten Bericht seines Traumes, in dem Hieronymus sich vor Gottes Thron mit dem Vorwurf „Ciceronianus es, non Christianus" konfrontiert sah und dafür bestraft wurde.
Karl der Große (ca. 748 – 814 n. Chr.) machte schließlich die Klöster zu den wichtigsten Zentren von Bildung und Wissenschaft. Die Mönche beschäftigten sich intensiv mit der antiken Literatur und sorgten dafür, dass diese Werke abgeschrieben und verbreitet wurden.

- Beschreibe die beiden Abbildungen und vergleiche sie miteinander.
- Informiere dich über den „Traum des Hieronymus".

Papst Gregor der Große mit drei Schreibern, Elfenbeintafel, Lothringen, 10. Jahrhundert (Wien, Kunsthistorisches Museum, Kunstkammer)

Albrecht Dürer, Hieronymus im Gehäus, 1514, Kupferstich (Kopenhagen, Statens Museum for Kunst)

Die Glaubensvorstellungen der Menschen in der Spätantike und im Mittelalter kommen auch in hagiografischen Schriften zum Ausdruck. Dies waren Heiligenbiografien, die in der damaligen Zeit großes Interesse fanden. Dabei ging es nicht um die historisch genaue Wiedergabe von Ereignissen; wichtig war vor allem die Wirkung des Heiligen auf die Menschen. Im Mittelpunkt der Hagiografie standen virtutes und miracula, die Tugenden des Dargestellten und Wunder.
Die Biografien über die heiligen Christophorus und Georg sind Beispiele dafür, dass die manchmal spärliche Überlieferung über deren Leben durch Fantasie und den frommen Wunsch nach Wundern in Legenden ausgeschmückt wurden.
Zu den bekanntesten Legendensammlungen des Mittelalters gehörte die Legenda aurea, die der Dominikanermönch Jacobus de Voragine (gest. 1298) zwischen 1263 und 1273 verfasste. Sie wurde in alle Sprachen des Abendlandes übersetzt und hatte großen Einfluss auf die Kunst und die Literatur.

Raffael, Der hl. Georg kämpft gegen den Drachen, 1504 (Paris, Louvre)

Otto Dix, Der hl. Christophorus IV, 1939 (Gera, Städtisches Museum)

- Informiere dich darüber, was der Begriff „Legende“ ursprünglich bedeutet.
- Beschreibe die beiden Darstellungen des hl. Christophorus und des hl. Georg und erläutere, welche virtutes die beiden Heiligen verkörpern.

Lektion 46

Hieronymus – ein Gelehrter in der Spätantike

Hieronymus wurde 347 in Stridon, einer Stadt in der Provinz Dalmatien, geboren. Seine Eltern schickten ihn in jungen Jahren nach Rom, um ihn Grammatik, Rhetorik und Philosophie studieren zu lassen. Dort ließ er sich im Jahre 366 taufen. Nach weiteren Studienaufenthalten in der kaiserlichen Residenzstadt Trier und in Aquileia reiste er in den Osten des römischen Reiches, wo er sich in Jerusalem und Antiochia aufhielt. Nachdem er zwei Jahre als Eremit in der Wüste von Chalkis (bei Aleppo in Nordsyrien) gelebt hatte, ließ sich Hieronymus 379 zum christlichen Priester weihen. Auf Grund seiner Gelehrsamkeit und seiner guten Kenntnisse der griechischen und hebräischen Sprache ernannte ihn Papst Damasus I. um 382 zu seinem Sekretär. Nach dem Tod dieses Papstes 384 begab sich Hieronymus wieder in den Osten und ließ sich in Bethlehem nieder, wo er bis zu seinem Tod am 30. September 420 ein Kloster leitete.

Der heilige Hieronymus in der Studierstube, Titelholzschnitt (Inkunabeldruck) der Epistulae des Hieronymus von A. Dürer, Basel 1492 (Archiv der Diözese Gurk in Klagenfurt, Mensalbibliothek)

Hieronymus gehört neben Ambrosius, Augustinus und Gregor dem Großen zu den vier spätantiken großen Kirchenvätern des Abendlandes. Er kannte nicht nur die christlichen Schriften, sondern las und schätzte auch die antike Literatur, vor allem die Werke Ciceros. Das Alte Testament übersetzte er aus dem Griechischen und Hebräischen in die lateinische Sprache. Diese Bibelübersetzung, die er um 405 abschloss, wurde „Vulgata“ genannt, da sie die am weitesten verbreitete Textfassung war. Die Vulgata galt viele Jahrhunderte als maßgebliche Bibelübersetzung. Sie fand eine große Verbreitung und war die Grundlage aller späteren Bibelübersetzungen.

G

Der Nominativus cum Infinitivo (NcI)

1. Calgācum ante proelium ōrātiōnem habuisse Tacitus trādit.
   Calgācus ante proelium ōrātiōnem habuisse trāditur.
2. Dux Britannōrum mīlitēs cupidōs pūgnae esse vīdit.
   Mīlitēs cupidī pūgnae esse vīsī sunt.
3. Calgācus Rōmānōs multās gentēs orbis terrārum subiēcisse dīcit.
   Rōmānī multās gentēs orbis terrārum subiēcisse dīcuntur.
4. Agricola prōcōnsul exercitum Calgācī vīcisse et tōtam Britanniam expūgnāvisse fertur.

Erste Übungen

1 Bilde von den folgenden Verbformen die entsprechende Form im Passiv:

S • T • K • M
Konjugationen beherrschen

dīcit – dīcunt – dīcō – putās – putant – videō – vīdit – vīdērunt

2 AcI oder NcI? – Erkläre, welche Konstruktion jeweils vorliegt, und übersetze:

S • T • K • M
Infinitivkonstruktionen unterscheiden

a) Post incendium Capitōliī fīnem imperiī Rōmānī adesse multī Germānī putāvērunt.
b) Incendium Capitōliī sīgnum īrae dīvīnae esse Rōmānī existimāvērunt.
c) Batavī coniūrātiōnem fēcisse trāduntur.
d) Dux Batavōrum novīs rebus studuisse dīcitur.

W

Aliquandō *aliquī* leō vulnere affectus est. *Sānctus* Hierōnymus vulnus cūrāvit et leōnī mandāvit, ut asinum[1] observāret. *Quōdam* diē leō, cum asinum observāret, *somnō sē dedit*. Tum *aliquī* mercātōrēs, quī eōs *praeteriērunt*, asinum rapuērunt. Leō *somnō* excitātus illum quaesīvit, sed nōn invēnit. Postquam leō rediit, Hierōnymus eum nōn reprehendit, sed eī *officium* asinī mandāvit.

[1] **asinus, ī m.** der Esel

L Hieronymus und der Löwe

Als Hieronymus in den letzten Jahren seines Lebens ein Kloster in der Wüste bei Bethlehem leitete, soll eines Tages ein Löwe voller Schmerzen an die Klosterpforte gekommen sein. Die Legende erzählt, dass Hieronymus ihm Dornen aus der linken Vordertatze zog und die Wunde verband. Der Löwe blieb im Kloster und wurde ein zahmes Haustier. Deshalb machte Hieronymus ihn zum Hüter eines Esels, wenn der auf der Weide graste oder Holz zum Kloster brachte. Da soll sich einst – so ist es in der Legende des hl. Hieronymus überliefert – Folgendes ereignet haben:

Luchino Belbello da Pavia, Hl. Hieronymus und der Löwe, Este-Bibel, um 1430 (Rom, Bibliotheca Vaticana)

Haec fābula dē leōne Sanctī Hierōnymī ā quibusdam auctōribus trāditur:
Aliquandō leō, cum asinum[1] in agrum[2] dūxisset, somnō sē dedit. Tum cāsū aliquī mercātōrēs cum camēlīs[3] eōs praeteriērunt. Illī, cum leōnem dormientem vidērent, asinum rapuērunt. Leō, postquam somnō excitātus est, asinum quaesīvit, sed eum nōn invēnit. Cum leō sine sociō ad monastērium[4] redīret, quīdam frātrēs putāvērunt illum fame vexātum asinum dēvorāvisse[5]. Hierōnymus autem leōnem nōn reprehendisse, sed eī officium asinī mandāvisse dīcitur. Frātrēs leōnem hinc prō asinō līgna[6] ē silvīs ad monastērium ferre iūssērunt.
Quōdam diē leō līgna ē silvīs ferēns aliquōs mercātōrēs cum camēlīs appropinquāre videt. Et ecce, ante camēlōs mercātōrum is asinus, quem illī rapuerant, it. Leō autem, cum mercātōrēs et camēlī praetereant, statim socium suum cōgnōscit et clāmōre ingentī mercātōres fugat. Camēlōs autem perterritōs, quī quāsdam mercēs māgnī pretiī portant, leō cum asinō ad monastērium īre cōgit.
Frātrēs, cum haec vīdissent, valdē stupuisse et leōnem multīs verbīs laudāvisse feruntur. Ex illō tempore leō semper cūrābat, nē quis iterum asinum raperet. Post Hierōnymī mortem etiam leō et asinus ē vītā excessisse et cum illō sepultī[7] esse trāduntur.

[1] **asinus, ī m.** der Esel
[2] **ager, agrī m.** hier: die Weide
[3] **camēlus, ī m.** das Kamel
[4] **monastērium, ī n.** das Kloster
[5] **dēvorāre** fressen
[6] **līgna** (Akk. Pl. n.) Holz
[7] **sepelire, sepeliō, sepelīvī, sepultum** begraben

Übungen

1 Ein Frater aus Bethlehem schreibt einem Mitbruder in einem anderen Kloster, was sich in Bethlehem zugetragen hat. Verfasse einen kurzen Brief, der die wichtigsten Ereignisse des Lesestückes zusammenfasst.

S • T • K • M
Texte in andere Textsorten umformen

2 Suche aus dem Lesestück die Konnektoren (vgl. Lektion 13, S 5.3) heraus und gib das Sinnverhältnis an, das durch die Konnektoren jeweils zum Ausdruck gebracht wird.

S • T • K • M
Syntaktische Strukturelemente benennen

3 Schreibe aus dem Lesestück alle NcI-Konstruktionen mit ihren wesentlichen Elementen (Nominativ, Infinitiv, Prädikat) heraus und übersetze sie.

S • T • K • M
Infinitivkonstruktionen erkennen

4 Adverb oder Pronomen? – Lege eine Tabelle an und trage die Adverbien und die Pronomina ein. Bestimme die Pronomina jeweils genau:

quid, quiddam, quīdam, quidem, quae, quaedam, quōdam, quoddam, quod, quondam, quendam, aliquō, aliquod, aliquandō

S • T • K • M
Formen sicher bestimmen

5 Forme den AcI um in den NcI und übersetze:

Beispiel: Iacōbus trādit mercātōrēs asinum rapuisse.
→ Mercātōrēs asinum rapuisse trāduntur.

a) Auctor fert leōnem socium quaesīvisse.
b) Frātrēs monastēriī vident leōnem sine asinō ad monastērium vēnisse.
c) Illī existimant asinum ā leōne necātum esse.
d) Hierōnymus leōnem līgna[1] ad monastērium ferre dīcit.

S • T • K • M
Infinitivkonstruktionen beherrschen

[1] **līgna** (Akk. Pl. n.) Holz

6 Kooperatives Üben mit dem NcI. Bildet Zweier-Teams: Setzt die Sätze in den NcI, indem ihr ihn von der entsprechenden Form von dicere abhängig macht. Übersetzt die Sätze und vergleicht danach euer Ergebnis.

Beispiel: Hierōnymus vulnus leōnis spectat. – NcI: Hierōnymus vulnus leōnis spectāvisse dīcitur. – „Hieronymus soll die Wunde des Löwen betrachtet haben."

a) Hierōnymus leōnem nōn fūgit. b) Frātrēs autem leōnem fūgērunt. c) Hierōnymus vulnus animālis cūrāvit. d) Hierōnymus leōnī mandāvit, ut asinum servāret.

7 Beschreibe den Holzschnitt Albrecht Dürers (S. 258) und arbeite heraus, wodurch Hieronymus als christlicher Gelehrter gekennzeichnet ist.

S • T • K • M
Berühmte Persönlichkeiten der Spätantike kennen

8 Ordne die Szene, die auf dem Bild von Luchino Belbello de Pavia dargestellt ist (S. 260), in die „Löwenlegende" ein.

Lektion 47

Die „Erneuerung“ der Antike unter Karl dem Großen

Jean Fouquet, Karl wird von Papst Leo III. in der Petersbasilika zum Kaiser gekrönt, Tours 1455–1460 (Paris, BNF)

Auf dem Gebiet des weströmischen Reiches, das in den Stürmen der germanischen Völkerwanderung im Jahre 476 untergegangen war, entstanden mehrere germanische Königsherrschaften. Von diesen Völkerschaften erlangten die Franken die größte Bedeutung: Die fränkischen Könige errichteten ein Reich, dessen Grenzen sich zum großen Teil mit denen des untergegangenen weströmischen Reiches deckten, und entschieden sich für die Annahme des Christentums, als ihr König Chlodwig sich 496 in Reims taufen ließ. Damit legten die Franken die Grundlagen, die für die Geschichte Europas bis in die Gegenwart prägend waren.

Die bedeutendste Adelsfamilie im Frankenreich wurden die Karolinger, benannt nach Karl dem Großen, der von 748–814 lebte. Dieser Herrscher dehnte seine Herrschaft weiter aus und war schließlich so mächtig, dass Papst Leo III. ihn um Unterstützung bat: Nachdem es in Rom zum Streit zwischen dem Papst und verschiedenen einflussreichen römischen Familien gekommen war, verübten einige römische Adlige sogar ein Attentat auf Leo III. Deshalb wandte sich der Papst an den Frankenkönig Karl mit der Bitte, ihm zu helfen. Karl überquerte mit seinem Gefolge die Alpen und befreite den Papst aus den Händen seiner Gegner. Als Dank krönte ihn der Papst am Weihnachtstag (25. Dezember) des Jahres 800 zum Kaiser.

Mit dieser neuen Würde verband Karl die Idee der Erneuerung des römischen Reiches (renovātiō Rōmānī imperiī). Karl verstand sich als legitimer Nachfolger der römischen Cäsaren, setzte aber als christlicher Herrscher in dem abendländischen Imperium Christianum neue Akzente. Zu den Verdiensten des neuen Kaisers gehört, dass er die Kultur und Bildung sehr gefördert hat. In den Schreibschulen (Skriptorien) der Klöster und Domschulen wurde die antike Literatur der Griechen und Römer abgeschrieben und so dem Mittelalter und der Neuzeit überliefert. Auch die Schrift wurde reformiert und die Verwendung der lateinischen Sprache als einheitliche Sprache des Klerus und des Adels festgelegt.

Steigerung der Adjektive/Ablativus comparationis

G

1. Liber Sānctī Hieronymī, quī „Biblia Sācra Vulgāta“ nōminātur, multīs hominibus nōtus est.
   Hic liber temporibus antīquīs nōtior erat quam multī aliī librī.
   Liber Sānctī Hieronymī quibusdam temporibus nōtissimus liber erat.
2. Cum asinus[1] a mercātōribus raptus esset, frātrēs trīstēs erant.
   Sānctus Hieronymus, quī leōnī fidem habuit, trīstior quam frātrēs erat.
   Sānctus Hieronymus trīstior frātribus erat.
   Leō autem, cum asinus raptus esset, trīstissimus erat.
3. Mercātōrēs et camēlī cursū celerī leōnem praeteriērunt. Leō autem celerior camēlīs erat. Cursū celerrimō camēlīs appropinquāvit. Tum eī facillimum erat mercātōrēs fugāre.

[1] **asinus, ī m.** der Esel

Erste Übungen

1 Bilde von folgenden Adjektiven die Steigerungsformen (jeweils im Nominativ Singular masculinum):

S • T • K • M
Elemente des lateinischen Formenaufbaus benennen

lātus – ingēns – longus – prūdēns – ācer – improbus – clārus – nōbilis – pulcher

2 Steigerung oder keine Steigerung? Schreibe nur die Komparativformen heraus:

S • T • K • M
Deklinationen beherrschen

crūdēliōrem – crūdēlium – crūdēliōrum – facilis – facilius – facilibus – faciliōribus – crūdēlia – crūdēliōra – altōs – altiōrēs – prūdēntibus – prūdēntiōribus – prūdēntēs – fortius – fortis – fortibus – fortiōribus

3 a) Schreibe aus den Sätzen 1–3 des G-Teiles jeweils das Adjektiv heraus, das gesteigert wird, und formuliere dann eine Regel für die Steigerung der Adjektive.
b) Erkläre, welche zwei Möglichkeiten es im Lateinischen gibt, bei einem Komparativ die Person oder Sache, die verglichen wird, auszudrücken.

W

In urbe Rōma *flāgitium* crūdēle accidit: Inimīcī *scelerātī* Leōnem *pontificem* oppressērunt et *laesērunt*. Leō autem e *vinculīs* effugere potuit.
Karolus, quem multī rēgem potentem et *sapientem* putāvērunt, cōnstituit *pontificem* condiciōne miserā līberāre. Leōnem in Germāniam arcessīvit et summīs honoribus *suscēpit*. Tum rēx illum Rōmam dūcī iūssit. *Proximō* annō ipse sē Rōmam contulit.

L Der Frankenkönig wird römischer Kaiser

Im April des Jahres 799 passierte in Rom etwas Ungeheuerliches: Auf den Papst Leo III. wurde von Anhängern des römischen Adels ein Attentat verübt: Leo wurde überfallen, misshandelt und gefangen gesetzt. Zum Glück konnte er aber in die italienische Stadt Spoleto, etwa 140 km von Rom entfernt, fliehen. In seiner Not wandte er sich an Karl, den mächtigen König der Franken. Der Bote des Papstes berichtet dem Frankenkönig von den schlimmen Ereignissen:

„Incrēdibilis rēs, domine, ante paucōs diēs in urbe Rōmā accidit: Quīdam inimīcī Leōnem, sānctissimum pontificem, oppressērunt, laesērunt, in vincula coniēcērunt. Numquam hominēs improbiōrēs quam illōs scelerātōs vīdī, numquam flāgitium crūdēlius atque turpius quam illud scelus vīdī! Sed Deō adiuvante Leōnī contigit, ut ē vinculīs effugeret.

Leōne auctōre ego cursū celerrimō ad tē, Karole rēx, pervēnī et tē ōrō, ut pontificō auxiliō veniās. Nam cōnstat tē rēgem potentissimum et sapientissimum esse, cōnstat tibi sōlī facultātem esse pontificem ē condiciōne miserrimā servāre. Quis nescit mīlitēs Francōrum fortiōrēs mīlitibus Rōmānīs esse? Itaque facillimum erit inimīcōs pontificis vī et armīs superāre.“

Hīs verbīs audītīs Karolus rēx cōnsilium cēpit Leōnem adiuvāre: Pontificem in oppidum Padrabrunnam[1] arcessīvit, summīs honōribus suscēpit, cum eō sermōnem habuit. Deinde eum Rōmam dūcī iūssit. Ipse proximō annō in Italiam contendit et hieme ineunte urbem Rōmam intrāvit.

Ibi cōnsilium nōbilissimōrum Francōrum atque Rōmānōrum in basilicam beātī Petrī[2] convocāvit et Leōnem pontificem omnibus crīminibus inimīcōrum absolvit. Diē nātālī Dominī[3], cum Karolus in basilicā beātī Petrī[2] esset, Leō subitō capitī rēgis corōnam[4] imposuit populō Rōmānō exclamante: „Karolō, piissimō Augustō, ā Deō corōnātō[5], māgnō imperātōrī Rōmānōrum, vīta et victōria!“ Ex eō tempore Karolus Imperātor et Augustus appellātus est.

[1] **Padrabrunna, ae f.** der Ort Paderborn, an dem Karl der Gr. eine Pfalz errichtet hatte

[2] **basilica beātī Petrī** die Petruskirche (heute der Petersdom)

[3] **diēs nātālis Dominī** der Geburtstag des Herrn, der Weihnachtstag (25. Dezember)

[4] **corōna, ae f.** die Krone

[5] **corōnāre** krönen

Begegnung Karls des Großen und Leos vor Rom – der Papst begrüßt den Frankenkönig in Rom

Übungen

1 Gib den Inhalt des Lesestücks mit eigenen Worten wieder. Berücksichtige dabei die folgenden Leitfragen: Was ist laut dem Bericht des Boten in Rom passiert? Warum wendet sich der römische Papst ausgerechnet an den König der Franken? Welche Unterstützung leistet König Karl Papst Leo?

S • T • K • M
Textaussagen reflektieren

2 Erkläre, inwiefern der Ausruf des Volkes in der Petruskirche den Frankenkönig Karl gleichzeitig als Nachfolger der römischen Kaiser und als christlichen Herrscher kennzeichnet.

3 Schreibe aus dem Lesestück alle Steigerungsformen der Adjektive heraus. Ergänze dann im entsprechenden KNG die fehlenden Formen des Positivs, des Komparativs oder des Superlativs.

S • T • K • M
Deklinationen beherrschen

4 Ordne den Adjektiven die jeweils passende Form des Substantivs zu. Bilde dann die jeweils fehlenden Formen der gesamten Steigerungsreihe.

audācissimus – prūdentissimōs – miserrimae – potentī – īnfēliciōris – difficiliōrem – lāta – nōtissimum – dīvitissimīs – asperam

mīles – vītam – puellae – līberōs – cum imperātōre – senātōribus – labōrem – via – monumentum – condiciōnī

5 Superlativ oder Elativ? – Entscheide dich und übersetze:

S • T • K • M
Kontextgerecht übersetzen

a) Karolus potentissimus omnium rēgum fuit.
b) Nūntius Leōnis pontificis cursū celerrimō ad Karolum rēgem pervēnit.
c) Mīlitēs Karolī rēgis fortissimī fuērunt.
d) Karolus per montēs altissimōs in Italiam iter fēcit.
e) Rōma urbs antīquissima est.

Metzer Reiterstatue, um 870 (Paris, Musée du Louvre)

S • T • K • M
Mit anderen Sprachen vergleichen

6 Im Italienischen unterscheidet man den relativen und den absoluten Superlativ:

a) Il Po è il più lungo dei fiume d'Italia. – Der Po ist der längste Fluss Italiens.
b) Il Po è lunghissimo fiume. – Der Po ist ein sehr langer Fluss.

Diese beiden Sätze lauten im Lateinischen:
a) Padus flumen longissimum Italiae est.
b) Padus flumen longissimum est.

Vergleiche die beiden Aussagen in beiden Sprachen und erläutere, woran man im Italienischen und im Lateinischen jeweils erkennen kann, ob ein Superlativ oder ein Elativ vorliegt.

S • T • K • M
Kasusfunktionen beherrschen

7 Ablativus comparationis oder quam? Übersetze und bilde dann jeweils die andere Möglichkeit, einen Vergleich auszudrücken:

a) Leō pontifex nūntium ad Karolum rēgem mīsit. Nam eō tempore Karolus potentior quam aliī rēgēs erat.
b) Leō a Karolō auxilium petīvit. Nam nōtum erat mīlitēs Francōrum fortiōrēs esse aliīs mīlitibus.
c) Nūntius dīxit: „Inimīcī pontificis crūdēliōrēs reliquīs scelerātīs sunt.
d) Numquam flāgitium crūdēlius atque turpius quam illud scelus vīdī!"

S • T • K • M
Fortleben der römischen Antike

8 Seit 1950 verleiht die Stadt Aachen alljährlich den „Internationalen Karlspreis zu Aachen" an bedeutende Persönlichkeiten und Organisationen.
a) Erkläre den Text, der auf der Vorderseite der Medaille des Karlspreises abgebildet ist.
b) Informiere dich, nach welchen Gesichtspunkten der Preis vergeben wird und warum dieser Preis den Namen Karls des Großen trägt.

Vorderseite der Medaille des Internationalen Karlspreises (gestaltet nach dem ältesten Siegel der Stadt Aachen)

Der heilige Christophorus

So gewiss die historische Existenz des heiligen Christophorus ist – im Jahre 454 n. Chr. wurde im heutigen Istanbul eine Kirche auf seinen Namen geweiht –, so ungewiss sind die Berichte über sein Leben. Der Überlieferung nach war er ein Riese von furchtbarem Aussehen und einer Größe von 12 Ellen, die ungefähr 10 Metern entsprechen. Ursprünglich soll er Reprobus geheißen haben. Er machte sich auf die Suche nach dem mächtigsten Herrscher, den es auf Erden gab. So diente er zunächst einem König, dann dem Teufel. Als dieser ihm sagte, dass der Gekreuzigte noch mächtiger sei, suchte er ihn. Dabei kam er eines Tages zu einem Einsiedler, der an einem Fluss lebte. Dieser erzählte Christophorus, dass Christus der mächtigste Herrscher sei. Er übertrug ihm die Aufgabe, Menschen durch den gefährlichen Fluss zu tragen. Eines Nachts bittet ihn ein Kind drei Mal, über den Fluss getragen zu werden. Als Christophorus diesen Wunsch schließlich erfüllt, spürt er plötzlich, wie das Gewicht des Kindes immer schwerer wird. Am anderen Ufer angekommen, gibt sich das Kind als Christus zu erkennen. Daraufhin ließ sich Christophorus taufen – so heißt es in einer weiteren Legende – und zog predigend durch Lykien in Kleinasien; schließlich wurde er im Zuge der Christenverfolgungen ins Gefängnis geworfen und enthauptet.

Seit dem 12. Jahrhundert wurde der hl. Christophorus mit dem Kind auf den Schultern und einem Baumstamm in der Hand als Skulptur oder Wandmalerei in den Kirchen dargestellt. Er wird als einer der 14 Nothelfer und als Patron der Reisenden verehrt.

Christophorus am südlichen Chorportal des Freiburger Münsters um 1354

Meister des hl. Christophorus mit dem Teufel, Christophorus mit dem Teufel, um 1515 (München, Alte Pinakothek)

G

Die Steigerung der Adjektive (2)

1. Potentia Leōnis pontificis magna erat. Potentia inimīcōrum eius māior erat. Potentia Karolī rēgis maxima erat.
2. Leōnī pontificī multī mīlitēs nōn erant. Inimīcīs eius plūrēs mīlitēs erant. Karolō rēgī plūrimī mīlitēs erant.
3. Nūntius pontificis Karolō rēgī nūntiāvit: „Hominēs malī Leōnem pontificem oppressērunt. Numquam hominēs peiōrēs vīdī quam illōs. Servā pontificem ē vinculīs hōrum pessimōrum hominum!

Erste Übungen

S • T • K • M
Bedeutungen lateinischer Wörter beherrschen

1 Übersetze und überprüfe, welche Aussagen stimmen:

a) Leō medius maximus est. b) Leō sinister minimus est. c) Leō dexter minor est quam leō sinister. d) Leō medius māior est leōne sinistrō. e) Leō sinister minor est cēterīs leōnibus. f) Leō medius māior est quam cēterī leōnēs.

2

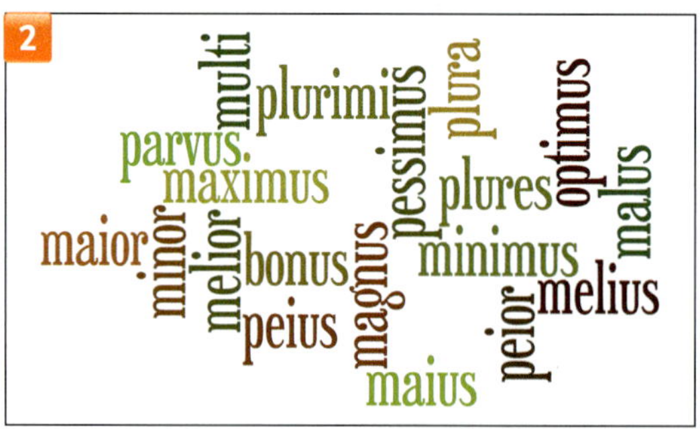

Stelle in deinem Heft aus dieser „Wort-Wolke“ mithilfe der Grammatik fünf richtige Steigerungsreihen zusammen.

W

Chrīstophorus rēgis potentissimī servus esse volēbat. Prīmum rēgem potentem invēnit, tum diabolō[1] *servīvit*. Cum diabolus[1] *crucem* Chrīstī vidēret, in māgnō timōre erat. Tum Chrīstophorus intellēxit Chrīstum potentiōrem diabolō esse et dīxit: „Tē relinquam, nam dominum potentissimum, quī in *mundō* est, quaeram.“ Aliquandō puerum in alteram rīpam flūminis *trādūxit*. In flūmine prōcēdēns Chrīstophorus sēnsit *onus* ingēns parvī puerī. Hōc *opere* Chrīstum invēnit.

[1] **diabolus, ī m.** der Teufel

„Nur dem mächtigsten Herrn will ich dienen!“

L

Jacobus de Voragine erzählt in seiner Legendensammlung von den Erfahrungen, die Christophorus machte, als er sich auf die Suche nach dem mächtigsten Herrscher machte:

Apud Iacōbum dē Sanctō Chrīstophorō haec fere legimus:

Chrīstophorus forte multīs mīlitibus occurrit. Quōrum dux eum rogāvit, quō properāret. Cui Chrīstophorus: „Diabolum[1] quaerō. Plūrimī quidem eum timent quasi pessimam calamitatem hominum. Ego autem putō eī plūs potestātis esse quam maximīs rēgibus. Eī servīre volō!“ Et dux: „Ego sum ille, quem quaeris. Potestās mea māior est potestāte omnium rēgum. Venī mēcum: Potentissimum rēgem et optimum dominum invēnistī.“

Hīs verbīs dictīs Chrīstophorus iter cum diabolō[1] perrēxit. Cum autem in quādam viā crucem Chrīstī vidērent, diabolus[1] territus fūgit. Chrīstophorō rogantī, cūr id faceret, diabolus[1] respondit: „Cum sīgnum Chrīstī videō, summō timōre afficior.“ Cui Chrīstophorus: „Appāret potestātem tuam multō minōrem esse quam praedicāvistī. Chrīstum, quia māiōrem potestātem quam tū habet, quaeram, ut eī serviam!“

Dēnique Chrīstophorus ad quoddam flūmen pervēnit, ubi erēmīta[2] habitāvit. Quī eum īnstrūxit: „In hōc flūmine, quia altius est, iam plūrimī hominēs periērunt. Sī servus optimī et maximī rēgis esse vīs, trādūc hominēs hoc flūmen! Sī haec fēceris, Chrīstus tibi apparēbit.“

Quōdam diē puer Chrīstophorum rogāvit, ut sē trādūceret. Quem Chrīstophorus in umerīs pōnēns flūmen intrāvit. Statim sēnsit hoc onus magnum esse. Et quō magis prōcessit, eō māius onus in umerīs erat. Cum tandem ad alteram rīpam pervēnisset, Chrīstophorus puerum dēpōnēns dīxit: „Numquam māiōra onera trānstulī. Putō mē tōtum mundum in umerīs meīs tulisse.“ Cui puer respondit: „Nōn sōlum tōtum mundum tulistī, sed etiam eum, quī mundum creāvit. Ego enim sum Chrīstus, rēx tuus, cui hōc opere servīs.“

[1] **diabolus, ī m.** der Teufel

[2] **erēmīta, ae m.** der Einsiedler, der Eremit

Der heilige Christophorus, Tafelbild eines süddeutschen Meisters, um 1520–1563 (Basel, Kunstmuseum)

Übungen

S • T • K • M
Textaussagen reflektieren

1 Suche für die vier Abschnitte des Lesestücks jeweils eine passende „Schlagzeile“ und erläutere dann kurz den Inhalt.

2 Informiere dich, was der Name „Christophorus“ bedeutet und erkläre auf der Grundlage des Lesestücks, wie es zu dieser Bezeichnung gekommen ist.

S • T • K • M
Steigerungsformen beherrschen

3 Schreibe aus dem Lesestück alle Steigerungsformen heraus. Ergänze dann in einer Tabelle den zu dieser Form fehlenden Positiv, Komparativ oder Superlativ im selben KNG.

S • T • K • M
Kontextgerecht übersetzen

4 Achte bei der Übersetzung der folgenden Sätze darauf, ob der Komparativ mit oder ohne Vergleich gebildet wird.

a) Chrīstophorus rēgem quaesīvit, quī potentior quam cēterī reges fuit. – Chrīstophorus rēgem potentiōrem quaesīvit.
b) Diabolus, cum sīgnum Chrīstī videt, maiōre timōre afficitur.
c) Chrīstophorus diabolō dīxit: „Potestās tua minor est quam praedicāvistī.“ – „Potestās tua minor est.“
d) Multī hominēs in flūmine, cum altius aliīs flūminibus esset, periērunt. – Multī hominēs in flūmine, cum altius esset, periērunt.

S • T • K • M
Mit anderen Sprachen vergleichen

5 Erschließe die lateinische Steigerungsreihe, von der die folgenden italienischen Steigerungsformen jeweils abgeleitet sind:

buono – migliore – ottimo; grande – maggiore – massimo
piccolo – minore – minimo; cattivo – peggiore – pessimo

S • T • K • M
Lateinische Sprichwörter erklären

6 Übersetze die folgenden römischen Sprichwörter und erkläre deren Sinn:

a) Domus propria[1], domus optima.
b) Summum iūs, summa iniūria.
c) Melius est diligi quam timērī.
d) Ūsus[2] est magister optimus.
e) Bonus intrā, melior exī! (Inschrift über einem Tempel)

[1] **proprius, a, um** eigen

[2] **ūsus, ūs m.** der Gebrauch, die Praxis

S • T • K • M
Fremdwörter erkennen und erklären

7 Erkläre die Bedeutung der folgenden Fremdwörter:

Majorität, Minorität, Minimum, Maximum, Optimist, Pessimist, Plural

S • T • K • M
Darstellungen beschreiben und vergleichen

8 Beschreibe die Bilder auf S. 267 („Christophorus mit dem Teufel“) und auf S. 269 (Der süddt. Meister) und vergleiche sie. Setze die Darstellungen in Bezug zur jeweiligen Textstelle des Lesestücks.

Der heilige Georg

Der heilige Georg kämpft mit dem Drachen (Friedrich Herlin, Nördlingen 1462)

Vom heiligen Georg wird überliefert, dass er ein römischer Offizier der Kavallerie (tribūnus) war. Er musste unter Kaiser Diokletian (284–305) in der Residenzhauptstadt Nikomedia im Jahr 304/5 während einer Christenverfolgung für seinen Glauben sterben. Etwa seit dem Ende des 4. Jahrhunderts waren im gesamten östlichen Mittelmeerraum volkstümliche Erzählungen von zahlreichen Wundertaten verbreitet, die er vollbracht haben soll. Erst im 12. Jahrhundert kam die Erzählung vom Kampf Georgs gegen einen Drachen (dracō), der eine Stadt in Lybien belagerte, auf. Georg rettete dabei angeblich die Königstochter aus der drohenden Gefahr, von dem Ungeheuer gefressen zu werden. In dieser Legende, die bei Jacobus de Voragine überliefert ist, werden einerseits berühmte antike Mythen verarbeitet, z. B. die Erzählung von Perseus, der Andromeda vor einem Seeungeheuer rettet. Andererseits symbolisiert in der christlich geprägten Erzählung der Drache auch das Böse in der Welt, das die jungen und unschuldigen Gläubigen bedroht. Wenn Georg daher die Königstochter befreit, legt er damit – in der Vorstellung der christlichen Legende – auch Zeugnis von der Macht seines Glaubens ab. Mit den Kreuzfahrern verbreitete sich die Verehrung Georgs in ganz Europa. Verschiedene europäische Königshäuser (z. B. England) und Länder (z. B. Georgien) wählten sich die Figur des heiligen Georg als Schutzpatron. Außerdem gilt der heilige Georg als einer der 14 Helfer in der Not.

Der heilige Georg als Drachentöter am Basler Münster.

G

Das Gerundium

Christophorus erklärt seine Absicht. – Ordne die deutsche Übersetzung den lateinischen Sätzen zu und bestimme jeweils den Kasus des substantivierten Verbs.

Chrīstophorus dīcit:

1. Optimō dominō servīre mihi placet.	a) Durch Dienen erfreue ich den Herrn.
2. Mihi facultās dominō serviendī est.	b) Ich bin bereit zum Dienen/zu dienen.
3. Parātus sum ad serviendum.	c) Es gefällt mir, dem besten Herrn zu dienen.
4. Serviendō dominum dēlectō.	d) Ich habe die Möglichkeit, dem Herrn zu dienen.

Erste Übungen

S • T • K • M
Deklinationen beherrschen

1 a) Erstelle aus dem G-Stück das Deklinationsschema des Gerundiums. Stelle fest, welcher Kasus nicht vertreten ist.
b) Dekliniere das Gerundium der folgenden Verben:

dīcere, audīre, parēre, ambulāre, facere

S • T • K • M
Zielsprachengerecht übersetzen

2 Übersetze in angemessenes Deutsch:

potestās regendī – parātus ad dicendum – facultās dominum praedicandī – cupidus librum legendī – in intrandō

W

Aliquandō dracō[1] quīdam, *bestia saeva,* cīvitātem quandam *furōre* suō terrēbat. Rēx, cui fīlia *dulcis* erat, mōnstrō *singulōs* puerōs atque puellās darī dēcrēvit. *Sorte* cōnstitūtum est, ut fīlia rēgis ad dracōnem mitterētur. Rēx autem, cum fīliam suam servāre cuperet, cīvibus maximās dīvitiās obtulit. Sed cīvēs precēs rēgis negāvērunt.

[1] **dracō, ōnis m.** der Drache

Der heilige Georg und der Drachen, Relief am Or San Michele, Florenz

Der Ritter Georg rettet eine Stadt

L

Die Legende erzählt, dass Georg ein römischer Offizier gewesen und eines Tages in die libysche Stadt Silena gekommen sei. Ganz in der Nähe habe ein Drache sein Unwesen getrieben, indem er die Bewohner von Silena mit seinem giftigen Atem in Angst und Schrecken versetzte.

Dracō[1] saevus, cum cupidus esset cīvēs interficiendī, iterum atque iterum ad mūrōs cīvitātis accēdēbat. Tum rēx cīvibus perterritīs dīxit: „Necesse est singulōs puerōs vel puellās cottīdiē[2] huic crūdēlissimae bestiae darī, nē furor dracōnis nimis lacessātur.“

Cum iam plūrimī fīliī fīliaeque cīvium ā dracōne interfectī essent, sorte cōnstitūtum est, ut fīlia rēgis ad dracōnem mitterētur. Rēx autem, cum amōre fīliae commōtus cupidissimus esset servandī fīliam, cīvibus dīxit: „Vōbīs maximās dīvitiās dabō, sī fīliam meam dīmīseritis.“ Cum autem cīvēs precēs rēgis negārent, clamāvit: „Heu[3], mea fīlia dulcissima, tōtā urbe nēmō miserior est mē! Sī mihi esset potestās pereundī prō tē, statim ipse ad dracōnem īrem. Nunc autem sorte tibi imposita est necessitās ad bestiam abeundī.“ Tum puella mortem certam exspectāns ad mūrōs cīvitātis prōcessit.

Eō locō Georgius tribūnus, quī cāsū hanc cīvitātem trānsībat, puellam flentem vīdit. Illa Georgiō quaerentī, quae causa flendī esset, rem explicāvit et: „Fuge“, inquit, „bone mīles, nē mēcum pereās!“ Tribūnus autem respondit: „In Chrīstī nōmine tē adiuvābō. Parātus sum ad pugnandum! Fortiter pugnandō tē ā bestiā crūdēlī dēfendam.“ Hīs verbīs dictīs dracō saevus appāruit et puellae appropinquāvit. Georgius autem equum ascendit, lanceam[4] cēpit, cruce[5] sē mūniēns impetum in bestiam fēcit, eam occīdit.

Cīvibus stupentibus Georgius dīxit: „Ā Deō haec facultās mihi data est vōs servandī. Crēdite tantum in Chrīstum et semper servābimini.“

[1] **dracō, ōnis m.** der Drache

[2] **cottīdiē** täglich

[3] **heu!** Ach! O weh!

[4] **lancea, ae f.** die Lanze

[5] **crux, crucis f.** hier: das Kreuzzeichen

Übungen

S • T • K • M
Handlungsträger und Textaussagen ermitteln

1 Verschaffe dir vor der Übersetzung des Lesestücks einen Überblick, indem du jeweils das Subjekt und das Prädikat der Hauptsätze herausschreibst und den Verlauf der Handlung knapp darstellst.

S • T • K • M
Textaussagen reflektieren

2 Bringe die folgenden Sätze, die sich auf das Lesestück beziehen, in die richtige Reihenfolge:

a) Georgius puellam flentem vīdit.
b) Georgius beātus in Chrīstum crēdens dracōnem occīdit.
c) Fīlia rēgis a Georgiō petīvit, ut bestiam fugeret.
d) Fīlia rēgis ad dracōnem missa est.
e) Dracō cupidus cīvēs interficiendī omnem cīvitātem perterruit.

S • T • K • M
Wendungen zielsprachengerecht übersetzen

3 Schreibe aus dem Lesestück die Genitivformen des Gerundiums und das Substantiv bzw. Adjektiv heraus, von dem das Gerundium abhängig ist. Übersetze den Ausdruck in angemessenes Deutsch.

S • T • K • M
Verwechselbare Formen unterscheiden

4 a) Unterscheide zwischen dem Gerundium und dem Partizip Präsens Aktiv. Lege eine Tabelle in deinem Heft an und bestimme die einzelnen Formen.

dēfendentem, dēfendendum, tenentī, mittendī, narrandō, dīcentis, scribendum, agentī, ostendendī, respondentium, quaerente, capiendō

Gerundium	Partizip Präsens Aktiv
dēfendendum – Akk. Sg. von dēfendere	dēfendentem – Akk. Sg. m./f.

b) Erstellt in Gruppen ein Plakat, auf dem ihr übersichtlich diese nd- und nt-Formen gegenüberstellt und als Lernhilfen farblich kennzeichnet. Stellt eure Plakate vor und begründet eure Entwürfe.

S • T • K • M
Formen beherrschen

5 Kooperatives Üben mit dem Gerundium. Bildet Zweier-Teams: Formuliert eigene Sätze und übersetzt sie. Vergleicht danach euer Ergebnis.

a) Es gibt im Leben viele Gelegenheiten etwas zu tun. Formuliere auf Lateinisch mindestens fünf Gelegenheiten, die für dich in Frage kommen, z. B.:
Mihi est occāsiō dīcendī. ...

b) Jeder ist dafür geschaffen, etwas zu vollbringen. Schreibe auf Lateinisch, wozu du geboren bist. Formuliere mindestens fünf Aussagen nach dem folgenden Muster:
Nātus/nāta sum ad agendum ...

6 Übertrage die folgenden Sätze in dein Heft. Wähle aus dem blau unterlegten Feld die richtige Ortsangabe. Unterscheide zwischen der Frage: wo? und wohin?

S • T • K • M
Kasusfunktionen beherrschen

Wo?	Wohin?
Ich lebe: Vīvō ...	**Ich reise: Iter faciō ...**
in Rom,	nach Italien,
in Germanien,	nach Athen,
auf Sizilien,	nach Sizilien,
auf dem Palatin,	nach Rom,
in Delphi,	nach Germanien,
in Athen,	nach Delphi,
in Italien,	nach Hause
zu Hause	

in Germāniam,
in Germāniā, Athēnās,
Delphīs, Rōmae,
domum, in Italiā,
in Siciliā, domī, Athēnīs,
in Italiam, in Siciliam,
in Palātiō, Rōmam,
Delphōs

7 Vergleiche die Darstellung von F. Herlin (S. 271) mit dem Relief aus Florenz (S. 272): Nenne die Unterschiede in den beiden Darstellungen und erläutere, welche Abbildung dem Text des Lesestücks am meisten entspricht.

S • T • K • M
Darstellungen beschreiben und vergleichen

8 Auch in der antiken Mythologie gibt es Drachenkämpfe. Informiert euch zu zweit über „Apollon und der Drache Python", „Typhon und Zeus", „Kadmos und die Schlange", „Herkules und die Lernäische Schlange" (s. Abb. unten) und „Perseus und Andromeda". Wählt eine Sage aus und tragt sie der Klasse vor.

S • T • K • M
Informationen präsentieren

9 Auch in Italienischen gibt es ein Gerundium (gerundio presente):

S • T • K • M
Mit anderen Sprachen vergleichen

a) *Avendo* fame mangio. – Weil ich Hunger habe, esse ich.
b) *Essendo* stanca sono andata a dormire. – Da ich müde war, bin ich schlafen gegangen.
b) *Scrivendo* una lettera a Carla le ha confessato il suo amore. – Indem er einen Brief an Carla schrieb, hat er ihr seine Liebe gestanden.

Nenne die lateinischen Infinitive, von denen die italienischen Formen des gerundio jeweils abgeleitet sind, und gib die italienische Form an, zu der man im Lateinischen kein Gerundium bilden kann. Erschließe, welche Satzgliedfunktion das gerundio im Italienischen übernimmt.

Herkules erschlägt die Lernäische Hydra. Schwarzfigurige Hydria des sog. Adler-Malers, um 525 v. Chr. (J. Paul Getty Museum, Malibu)

Plateaulektion 46 – 49

Grundwissen: Von der Antike zum Mittelalter

Die Bibelübersetzung des Hieronymus

- Ende des 4. Jahrhunderts n. Chr.: Der Kirchenvater **Hieronymus** veröffentlicht seine lateinische Übersetzung des Alten Testaments, die sogenannte **Vulgata**.
- **476 n. Chr.** Untergang des weströmischen Reiches. Latein bleibt aber weiterhin als Sprache für die schriftliche und mündliche Kommunikation unverzichtbar.
- Etwa ab dem 8. Jahrhundert ist die Vulgata im gesamten christlichen Westen verbreitet. Sie wird zur wichtigsten Bibelübersetzung des Mittelalters und prägt mit ihrem Latein für Jahrhunderte die **Sprache der Christen und der Wissenschaft** an den Universitäten.

Die Karolingische Renaissance

- **800 n. Chr.** Kaiserkrönung Karls d. Gr. in Rom. Sie ist der Höhepunkt der Herrschaft Karls des Großen, der das Frankenreich bis nach Spanien und Sachsen ausgedehnt hat. Zeitgenossen nennen ihn **pater Europae**, der das römische Reich als „imperium Christianum" erneuere.
- Karl beginnt im Frankenreich eine große **Bildungsreform**, die auf der lateinischen Sprache und Literatur aufbaut: In den Schreibstuben der Klöster wird eine neue Buchschrift erfunden und die Texte der antiken Schriftsteller abgeschrieben.

Die Legenden des Mittelalters

- Der deutsche Begriff **Legende** geht auf das Werk „Legenda aurea" von Jacobus de Voragine aus dem 13. Jahrhundert zurück.
- Zahlreiche, auf Latein verfasste Heiligenviten und Wundergeschichten sollen im Mittelalter Vorbilder eines christlich geprägten Lebens vermitteln und sorgen für das Fortleben der lateinischen Sprache.

Teufel können auch anders

L

Der Zisterziensermönch Caesarius von Heisterbach (ca. 1180 – 1240) lebte im Kloster Heisterbach bei Königswinter. Neben zahlreichen theologischen und historischen Schriften verfasste er auch einen „Dialogus miraculorum“. Darin sammelte er in zwölf Büchern viele Geschichten von wundersamen Ereignissen seiner Zeit, die ursprünglich für den Unterricht der jungen Mönche gedacht waren. Ein Buch widmet er auch dem Thema der Versuchung frommer Menschen durch Teufel und zeigt die jeweiligen Folgen auf. In der folgenden Episode verhält sich ein Teufel allerdings ganz anders, als man es erwarten könnte:

Daemon[1] quīdam, quī in formam adulēscentis nobilissimī sē mūtāverat, ad quendam mīlitem vēnisse dīcitur. Cui dīxit sē parātum esse ad serviendum mīlitī quasi dominō. „Sī mē“, inquit, „suscēperis, numquam meliōrem ministrum[2] quam mē habēbis.“ Ac profectō – adulēscēns mīlitī tam bene servīvit, ut eum maximō gaudiō afficeret.

Diē quōdam, cum ambō iter facerent et ad aliquod flūmen pervēnissent, subitō plūrimī hostēs ā tergō appropinquāvērunt. Quōs cum mīles animadvertisset, clāmāvit: „Ecce, post nōs crūdēlissimī hostēs sunt, quī parātī sunt nōs occidere! Ante nōs flūmen altissimum est, quod numquam aliquī homō hōc locō trānsiit! Mortuī sumus!“ Minister[2] autem dīxit: „Nolī timēre[3], domine! Hōc in flūmine vadum[4] mihi nōtum est. Mē duce ē hōc perīculō servāberis.“ Tum mīlitem celeriter ad alteram rīpam trādūxit. Hostēs autem, cum mīlitem auxiliō ministrī[2] effūgisse vīdissent, stupentes dīxisse trāduntur: „Numquam audīvimus hōc locō vadum[4] esse. Certē diabolus[5] eum trādūxit.“

Etiam mīles stupens, quōmodo hoc perīculum effūgisset, ministrum[2] rogāvit: „Quis tū es?“ Quī prīmō tacēbat, deinde respondit: „Daemon[1] ego sum, ūnus ex illīs, quī cum Lūciferō cecidērunt[6].“ Tum mīles perterritus: „Sī daemon es“, inquit, „cur mē adiuvandō servāvistī ē summō perīculō?“ Daemon: „Māgna est mihi cōnsōlātiō[7] esse cum hominibus. Numquam sinam aliquod malum tibi accidere.“ Hīs verbīs dictīs abiit et numquam rediit.

[1] **daemon** ein Dämon

[2] **minister, ministrī m.** der Diener

[3] **nōlī timēre!** hab keine Angst!

[4] **vadum, ī n.** die Furt, Untiefe

[5] **diabolus, ī m.** der Teufel

[6] **cadere, cadō, cecidī** fallen (Der Legende nach war der Teufel [Lucifer] ursprünglich ein Erzengel, der wegen seiner Sünden mit seinen Helfern vom Himmel gestürzt wurde.)

[7] **cōnsōlātiō, cōnsōlātiōnis f.** der Trost

Methodenkompetenz (16): Das lineare Dekodieren

1. Im AGITE sind dir bereits einige Möglichkeiten vorgestellt worden, einen lateinischen Satz erfolgreich zu erschließen (vgl. Methodenkompetenz 1, 3, 14, 15). Das lineare Dekodieren ist eine weitere Methode, die sich vor allem bei längeren Sätzen einsetzen lässt. Anfangs benötigst du dafür sicherlich mehr Zeit; mit etwas Übung wirst du sie aber bald schneller durchführen können. Am folgenden Satz werden die Arbeitsschritte vorgestellt.
2. Daemon quīdam, quī in formam adulēscentis sē mūtāverat, ad quendam mīlitem vēnit.

2.1 Verschaffe dir einen Überblick über den Satz, indem du **alle Verbalformen** kennzeichnest:

Daemon quīdam, quī in formam adulēscentis sē mūtāverat, ad quendam mīlitem vēnit.

2.2 Stelle fest, ob diese Verbalformen **selbstständig** (Hauptsatzprädikat), **abhängig** (Nebensatzprädikat) oder **Teil einer satzwertigen Konstruktion** (AcI, NcI, Partizipialkonstruktion) sind. Umrahme zur Verdeutlichung das Subjekt und markiere die Subjunktionen bzw. Relativpronomina:

Daemon quīdam, (quī) in formam adulēscentis sē (mūtāverat,)
ad quendam mīlitem vēnit.

2.3 **Übersetze** den Hauptsatzkern und den Nebensatz **als selbstständige Aussagen**:
„Ein Dämon ist gekommen. Er hatte sich verwandelt.“

2.4 **Suche** die **Wortblöcke**, die den Verbformen eindeutig zugeordnet sind (**z. B.: Objekte, Adverbien, Präpositionalausdrücke**):
„Ein Dämon ist zu einem Soldaten gekommen.“
„Er hatte sich in die Gestalt eines jungen Mannes verwandelt.“

2.5 Übersetze jetzt den gesamten Satz:
„Ein Dämon, der sich in die Gestalt eines jungen Mannes verwandelt hatte, ist zu einem Soldaten gekommen.“

Übungen

S • **T** • K • M
Wortblöcke erkennen

- Bei jeder Texterschließung ist es wichtig, die zusammenhängenden Wörter (Wortblöcke) richtig zu erkennen. Achten solltest du vor allem auf:
  - KNG-Kongruenz (daemon quīdam)
  - Präpositionen mit dem Substantiv im entsprechenden Kasus (ad quendam mīlitem)
  - Genitivattribute mit Bezugswort (formam adulēscentis)

  Bestimme bei den folgenden Wortverbindungen aus dem Lesestück, ob sie einen Wortblock bilden:
  parātum esse ad serviendum – meliōrem ministrum – eum maximō – ad aliquod flūmen – nōs crūdēlissimī – aliquī homō – mē duce – mīlitem celeriter – auxiliō ministrī – sinam aliquid

Methodenkompetenz (17): Die Einrückmethode

1. Als Ergänzung zum linearen Dekodieren und als visuelle Unterstützung der Satzanalyse dient die Einrückmethode. Du musst dabei nur wenige Regeln beachten:
1.1 Der Hauptsatz (bzw. seine einzelnen Bestandteile) wird ganz links notiert.
1.2 Die Nebensätze werden entsprechend ihrem Abhängigkeitsgrad nach rechts eingerückt.
1.3 Sie beginnen häufig mit einer Subjunktion (z. B. cum, ut/nē, sī), mit einem Relativpronomen oder einem Fragepronomen. Eine Hilfe zur Abgrenzung von Haupt- und Nebensatz, bzw. der Nebensätze voneinander, kann das Komma sein.
1.4 Satzwertige Konstruktionen (AcI, NcI, Participium coniunctum, Ablativus absolutus) werden je nach ihrer Stellung im Satz eingeordnet.
1.5 Zur Verdeutlichung kannst du die Markierungen aus dem linearen Dekodieren übernehmen.
2. So könnte die graphische Analyse von zwei Sätzen aus dem Lesestück aussehen:

2.1

Hauptsatz	Nebensatz 1. Grades
Diē quōdam,	
	cum ambō iter facerent et ad aliquod flūmen pervēnissent,
subitō plūrimī hostēs appropinquāvērunt.	

2.2

Hauptsatz	Nebensatz 1. Grades
Hostēs,	cum mīlitem … effūgisse vīdissent,
dīxisse trāduntur	
stupentēs	

Übungen

1 Schreibe aus dem Lesestück alle Adjektive heraus und bilde zu ihnen die gesamte Steigerungsreihe (Positiv, Komparativ, Superlativ) im Nominativ Singular masculinum.

S • T • K • M
Steigerungsformen beherrschen

2 Vorsicht Falle! – Suche aus den folgenden Formen nur die Gerundia heraus und nenne den Infinitiv, von dem sie gebildet sind:

ascendō – ascendendō – aliquandō – comprehendō – comprehendendō – condō – contendī – contendendī – dēfendī – dēfendendī – dēscendī – incendī – incendium – iūcundum – iungendum – mandandum – mandō – mundō – reprehendō – reprehendendō – vendidī – vendendī

S • T • K • M
Verwechselbare Formen unterscheiden

Lektion 50 – 53

Fragen und Antworten: Wie soll ich leben?

Ō vītae philosophia dux! – Oh Philosophie, Lenkerin unseres Lebens! Mit diesen feierlichen Worten lobt Cicero die Philosophie als unentbehrliche Ratgeberin für das Leben aller Menschen. Cicero ist durch seine Schriften maßgeblich daran beteiligt, dass sich die Philosophie der Griechen in Rom verbreitet hat.
Das griechische Wort philosophia bedeutet Liebe zur Weisheit. Der griechische Philosoph Aristoteles (384 –322 v. Chr.) sagt, dass die Menschen deshalb angefangen haben zu philosophieren, weil sie die Welt, in der sie lebten, nicht mehr als selbstverständlich ansahen, sondern über sie staunten und sich wunderten, woher und wozu sie entstanden sei. Dieses Staunen führte zu weiteren Fragen, z. B.: Woher weiß ich, dass meine Ansichten richtig sind? Wird das Schicksal der Menschen von Göttern gelenkt oder ist jeder für sein Handeln selbst verantwortlich? Nach welchen Grundsätzen sollen Menschen miteinander leben? Wie kann man glücklich werden?

Raffael, Die Schule von Athen, 1511, Stanza della Segnatura (Rom, Vatikanische Museen)

Diese Fragen und ihre Antworten haben sich allmählich entwickelt. Den Anfang machten die ionischen Naturphilosophen wie z. B. Thales von Milet. Die Naturphilosophen untersuchten vor allem, ob es einen unveränderlichen Urstoff gibt, aus dem die Dinge in der Welt entstanden sind.
Der Athener Sokrates stellte das Handeln der Menschen in den Mittelpunkt seiner Untersuchungen. Er zeigte seinen Mitbürgern immer wieder, dass ihr vermeintliches Wissen nur ein Scheinwissen war, und versuchte sie dazu zu bringen, durch präzise Definitionen zur richtigen Erkenntnis zu gelangen.
Der Philosoph Diogenes soll von seinen Mitbürgern als „Hund" verspottet worden sein. Da er glaubte, ein glückliches Leben sei nur ohne Reichtum und durch Verzicht auf alle Annehmlichkeiten möglich, lebte er selbst in größter Bescheidenheit.
Platon war der berühmteste Schüler des Sokrates. In seinem berühmtesten Werk „Der Staat" definiert er auch die Tugend der Gerechtigkeit. Ohne sie kann kein Mensch und kein Staat regiert werden. Daher fordert er, dass alle Regierenden Philosophen sein müssen.

Sokrates (links) und Platon (München, Glyptothek)

Diogenes und Alexander d. Gr., Röm. Relief, vermutlich aus der 1. Hälfte des 1. Jh. n. Chr. (Rom, Villa Albani, gefunden 1726)

- Informiere dich im Lexikon oder im Internet, welche griechischen Philosophen auf dem Gemälde Raffaels dargestellt sind.
- Überlege, warum zu Beginn des 16. Jahrhunderts die griechische Antike zum Gegenstand eines repräsentativen Gemäldes werden konnte.

Lektion 50

Solon aus Athen, einer der Sieben Weisen

Solon aus Athen gilt als einer der sogenannten Sieben Weisen. Zu ihnen rechnete man etwa seit dem 6. Jahrhundert v. Chr. in Griechenland Männer mit unterschiedlichen außergewöhnlichen Fähigkeiten. Zu den Sieben Weisen gehörten u. a. der Mathematiker und Naturphilosoph Thales aus Milet, der Rechtsgelehrte und Redner Bias von Priene oder der Tyrann Periander von Korinth. Ihnen allen wurde eine große Lebensweisheit und politische Klugheit zugeschrieben, die sie jeweils in kurzen Sentenzen festgehalten haben sollen, den Sinnsprüchen der Sieben Weisen. Die wohl berühmtesten lauten: „Erkenne dich selbst!" und „Nichts im Übermaß!"

Solon (ca. 640 – 560 v. Chr.) stammte aus einer sehr angesehenen adligen Athener Familie. Als es in seiner Heimatsstadt im Jahr 594/93 v. Chr. zu einer schweren Auseinandersetzung zwischen den Großgrundbesitzern und den verschuldeten Bauern kam, wurde Solon zum Schiedsrichter in diesem Streit gewählt. Mit verschiedenen Reformen gelang es ihm unter anderem, die Schuldknechtschaft abzuschaffen und eine Beteiligung aller Bürger an der Politik entsprechend ihrem Vermögen einzuführen. Nachdem er seine Gesetze erlassen hatte, soll Solon Athen verlassen und sich auf eine große Reise durch die damals bekannte Welt begeben haben.

Der griechische Historiker Herodot (ca. 484 – 425 v. Chr.) berichtet in seinem Geschichtswerk, dass Solon dabei nach Lydien gelangt sei und sich einige Zeit am Hofe des sagenhaft reichen Königs Kroisos (lateinisch: Croesus) aufgehalten habe. Da Kroisos erst 460 v. Chr. König wurde, ist diese Begegnung historisch nicht möglich. Entscheidend ist jedoch der Inhalt des Gespräches, das Herodot überliefert: Es stellt die Lebensauffassung des überaus reichen kleinasiatischen Königs und des griechischen Politikers im 5. Jahrhundert v. Chr. gegenüber. Der eine vertraut allein auf seinen Reichtum, der andere macht darauf aufmerksam, dass kein Mensch über sein Schicksal verfügen kann. Die uralte Frage „Wann kann man einen Menschen als glücklich bezeichnen?" wird vor dem Hintergrund dieser unterschiedlichen Ansätze überraschend beantwortet.

Mosaik aus einer römischen Villa in Baalbek (heutiger Libanon); Kalliope, die Tochter des Zeus und die Muse des heroischen Epos und der Elegie, ist umgeben von Sokrates (oben) und den sieben weisen Männern, 3. Jh. n. Chr. (Beirut, Nationalmuseum)

Die Steigerung der Adverbien/fieri

G

1. Geōrgius tribūnus fīliam rēgis ante mūrōs urbis vīdit. Cum condiciōnem miserrimam puellae cōgnōvisset, eam rogāvit: „Cūr hīc miserrimē perīre dēbes?“ Puella respondit: „Dracō crūdēlissimus urbem nostram vexat. Dracō omnēs cīvēs crūdēlissimē occīdit. Nam dracō saevior omnibus bestiīs est. Nūlla alia bestia nōs saevius hōc dracōne vexat.“
   Geōrgius: „Mīles fortissimus sum. Fortissimē pūgnandō tē ā bestiā dēfendam.“

2. Geōrgius audit dracōnem impetum in cīvēs facere.
   → Geōrgius audit ā dracōne impetum in cīvēs fierī.
   Puella clāmat: „Dracō nōbīs perniciem facit.“
   → Puella clāmat: „Nōbīs ā dracōne pernicies fit.“
   „Certē deī nōbīs maximōs dolōrēs faciunt.“
   → „Certē nōbīs ā deīs maximī dolōrēs fīunt.“
   „Deī nōs omnēs īnfēlīcēs faciunt.“ → Nōs omnēs īnfēlīcēs fīmus.“

Erste Übungen

1 Stelle in einer Tabelle aus G1 alle einander entsprechenden Formen der Adjektive und Adverbien gegenüber. Erkläre dann, wie die Steigerungsformen der Adverbien im Komparativ und Superlativ gebildet werden.

S • T • K • M
Elemente des lateinischen Formenaufbaus benennen

2 Bilde zu den folgenden Adverbien die entsprechenden Formen im Komparativ und Superlativ:

ācriter – bene – cupidē – facile – īnfēlīciter – iūstē – male – prūdenter – pulchrē

3 a) Die Konjugation von fierī entspricht im Präsensstamm den Formen der i-Konjugation.
Konjugiere im Indikativ parallel: audiō et fīō; audiēbam et fīēbam; audiam et fīam

b) Bilde in Anlehnung an die Formen von audīre die entsprechenden Formen zu fierī:
audīmus – audīs – audiēbant – audiet – audiō – audiēbātis – audiam – audiunt

S • T • K • M
Konjugationen beherrschen

W

Solōn Athēniēnsis Croesum, rēgem Lȳdōrum, adiit et eius domum *rēgiam* intrāvit. Croesus *hospitem* salūtāvit et dīxit: „Omnēs tē *propter* sapientiam laudant. Dīvitiās meās cōgnōvistī – dīc mihi, num mē etiam *beātum* dūcās!“
Solōn autem rēgī respondit: „Dīvitiās tuās *māgnī aestimō*. Sed nōn sciō, num *beātus* sīs. Nam fortūna hominum *fātō* regitur. Deī etiam tē perdere possunt.“

L Macht Reichtum glücklich?

Auf einer Reise gelangte Solon auch nach Lydien, dessen König Croesus unermesslich reich war. Croesus erhoffte sich vom berühmten Gast aus Athen die Antwort auf eine wichtige Frage, die zu allen Zeiten viele Menschen bewegt:

Aliquandō Solōn Athēniēnsis Croesum, dīvitissimum rēgem Lȳdōrum, adiit. Quī hospitem libenter in domō rēgiā accēpit et ad convīvium adhibuit. Tertiō aut quartō diē post adventum Solōnis Croesus quōsdam servōs iūssit Athēniēnsem per thēsaurōs[1] dūcere eīque dīvitiās ostendere. Tum Solōnem, quī dīvitiās dīligentissimē spectāverat, rogāvit: „Hospes Athēniēnsis, audīvī tē sapientissimum omnium hominum esse. Plūrimās regiōnēs orbis terrārum iam vīdistī, multōs rēgēs dīvitēs convenistī, animōs hominum optimē cōgnōvistī. Itaque dic mihi, quem beātissimum hominum putēs.“ Haec Croesus rogāvit putāns sē ipsum propter dīvitiās beātissimum esse.

Solōn autem rēgī haec respondit: „Ō rēx, nōn dubitō, quīn dīvitissimus sīs. Beātissimum autem omnium hominum tē minimē nominō. Nam homō dīves nōn beātius vīvit quam homō pauper, nisī eī contingit, ut quam diūtissimē fēlīx sit.

Dīvitiae certē omnibus hominibus ūsuī sunt, ut cupiditātēs suās satiant[2]. Sed vīta hominum septuāgintā ferē annōs manet. Per hoc spatium temporis multa accidunt, quibus homō beātus īnfēlīx fit. Nam fortūna hominum omninō in potestāte deōrum posita est: Omnia fātō fīunt. Itaque nē dīvitissimō quidem contingit, ut beātus fīāt. Saepe enim fit, ut deī invidiā adductī eum perdant, quī plūrimum dīvitiīs gaudet. Equidem putō neminem ante mortem beātum nominārī posse.“

Hīs verbīs audītīs Croesus Solōnem īrātus dīmīsit. Putāvit enim eum dīvitiās suās parvī aestimāre.

[1] **thēsaurus, ī m.** die Schatzkammer

[2] **satiāre** sättigen, befriedigen

Gerard van Honthorst, Solon und Croesus, 1624 (Hamburger Kunsthalle)

Übungen

1 Croesus und Solon haben jeweils unterschiedliche Vorstellungen vom Glück des Menschen.
a) Erkläre anhand von Z. 1–10, was Croesus unter Glück versteht.
b) Vergleiche damit in Z. 11–25 die Auffassung Solons.
c) Nehmt zu der Ansicht Solons Stellung.

S • T • K • M
Textaussagen reflektieren

2 Vorsicht Falle! – Ordne die folgenden Formen nach Substantiven und Verben und bestimme sie genau nach P, N, M, T, Gv bzw. K, N, G:

fīs – vīs (2) – fīat – fīēs – fīnēs – viam – fīam – fītis – fertis – fīās – viās

S • T • K • M
Verwechselbare Formen unterscheiden

3 Ordne den folgenden Formen die entsprechenden Formen des Präsensstamms zu:

S • T • K • M
Konjugationen beherrschen

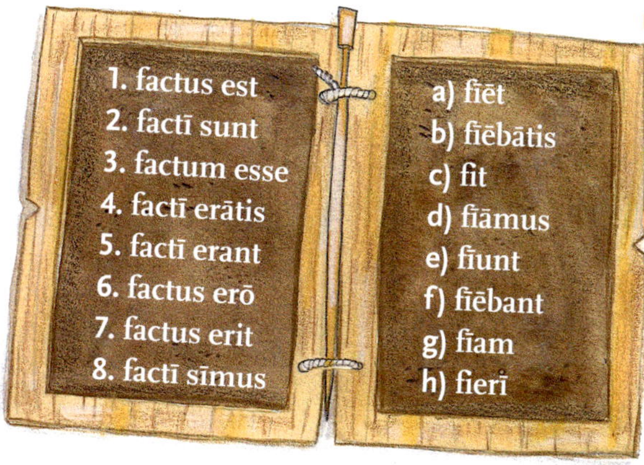

4 Lege eine Tabelle in deinem Heft an und ordne die folgenden Adverbien der richtigen Steigerungsform zu. Ergänze dann jeweils die beiden fehlenden Steigerungsformen.

S • T • K • M
Steigerungsformen beherrschen

dīligenter, melius, fēlīcissimē, plūs, miserē, celerius, iūcundissimē, turpiter, diūtius, pessimē

5 Genitivus totius, obiectivus, qualitatis oder subiectivus? – Bestimme, welcher Genitiv jeweils vorliegt und übersetze dann:

S • T • K • M
Kasusfunktionen im Kontext bestimmen

a) Solōn, vir māgnae sapientiae, Croesum rēgem adiit. b) Croesus putāvit sē dīvitissimum omnium hominum esse. c) Sed Solōn eum monuit: „Spē glōriae falleris. d) Nam īra deōrum dīvitiās tuās celeriter perdet.“

6 Beschreibe das Gemälde von Gerard van Honthorst (S. 284) und erläutere dabei, was die jeweilige Handbewegung von Croesus bzw. Solon zum Ausdruck bringen könnte.

S • T • K • M
Darstellungen erläutern

7 Sententiae Latinae: Übersetzt die folgenden lateinischen Sprichwörter und diskutiert, ob ihre Aussagen heute noch Gültigkeit haben.

S • T • K • M
Lateinische Sprichwörter erklären

a) Ex nihilō nihil fit.
b) Facilis fit fortūna ferendō.
c) Celeriter fit, quod deī volunt.
d) Volentī nōn fit iniūria.
e) Nē quid nimis!

Lektion 51

Sokrates und die Suche nach Wahrheit

Herme des Sokrates (Neapel, Museo Nazionale)

Im Jahr 399 v. Chr. wurde Sokrates, einer der bedeutendsten Philosophen der Antike, wegen seiner Lebensweise und seiner Philosophie vor Gericht angeklagt und zum Tode durch Gift verurteilt.
Sokrates lebte im 5. Jahrhundert v. Chr. in Athen. In dieser Zeit gab es große Veränderungen in der Gesellschaft. Die Wertvorstellungen, welche die Griechen über Jahrhunderte gepflegt hatten, hatten ihre absolute Gültigkeit verloren. An ihre Stelle war eine Vielzahl verschiedener Ansichten über die richtige Lebensweise getreten. Selbsternannte Weisheitslehrer (sogenannte Sophisten) zogen durch viele Städte und vermittelten gegen Bezahlung vor allem die Kunst, wie man durch geschickte Reden seine Ansicht durchsetzen konnte.
In dieser Zeit trat Sokrates unbeirrbar für eine ernsthafte Suche nach wahren Erkenntnissen ein und forderte eine entsprechende Lebensführung. Immer wieder verwickelte er seine Mitbürger, darunter auch ranghohe Politiker, in philosophische Gespräche und zwang sie so zum Nachdenken über Begriffe wie Gerechtigkeit, Weisheit, Tugend oder über das Wissen selbst. Diese Begriffe waren zwar in aller Munde, aber niemand wollte über deren wahre Bedeutung für das Leben nachdenken. Für viele seiner Mitbürger war Sokrates dadurch allerdings lästig. Er selbst verglich sich einmal mit einem Insekt, weil er wie dieses seine Gesprächspartner unablässig bedrängte und niemals von einer Befragung abließ.
Schließlich kam es zum Prozess gegen den damals 70-jährigen Sokrates. Offiziell lautete die Anklage auf Gottlosigkeit (Asebie) und Verführung der Jugend. Der eigentliche Grund waren aber wohl Sokrates' provokante und unnachgiebige Fragen.
Obwohl er die Möglichkeit gehabt hätte, weigerte sich Sokrates, aus dem Gefängnis zu fliehen. Er wollte nämlich trotz des ungerechten Urteils gegen ihn auf keinen Fall selbst ein Unrecht begehen. So blieb er seinen Überzeugungen bis in den Tod treu.

Der Konjunktiv im Hauptsatz (1): Iussiv/Hortativ/Prohibitiv

G

1. Croesus iubet: „Servī hospitī dīvitiās meās ostendant! Tum hospes dīcat, quem beātissimum putet!“
2. Servī Solōnem invītant: „Eāmus! Ambulēmus per domum rēgiam et spectēmus dīvitiās dominī nostrī!“
3. Solōn dīvitiās dīligentissimē spectat et stupet. Tamen Croesum ā superbiā prohibet: „Nē nimis fidem fortūnae tuae habueris, amīce! Nēmō ante fīnem vītae beātus nōminētur!“

Erste Übungen

1 Konjunktiv oder Indikativ? Schreibe die Formen sortiert nach Konjugationsklassen in dein Heft. Untersuche, ob ein Modus- bzw. Tempuszeichen vorliegt und markiere dann die Konjunktivformen:

S • T • K • M
Konjugationen beherrschen

perdās – dēlīberās – scīvērunt – servāverint – cōgitēmus – dēfendēmus – implōrētis – iacētis – fit – sit – ēgerō

2 Moduswechsel: Bilde die entsprechende Form im Konjunktiv bzw. Indikativ.

dēbent – fīunt – commovēs – sit – audit – rīseritis – dīxistī – vīxerint – nescīmus – ēgistis – quaerit

3 Viele Meinungen, aber was macht wirklich glücklich? Übersetze und ordne jedem Satz den entsprechenden Aussagemodus zu.

S • T • K • M
Modi kontextgerecht wiedergeben

Iussiv (Befehl) – Prohibitiv (Verbot) – Hortativ (Selbstaufforderung)

a) Sine inimicītiā cum amīcīs vīvāmus!
b) Nōn omnēs hominēs dīvitēs fēlīcēs nōminentur!
c) Nē multa possidentem beātum vocāveris!
d) Vītam brevem sapienter agāmus!
e) Nē rēs secundās parvī aestimāveritis!

W

Sōcratēs saepe per forum ambulābat et ex amīcīs et inimīcīs quaerēbat, quid ad vītam beātam *pertinēret*. Saepe sē nihil scīre dīcēbat et nōn *dēsinēbat* cīvibus *vitia* dēmōnstrāre. *Quā dē causā* complūribus *cīvibus odiō erat*. Quī tandem eī *obiēcērunt* eum adulēscentēs corrumpere et deōs urbis nōn colere. *Quā dē causā* eum suppliciō affēcērunt.

L Wer ist wirklich weise?

In seiner Rede verteidigt sich Sokrates zunächst nicht gegen die von seinen Gegnern vorgebrachten Anklagepunkte, sondern gegen jene Gerüchte, die schon seit langem über ihn in Athen kursieren. Den Grund für diese Verleumdungen sieht er in seinen alltäglichen Gesprächen, die er auf dem Marktplatz mit den Athenern führte:

Sokrates diskutiert mit den Athenern (Ausschnitt aus dem Gemälde von Raffael, „Die Schule von Athen“, 1510/11 (Rom, Vatikanische Museen)

Necesse est mē dēfendere contrā eōs inimīcōs, quī iam diū meum modum vīvendī mihi obiciunt. Audīte, quōmodo illa probra[1] effecta sint! Vōs autem nē mē rīseritis! Nam rēs vērās vōbīs nārrābō. Testis vōbīs est Chaerephōn, quem ā puerō amīcum meum habeō.

Cui aliquandō ōrāculum Delphicum dīxerat nēminem sapientiōrem esse Sōcrate. Cum haec audīvissem, prīmō valdē commōtus sum. Deinde mēcum cōgitābam: „Ostendant iī, quī ab omnibus Athēniēnsibus sapientēs habentur, mē sapientem nōn esse! Hī in sermōne dēmōnstrent sē sapientiōrēs mē esse!“

Itaque ad eōs, quī cīvītātī nostrae praesunt, adiī et: „Quaerāmus“, inquam, „utrum ōrāculum Delphicum vērum dīxerit an nōn! Sapientis est scīre, quid ad bene vīvendum pertineat. Vōs, quī ab omnibus sapientēs habēminī, dīcite mihi, quōmodo hominēs bonī fīant!“

Cum illī autem nihil respondēre potuissent, haec cōgnōvī: Illī quidem sapientēs esse videntur, sed rē verā nōn sunt. Nam putant sē ea scīre, quae nesciunt. Ego autem, cum nesciam, quōmodo hominēs bonī fīant, nōn exīstimō mē sapientem esse. Itaque cīvēs semper monēbam: „Nē exīstimāveritis vōs ea scīre, quae rē vērā nescītis!“

Quā dē causā multīs cīvibus odiō sum. Quī iam diū dīcunt: „Iste vir taceat! Nē nōbīs molestus[2] sit! Nē adulēscentēs perdat verbīs suīs!“ Ego autem numquam dēsinam cum cīvibus in forō sermōnēs dē virtūtibus et dē vitiīs habēre. Nam omnēs hominēs semper studeant, ut vītam cum virtūte agant!

[1] **probrum, ī n.** der Vorwurf, die üble Nachrede

[2] **molestus, a, um** lästig

Übungen

1 Erkläre, warum das Delphische Orakel Sokrates als Weisen bezeichnet (Z. 8–19).

S • T • K • M
Textaussagen reflektieren

2 Erörtert in der Klasse, ob Sokrates nicht doch weise war, obwohl er sagte, dass er nichts wisse (Z. 20–24).

3 Schreibe aus dem Lesestück alle Konjunktive im Hauptsatz heraus und erkläre ihre jeweilige Funktion.

S • T • K • M
Konjunktive erklären

4 Stellt in verschiedenen Gruppen die Wörter aus dem Lektionstext zusammen, die zum Sachfeld „Recht/Rechtsprechung" gehören, und präsentiert sie mit weiteren Wörtern in einer Mindmap.

S • T • K • M
Sachfelder erstellen

5 Noch ist die Sache des Sokrates nicht verloren – wenn jeder tut, was er soll. Wandle die Aussagesätze in Jussive um und übersetze dann.

S • T • K • M
Funktionen der Konjunktive beherrschen

Beispiel: Amīcī veniunt. → Amīcī veniant!

a) Athēniēnsēs verba Sōcratis dīligenter audiunt.
b) Athēniēnsēs Sōcratem crīminibus falsīs absolvunt.
c) Cīvēs Sōcratem honōribus et praemiīs afficiunt.

6 Sokrates nimmt Abschied von seinen Freunden. Verneine die folgenden Aussagen, indem du die Prohibitive bildest, und übersetze dann.

Beispiel: Amīcī dēspērant.	→ Sōcratēs: „Nē dēspērāveritis!"
a) Amīcī dēsinunt dē nātūrā rērum quaerere.	→ Sōcratēs: „...!"
b) Sōcratēs nōs in rēbus adversīs dēserit.	→ Amīcī: „...!"
c) Amīcī dē morte (Sōcratis) flent.	→ Sōcratēs: „...!"
d) Sōcratēs Athēnīs manet.	→ Amīcī: „...!"
e) Amīcī Sōcratem implōrant.	→ Sōcratēs: „...!"

7 Übersetze und erkläre jeweils die Funktion des Konjunktivs im Hauptsatz:

a) Quaerāmus, quōmodo Sōcratī auxiliō veniāmus!
b) Sōcratēs, quem nōnnūllī cīvēs accūsāvērunt, salūtem fugā petat!
c) Sōcratī praemium dētur, quia cīvēs monet, ut dē vitiīs cōgitent!
d) Nē quaerere dēsieritis, quid ad vītam beātam pertineat.

8 Die Inschrift auf der Herme (S. 286) lautet übersetzt: „Ich habe es nicht erst jetzt, sondern immer schon so gehalten, dass ich mich in meinen Angelegenheiten einzig und allein von der Überlegung leiten lasse, die mir beim Nachdenken die beste scheint."
Diskutiert, ob dieser Satz auch für euch heute gelten kann.

S • T • K • M
Antike Aussagen mit heutigen Denkweisen vergleichen

Lektion 52

Diogenes und Alexander der Große

Im 4. Jahrhundert v. Chr. eroberte König Alexander von Makedonien mit seinen Truppen Ägypten, das Perserreich und Teile Indiens. In der Folge wurde Alexander der Große, wie man ihn nannte, von vielen sogar wie ein Gott verehrt. Zudem breitete sich im Zuge seiner Herrschaft die griechische Kultur nicht nur im östlichen Mittelmeerraum, sondern auch in weiter östlich gelegenen Gebieten aus. Man bezeichnet diese Verbreitung griechischer Kultur sowie die gesamte Epoche nach Alexanders Tod (323 v. Chr.) als Hellenismus.

Bereits in der Antike gab es zahlreiche literarische Werke, in denen das Leben Alexanders in mehr oder weniger glaubhaften Anekdoten dargestellt wurde. Bekannt ist der Bericht von Alexanders Begegnung mit dem Philosophen Diogenes. Tatsächlich war Alexander hochgebildet. Sein Erzieher war der bedeutende Philosoph Aristoteles, und so ist es denkbar, dass der Herrscher den Wunsch hatte, auch mit dem Philosophen Diogenes zu sprechen.

J. W. Waterhouse, Diogenes (1882)

Um die Person des Diogenes ranken sich ebenfalls verschiedene Geschichten. Er trat für einen äußerst einfachen Lebensstil ein, der dem Menschen möglichst viel Unabhängigkeit und Freiheit bringen sollte. So schlief er in einem Vorratsgefäß und lehnte das Ansammeln persönlicher Besitztümer ab. Seine Mitmenschen in der reichen Handelsstadt Korinth kritisierte er aggressiv und verhielt sich dabei oft provozierend. Bekannt ist die Geschichte, der zufolge Diogenes am helllichten Tag mit einer Lampe über einen belebten Marktplatz ging und erklärte, er sei auf der Suche nach einem wahren Menschen. Es ist kein Wunder, dass die Bürger Diogenes wegen seines Auftretens und seiner Lebensweise ablehnten. Man beschimpfte ihn als kýon (griechisch: „Hund"), und so bezeichnete man auch seine Anhänger als „Kyniker" (wovon unser Fremdwort „Zyniker" abstammt).

Als Alexander und Diogenes einander begegneten, trafen also gegensätzliche Lebensstile aufeinander: Der mächtigste Mann seiner Zeit, der den Prunk durchaus schätzte, suchte den in Armut lebenden Philosophen auf. Die Geschichte von der Begegnung dieser beiden bedeutenden Menschen dürfte auch deshalb so berühmt sein, weil sie uns mit wichtigen philosophischen Fragen konfrontiert: Hat ein Leben im Luxus nur Annehmlichkeiten oder bringt es auch Nachteile mit sich? Kann ein einfaches Leben dazu führen, dass der Mensch sich frei fühlt? Und vor allem: Was brauchen wir überhaupt zum Leben?

Der Konjunktiv im Hauptsatz (2): Optativ (erfüllbare und unerfüllbare Wunschsätze)

G

Nach der Verteidigungsrede des Sokrates wünschen sich seine Freunde, dass der Prozess ein gutes Ende nimmt:
„Utinam cīvēs Sōcratem absolvant! Utinam nē eum suppliciō afficiant! Utinam Sōcratēs bene cum cīvibus ēgerit! Utinam nē cīvēs reprehenderit!“
Als sie merken, dass einige Richter wohl kein Verständnis für Sokrates haben, wünschen die Freunde trotzdem:
„Utinam cīvēs Sōcratem absolverent! Utinam nē eum suppliciō afficerent!
Nach dem Urteilspruch klagen die Freunde:
„Utinam Sōcratēs bene cum cīvibus ēgisset! Utinam nē cīvēs reprehendisset!“

Erste Übungen

1 Sortiere die folgenden Konjunktivformen nach ihren Tempora. Gib jeweils an, ob diese Formen als Optativ einen erfüllbaren oder unerfüllbaren Wunsch in der Gegenwart oder Vergangenheit ausdrücken.

S • T • K • M
Formen und Funktionen der Konjunktive beherrschen

abessent, afficerentur, capiās, conveniam, discēderet, effecta sint, fuissēs, perdideris, praefuerit, putārēmus, reprehēnsus essem, bonī sītis

2 Übersetze die folgenden Sätze. Erkläre, wie sich die Aussage des Optativs bei den verschiedenen Tempora der Verbformen jeweils ändert.

a) Utinam Sōcratēs Athēniēnsibus persuādeat/persuādēret/persuāserit/persuāsisset!
b) Utinam nē nōnnūllī cīvēs Sōcratem accūsent/accūsārent/accūsāverint/accūsāvissent!

3 Wünsche des Sokrates – Bilde aus den folgenden Bausteinen vier inhaltlich sinnvolle und sprachlich korrekte Sätze mit einem Optativ und übersetze sie:

S • T • K • M
Konjunktive im Kontext erfassen

Utinam	1. cīvēs	A) verba Pȳthiae	a) adīsset!
Utinam nē	2. inimīcī meī	B) cīvibus	b) intellēxerint!
	3. ego	C) ōrāculum Delphicum	c) studeant!
	4. Chairephōn	D) sapientiae	d) odiō essem!

W

Cum Alexander *rēgnāret*, philosophī ad eum veniēbant. Diogenēs autem rēgem nōn *vīsit*. Philosophus in urbe dīvitissimā vīvēbat. Ipse dīvitiās et *lūxuriam* neglēxit. *Palam* cīvēs dīvitēs reprehendit et popōscit, ut *lūxuriam* dīmitterent. Cīvēs autem īrā incēnsī Diogenem *canem* vōcābant et clāmābant: „*Tālem* philosophum *diūtius* tolerāre nōlumus!“

L Wer ist wirklich reich?

Der Philosoph Diogenes ging mit seinen Mitmenschen sehr grob um, denn er versuchte, sie durch provozierendes Verhalten zum Denken anzuregen. Angst hatte er dabei nicht. Und so verhielt er sich auch gegenüber Alexander dem Großen, dem mächtigsten Mann seiner Zeit.

Alexandrum rēgem multī hominēs adībant. Etiam quīdam philosophī ad eum veniēbant dīcentēs: „Utinam diū vīvās fēlīciterque rēgnēs! Utinam semper cōnsilia sapientia capiās!" Tantum Diogenēs, cum hās blanditiās[1] odisset, rēgem vīsere nōlēbat.
Alexandrō autem, cum Diogenem sapientissimum virum illīus aetātis putāret, nōn placuit hunc philosophum nōn vēnisse. Itaque dīxit: „Utinam Diogenēs nē abesset! Utinam eum conveniam!" Tum ipse Corinthum iter fēcit, ut philosophum convenīret.
Quā in urbe divitissimā Diogenēs vīvēbat. Tam pauper erat, ut nōn in domō, sed in dōliō[2] habitāret. Ipse lūxuriam oderat, saepe cīvēs dīvitēs palam reprehendēbat: „Nōlīte tempus ōtiō perdere! Utinam lūxuriam dīmitterētis! Utinam prūdenter agātis!" Hīs verbīs Diogenēs multīs cīvibus odiō erat. Quī clāmābant: „Iste philosophus nōbis nē molestus[3] sit! Utinam iste canis ā nōbīs discēderet!"
Cum Alexander Corinthum pervēnisset, Diogenēs ante dōlium[2] in sōle iacēbat. Rēx philosophum cōnspiciēns salūtāvit et „Pete ā mē", inquit, „quid tibi placeat!" Et ille: „Utinam paulum ā sōle recēdās[4]!"
Comitibus rēgis philosophum vehementissimē reprehendentibus Alexander dīxit: „Utinam tālem vītam agerem, quālem Diogenēs!" Nam cōgnōverat sē Diogenem virtūte superāre nōn posse. Rēx ā philosophō discēdēns dīxisse trāditur: „Nisī Alexander essem, vellem esse Diogenēs."

[1] **blanditia, ae f.** die Schmeichelei
[2] **dōlium, ī n.** das Fass
[3] **molestus, a, um** lästig, beschwerlich
[4] **recēdere, recēdo** weggehen

Diogenes und Alexander, Röm. Relief, vermutlich 1. Hälfte des 1. Jahrhunderts n. Chr. (Rom, Villa Albani, gefunden 1726)

Übungen

1 Verschaffe dir vor der Übersetzung des Lesestücks einen Überblick über den Handlungsverlauf, indem du für Z. 1–8 jeweils das Subjekt, das Prädikat und das Objekt der Aussagesätze herausschreibst und den Inhalt knapp darstellst.

S • T • K • M
Handlungsträger und Textaussagen ermitteln

2 Schreibe aus dem Übersetzungstext sämtliche Wendungen heraus, die etwas über das Wesen des Diogenes aussagen, und paraphrasiere jeweils ihren Inhalt. So kannst du beginnen:

S • T • K • M
Texte paraphrasieren

Diogenes

- blanditias odisset (Z. 3) → lehnt es ab, anderen zu schmeicheln;
- regem visere nolebat ... (Z. 4) → hält es nicht für nötig, dem König seine Ehre zu erweisen;

3 Kooperatives Üben in Zweier-Teams. Übersetzt die Sätze und formt die Prädikate dann so um, dass aus erfüllbaren Wünschen unerfüllbare werden und umgekehrt. Vergleicht euer Ergebnis und diskutiert über die beiden Ansichten.

S • T • K • M
Funktionen der Konjunktive im Kontext beherrschen

Diogenēs cīvēs ōrat: a) Utinam lūxuriam dimitterētis! b) Utinam nē tempus ōtiō perdidissētis! c) Utinam semper prūdenter agerētis! Cīvēs ōrant: d) Utinam Diogenēs nē urbem nostram adīsset! e) Utinam ex urbe nostrā exeat! f) Utinam nē nōs semper reprehenderet!

4 Lege eine Tabelle nach dem folgenden Schema an. Übersetze dann die Sätze und sortiere dabei alle Konjunktivformen in die Tabelle ein.

Konjunktiv im Hauptsatz					Konjunktiv im konjunktivischen Nebensatz
Irrealis	Hortativ	Jussiv	Prohibitiv	Optativ	

a) Diogenēs tam pauper erat, ut in dōliō[1] habitāret. b) Semper cīvēs monuit: „Ne lūxuriae studueritis! c) Utinam sine lūxuriā vītam agerētis!“ d) Nōnnūllī cīvēs, cum haec verba audīvissent, dīxērunt: e) „Verbīs philosophī pāreāmus!“ f) Multī autem clāmāvērunt: „Sī hīs verbīs pārērēmus, īnfēlīcēs essēmus! g) Iste philosophus ex urbe nostrā discēdat!“

[1] **dōlium, ī n.** das Fass

5 Erläutere, warum sich im römischen Relief (S. 292) auf der Tonne des Diogenes ein Hund befindet.

S • T • K • M
Persönlichkeiten der Antike kennen

6 Setze dich mit der Lehre des Diogenes auseinander und prüfe, ob seine Gedanken für dich eine Orientierung sein können.

S • T • K • M
Antike und eigene Denkweisen vergleichen

Lektion 53

Platon und die Suche nach dem gerechten Staat

Sokrates (links) und Platon (München, Glyptothek)

Der Athener Platon (427–347 v. Chr.) ist der bedeutendste Schüler des Sokrates und einer der größten Philosophen der Antike. Die Art und Weise, wie Sokrates im Gespräch mit seinen Mitbürgern philosophische Fragen diskutierte, hat Platon so sehr beeindruckt, dass er fast alle seiner Werke als Dialoge verfasst hat, in denen Sokrates als Gesprächspartner auftritt und die Meinung der anderen Teilnehmer kritisch überprüft. Allerdings hat die Erfahrung, dass sein bewunderter Lehrer Sokrates im Jahr 399 v. Chr. von den Athenern unschuldig zum Tode verurteilt worden ist, Platons Einstellung zur Politik und zur athenischen Demokratie nachhaltig beeinflusst. Er hielt die Demokratie für eine schlechte Staatsform, da die Bürger seiner Meinung nach nicht verantwortungsbewusst mit der Freiheit, die ihnen darin geschenkt wird, umgehen konnten.

In seinem großen Werk „Politeia“ (Der Staat), in dem Platon am Beispiel eines Idealstaates entwickelt, worin die Tugend der Gerechtigkeit für den Einzelnen und für die Gemeinschaft besteht, hat er auch sehr deutlich seine Erfahrungen mit den Mitbürgern einfließen lassen. Sie gipfeln in dem berühmten so genannten „Philosophen-König-Satz“: Erst wenn die Regierenden gleichzeitig auch Philosophen sind oder wenn umgekehrt die Philosophen an die Regierung kommen, kann ein Staat gerecht gelenkt werden.

Warum dieser Idealzustand aber leider noch nicht verwirklicht ist, veranschaulicht Platon durch das Schiffsherren-Gleichnis. Darin vergleicht er den Staat mit einem Segelschiff, die Politiker mit den Matrosen, die alle gerne an das Steuerruder treten wollen. Viele – so schildert es Platon – glauben, dass sie leicht das Schiff lenken könnten, obwohl sie überhaupt keine Ausbildung oder Erfahrung dafür vorweisen können. Sie bilden aber die Mehrheit. Wenn dann jemand kommt, der tatsächlich über die erforderlichen Erfahrungen und Kenntnisse verfügt und dies den bisherigen Schiffslenkern sagt, wird er nicht an das Steuerruder gelassen, sondern weggedrängt oder im schlimmsten Fall sogar über Bord geworfen. Dies ist die bittere Lehre, die Platon aus dem Schicksal seines Lehrers Sokrates gezogen hat.

Der Konjunktiv im Hauptsatz (3): Potentialis und Deliberativ/ Der Potentialis im Konditionalsatz

G

1. Diogenēs philosophus cīvēs semper monuit: „Sī verbīs meīs pārērētis, beātī fierētis.
   Vōs, sī verbīs meīs pāreātis (pārueritis), beātī fiātis. Nam sine luxuriā vītam beātam agātis (ēgeritis)."
2. Alexander, cum Diogenem convēnisset, sēcum dēlīberāvit: „Quid faciam? Domum redeam an hīc maneam? Nisī Alexander essem, vellem esse Diogenēs!"

Erste Übungen

1 Lege eine Tabelle nach folgendem Beispiel an und bilde dann von den Verbformen jeweils alle Konjunktive:

S • T • K • M
Konjugationen beherrschen

licet – sunt – perdit – dēbeō – exīstimāmus – gerit – audiunt – facitis – comparās – potest

Konj. Präsens	Konj. Imperfekt	Konj. Perfekt	Konj. Plusquamperfekt
liceat	licēret	licuerit	licuisset
...	...	...	...

2 Sicher durch den Konjunktiv im Hauptsatz – Ordne die einzelnen Sätze ihrem jeweiligen Aussagemodus und der entsprechenden Übersetzung zu:

S • T • K • M
Funktionen der Konjunktive im Kontext beherrschen

1. Domum eāmus!	A) Optativ (erfüllbar, Gw.)	a) ... nicht ...
2. Quō eāmus?	B) Prohibitiv	b) ... dürften ...
3. Utinam domum eās!	C) Hortativ	c) Wohin sollen ...
4. Nē domum ieris!	D) Optativ (unerfüllbar, Vg.)	d) Wenn ... doch ...
5. Utinam domum īssent!	E) Potentialis	e) Lasst uns ...
6. Nunc domum eant.	F) Deliberativ	f) Hoffentlich ...

3 Fragen über Fragen – Übersetze:

a) Quid dīcam? b) Quid tibi respondeam? c) Quō tēcum iter faciam?
d) Quid agāmus? e) Quōmodo perīculum effugiāmus?

W

Inimīcī Sōcratis *contendērunt* eum sermōnibus *iuvenēs* perdidisse. Falsīs crīminibus Sōcratem accūsāvērunt et dē eō supplicium *sumpsērunt*. Platō autem cōgnōvit eōs *iniūstē* ēgisse. Putāvit nūllam cīvitātem *iūstē* regī, nisī philosophī rēgēs fiunt. Nam tantum philosophī *artem* rēctē regendī *didicērunt*.

L Wer soll einen Staat regieren?

Platon war sehr daran interessiert, an den politischen Entscheidungen in Athen mitzuwirken. Als aber einige Bürger die Macht übernahmen, missfiel ihm dies. In einem Brief berichtet Platon über seine Reaktion:

Platon (3. von links) im Kreise seiner Schüler, Römisches Mosaik aus der Villa des T. Siminius Stephanus in Pompeji (Neapel, Nationalmuseum)

Ā puerō saepe optābam: „Utinam mihi quam celerrimē licēret ad rem pūblicam accēdere!“ Posteā nōn multum āfuit, quīn cum aliīs cīvibus cīvitātem nostram administrārem. Sed eō tempore nōnnullī eōrum, quī cīvitātī praeerant, iterum atque iterum contendēbant Sōcratem, amīcum meum et virum iūstissimum, iuvenēs sermōnibus perdere et cīvitātī nostrae perniciēī esse. Quis īgnōrat haec crīmina falsa fuisse? Tamen hī inimīcī Sōcratem accūsāvērunt et dē eō supplicium sumpsērunt.

Equidem, cum mēcum cōgitābam, quālēs esse dēbeant iī, quī cīvitātem nostram administrent, intellēxī difficillimum esse rem pūblicam iūstē gerere. Ac profectō omnēs cīvitātēs iniūstissimē regantur, nisī aut philosophī rēgēs fiunt aut rēgēs philosophī. Hī enim sōlī iūstitiam vēram cōgnōscentēs rem pūblicam iūstissimē gesserint.

Sed quōmodo hanc miserrimam condiciōnem cīvitātis meliōrem reddāmus? Quid faciāmus? Multitūdō enim putat philosophōs rērum imperītōs[1] esse – sed fallitur. Nam cīvitātem comparō cum nave quādam, cīvēs cum nautīs quibusdam. Quī, cum artem gubernandī[2] nōn didicerint, tamen semper student ad gubernācula[3] accēdere. Haec autem nōn cōgitent: Vērus gubernātor[4] caelum, ventōs, sīdera, omnia alia, quae ad optimē gubernandum[2] pertinent, nōn īgnōrat. Sī ille autem nautīs dēmōnstret eōs cursum tenēre nōn posse, nautae eum vel reprehendant vel rērum imperītum[1] appellent vel īrā commōtī occīdant.

[1] **rērum imperītus, a, um** in den wichtigen Dingen unerfahren; weltfremd

[2] **gubernāre** (ein Schiff) steuern, lenken

[3] **gubernāculum, ī n.** das Steuerruder

[4] **gubernātor, gubernātōris m.** der Steuermann

Übungen

1 a) Erläutere, welche Erfahrungen Platon zu der Erkenntnis geführt haben, dass die athenische Demokratie keine gerechte Staatsform sei.
b) Erläutere auf der Grundlage des Schiffsherrengleichnisses (Z. 22–30), inwiefern sich laut Platon der wahre Staatsmann von den übrigen Bürgern, die politisch tätig sind, unterscheidet.

S • T • K • M
Textaussagen reflektieren

2 Stellt in verschiedenen Gruppen die Wörter und Wendungen aus dem Lektionstext zusammen, die zum Sachfeld „Politik/politische Betätigung" gehören, und präsentiert sie mit weiteren Wörtern in einer Mindmap.

S • T • K • M
Sachfelder erstellen

3 Bestimme den jeweiligen Aussagemodus und übersetze entsprechend:

a) Platō sēcum cōgitat: „Utinam Athēniēnsēs verba Sōcratis intellēxissent!
b) Multī dīxerint Sōcratem ab Athēniēnsibus iniūstē suppliciō affectum esse.
c) Utinam cīvēs cōgnōscant rem pūblicam iniūriīs regī nōn posse!
d) Nē hominēs, quī iūstitiam neglegunt, rem pūblicam administrent!
e) Quōmodo istōs prohibeam, nē ad rem pūblicam accēdant?
f) Eōs hīs verbīs moneam: Nē perdideritis rem pūblicam nostram!
g) Utinam mihi statim pārērētis!"

S • T • K • M
Funktionen der Konjunktive im Kontext beherrschen

4 Sententīae Latinae: Übersetze die folgenden lateinischen Redewendungen und Sprichwörter:

a) Audiātur et altera pars! b) Vīvāmus atque amēmus! c) Fiat lūx!
d) Gaudeāmus igitur[1], iuvenēs dum sumus! e) Nōlī mē tangere!

S • T • K • M
Lateinische Sprichwörter kennen

[1] **igitur** also

5 Das römische Mosaik (S. 296) zeigt eine Darstellung des philosophischen Gesprächs in der Schule Platons, der sogenannten Akademie. Im Hintergrund erkennt man die Stadtmauer von Athen und die Akropolis mit dem Parthenon. Informiere dich, worauf der Name „Akademie" zurückzuführen ist und was man heute unter einer Akademie versteht.

S • T • K • M
Informationen beschaffen und auswerten

6 a) Versuche die folgenden griechischen Wörter zu entziffern:

ΑΘΗΝΑΙ, ΠΛΑΤΩΝ, ΣΩΚΡΑΤΗΣ, ΦΙΛΟΣΟΦΙΑ

b) Informiere dich, welche englischen oder französischen Wörter von dem lateinischen Wort gubernātor bzw. gubernāre abgeleitet sind.

S • T • K • M
Lateinische Wörter für andere Sprachen nutzen

7 Diskutiert, ob der „Philosophen-König-Satz" (Z. 19 f.) auch in einer modernen Demokratie gelten soll.

S • T • K • M
Antike und moderne Staatsmodelle vergleichen

Plateaulektion 50 – 53

Grundwissen: Griechische Philosophie

Bedeutende griechische Philosophen (5./4. Jh. v. Chr.)

Sokrates (469 – 399 v. Chr.)

- befasste sich mit dem Menschen und der Frage nach dem richtigen Leben
- belehrte die Bürger von Athen nicht durch Schriften oder Vorträge, sondern durch Gespräche und geschickte Fragestellungen
- war ein Gegner der Sophisten (Weisheitslehrer und Redner), deren Anspruch, die Menschen belehren zu können, er ablehnte → vgl. Sokrates' berühmten Ausspruch: **„Ich weiß, dass ich nichts weiß."**
- wurde u. a. wegen des Vorwurfs, er verderbe die Jugend, angeklagt und hingerichtet

Platon (427 – 347 v. Chr.)

- war der berühmteste Schüler des Sokrates
- vermittelt in seinen philosophischen Dialogen eine Einblick in die Gedanken seines Lehrers, der selbst keine Schriften hinterließ
- verfasste unter anderem das berühmte Werk **„Politeia" („Der Staat")**, in dem er das Idealbild eines Staates entwirft; darin auch der berühmte **„Philosophen-König-Satz"**: „Erst wenn die Regierenden gleichzeitig auch Philosophen sind oder wenn die Philosophen an die Regierung kommen, kann ein Staat gerecht gelenkt werden."

Hintergrund:
Die **Demokratie von Athen** im 5./4. Jh. v. Chr. (erste demokratische Regierung einer Stadt/eines Staates überhaupt)

4. Jh. v. Chr.: Die berühmte Begegnung zweier bedeutender Männer

Diogenes (400/390 – 328/323 v. Chr.)

- trat für ein denkbar einfaches, unabhängiges Leben ohne materielle Güter ein
- kritisierte luxuriöses Leben und wurde als kýon („Hund") beschimpft (weshalb seine Anhänger als „Kyniker" bezeichnet wurden; vgl. unser Wort „Zyniker")

Alexander der Große (356 – 323 v. Chr.)

- war sehr gebildet (Schüler des Philosophen Aristoteles)
- fragte den Philosophen, was er sich von ihm wünsche, und erhielt darauf von Diogenes die überraschende Antwort:

„Geh mir aus der Sonne!"

Hintergrund:
Die Epoche des **Hellenismus** (Verbreitung griechischer Kultur in dem von Alexander eroberten Reich)

Lob der griechischen Kultur

L

Am Beginn des 2. Jahrhunderts n. Chr. wurde der Beamte Maximus vom Kaiser als Statthalter mit der Verwaltung der Provinz Achaia in Griechenland beauftragt. Der berühmte Politiker und Schriftsteller Plinius schrieb Maximus daraufhin einen Brief, in dem er ihn an die bedeutenden Kulturleistungen der von Rom im Krieg besiegten Griechen erinnerte.

Amor in tē cōgit mē, ut tē moneam. Nōn scrībō, ut tibi praecipiam[1]. Tamen tē moneō, ut haec observēs: Missus es in prōvinciam Achāiam, illam vēram Graeciam, in quā prīmum hūmānitās[2] et litterae inventae esse dīcuntur. Nē Graecīs māiestātem et lībertātem ēripueris! Quid tibi dīcam? Urbēs Graeciae ā deīs conditae sunt. Ergō colāmus nōmina deōrum! Laudēmus glōriam veterem urbium! Facta ingentia hominum Graecōrum honōribus afficiantur! Apud tē sit honōs aetātī antīquae, sit honōs ingentibus factīs, sit honōs fābulīs illōrum hominum! Utinam nē haec neglegās: Haec est terra, quae nōbīs petentibus iūra et lēgēs dedit, cum illōs bellō vīcissēmus. Memor es tē Athēnās, urbem clārissimam Graeciae, adīre! Cuī cīvitātī nē ēripueris glōriam veterem et nōmen lībertātis! Absit tibi superbia!
Nē populīs subiectīs iniūriae offerantur! Nēmō vī glōriam parit. Melior est amor quam timor. Nam timor abit, sī prōvinciam relinquās; manet amor. Ille odium parit, hic grātiam.
Memor es officiī tuī! Semper cōgitā, quantum sit regere līberās cīvitātēs! Nam quid melius est lībertāte? Quam[3] turpe est, sī lībertās in servitūtem mūtātur!
Utinam haec crēdās, quod initiō dīxī: Scrīpsī, ut tē moneam, nōn scrīpsī, ut tibi praecipiam. Valē.

[1] **praecipere, praecipiō, praecēpī** (mit Dat.) jmd. belehren, Vorschriften machen

[2] **hūmānitās, hūmānitātis f.** Bildung

[3] **quam** (Ausruf) wie ...!

Blick auf die Akropolis in Athen

Methodenkompetenz (18): Textinterpretation (I)

Wenn man einen literarischen Text richtig verstehen will, untersucht man ihn genau. Dies bezeichnet man als **Interpretation**. Dabei achtet man insbesondere auf die inhaltliche Aussage und ihre Darstellung mit sprachlichen oder formalen Mitteln.

Wenn du bei der Interpretation lateinischer Texte die folgenden Punkte beachtest, dürfte es dir sehr viel leichter fallen, **die zentralen Aussagen eines Textes** zu erkennen und mit eigenen Worten wiederzugeben:

1. Das Thema und die Textsorte:

Bei dem Text (S. 299) handelt es sich um einen **Brief**, es spricht also jemand zu einem bestimmten Adressaten. In anderen Textsorten kann dies anders sein, so gibt es z. B. **Erzählungen, Berichte, theoretische Abhandlungen, Lehrtexte, Dialoge, Reden** oder auch verschiedene Arten von **Gedichten**.

2. Die Gliederung des Textes:

Um einen Text genau zu verstehen, ist es notwendig, seinen Aufbau und **Gedankengang** nachzuvollziehen. Im gedruckten Text können dir **Absätze** einen ersten Hinweis auf die Textstruktur geben. Darüber hinaus können folgende Elemente einen Text gliedern: **Konnektoren** (vgl. Lektion 13, S 5.3), die anzeigen, dass ein neuer Gedanke eingeführt wird, z. B. itaque („deshalb"), sed, autem, at, tamen („aber", „dagegen", „dennoch"); **Zeit- und Ortsadverbien** wie aliquandō („einst") oder ibi („dort"), die eine Entwicklung in der Handlung ausdrücken können; weiterhin **Sprecherwechsel** (z. B. in Dialogen) und natürlich **Themenwechsel**; außerdem das Vorkommen bestimmter **Begriffe zu einem Themenbereich** (vgl. das Folgende) in den einzelnen Abschnitten.

3. Wort- und Sachfelder, Schlüsselwörter und Eigennamen:

Wenn auffallend viele **Wörter aus demselben Sachfeld** vorkommen, dann sind dies häufig **Schlüsselwörter**, mit denen zentrale Textaussagen formuliert werden können. Zahlreiche Wörter aus dem Gebiet „Recht und Gesetz" (z. B. iūs, iūstitia, lēx, accūsāre usw.) zeigen, dass es im Text um das Thema „Recht" gehen dürfte. Viele Begriffe, mit denen Gefühle ausgedrückt werden (z. B. gaudium, cupidus, amāre, dēsīderāre), könnten dir etwas über die Person sagen, die in dem Text spricht. Auch dass du die vorkommenden **Eigennamen** erklären kannst, ist für das Verständnis des Textes wichtig: Deren Vorkommen kann dir natürlich ebenfalls Hinweise darauf geben, worum es in dem Text geht. Greife auf dein Vorwissen zur antiken Kultur zurück oder verwende das Eigennamenverzeichnis.

4. Personenkennzeichen:

Eine wichtige Orientierung bieten die Prädikate mit den Personenendungen. Es macht einen Unterschied, ob sich jemand in seinem Text in der 1. Person an einen konkreten Adressaten richtet (wie z. B. in Briefen) oder ob einer allgemeinen Leserschaft von einem Erlebnis berichtet wird. Dann dominiert die 3. Person. Weiterhin können die verwendeten grammatischen Formen zeigen, dass in dem Text viele **Aufforderungen und/oder Verbote** (z. B. Imperativ, Hortativ, Jussiv, Prohibitiv) ausgedrückt werden oder dass **Wünsche** eine zentrale Rolle spielen (Optativ, abhängige Begehrsätze).

Methodenkompetenz (19): Arbeitsschritte zur Textinterpretation

Bei der Interpretation eines lateinischen Lehrbuchtextes kannst du folgendermaßen vorgehen. Die Arbeitsaufträge beziehen sich auf das Lesestück S. 299:

1. **Lies dir den Text genau durch** und versuche schon jetzt festzustellen, um welches **Thema** es geht. Beachte dabei auch die **Überschrift** und den **deutschen Einleitungstext**. **Eigennamen** und **Schlüsselwörter** bieten dir weitere Hinweise auf den Inhalt des Textes.
   → *Schreibe die Eigennamen aus dem Text „Lob der griechischen Kultur" heraus und erkläre sie anhand der Einleitung und/oder des Eigennamenverzeichnisses. Erschließe, warum sie hier genannt werden.*
   → *Im Text gibt es zahlreiche Begriffe aus dem Sachfeld „Bildung und Kultur". Stelle diese zusammen und ordne sie nach Wortarten.*
2. **Übersetze** den Text ins Deutsche. Überprüfe, ob deine Erschließung des Inhalts korrekt war.
3. Bestimme die **Gliederung** des Textes. Vollziehe seinen **Gedankengang** nach.
   → *Nenne zu jedem Absatz ein bis zwei deutsche Begriffe, die das Thema deutlich machen. Ermittle dabei auch, wo Plinius Gedanken wiederholt, und überlege, warum er dies tut.*
4. Untersuche, an welchen Stellen deutlich wird, um welche **Textsorte** es sich handelt. Beachte dabei vor allem die verwendete **Sprache**. Überlege, warum gerade dieser Inhalt in dieser Textsorte dargestellt wird. Beziehe auch deine **Kenntnisse zur Geschichte und Kultur** ein.
   → *Wie es in Briefen üblich ist, richtet sich Plinius in der 1. Person an seinen Adressaten Maximus, den er in der 2. Person anspricht. Stelle sämtliche Formen zusammen, in denen das deutlich wird.*
   → *Sammle die im Text genannten Beispiele für kulturelle Errungenschaften der Griechen, die von den Römern übernommen wurden.*
5. Untersuche, welche **grammatischen Formen** für den Text charakteristisch sind.
   → *Plinius fordert Maximus nachdrücklich zu einem besonnenen Handeln auf. Stelle sämtliche Verbformen zusammen, die Befehle, Aufforderungen, Wünsche usw. ausdrücken.*
6. Erstelle in Stichpunkten oder in einem zusammenhängenden Text eine **Zusammenfassung** deiner Interpretation.
   → *Fasse deine Interpretation des Plinius-Textes in Stichpunkten zusammen und präsentiere sie deiner Klasse in einem Mini-Referat von 2–3 Minuten: Erkläre darin das Thema des Textes. Stelle dann seine Gliederung vor. Zeige schließlich anhand von wenigen, aber aussagekräftigen Beispielen aus dem Text, mit welchen sprachlichen Mitteln Plinius sein Anliegen vorträgt. Nimm abschließend kurz Stellung zur Haltung des Plinius gegenüber der griechischen Kultur.*

Übung

- Interpretiere nach diesem Schema auch den Übersetzungstext aus Lektion 51.

Lektion 54 – 56

Schule im Wandel der Zeit

- Erläutere die Darstellung Cassiodors (Esras) und informiere dich über das Leben und das Wirken Cassiodors.
- Nenne die septem artēs līberālēs und informiere dich über ihre Inhalte.

Nach dem Ende des weströmischen Reiches, besonders im 6. Jahrhundert, vollzog sich der Niedergang des römischen Schul- und Bildungswesens. Die Kenntnis des Lesens und Schreibens ging – vor allem nördlich der Alpen – sehr stark zurück.
Die weitere Entwicklung der Bildung war wesentlich vom Christentum geprägt, das seit 391 Staatsreligion war. Von großer Bedeutung war Cassiodor (490–583): In der Zeit der untergehenden antiken Welt setzte er die antike Lehre der sieben freien Künste (septem artēs līberālēs) fort und verband die heidnische Wissenschaft und den christlichen Glauben miteinander. Damit legte er die Grundlagen für den christlichen Bildungsplan des Mittelalters, wie er an den Dom- und Klosterschulen vermittelt wurde.
Unter Karl dem Großen wurde auf der Synode von Aachen 789 erstmals festgelegt, was die Schüler an den Schulen im Reich Karls des Großen lernen sollten, nämlich lesen und schreiben, die Psalmen (auswendig) aufsagen, die kirchlichen Festtage benennen und am Kirchengesang teilnehmen. Meistens hatte nur der Lehrer ein Buch: Aus diesem las er vor und ließ die Schüler so lange nachsprechen, bis sie die Formen und Regeln vollständig beherrschten. An den größeren Schulen wurden als umfassende Bildung wie in der Antike auch die freien Künste gelehrt.

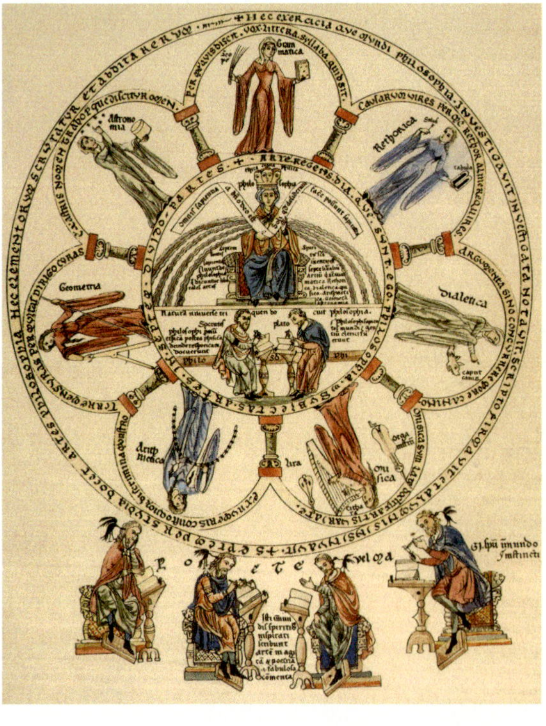

Die Königin Philosophie (sapientia), thronend im Mittelpunkt des inneren Kreises, mit den personifizierten sieben freien Künsten mit ihren charakterisierenden Insignien. Illustration aus dem „Hortus Deliciarum“ (Garten der Köstlichkeiten) der Äbtissin Herrad von Landsberg, 1180 (Faksimile)

Der Prophet Esra beim Schreiben. Darstellung nach der Vorlage: Cassiodor in seinem Kloster Vivarium, Codex Amiatinus, Anfang 8. Jahrhundert (Florenz, Bibliotheca Laurenziana)

Mit der Zunahme von Städtegründungen im 11. und 12. Jahrhundert entstanden weltliche Schulen, die auch das vermittelten, was für den Handel und das Gewerbe wichtig war. Dies setzte sich in der folgenden Zeit fort: Neue Wissensgebiete wie Physik, Geschichte, Medizin wurden im 12./13. Jahrhundert als Lehrfächer hinzugefügt.
Große Veränderungen in den Schulen gab es zu Beginn der Neuzeit. Entdeckungen und naturwissenschaftliche Forschungen veränderten das bisherige Weltbild der Menschen. Hinzu kamen die Ideen von Humanismus und Renaissance, die das Individuum in den Mittelpunkt ihres Denkens stellten und sich für die Antike und die alten Sprachen begeisterten. Zu den bedeutenden Humanisten in Deutschland gehörten Erasmus von Rotterdam (1466–1536) und Philipp Melanchthon (1497–1560).
Weitere Veränderungen im Schulwesen gab es in der Reformation. Die Schulneugründungen protestantischer Landesfürsten als Ersatz für die aufgelösten Klosterschulen können als Beginn des staatlichen Schulwesens in Deutschland angesehen werden. Der Lehrstoff der höheren Schulen blieb das Lesen und Schreiben der lateinischen Sprache. Durch die Hinwendung zu den antiken Autoren handelte es sich nun aber um das klassische Latein und nicht um das Kirchenlatein. Die Schüler mussten sich in den Pausen und auf der Straße in Latein unterhalten, im 16. Jahrhundert war es sogar bei Strafe verboten, Deutsch zu sprechen.

Unterrichtsszene, Miniatur aus dem Jahre 1372 (Paris, Bibliothèque Sainte-Geneviève)

Hans Holbein der Jüngere, Holzschnitt zu der Schulschrift Martin Luthers „An die Ratsherren aller Städte deutschen Landes“, 1524 (Heidelberg, Universitätsbibliothek)

- Vergleiche die beiden Darstellungen einer Unterrichtsszene und nenne unter Berücksichtigung ihrer Entstehungszeit Gemeinsamkeiten und Unterschiede.
- Informiere dich über Erasmus von Rotterdam sowie über Philipp Melanchthon und erkundige dich nach weiteren Humanisten.

Lektion 54

Schulische Bildung als Voraussetzung einer politischen Karriere

In der Zeit der Republik gab es vereinzelt allgemein zugängliche Schulen. Eine höhere Allgemeinbildung durch Privatlehrer konnten sich nur Familien aus der Nobilität leisten.

Die schulische Ausbildung änderte sich mit Beginn des Principats. Da zahlreiche Mitglieder der Senatsaristokratie in den Bürgerkriegen während der letzten Jahrzehnte der Republik ihr Leben verloren hatten, ergänzte der Princeps Führungskräfte für die kaiserliche Verwaltung aus Mitgliedern der führenden Familien in den Provinzen. Diese waren deshalb sehr daran interessiert, dass es an ihrem Wohnort oder in der Nähe ein schulisches Angebot für ihre Kinder gab. So verbreitete sich im Laufe der Zeit über Italien hinaus in allen Provinzen ein dichtes Netz von Elementarschulen. In diesen erteilten in der Regel staatlich angestellte Lehrer Jungen und Mädchen in lateinischer Sprache Grammatik- und Rhetorikunterricht. Für die Einwohner in den Provinzen bot die Kenntnis der lateinischen Sprache eine Chance für eine berufliche Laufbahn in der Politik oder Verwaltung.

Dom S. Maria Maggiore in Como, Fassade: Statue Plinius' des Jüngeren von Tommaso und Jacobo Rodari

Ein Brief des jüngeren Plinius, den du bereits in seinen Schreiben an Kaiser Trajan und andere kennengelernt hast (vgl. Plateaulektion 50–53), gibt ein schönes Beispiel für das Interesse der Provinzbewohner an einem guten wohnortnahen Bildungsangebot für ihre Kinder.

C. Plinius Caecilius Secundus, genannt der jüngere [Plinius] (61–ca. 113 n. Chr.), wurde selbst als Angehöriger des Ritterstandes in Novum Cōmum (Como) geboren und erhielt dort seine erste schulische Ausbildung. Nach dem frühen Tod seines Vaters wurde er von seinem Onkel, dem älteren Plinius, nach Rom geholt und adoptiert. In Rom setzte er dann seine Ausbildung fort und studierte unter anderem bei Quintilian, dem damals berühmtesten Redelehrer, Rhetorik. Diese Ausbildung war die Grundlage für eine glänzende Karriere in verschiedenen politischen Ämtern. Plinius durchlief den gesamten cursus honōrum, wurde im Jahr 100 n. Chr. Konsul und verwaltete einige Jahre später sogar die Provinz Bithynia. Seine Karriere zeigt, wie wichtig in der römischen Kaiserzeit die höhere Schulbildung war und welche Möglichkeiten sie auch für die Bürger eröffnete, die nicht der alten römischen Nobilität angehörten.

Das Gerundivum als Prädikatsnomen / Der dativus auctoris

Cicerō, quī philosophiae Graecōrum studuit, adulēscentēs Rōmānōs monuit: „Liber, quem Platō philosophus dē rē pūblicā cōnscrīpsit, praeclārus est. Omnēs, quī reī pūblicae student, hunc librum legere dēbent. Hunc librum legī necesse est. Hic liber legendus est. Verba philosophōrum Graecōrum ab adulēscentibus Rōmānīs audīrī necesse est. Verba philosophōrum Graecōrum adulēscentibus Rōmānīs audienda sunt. Verba philosophōrum Graecōrum adulēscentibus neglegenda nōn sunt.“

Erste Übungen

1 Unterscheide, bei welchen Formen es sich eindeutig um ein Gerundivum handelt und welche entweder Gerundium oder Gerundivum sein können. Einige Formen sind weder Gerundium noch Gerundivum: Bestimme diese genau und übersetze sie.

S • T • K • M
Verwechselbare Formen unterscheiden

adhibendō – ascendī –ascendendī – condis – dīcendīs – incendiīs – iubendīs – labōrandīs – līberandōs – lūdendās – mandās – mūnienda – ostendendum

2 Übersetze die folgenden Sätze. Setze dann das Subjekt und das Prädikat in den anderen Numerus. Beachte dabei die KNG-Kongruenz des Gerundivums mit seinem Bezugswort.

S • T • K • M
KNG-Kongruenz beherrschen

a) Verba audienda sunt. b) Sententiae Platōnis neglegendae nōn sunt.
c) Iter faciendum est. d) Hostēs arcendī sunt. e) Amīcus servandus est.

3 Setze die in Klammern stehende Form in den dativus auctoris. Übersetze dann die Sätze.

S • T • K • M
Kasusfunktionen zielsprachengerecht wiedergeben

a) (Mīlitēs) castra defendenda sunt.
b) (Discipulī) verba magistrī neglegenda nōn sunt.
c) (Ego) amīcus deserendus nōn est.
d) (Nautae) nāvēs solvendae sunt.
e) (Patrōnus) ōrātiō habenda est.

Plīnius, cum audīvisset fīliōs procul ā patriā magistrīs trādī, patrēs rogāvit: „Cur fīliī vestrī nōn in patriā *īnstituuntur*? Vōbīs *suādeō*: Pecūniam *cōnferte*, ut magistrī fīliōs vestrōs in patriā doceant. Nam necesse est līberōs in patriā studia *exercēre*. Ibi enim sub *oculīs* parentum vīvent atque docēbuntur. Ego, quamquam *nōndum* līberōs habeō, tamen vōbīs pecūniam dabō.“

Die Gründung einer neuen Schule

Der Schriftsteller und Politiker C. Plinius wendet sich in einem Brief an den berühmten Geschichtsschreiber Cornelius Tacitus. Er berichtet ihm von einer Unterhaltung, die er in seiner Heimatstadt Novum Comum (heute: Como) mit einem Vater geführt hat. Dann bittet er Tacitus um Unterstützung:

C. Plīnius Tacitō suō s.

Nūper, cum in patriā meā essem, vēnit ad mē homō quīdam cum fīliō. Huic ego, „Studēs?“, inquam. Respondit: „Sīc est.“ – „Ubī?“ – „Mediōlānī.[1]“ – „Cūr nōn hīc?“ – Et pater eius: „Quia nūllōs hīc praeceptōrēs[2] habēmus, fīliō patria relinquenda est.“

Tum ego: „Ubī līberī iūcundius vīvunt quam in patriā et sub oculīs parentum? Ubī minōre sūmptū īnstituuntur quam domī? Iī, quī hīc nātī sunt, hīc īnstituendī sunt! Itaque suādeō parentibus huius cīvitātis: Vōbīs pecūnia cōnferenda est, ut praeceptōrēs[2] condūcātis. Atque ego, quī nōndum līberōs habeō, parātus sum prō cīvitāte nostrā dare tertiam partem pecūniae, quae vōbīs cōnferenda est. Sed vōbīs cūrandum est, ut praeceptōrēs[2] idōneī dēligantur. Ut nunc līberī vestrī aliēnīs locīs studia exercent, ita mox aliēnī hunc locum petant! Cessandum nōn est!“

Hunc sermōnem, mī[3] Cornēlī, dīligentius referendum esse putāvī, ut scīrēs, quid ā tē peterem: Nam tē rogō, ut ex cōpiā iuvenum hūmānōrum, quī ad tē saepe conveniunt, parentibus praeceptōrēs[2] idōneōs commendēs[4]. Tum illī parentibus dēligendī sunt. Proinde sī quem dēlēgerint, huic Cōmum eundum est. Valē.

[1] **Mediōlānī** (Lokativ) in Mediolanum (Mailand)

[2] **praeceptor, ōris m.** Lehrer

[3] **mī** (Vokativ zu **meus**) mein lieber

[4] **commendāre** jemanden empfehlen

Ehreninschrift für Plinius, ca. 111–114 n. Chr. (CIL 5, 5262)

Übungen

S • T • K • M
Sachfelder erstellen

1 Erstelle ein Sachfeld mit Begriffen zum Thema „Bildung“. Beginne mit den entsprechenden Wörtern aus dem Lesestück. Sammle dann weitere Wörter und Wendungen.

2 In der römischen Antike gibt es keine Schulpflicht, Bildung ist Privatangelegenheit.

a) Nenne aus dem Lesestück die Argumente, die laut Plinius dafür sprechen, in Como eine neue Schule zu gründen.

b) Erarbeite aus dem Lesestück, welche einzelnen Schritte notwendig sind, um die neue Schule zu gründen.

S • **T** • K • M
Texte reflektieren

3 Pflichten der Schüler und des Lehrers. Ergänze jeweils die passende Endung des Gerundivums und übersetze:

S • T • K • M
Gerundivkonstruktionen beherrschen

Discipulīs ...
a) ... officia servand ? sunt.
b) ... verba magistrī neglegend ? nōn sunt.
c) ... librī philosophōrum legend ? sunt.
d) ... clamor tollend ? nōn est.

Magistrō ...
e) ... exemplum bonum dand ? est.
f) ... discipulī īnstituend ? sunt.
g) ... līberī terrend ? nōn sunt.
h) ... fābulae narrand ? sunt.

4 Unpersönlich: Die folgenden Beispiele zeigen das prädikative Gerundivum in unpersönlichen Konstruktionen. Übersetze und achte dabei darauf, ob ein dativus auctoris vorliegt oder nicht.

a) Parentibus parendum est.
b) Discipulīs diligenter audiendum est.
c) Nōbīs vītae beatae studendum est.
d) Hostibus parcendum est.
e) Vōbīs cessandum nōn est.

5 Aufforderungen und Befehle! Dass etwas getan werden muss oder nicht getan werden darf, kann im Lateinischen nicht nur durch das prädikative Gerundivum ausgedrückt werden. Gib an, welcher Aussagemodus bei den folgenden Wendungen jeweils vorliegt, und übersetze diese.

S • T • K • M
Funktionen der Modi erkennen

a) Discipulus dīligentissimē labōret!
b) Agite! c) Nē timueris! d) Eāmus! e) Nōlīte abīre!

6 Informiere dich, welche Ämter Plinius der Jüngere in seinem Leben bekleidet hat, und identifiziere sie in den Überresten der Ehreninschrift aus Como (S. 306).

S • T • **K** • **M**
Informationen beschaffen und auswerten

Lektion 55

Karl der Große und die Bildungsreform

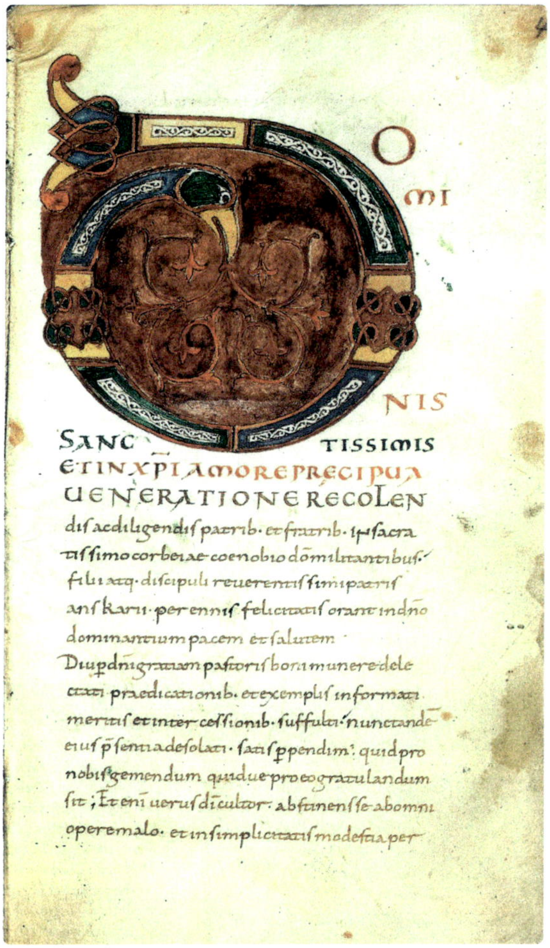

Rimbert, Vita Anskarii, Biographie des hl. Ansgar (801–865), verfasst in der karolingischen Minuskel, nach 865 im Kloster Corvey (Stuttgart, Württembergische Landesbibliothek)

Mit der Ausbreitung des Christentums entstand zwischen heidnischer Bildung und christlicher Religion zunächst ein Gegensatz, den nur wenige, wie z. B. Hieronymus überwinden konnten. Im Laufe des 5. Jahrhunderts entwickelte sich jedoch eine allmähliche Annäherung; die Fächer der antiken Schule, besonders Grammatik und Rhetorik waren eine wichtige Vorbereitung auf das Bibelstudium. In dieser Zeit existierte in Gallien ein blühendes Schulwesen, das jedoch im Laufe der Zeit verging.

Während sich im Merowingerreich, das auf dem Gebiet der früheren Provinz Gallien entstanden war, die staatliche und kirchliche Organisation immer mehr auflöste, widmeten sich am Rand Europas, in Irland und Schottland, Mönche mit Eifer den Werken der heidnischen und christlichen Autoren. Zunächst um 600, dann verstärkt zu Beginn des 8. Jahrhunderts übertrugen die iroschottischen und angelsächsischen Gelehrten und Missionare ihren Bildungs- und Glaubenseifer auf das europäische Festland. Von besonderer Bedeutung war der Angelsachse Winfried/Bonifatius (672/673–754) durch sein missionarisches und organisatorisches Wirken.

Auf dieser Grundlage führte einige Jahrzehnte später Karl der Große die Kirchen- und Bildungsreform durch. Zu den Zielen gehörte, die mangelhaften Kenntnisse der Geistlichen durch eine gute Ausbildung zu beheben, den Menschen den christlichen Glauben zu vermitteln und durch eine gute Bildung der Jugendlichen die Voraussetzungen für eine effektive Verwaltung in der Kirche und im Reich zu schaffen. Träger von Schule und Bildung waren nun nicht mehr die weltlichen Rhetorenschulen, sondern Dom- und Klosterschulen. Auf der Grundlage der antiken lateinischen Texte wurde das Schriftlatein reformiert und die karolingische Minuskel als einheitliche Schrift im Frankenreich eingeführt. In den Schreibschulen der Klöster wurden neue Exemplare der Bibel und von Werken der antiken Autoren geschrieben und von dort im Reich verbreitet. Zum Zentrum von Bildung und Wissenschaft machte Karl die Hofschule, an die er die besten Gelehrten nicht nur des Frankenreiches, sondern ganz Europas berief.

G

Der Infinitiv Futur Aktiv

Nūper Plinius patrī cuidam explicāvit: „Līberī in patriā īnstruendī sunt. Mihī est māgna spēs vōs pecūniam collātūrōs esse, ut praeceptorēs condūcātis. Cōnstat mē vobis tertiam partem pecūniae dātūrum esse. Mihī est māgna spēs vōs praeceptōrēs idōneōs inventūrōs esse. Crēdō eō modō līberōs aliēnōs mox hunc locum petīturōs esse."

Erste Übungen

1 Bilde den Infinitiv Perfekt Passiv und den Infinitiv Futur Aktiv im Nominativ Singular Neutrum zu folgenden Verben:

S • T • K • M
Infinitive beherrschen

dare – monēre – suādēre – audīre – aperīre – gerere – cognōscere – capere

2 Gib zu den folgenden Verbformen jeweils den Infinitiv Präsens Aktiv an und übersetze ihn:

īnstitutūrum – vocātūram – delētūrum – laesūrōs – itūrum – ventūrōs

W

Magister, vir *doctus*, discipulīs *praecipit*, ut *litterīs* studeant: „*Convertite* vestrōs oculōs in mē et audīte *praecepta* mea! Lingua Latīna vōbīs discenda est! Nē neglēxeritis studium *litterārum*! *Mihī persuasum est:* Sī linguam Latīnam dīligentissimē studueritis, Karolus rēx vobis favēbit et vobis praeclāra *mūnera* dābit."

Schreibende Mönche, Echternacher Evangelistar Heinrichs III., um 1030 (Bremen, Universitätsbibliothek)

L Fleiß ist wichtiger als soziale Herkunft

Nach dem Untergang des römischen Reiches im 5. Jahrhundert wurden Bildung und Wissenschaft in den Reichen der Germanen immer mehr vernachlässigt. Erst Karl der Große kümmerte sich wieder intensiv um Bildung und legte Wert darauf, dass alle Kinder eine gute Ausbildung erhielten.

Postquam imperium Rōmānum interiit, studium litterārum in rēgnō Francōrum ā multīs hominibus neglegēbātur. Itaque Karolus rēx, quī litterīs consuluit, multōs fīliōs et nōbilium et īnfimōrum[1] cuidam virō doctō īnstruendōs mandāvit. Spērāvit eōs eō modō linguam Latīnam cognitūrōs esse. Rēx puerōs monuit: „Lingua Latīna vōbīs dīligentissimē discenda est." Paulō post Karolus rēgnum relīquit, ut bellum gereret.
Rēx, cum post longum tempus redisset, puerīs praecēpit, ut ad sē venīrent et sibī epistulās et carmina linguā Latīnā cōnscrīpta prōnūntiārent[2]. Tum fīliī īnfimōrum[1] carmina ēgregia recitāvērunt. Quōs Karolus summīs laudibus affēcit et: „Maximās", inquit, „grātiās vōbīs agō, fīliī, quia et in scrībendō et in recitandō māgnōs labōrēs suscēpistis. Vōs semper honestī eritis in oculīs meīs. Constat mē vōbīs semper fautūrum esse. Prōmittō mē vōbis multa mūnera et monastēria[3] praeclāra datūrum esse. Mihi persuāsum est vōs semper ministrōs[4] fīdōs futūrōs esse."
Deinde rēx ad puerōs nōbilium sē convertit. Quōs, cum carmina Latīna recitāre nōn potuissent, Karolus īrā commōtus vehementissimē reprehendit: „Vōs nōbilēs, vōs prīmōrum fīliī, praeceptum meum parvī aestimāvistis, studia litterārum neglēxistis, ludō luxuriaeque vōs dedistis. Neque vestra nōbilitās neque vester vultus pulcher animum meum movet: Nisī inertiam[5] vestram omīseritis, numquam sinam vōs magistrātūs gessūrōs esse."

[1] **īnfimus, ī m.** der Unterste, der (seinem Stande nach) Niedrigste
[2] **prōnūntiāre** etwas vortragen
[3] **monastērium, ī n.** das Kloster
[4] **minister, ministrī m.** der Diener
[5] **inertia, ae f.** die Trägheit, Faulheit

Übungen

S • T • K • M
Handlungsträger und Textaussage ermitteln

1 Verschaffe dir vor der Übersetzung des Lesestücks einen Überblick über den Handlungsverlauf, indem du jeweils auf das Subjekt, das Prädikat und das Objekt der Hauptsätze achtest. Gib dann den Handlungsverlauf in seinen Grundzügen wieder.

S • T • K • M
In andere Textsorten umformen

2 Verfasse einen fiktiven Dialog zwischen einem Schüler aus dem niedrigsten Stand und einem Schüler von vornehmer Herkunft über das Thema: Lohnt es sich, die lateinische Sprache zu lernen?

3 Lege eine Tabelle nach folgendem Beispiel an und ordne dann die folgenden Infinitive entsprechend ein:

S • T • K • M
Infinitive beherrschen

~~scrīpsisse~~ – prōdī – intellēctum esse – fautūrōs esse – reprehendī – amāvisse – legere – futūram esse – pārēre – servātam esse – vīsōs esse – vexātūrum esse

Inf. Präsens Akt.	Inf. Präsens Pass.	Inf. Perfekt Akt.	Inf. Perfekt Pass.	Inf. Futur Akt.
		scripsisse		

4 Kooperatives Üben mit dem Infinitiv. Bildet Zweier-Teams: Beachtet das Zeitverhältnis und setzt den passenden Infinitiv ein. Übersetzt die Sätze und vergleicht euer Ergebnis.

a) Scīmus linguam Latīnam in rēgnō Francōrum (neglegere/neglegī/neglēctam esse).
b) Cōnstat eō tempore multōs hominēs (dēsinere/dēsiisse) linguam Latīnam discere.
c) Itaque Karolus rēx cupīvit puerōs magistrō idoneō (mandāre/mandārī/mandātūrōs esse).
d) Karolus discipulīs bonīs promīsit sē eīs semper (favēre/fāvisse/fautūrum esse) et ēgregia mūnera (darī/datum esse/datūrum esse).

5 Aus zwei mach eins – Mache die folgenden Sätze abhängig von „Karolus spērat“ und übersetze die Sätze.

S • T • K • M
AcI bilden und wiedergeben

Beipiel: Līberī linguam Latīnam cognoscunt. → Karolus spērat līberos linguam Latīnam cognitūros esse.
a) Puerī māgnōs labōrēs suscipiunt.
b) Līberī carmina pulchra recitant.
c) Puerī studia litterārum nōn neglegunt.
d) Magister multōs discipulōs laudat.

6 Ein Codex mit naturwissenschaftlichen Texten, der um 816 im Raum Salzburg in der karolingischen Minuskel verfasst wurde, enthält das Kapitel: „De signis XII mensium“. Erschließe den Inhalt des abgebildeten Textausschnitts.

S • T • K • M
Texte in zentralen Aussagen erfassen

Singulī autem mensēs sua sīgna, in quibus sōlem recipiant, habent: Aprl: ariētis, mai: taurī, jun: geminōrum, jūl: cancrī, Augustus: leōnis, septb: virginis, octōb: lībra, Novb: scorpiōnis, Decemb: sagitāriī, jān: capricornī, Feb: aquāriī, mar: piscium.

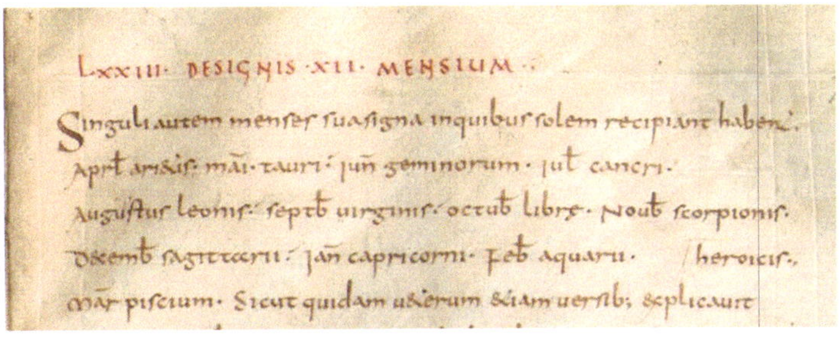

Lektion 56

Die Wiederentdeckung der Antike

Maßgeblich beeinflusst von Francesco Petrarca (1304–1374) setzte seit dem Ende des 14. Jahrhunderts in Italien eine Rückbesinnung auf die literarischen und kulturellen Leistungen des antiken Rom ein. Zahlreiche Gelehrte wetteiferten miteinander darin, in Klosterbibliotheken bisher verloren geglaubte Handschriften der lateinischen Schriftsteller wiederzuentdecken und durch Abschriften zu verbreiten. Besonders die Werke Ciceros wurden zum bewunderten Vorbild vieler Gelehrter. Dabei ging es ihnen nicht nur um die literarischen Leistungen der antiken Schriftsteller; man sah in den römischen Werken auch Vorbilder einer Lebensweise, in der umfassende Bildung und Menschlichkeit miteinander verbunden sind. Daher nannten sich diese Gelehrten nach dem lateinischen Begriff hūmānitās auch Humanisten. Die intensive Beschäftigung und Auseinandersetzung mit der antiken Literatur, Wissenschaft, Kunst und Architektur führte auch dazu, dass man das Individuum – im Gegensatz zum Mittelalter – wieder mehr in den Mittelpunkt stellte. Wegen dieser Rückbesinnung auf die klassische Antike bezeichnet man diese Epoche auch als Renaissance (= Wiedergeburt).

Philipp Melanchthon nach einem Holzschnitt Albrecht Dürers

Als nach der Eroberung Konstantinopels durch die Türken im Jahr 1453 griechische Gelehrte, die nach Italien geflohen waren, zahlreiche antike Schriften aus dem Bereich der Philosophie, der Mathematik und der Naturwissenschaften mitbrachten, breitete sich der Humanismus von Italien aus rasch in ganz Europa aus. Die bedeutendsten Humanisten waren in Deutschland neben Erasmus von Rotterdam vor allem Konrad Celtis, Willibald Pirckheimer, Johannes Reuchlin und Philipp Melanchthon (1497–1560).

Nun erschienen erstmalig wissenschaftliche Ausgaben der antiken Schriftsteller im Druck und fanden große Verbreitung. In vielen Städten, wie z. B. in Freiburg, Basel, Trier, Mainz und Tübingen wurden neue Universitäten und Bibliotheken gegründet. Auch die mittelalterlichen Lateinschulen wurden nach den Vorstellungen der Humanisten reformiert: In vielen Städten entstanden Schulen, in denen man den ersten Wortschatz in Latein und Griechisch lernte, anhand von ausgewählten Lesestücken die Grundregeln der lateinischen Grammatik vermittelt wurde und dann die Originallektüre von Cicero, Vergil oder Ovid folgte.

Das Gerundivum als Attribut

G

Karolus rēx quōsdam puerōs virō doctō īnstruendōs mandāvit.
Aliī puerī cupidī nōn erant linguam Latīnam discendī. – Aliī puerī cupidī nōn erant linguae Latīnae discendae.
Aliī, quī carmina recitandō rēgem dēlectāverant, ā Karolō laudātī sunt. – Aliī, quī carminibus recitandīs rēgem dēlectāverant, ā Karolō laudātī sunt.
Iī, quī ad carmina cōnscrībenda parātī nōn erant, ā Karolō reprehēnsī sunt: „Mōrēs vestrōs nōn tolerandōs reprehendō."

Erste Übungen

1 Übersetze die folgenden Wendungen:

S • T • K • M
Wendungen zielsprachengerecht übersetzen

facultās linguae Latīnae discendae – linguae Latīnae discendae studēre – tempus sibi sūmere ad linguam Latīnam discendam – linguā Latīnā discendā dēlectārī

2 Setze die richtige Endung ein und übersetze dann:

S • T • K • M
Gerundivkonstruktionen beherrschen

a) Parātus sum ad litterās scrībend ?
b) Amīcōs conveniō ad cōnsilium capiend ?
c) In amīcā adiuvand ? semper fīdam tē praestitistī.
d) Cūram adhibē in amīcīs dēligend ? !

3 „Viele Möglichkeiten", aber nur eine Lösung – Bilde das Gerundivum im richtigen KNG und übersetze dann jeweils die Wendung:

Mihi est facultās (linguam Latīnam cōgnōscendī) → Mihi est facultās linguae Latīnae cōgnōscendae. – Ich habe die Möglichkeit, die lateinische Sprache zu erlernen.
Mihi est facultās ...
a) ... patrem vīsitandī
b) ... urbem spectandī
c) ... rem bene gerendī
d) ... amīcum conveniendī
e) ... frātrem adiuvandī
f) ... sententiam explicandī

W

Magister quīdam ad parentēs: „*Ināne* negōtium est vestrōs līberōs docēre. Labor meus *dūrus* est. Nēmō *umquam* tot labōrēs *dūrōs* subiit, *quot* ego subeō: *Ubi prīmum* puerī lūdum meum intravērunt, praecepta mea neglegunt et mē rīdent. Putet aliquis: Hī *stultī* puerī mē *necāre* mālunt quam *sponte suā* discere!"

L Die Klage eines geplagten Lehrers

Nicht nur Schüler klagen über die Schule, sondern manchmal auch Lehrer. Der Humanist Philipp Melanchthon hat um 1533 in einer Schrift eine anschauliche Schilderung des Schulalltags an einer Elementarschule gegeben, an die sich der folgende Textausschnitt anlehnt. Darin zeichnet ein Lehrer ein düsteres Bild seines schrecklichen Schulalltags, was jedoch nicht ganz ernst gemeint war:

In Aesōpī fābulīs asinus[1] apud Iovem clāmat sē labōribus suscipiendīs quasi necārī. Sed magistrī querēla[2] dē dolōribus accipiendīs rē vērā iūstior est quam haec querēla asinī. Cui enim asinō umquam in pistrīnō[3] tot mala perferenda erant, quot magistrō in discipulīs docendīs? Itaque nunc ā mē comperīte, quālis condiciō magistrī sit!

Iam tum, cum parentēs magistrō puerum docendum trādunt, facillimē intellegī potest, quam dūrum mūnus magistrī sit. Iste puer enim nōn sōlum nūllum amōrem litterārum, sed etiam ācerrimum odium eārum domō affert. Cum ēiusmodī mōnstrō[4] magistrō contendendum est!

Etiam haec rēs nōn ferenda saepe accidit: Sī istum puerum docēs, peregrīnātur[5] animus eius, et iterum atque iterum eadem praecepta ei inculcanda[6] sint, dum ei invītō haereant in animō. Paulo post autem illa verba, quae magister saepe repetēbat, puerō ex animō effluunt[7]. Sī eum cōgās ea reddere, quae didicit, tum videās eundem respondendō magistrum rīdēre: Nam saepe sponte suā aliquid stultissimum dīcit, ut exerceat magistrum et īram eius commoveat.

Auctōrēs antīquī nārrant Sīsyphum in Tartarō frūstrā saxum ingēns in montem altissimum volvere. Explicant hāc rē dēmōnstrārī multōs hominēs labōribus inānibus cōnficī. Ac profectō negōtium magistrī ināne est: Cum semper puerīs docendīs studeās, tamen nihil in eīs efficis!

1 **asinus, ī m.** der Esel
2 **querēla, ae f.** die Klage
3 **pistrīnum, ī n.** die Mühle
4 **mōnstrum, ī n.** das Ungeheuer
5 **peregrīnārī** abschweifen, umherschweifen
6 **inculcāre** (etwas) einbläuen
7 **effluere ō** verschwinden, entfallen

Schulszene um 1510 (Holzschnitt Albrecht Dürers)

Übungen

1 Stelle die negativen Eigenschaften zusammen, mit denen der Lehrer im Lesestück seine Schüler kennzeichnet.

S • T • K • M
Textaussagen reflektieren

2 Verfasst als Gegenstück die „Klage eines geplagten Schülers“ und diskutiert in der Klasse, wie ein Unterricht aussehen könnte, der Schülern und Lehrern in gleicher Weise Freude macht.

S • T • K • M
Fremde und eigene Situationen reflektieren

3 Bestimme die Formen von is, ea, id und ersetze sie durch die entsprechenden Formen von idem, eadem, idem:

eius – eum – eōrum – iī – eī – eam – eās – earum

S • T • K • M
Pronomina beherrschen

4 Sammle aus dem Lesestück alle -nd-Formen und ordne sie nach Gerundium, Gerundivum als Prädikatsnomen und Gerundivum als Attribut.

S • T • K • M
nd-Formen systematisieren

5 Vorsicht Falle!

a) Suche alle Wörter heraus, die eine -nd-Form (Gerundium oder Gerundivum) sind:

aliquandō – agendō – ascendendī – ascendi – comprehendendō – comprehendō – contendendīs – contendis – dēfendis – dēfendendīs

b) Suche unter den folgenden nd-Formen alle Wörter heraus, die eindeutig Gerundivum sind und nicht Gerundium sein können:

volvendīs – volvendī – haerendōs – haerendō – prōmittendōrum – prōmittendum – instituendam – dēligenda – dēligendō – exercendae

6 Verwandle die folgenden Wendungen mit Gerundium in die entsprechende Konstruktion mit einem Gerundivum (vgl. Erste Übungen 3) und übersetze:

a) facultās discipulōs optimē docendī
b) Multās rēs feliciter gerendō laudem tibi peperistī.
c) cōnsilium urbem expūgnandī
d) spēs victōriam pariendī
e) Hostēs fugandō imperātor urbem servāvit.

S • T • K • M
nd-Konstruktionen differenzieren

7 Der Holzschnitt (S. 312) von Albrecht Dürer (lateinisch: Dūrērius) ist mit folgenden lateinischen Versen unterschrieben:

Vīventis potuit Dūrērius ōra Philippī,
Mentem nōn potuit pingere[1] docta manus[2].

Übersetze die beiden Verse und erkläre, inwiefern Dürer hier seine hohe Achtung vor Philipp Melanchthon zum Ausdruck bringt.

S • T • K • M
Textaussagen vor ihrem kulturellen Hintergrund deuten

[1] **pingere** malen, zeichnen

[2] **manus** die Hand

Plateaulektion 54 – 56

Grundwissen: Schule im Wandel der Zeit

Bildung als Voraussetzung für eine Karriere in der Kaiserzeit

- Voraussetzung für eine erfolgreiche Karriere im 1. Jahrhundert n. Chr. war eine umfassende höhere Bildung. **Plinius der Jüngere** (62 – 113 n. Chr.) bekleidete alle Ämter des cursus honōrum und wurde im Jahr **100 n. Chr.** sogar **Konsul**.
- Er gibt mit seinen **Briefen** (epistulae) einen guten Einblick in das private und öffentliche Leben der frühen Kaiserzeit (vgl. Plateaulektion 36 – 40).
- Er stiftete für die Mitbürger seiner Heimatsstadt Como einen Teil seines Vermögens, um ihnen die Bezahlung eigener Lehrer zu ermöglichen.

Die Karolingische Bildungsreform

- „Baptizō tē in nomine patria et fīlia et spiritūs sanctī. – Ich taufe dich im Namen das Vaterland und die Tochter und des Heiligen Geistes." Mit diesem falschen Latein haben Priester um die Mitte des 8. Jahrhunderts die Taufe vollzogen.
- **Karl der Große (747 – 814)** begegnet diesen Missständen mit einer großen **Bildungsreform**: Im Frankenreich werden in den Klöstern und an den Bischofssitzen **Schulen** gegründet.
- Amtssprache im Frankenreich wird das **Lateinische**, dessen Grammatik auch auf der Grundlage der antiken heidnischen Schriften vermittelt wird.
- Eine einheitliche Buchschrift wird geschaffen (**Karolingische Minuskel**); im Frankenreich werden antike und christliche Texte gesammelt, abgeschrieben oder neu verfasst.

Neue Schulen im Zeitalter des Humanismus

- Nach der **Eroberung Konstantinopels 1453** fliehen zahlreiche Gelehrte nach Italien und bringen dabei bisher unbekannte antike Handschriften mit.
- Durch die **Erfindung des Buchdrucks** finden die antiken Schriften eine rasche Verbreitung.
- Gelehrte, die sich von der Epoche des Mittelalters abgrenzen wollen, erheben die griechisch-römische Antike zum Maßstab. Ihr Motto lautet: „Ad fontēs! – Zurück zu den Quellen!"
- **Philipp Melanchthon (1497 – 1560)** wird als „Praeceptor Germāniae" (Lehrmeister Deutschlands) bezeichnet: Er gründet 1526 in Nürnberg das erste moderne Gymnasium und verfasst zahlreiche Lehrbücher.

Alle Menschen haben ein Recht auf Bildung

Johann Amos Comenius (1592–1670), ein aus Südmähren stammender Philosoph und Theologe, ist der bedeutendste Pädagoge des 17. Jahrhunderts. Sein Hauptwerk, die „Didactica magna“ (veröffentlicht 1657), ist die erste große pädagogische Schrift der Neuzeit. Sein wichtigster Grundsatz lautet darin, dass man „alle alles ganz lehren“ müsse. In der Einleitung dieses Werkes fordert Comenius eine umfassende Bildung für alle Menschen; nur so werde der Mensch zum wahren Menschen und könne ein Leben führen, das Gottes Wille entspreche.

Quis nescit etiam temporibus nostrīs quibusdam hominibus, quī studiō discendī incensī sunt, facultātem nōn esse litterārum cōgnōscendārum? Quae rēs, ut pūtō, nūllō modō toleranda est! Omnēs enim hominēs nātī sunt ad discendum. Itaque magistrīs nōn sōlum līberī dīvitum aut prīmōrum īnstituendī sunt, sed omnēs pariter[1], nōbilēs et īgnōbilēs[2], dīvitēs et pauperēs, puerī et puellae per omnēs urbēs. Omnibus enim, quī hominēs nātī sunt, hoc studendum est, ut rē vērā hominēs sint.

Itaque prīmō līberī magistrīs trādendī sunt, ut artem scrībendī discant. Deinde autem eōrum vīrēs animī studiīs līberālibus[3] ita augendae sunt, ut ad vītam praesentem[4] agendam īnstituantur et ad vītam futūram bene parentur.

Deus enim hominēs nōn in nōbiles et īgnōbilēs, dīvites et pauperēs dīvidit; apud Deum omnēs hominēs aliquandō pariter iūdicābuntur[5]. Nōs ergō, sī tantum quōsdam ad studia līberālia discenda admittimus[6], nōn sōlum iniūriam facimus in illōs, sed etiam in Deum ipsum, quī ab omnibus, quibus imāginem suam imposuit, cōgnōscī, amārī, laudārī vult. Quod eō ācrius fiet, quō māior lūx cōgnitiōnis[7] fuerit accēnsa. Nam tantum amāmus, quantum cōgnōscimus.

Comenius-Denkmal vor der Friedrichskirche in Potsdam, Bronzeplastik von Igor Kitzberger, 1995

[1] **pariter** (Adv.) in gleicher Weise

[2] **īgnōbilis, īgnōbile** nicht adlig

[3] **studia līberālia** Wissenschaften, die einem freien Menschen angemessen sind

[4] **praesēns, praesentis** gegenwärtig

[5] **iūdicāre** (als Richter) beurteilen

[6] **admittere, admittō** zulassen

[7] **cōgnitiō, cōgnitiōnis** f. die Erkenntnis

Methodenkompetenz (20): Vorerschließung von Texten

1. Der „Orbis sensuālium pictus“ („Die sichtbare Welt“) ist eines der berühmtesten Lehrbücher der lateinischen Sprache und wurde von Johann Amos Comenius verfasst. Es erschien im Jahr 1658 in einer deutschen Ausgabe und wurde insgesamt in fast 20 Sprachen übersetzt. Mehr als 200 Jahre war es in ganz Europa ein weit verbreitetes Schulbuch.
   Auf mehr als 300 Seiten hat Comenius in diesem Buch alle wichtigen Bereiche des damaligen Lebens auf Latein dargestellt, von der Beschreibung des Himmels und der Erde bis hin zu konkreten Berufen. Mit seiner Konzeption war der „Orbis pictus“ ein Bildlexikon und damit wohl das erste multimediale Unterrichtsmittel: Der Inhalt eines jeden Kapitels wird zunächst in einem Bild veranschaulicht. Darunter finden sich drei Spalten: Links der lateinische Text, in der Mitte die deutsche Übersetzung, rechts die lateinischen Vokabeln.

CXXIII.

Interióra urbis. — Das innwendige der Stadt.

Intra urbem sunt platéæ (vici) 1	In der Stadt sind Gassen/ (Strassen) 1	Platéa, f. 1. (Vicus m. 2.) die Gasse (Strasse)
lapidibus stratæ,	die gepflastert /	Lápis m. 3. der Stein
fora, 2	Märckte/ 2	Fórum, n. 2. der Markt
(alicubi cum portícibus 3	(an etlichen Orten mit bedeckten Gängen 3)	Pórticus, f. 4. der bedeckte Gang.
& angiportus 4. m 4.	und Gäßlein / 4	
Publica ædificia sunt,	Gemein-Häuser sind	Públicus, a, um gemein; Ædificium, n. 2. das Haus (Gebäu)
in medio urbis,	mitten in der Stadt /	Medium n. 2. die Mitte.
Templum, 5. n. 2.	die Kirche/ 5	
Schola, 6. f. 1.	die Schul / 6	
Cúria 7. f. 1.	das Rahthaus / 7	
domus f. 2. & 4. mercatura, f. 1. 8	das Kauffhauß / 8	

Aus dem Orbis sensuālium pictus, Kapitel 123: „Das Innwendige der Stadt“

2. Die Konzeption des Comenius macht sehr deutlich: Eine Übersetzung gelingt nur, wenn du eine konkrete Vorstellung von der Aussage des lateinischen Textes hast und wenn du alle Vokabeln kennst bzw. deren Formen erkennst.
   In den einzelnen Lektionen des AGITE sind dir immer wieder Übungen angeboten worden, in denen du die Erschließung eines Textes **vor** der Übersetzung anwenden konntest. Hier sind noch einmal einige allgemeine Schritte zusammengefasst:
   - Überlege dir, was die Überschrift des Textes bedeutet und zu welchem Thema die Einleitung hinführt. Formuliere eine Vermutung, worum es in diesem Text gehen könnte.
   - Lies den Text bzw. seine Abschnitte zuerst auf Lateinisch in Ruhe durch und halte fest, was du schon verstanden hast. Überprüfe dabei, ob die Erwartungen, die du mit der Überschrift verbunden hast, bestätigt werden.
   - Achte auf Konnektoren, die die logische Verknüpfung der einzelnen Aussagen anzeigen.
   - Gib nicht gleich auf, wenn du unbekannte Vokabeln entdeckst, sondern versuche, ihre Bedeutung innerhalb des Kontextes, den du schon verstanden hast, zu erschließen. Hier kann dir die Wortbildung, die Wortfamilie oder ein deutsches Fremdwort helfen.

Übung

- Führe die Textvorerschließung am Text der Plateaulektion (S. 317) durch. Gehe dabei nach folgenden Arbeitsschritten vor.

1. Lies die Überschrift und die Einleitung in Ruhe durch und überlege, welche Forderung von Comenius in diesem Text erhoben wird.

2. Lies den ersten Absatz (Z. 1–7) in Ruhe auf Lateinisch durch.
2.1 Die Überschrift lautet: „Alle Menschen haben ein Recht auf *Bildung*" – Sammle aus dem ersten Absatz alle Wörter und Wendungen, die zum Sachfeld „Bildung/Erziehung" gehören.
2.2 Die Überschrift lautet: „*Alle Menschen* haben ein Recht auf Bildung" – Stelle aus dem ersten Absatz alle Wendungen zusammen, in denen das Adjektiv „omnis" (mit Bezugswort) vorkommt. Stelle entsprechend die Adjektive und Substantive zusammen, die im ersten Abschnitt diesen Wendungen gegenübergestellt werden.
2.3 Übersetze jetzt den ersten Abschnitt.

3. Lies den zweiten Absatz (Z. 8–11) in Ruhe auf Lateinisch durch. Er enthält deutliche Gliederungsmerkmale.
3.1 Suche die Zeitangaben heraus und nenne zu ihnen jeweils die wichtigste Aussage.
3.2 Erkläre, welches Sinnverhältnis durch die Konnektoren „ita ... ut" bestimmt wird.
3.3 Erkläre, durch welche inhaltliche Zweiteilung der ut-Satz in sich noch einmal gegliedert ist.
3.3 Übersetze jetzt den zweiten Abschnitt.

4. Lies den dritten Absatz (Z. 12–22) in Ruhe auf Lateinisch durch.
4.1 Der dritte Absatz beginnt mit einer Begründung (Deus enim ...). Überlege, an welche Formulierung oder an welche Aussage des vorherigen Absatzes diese Begründung anknüpft.
4.2 Die Begründung bzw. Argumentation im dritten Absatz erfolgt jetzt auf einer anderen Ebene als in den ersten beiden Absätzen. Welches Substantiv dominiert diesen dritten Absatz?
4.3 Mit „ergō" wird im zweiten Satz eine Schlussfolgerung eingeleitet. Erstelle von diesem Satz eine Satzanalyse nach der Einrückmethode.
4.4 Am Schluss des dritten Absatzes werden zwei Verben häufig verwendet. Suche alle Formen heraus und bestimme sie.
4.4 Übersetze jetzt den dritten Abschnitt und erkläre, wie Comenius das Recht aller Menschen auf Bildung begründet.

Lektion 57 – 60

Aufbruch in ferne Länder und zu anderen Kulturen

Der Mont Ventoux

Kampf zwischen berittenen Mongolenkriegern, persische Miniatur aus dem 14. Jahrhundert (Berlin, Staatsbibliothek)

Die letzte Sequenz des Lehrwerks „Agite" beinhaltet lateinische Texte aus dem 13. –16. Jahrhundert. In ihnen kommt eine neue Zeit zum Ausdruck, die geprägt war von neuen Fragen und Sichtweisen der Menschen, vom Aufbruch einzelner Menschen von Europa in ferne Länder, von Begegnungen mit Menschen in Asien und Amerika.

Der Brief des Humanisten Francesco Petrarca, der aus dem Jahr 1336 datiert, gilt als Schlüsselzeugnis für den Übergang vom Mittelalter zur Neuzeit. Petrarcas Besteigung des Mont Ventoux in der Provence bezeugt nach Ansicht des Philosophen Hans Blumenberg „die Anfänge eines neuen Natur- und Weltbewusstseins".

Von den fremden Völkern, mit denen die Menschen in Europa in Berührung kamen, haben besonders die mongolischen Reiterscharen unter ihrem Anführer Dschingis Khan einen großen Eindruck hinterlassen. Ihr Vordringen nach Mitteleuropa versetze die Menschen in Angst und Schrecken. Es veranlasste Papst Innozenz IV., Dominikaner- und Franziskanermönche in den Fernen Osten zu entsenden, um sich ein Bild von den Mongolen zu machen. Die Augenzeugenberichte, die jene Mönche nach ihren mehrjährigen Aufenthalten in Ostasien verfassten, geben als ethnografische Quellen Auskunft über das Alltagsleben und die Speisegewohnheiten, über die Religionsformen und die Rituale, bieten allerdings auch manche fantastische Geschichte, die eher in den Bereich der Mirabilienliteratur gehört.

Der Khan verleiht kostbare Gürtel als Auszeichnungen, persische Miniatur aus dem 14. Jahrhundert (Berlin, Staatsbibliothek)

- Beschreibe die beiden Abbildungen von den Mongolen und versuche sie mithilfe weiterer Informationen zu erklären.
- Informiere dich über die Begriffe Ethnologie und Ethnografie.
- Informiere dich über den Begriff Mirabilienliteratur und ziehe Vergleiche mit ähnlichen Geschichten, die du in früheren Lektionen gelesen hast.

Eine grundlegende Veränderung der Welt bedeuteten die „Entdeckung Amerikas" durch Kolumbus 1492, die Eroberung des Aztekenreiches durch Cortes 1516 und die Eroberung des Inkareiches durch Pizarro 1532. Damit verbunden waren zum einen die Ausbreitung der Kultur Europas sowie der spanischen und portugiesischen Sprachen – davon zeugt auch die Bezeichnung Lateinamerika –, zum anderen aber auch die Auslöschung jahrhundertealter Hochkulturen in Mittel- und Südamerika. Die Ureinwohner empfingen die Seefahrer aus Europa zunächst freundlich, wurden dann aber von ihnen besiegt, unterdrückt, ihrer Schätze beraubt und zur Annahme des Christentums gezwungen. Die Unabhängigkeit erlangten die Staaten Südamerikas erst im Jahre 1824.
Mit Aspekten der Eroberung in zeitgenössischen Texten beschäftigen sich die letzten Lektionen dieses Lehrwerks, die auch zu kritischer Reflexion anregen können.

Diego Rivera, Die Ankunft des Hernan Cortez in Veracruz. Fresko, ca. 1935 (Mexiko Stadt, Nationalpalast, der Sitz der mexikanischen Regierung ist)

- Beschreibe das Fresko und erläutere, wie Diego Rivera die Ankunft von Cortes in Mexiko und die Kolonialzeit der Spanier sieht.

Lektion 57

Eine neue Zeit bricht an – Petrarca und die Besteigung des Mont Ventoux

Andrea del Castagno, Francesco Petrarca, Fresko aus dem Jahr 1450 (Florenz, Uffizien)

Francesco Petrarca war ein italienischer Dichter und Geschichtsschreiber. Am 20. Juli 1304 in Arezzo (in der Toskana) geboren, lebte er in seiner Kindheit in Florenz und danach in Avignon, wo er Jura studierte. Im Jahre 1341 wurde er auf dem Kapitol in Rom als Dichter ausgezeichnet. Am 19. Juli 1374 ist er in Arquà bei Padua gestorben. Petrarca lebte in der Zeit des Übergangs vom Mittelalter zur Renaissance und war mit Dante Alighieri und Giovanni Boccaccio ein bedeutender Vertreter des italienischen Humanismus.

Ein besonderes Zeugnis für den Beginn des neuen Denkens ist Petrarcas Brief an den Augustinermönch Dionigi von Borgo San Sepolcro, in dem er berichtet, wie er zusammen mit seinem Bruder Gherardo den 1912 Meter hohen Mont Ventoux in der Provence, nicht weit von Avignon, bestiegen habe.

Vor der Zeit Petrarcas glaubten die Menschen, dass eine Bergbesteigung ein sehr großes Wagnis, sogar eine Grenzüberschreitung sei, die den Menschen nicht zustehe. Und so gilt Petrarca als der Mann, der das Bergsteigen entdeckte. Seine Unternehmung wird als der Anfang einer neuen, sinnhaften Naturerfahrung gesehen. Der Brief ist ein Zeugnis für den Übergang vom Mittelalter in das neue Denken der Renaissance. Dabei ging es Petrarca nicht nur um das Erlebnis des Bergsteigens. Im Verlaufe des Weges vergleicht er die Besteigung des Berges mit dem menschlichen Lebensweg.

Das Partizip Futur Aktiv als Participium coniunctum und Prädikatsnomen

G

In einer Klage über die Zustände in der Schule zur Zeit Melanchthons hieß es:
Parentēs līberōs magistrō trādidērunt, quia spērāvērunt eum līberōs optimē īnstrūctūrum esse.
Magister parāvit discipulōs īnstruere. Magister discipulōs īnstrūctūrus erat, sed nōnnūllī puerī eum exercēbant.
Magister opera scrīptōrum antīquōrum recitātūrus erat. Puerī autem in lūdum sē cōntulerant nōn opera antīqua recitātūrī, sed īram magistrī excitātūrī.

Erste Übungen

1 Bilde von den folgenden Verben die drei Partizipien nach folgendem Beispiel:

S • T • K • M
Partizipformen beherrschen

excitāre: excitāns, excitātus, excitātūrus
monēre – trādere – ascendere – facere – quaerere – cōgitāre

2 Übersetze:

S • T • K • M
Funktionen des PFA im Kontext erkennen

a) Plinius dīxit: „Līberī in patriā ā magistrō īnstituendī sunt.
b) Suadeō līberōs, quī patriam relictūrī sunt, minōre sumptū domī īnstituī.
c) Ā cīvibus pecūnia cōnferenda est, ut magistrī condūcantur.
d) Prōmittō mē vōbis affutūrum esse: Prō cīvitāte tertiam partem pecūniae datūrus sum.
e) Tum iī līberī, quī alienīs locīs studiīs sē datūrī sunt, in cīvitāte nostrā manēbunt.“

W

Petrarca schreibt in einem Brief unter anderem:
Iam multōs annōs cupiditās montem *īnsīgnem* ascendendī in animō meō fuit; nam ā puerō hīs locīs vīxī. Cum cōnsilium montis ascendendī cēpissem, domō discessī et per *vallēs* iter fēcī. Quia via *angusta* erat, iter *commodum* quaesīvī. Postquam *summum in montem* pervēnī, fessus cōnsēdī et *quiēvī*.

L Ist der Aufstieg auf den Berggipfel wie das Streben nach der vita beata?

Der Mont Ventoux

In einem Brief erzählt Francesco Petrarca über seine Besteigung des Mont Ventoux. Darin nennt er nicht nur den Grund für die Bergbesteigung; er berichtet auch, welche Gedanken ihm dabei in den Sinn kamen und welche Bedeutung der Aufstieg für sein Leben hatte:

Hodiē altissimum montem huius regiōnis ascendī cupiditāte adductus videndī īnsīgnem altitūdinem. Iam multōs annōs cupiditās huius itineris faciendī in animō meō fuerat. Ā puerō enim hīs locīs vīxī.

Tandem mē cēpit cupiditās facere, quod cottīdiē[1] factūrus eram. Diē cōnstitūtā domō discessī montem ascensūrus. Iter autem difficillimum erat, nam haec loca asperrima sunt.

In itinere pāstōrem veterem invēnī, quī mē multīs verbīs retinēre voluit dīcēns sē iuvenem ante multōs annōs summum montem ascendisse nihilque inde retulisse praeter labōrem. Tamen cupiditās mea montis ascendendī crēvit.

Cum per vallēs errārem iter commodum quaesītūrus, mēcum cogitāvī: „Quod tibi hodiē in hōc monte ascendendō accīdit, id et tibi et multīs hominibus vītam beātam petentibus accidet: Etiam vīta beāta altissimō locō sita est; ad illam dūcit via angusta. Multī collēs intersunt et ad virtūtem maximō labōre eundum est." Haec in monte ascendendō cogitāns iter perrēxī.

Postquam tandem summum in montem pervēnī, fessus consēdī quiētūrus. Ibi ita commōtus sum, ut dē vītā meā cogitārem. Illud mihi in mentem vēnit: „Sī aliquis tantum labōris suscēpit, ut corpus caelō paulum propius esset, nihil terrēbit animum eius, quī Deō appropinquātūrus est."

Haec in pectore movēns dē monte dēscendī et domum rediī.

[1] **cottīdiē** täglich

Übungen

1 Gliedere den Text nach den einzelnen Stationen des Aufstiegs und gib den Abschnitten eine kurze Überschrift.

S • T • K • M
Textaussagen reflektieren

2 Erkläre, was Petrarca zum Ausdruck bringen will, wenn er den Aufstieg auf den Berg mit dem Weg zur vita beata vergleicht (Z. 12–15).

3 Erläutere den Gedanken, der Petrarca während des Ausruhens auf dem Gipfel in den Sinn gekommen ist (Z. 19 f.).

4 Bilde von folgenden Verben die drei möglichen Partizipien:

S • T • K • M
Partizipformen beherrschen

spectāre – ferre – movēre – interrogāre – recipere – expellere – dēfendere – cōnfirmāre

5 Kooperativ üben – PPP oder PFA? Bildet Zweier-Teams: Setzt die passenden Endungen ein und übersetzt die Sätze.

a) Petrarca cupiditāte adduct ? montem altissimum ascendit.
b) Petrarca summum montem aspect ? iter fēcit.
c) Petrarca summō in monte valdē commōt ? dē vītā suā cōgitāvit.
d) Petrarca regiōnem pulchram spectāt ? summō in monte consēdit.

6 Aus zwei mach eins. Bilde aus voluit plus Infinitiv des zweiten Satzes das Partizip Futur Aktiv, das sich in KNG auf das Subjekt des ersten Satzes bezieht. Übersetze dann den neuen Satz.

S • T • K • M
PFA im Kontext beherrschen und wiedergeben

Beispiel: Petrarca domō discessit. Montem ascendere voluit.
neu: Petrarca montem ascensūrus domō discessit.

a) Petrarca montem ascendit. Summum montem vidēre voluit.
b) Pastor eum monuit. Ab itinere prohibēre voluit.
c) Petrarca summō in monte consēdit. Dē vītā suā cogitāre voluit.
d) Petrarca in monte dēscendendō saepe sē vertēbat. Summum montem iterum atque iterum aspicere voluit.

7 Substantive auf –tūdo bezeichnen eine Eigenschaft, z. B. altus – altitūdo. Leite das Substantiv von folgenden Adjektiven ab und übersetze:

S • T • K • M
Wortbildungslehre für unbekannte Wörter nutzen

fortis – māgnus – necesse – pulcher – sōlus – longus – aeger

8 Führe die folgenden Fremdörter auf die lateinische Grundform zurück und nenne ihre heutige Bedeutung.

S • T • K • M
Fremdwörter erkennen und erklären

Abitur, Dozentur, Professur, Klausur, Inventur, Junktur, Manufaktur, Zäsur

Lektion 58

Johannes de Plano Carpinis Reisebericht über die Mongolen

Darstellung des Dschingis Khan in der chinesischen Malerei (14. Jh.)

Zu Beginn des 13. Jahrhunderts wurde Europa durch eine Invasion in Angst und Schrecken versetzt: Mongolische Reiterhorden unter der Führung ihres Stammesfürsten Dschingis Khan hatten zunächst weite Teile Chinas und Südsibirien erobert. Dann wandten sie sich nach Westen, eroberten im Dezember 1240 die Stadt Kiew und drangen weiter bis nach Ungarn, Polen und Schlesien vor. Berichte von der unerbittlichen Grausamkeit der Mongolen und von ihren schrecklichen Verwüstungen verbreiteten sich in ganz Europa. Mit dem Ende des Jahres 1241 aber verschwanden die Eindringlinge plötzlich genauso schnell und unerwartet wie sie gekommen waren. Doch der Schock saß tief: Wer waren diese Fremden? Woher waren sie gekommen und wohin wieder abgezogen? Würden sie zurückkehren? Diese Fragen beunruhigten damals viele Menschen in Europa.
Aus den Schlachten in Mähren, Polen und Ungarn waren nur wenige Augenzeugen mit dem Leben davon gekommen. Umso nebulöser war daher das Bild, das sich die Bevölkerung in Europa von den grausamen, schier unbesiegbaren Barbaren aus dem fernen Osten machte. In dieser Situation ergriff Papst Innozenz IV. die Initiative. Dem gebildeten Papst war klar, dass man nur durch gesicherte Kenntnisse gegen einen möglichen Angriff in der Zukunft gewappnet sein würde. Er sandte daher im Jahr 1245 den Franziskanermönch Johannes de Plano Carpini (um 1185–1252), der ein Schüler und Gefährte des Franz von Assisi war, zu den Mongolen in die Ukraine, um diplomatische Verbindungen mit ihren Stammesführern aufzunehmen.
Von seiner Reise, die ihn von Lyon über Kiew bis an den Ural führte, brachte Johannes den ersten umfassenden Reisebericht über das Herrschaftsgebiet, die Lebensbedingungen, Sitten und militärischen Leistungen der Mongolen nach Europa. Diese Art von Texten, sogenannte Ethnografien, sind auch aus der Antike bekannt. Von Caesar und Tacitus liegen uns z. B. noch heute vergleichbare Berichte über die Germanen vor. Obwohl Johannes um eine neutrale, kritische Berichterstattung bemüht war, findet sich in den Berichten doch einiges Fantastisches.

Reiterstandbild des Dschingis Khan in der Inneren Mongolei, China

G

W

Deponentien

1. Petrarca nārrat: Pāstor, quem in itinere convēnī, *loquitur* (dīcit): „Ego iuvenis hunc montem ascendī."
2. Pāstor mē *hortābātur* (monēbat): „Nihil praeter labōrem referēs. *Morāre* (Manē) apud mē!"
3. Cum pāstor mē *hortātus esset* (monuisset), tamen in summum montem *profectus sum* (iter fēcī).
4. Postquam summum in montem pervēnī, ibi aliquid temporis *morārī* (manēre) mihi placuit.
5. Ibi mē ipsum *hortātus sum* (monuī): „Deum semper *verēre* (cole)! Eō modō vītam beātam *consequēris* (tibi pariēs)."

Erste Übungen

1 Ordne die Formen von timēre den entsprechenden Formen von verērī zu:

S • T • K • M
Konjugationen beherrschen

verētur – veritī sunt – verēbantur – verēbor – verērentur – nē veritī sītis!
timērent – timēbō – nē timueritis! – timuērunt – timēbant – timet

Ordne die Formen von dicere den entsprechenden Formen von loqui zu:

loquitur – loquuntur – locūtae sunt – loquerentur – loquēbar – loquere
dīc – dīcerent – dīcit – dīcunt –dīcēbam – dīxērunt

2 Bilde die entsprechende Form des bedeutungsähnlichen Wortes in Klammern:

monērēs (hortārī) – dīxerāmus (loquī) – iter facite (proficīscī) – cole! (verērī) – maneō (morārī) – monuisse (hortārī) – iter fēcērunt (proficīscī)

3 Aktiv oder Passiv? Welche der folgenden Formen muss man mit einer aktiven, welche mit einer passiven Form übersetzen?

volvor – verēris – trahī – vinciminī – cōnsecutī sumus – proficīscēre – commōtus es – hortārī – locūtī essent – morātur

L Monströse Frauen und tierische Männer

Auf seiner Reise sammelt Johannes de Plano Carpini nicht nur Informationen über die Taten und Gepflogenheiten der Mongolen, sondern hört auch einige kuriose Geschichten über andere entlegene Völker. Von einer sagenhaften Niederlage der Mongolen während eines ihrer Feldzüge erzählt folgende Passage seines Reiseberichts.

Mīlitēs Mongālōrum, cum aliquandō ad bellum proficīscerentur, in regiōnem quandam pervēnērunt, in quā quaedam mōnstra[1], quae fōrmās fēminārum habuērunt, vīvēbant. Quās Mongālī, quia mīrābantur sē multās mulierēs, sed nē ūnum quidem virum convenīre, adiērunt. Mongālīs per interpretēs[2] interrogantibus, ubi virī illīus regiōnis versārentur, fēminae haec ferē locūtae sunt: „Quaecumque fēmina hāc in regiōne nāscitur, fōrmam hūmānam habet; omnēs autem virī fōrmas canum habent. Hī ūnum in locum patriam dēfēnsūrī sē recēpērunt."

Cum Mongālī hāc regiōne potīrī vellent, canēs eīs hōc modō restitērunt: Cum hiems asperrima esset, prīmō in aliquod flūmen dēsiluērunt, deinde in arēnā sē volvērunt, ut aqua cum arēnā congelarētur[3]. Id iterum atque iterum repetēbant, dum corpora glaciē[4] durā circumdarentur. Hāc glaciē tēctī canēs Mongālōs aggressī sunt.

Dux Mongālōrum, ubi prīmum canēs vīdit, cōpiās hortātus est: „Nē veritī sītis! Arceāmus impetum istōrum mōnstrōrum[1]!" At cum Mongālī tēla in canēs iactārent, ea ā corporibus canum – tamquam ā saxīs – resiliēbant[5]. Tum canēs Mongālōs aggrediuntur, cōnsequuntur, morsibus[6] laedunt, ē fīnibus suīs expellunt.

Plūrimī autem mīlitēs Mongālōrum in eā pugnā mortuī esse dīcuntur. Hās rēs vērās esse ā testibus, quī diū apud Mongālōs morātī sunt, cōnfirmātum est.

[1] **mōnstrum, ī n.** das Ungeheuer

[2] **interpres, interpretis m.** der Dolmetscher

[3] **congelārī, congelor, congelātus sum** völlig gefrieren, verhärten

[4] **glaciēs, glaciēī f.** das Eis

[5] **resilīre, resiliō** abprallen

[6] **morsus, morsūs m.** der Biss

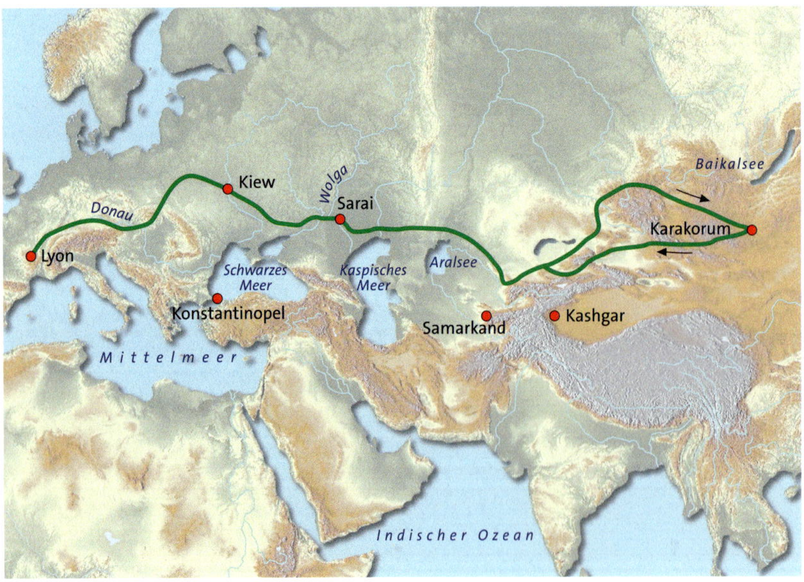

Der Reiseweg des Johannes de Plano Carpini

Übungen

1 Gliedere die Sätze der Zeilen 1–8 nach der Einrückmethode (vgl. S. 279 – Methodenkompetenz 17) und gib dann den Handlungsverlauf des ersten Abschnittes in seinen Grundzügen wieder.

S • T • K • M
Text strukturieren und Aussage ermitteln

2 Suche im Lektionstext nach Hinweisen, aus denen deutlich wird, dass Johannes diesem Bericht der Mongolen skeptisch gegenübersteht.

S • T • K • M
Textaussagen reflektieren

3 Sei aktiv, bilde das Passiv – Lege eine entsprechende Tabelle an und ergänze die jeweils fehlenden Verbformen:

S • T • K • M
Konjugationen beherrschen

hortārī	verērī	potīrī	loquī
hortātur			
	verēbantur		
		potiēmur	
			loquere
hortātus sum			
	veritī erant		

4 Läuft das alles auf's Gleiche raus? Bestimme die folgenden Formen und übersetze sie:

S • T • K • M
Flektierte Formen unterscheiden

a) RE: morā- corpo- movē- gene- verē- vete-

b) RIS: potī- clāmō- lībe- tēxe- mīrārē- mī-

5 Die Karte auf S. 328 zeigt die Reiseroute des Johannes de Plano Carpini. Ermittle mithilfe einer modernen Karte, durch welche Länder er reiste.

S • T • K • M
Informationen beschaffen und auswerten

6 In dem Bericht des Johannes werden die Mongolen auch als Tartaren bezeichnet. Johannes gibt dafür folgende Begründung:

„Ipsī autem sē ipsōs Tartarōs appellābant, ā quōdam flūmine, quod currit per terram eōrum, quod Tartar nominātur."

a) Übersetze und erläutere dieses Zitat.
b) In Europa wurde der Begriff „Tartaren" fälschlicherweise auf das lateinische Wort „Tartarus" zurückgeführt. Überlege mithilfe des Informationstextes S. 326, wie es zu dieser Deutung kommen konnte.

Lektion 59

Die Entdeckung der „Neuen Welt“

Darstellung des Christoph Kolumbus durch den Maler Sebastiano del Piombo (1485–1547)

Am 3. August 1492 stach der italienische Seefahrer Christoph Kolumbus (ca. 1451–1506) in See, um den Seeweg nach Indien zu finden. Als er nach der Fahrt über den Ozean am 12. Oktober Land sichtete, hatte er jedoch nicht – wie er meinte – den asiatischen Kontinent erreicht, sondern einen neuen Kontinent entdeckt: Amerika. Auf dieses Missverständnis des Kolumbus geht die Bezeichnung „Indianer“ für die amerikanischen Ureinwohner zurück.

Unterstützt wurde Kolumbus von dem spanischen Königspaar Fernando und Isabella, die sich von der Expedition materielle Gewinne und eine Verbreitung des christlichen Glaubens in der Welt versprachen. Grundlage der Expedition war die Überzeugung, dass die Erdkugel zur See umrundet werden könne. Bereits im 6. Jahrhundert v. Chr. hatten Schüler des vorsokratischen Philosophen Pythagoras die Vorstellung von der Kugelgestalt der Erde geäußert, und auch zur Zeit des Kolumbus war sie weit verbreitet. Mit seiner Idee, dass Indien auf dem Seeweg erreicht werden könne, stand Kolumbus also keineswegs allein da.

Über seine Reise führte Kolumbus ein Tagebuch, von dem Abschriften erhalten sind. Bedeutend ist außerdem der lateinisch abgefasste Bericht des venezianischen Humanisten und Kardinals Pietro Bembo (1470–1547), der in seinem Werk über die Geschichte Venedigs auch über die Entdeckung der neuen Welt berichtet.

Die Bewohner des amerikanischen Kontinents hatten unter den Folgen der Eroberungen durch die Europäer, die nun die neuen Herren der entdeckten Gebiete waren, schwer zu leiden. So hat auch schon Kolumbus, obwohl er von dem spanischen Königspaar den Auftrag erhalten hatte, die „Indianer“ als zukünftige Christen gut zu behandeln, einige der Ureinwohner zu Sklaven gemacht und nach Spanien gebracht. Daher werden die Entdeckungen des Kolumbus heute einerseits als große Leistungen gewürdigt, aber auch kritisch beurteilt.

G

W

Semideponentien

Mongālī quōsdam virōs fōrmam canum habēre trādunt. Nōn omnēs hīs verbīs *cōnfīdunt/cōnfīsī sunt.*
Mongālī nārrant: „Illī canēs cōpiās nostrās aggredī *audent/ausī sunt.*“
Itaque Mongālī māgnā clāde acceptā domum *revertuntur/revertērunt.* Canēs autem victōriā *gaudent/gāvīsī sunt.*

Erste Übungen

S • T • K • M
Konjugationen beherrschen

1 Ordne die folgenden Formen nach den Zeiten des Präsens- und des Perfektstammes. Übersetze dann.

audet – ausus est – ausī erant – cōnfīsī sunt – cōnfīdunt – cōnfīdit – revertit – revertitur – revertī (2) – gāvīsī sumus – gāvīsus erās – gaudēbās

2 Bilde die Formenreihen:

audent
→ Imperfekt → Singular → Perfekt → Plusquamperfekt → 1. Person → Konjunktiv

cōnfīsī sumus
→ Singular → Futur II → 2. Person → Präsens → Futur I → 1. Person

revertitur
→ Perfekt → Plural → Plusquamperfekt → 2. Person → Imperfekt → Singular

Kolumbus landet am 12.10.1492 auf der Insel Guanahani (San Salvador). Holzschnitt aus der lateinischen Fassung des Kolumbusberichtes 1493

L Die ersten großen Entdeckungen des Kolumbus

Der Humanist und Kardinal Pietro Bembo (1470–1547) berichtet, dass Kolumbus den spanischen König um Unterstützung für eine große Expedition gebeten hatte, um den kürzesten Weg von Europa nach Ostasien zu finden. Anfangs war der Herrscher skeptisch, doch mit einer engagierten Rede stimmte Kolumbus ihn schließlich um und konnte 1492 in See stechen:

Hāc ōrātiōne Columbus ā rēge petīvit, ut sibī liceat eius opibus novās īnsulās, nova litora quaerere. Nam cōnfīsus est fortūnam sibī nōn dēfutūram esse. Quia etiam rēx Columbō cōnfīsus est, cōnsilium eius tandem probāvit.

Quā rē Columbus valdē gāvīsus est. Paulō post tribus cum navibus ad īnsulās Fortūnātās, quae Canāriae appellantur, profectus est. Postquam ad eās īnsulās pervēnit, trīgintā trēs diēs occidentem sōlem sequī ausus est. Dēnique sex adhuc īgnōtās īnsulās repperit, quārum duae ingentis māgnitūdinis erant.

Quibus in īnsulīs nūdī hominēs mōribus placidīs habitant. Lintribus[1] ex unō līgnō[2] factīs ūtuntur. Animālium quadrupedum[3] pauca genera habent; sunt etiam canēs parvī, quī nōn lātrant[4]. Avium vērō plūrima genera sunt: et grandiōra et minōra nostrīs avibus sunt. Vellera[5] suā sponte nāscentia ex montibus colligere solent. Ferrum nōn habent. Aurum in flūminum arēnīs legunt, eōque prō ōrnāmentō[6] ūtuntur. Pecūniam nesciunt.

Columbus cum rēge ūnīus īnsulae amīcitiam foedusque iniit. Duodēquadrāgintā ex suīs comitibus apud illum relīquit, ut mōrēs et sermōnem gentis discerent, et pollicitus est sē brevī tempore reversūrum esse. Decem ex incolīs sēcum dūxit, cum in Hispāniam reverterētur. Hoc fuit inītium illōrum itinerum, quae ad novās orbis terrārum ōrās facta sunt. Proximō annō, ut pollicitus erat, Columbus cum navibus septendecim ad eam īnsulam revertit.

1 **linter, lintris f.** der Kahn
2 **līgnum, ī n.** Holzstück
3 **quadrupēs, -pedis** vierfüßig
4 **lātrāre** bellen
5 **vellus, velleris n.** Wolle
6 **ōrnāmentum, ī n.** das Schmuckstück

Übungen

S • T • K • M
Wendungen zielsprachengerecht übersetzen

1 Die Entdecker finden für einige Dinge nur schwer die richtigen Worte. Erschließe, was mit diesen Ausdrücken gemeint ist:

... lintrēs ex ūnō līgnō factae (Z. 10 f.) – ... canēs parvī, quī nōn lātrant (Z. 12) – ... vellera suā sponte nāscentia (Z. 13)

2 Verschaffe dir einen Überblick über den Inhalt des Lesestücks, indem du die folgenden Aussagen über Kolumbus übersetzt:

S • T • K • M
Texte in zentralen Aussagen erfassen

Columbus ... ōrātiōnem habuit – auxilium ā rēge petīvit – auxiliō rēgis gāvīsus est – navigāre ausus est – sex adhuc īgnōtās īnsulās repperit – hominēs nūdōs vīdit – mōrēs incolārum observāvit – dē animālibus huius rēgiōnis narrāvit – in Hispāniam revertit – nōnnūllōs incolās sēcum dūxit

3 Setze die Verben in die entsprechende Zeit des Präsens- bzw. Perfektstamms (Präsens ↔ Perfekt, Imperfekt ↔ Plusquamperfekt, Futur I ↔ Futur II, Infinitiv Präsens ↔ Infinitiv Perfekt). Unterscheide dabei genau zwischen Deponentien und Semideponentien.

S • T • K • M
Konjugationen beherrschen

ausī sunt – revertī (2) – locūtus sum – gāvīsus sum – proficiscor – cōnfīdō – solēbant – versātus erō – gaudeāmus – cōnfīsī essent – aggrederētur – auderētis – soleant – revertantur

4 Bedeutungsähnliche Verben – Bilde die entsprechenden Formen ...

... von gaudēre zu: laetī sunt – laetus erō – laetus fuissem – rīdēmus – rīsistī – rīsisset
... von cōnfīdere zu: fidem habet – fidem habēbam – fidem habēbis – crēdidērunt – crēdātis – crēdidisse
... von revertī zu: redeunt – redīret – rediī – redis – rediērunt – redīsse

5 Achtung Verwechslungsgefahr! Suche die Formen heraus, die von einem Semideponens stammen können, und begründe deine Entscheidung.

S • T • K • M
Verwechselbare Formen unterscheiden

audācī – audāciam – audeam – audiam – audē – audī – audēte – audītī – audivistī – ausī – auxī – gaudētis – gaudiīs – gāvīsīs – sōle – soleam – sōlam – solēs – sōlēs – sōlī – solitī – soleō – sōlō

6 Im 18. Jahrhundert formulierte der deutsche Physiker und Schriftsteller Georg Christoph Lichtenberg den folgenden spöttischen Satz: „Der Amerikaner, der den Kolumbus zuerst entdeckte, machte eine böse Entdeckung." Diskutiert in der Klasse über diese Aussage.

S • T • K • M
Fremde und eigene Situationen reflektieren

7 Auf dem auf S. 330 abgebildeten Gemälde findet sich die folgende Inschrift:

S • T • K • M
Informationen beschaffen und auswerten

Haec est effigiēs Liguris mīranda Columbī, antipodum prīmus rate quī penetrāvit in orbem.
(„Dies ist das bewundernswerte Abbild des Kolumbus aus Ligurien, der als erster mit einem Schiff in die Welt der Antipoden vordrang.")

Informiere dich über die Bedeutung des Wortes „Antipode". Erkläre, wieso dieser Begriff gerade im Zusammenhang mit den Leistungen des Kolumbus von großer Bedeutung ist.

Lektion 60

Cortes und die Eroberung des Aztekenreiches

Wie viele spanische Jugendliche war auch Hermann Cortes (span.: Hernán Cortés, 1485–1547) beeindruckt von den Fahrten des Kolumbus, der 1492 Amerika entdeckt hatte. Cortes widmete sich zuerst dem Studium der Rechte und der lateinischen Sprache in Salamanca, fuhr dann aber 1504 nach Haiti (La Española) und war auf der Insel einige Jahre als Kolonist und Notar tätig. Von dort aus nahm er sieben Jahre später an der Eroberung Kubas teil. Diese Insel verließ er am 18. Februar 1519 und landete mit elf Schiffen und ca. 500 Spaniern im Herrschaftsgebiet der Azteken, in der Nähe der heutigen Stadt Veracruz in Mexiko. Schon bald entschloss sich Cortes zur Eroberung des Aztekenreiches, was ihm durch diplomatisches Geschick, durch die Nutzung der Spannungen unter den Aztekenfürsten und durch eine entschlossene Kriegsführung gelang.

Am 8. November 1519 wurde Cortes vom Aztekenherrscher Montezuma II. (lat.: Mutezūma) in Tenochtitlán, der Hauptstadt der Azteken friedlich empfangen. Dieser erkannte bald die Oberhoheit des spanischen Eroberers an. Nach dem Tod Montezumas 1520 eroberte Cortes gewaltsam das Reich der Azteken, vernichtete ihre Hochkultur und errichtete die Herrschaft der Spanier, wozu auch die Christianisierung der Indios gehörte.

Das Vorgehen der spanischen Eroberer wurde schon von den Zeitgenossen unterschiedlich beurteilt. Juan Ginés de Sepúlveda (1490–1573), ein Dominikaner und Humanist, gehörte zu denen, die es für richtig hielten, dass die Spanier das Land der Ureinwohner eroberten und die Indios versklavten.

Gegensätzlicher Ansicht war Bartolomé de Las Casas (1484–1566). Auch er war Mitglied des Dominikanerordens und hatte am Beginn der spanischen Konquista teilgenommen, unter anderem mit Cortes an der Expedition nach Kuba 1511. Doch seitdem Missionare des Dominikanerordens 1500 in der Neuen Welt gegen die ungerechte Behandlung der Ureinwohner durch die Spanier predigten, wandte sich auch Las Casas gegen die Unterwerfung der Ureinwohner, auch gegen die Zwangsbekehrungen und wurde zu einem entschiedenen Verteidiger der Menschenrechte der Indios. Auf der Grundlage des römischen Rechts und des Evangeliums argumentierend, nannte er die spanischen Eroberungen in der Neuen Welt ungerecht und rechtswidrig: Es verstoße gegen das Naturrecht und gegen das göttliche Recht, die Indios ihrer Freiheit sowie ihres Besitzes zu berauben und das Land und die Menschen an die spanischen Eroberer zu verteilen.

Cortes (in Begleitung der Dolmetscherin La Malinche) wird von Montezuma in dessen Palast in Tenochtitlán am 8. November 1519 empfangen. Unbekannter Tlaxcalan Künstler, 16. Jahrhundert (Berkeley, Universitätsbibliothek)

Deponentien: Partizipialkonstruktionen

G

Columbus ā rēge opēs petēns eī persuāsit, ut sibī licēret proficīscī. Rēx Columbō cōnfīdēns pecūniam dedit.
Opibus datīs Columbus ad īnsulās Fortūnātās nāvigāvit. Hic fortūnae cōnfīsus inde profectus est. In eō itinere occidentem sōlem secūtus sex īnsulās invēnit.

Erste Übungen

S • T • K • M
Partizipialkonstruktionen erkennen und wiedergeben

1 a) Schreibe aus dem G-Text die Partizipien und ihre Bezugswörter heraus.
b) Unterscheide bei der Übersetzung genau zwischen einem aktiven Verbum und einem (Semi-)Deponens. Erläutere, welches Genus verbi im Deutschen jeweils verwendet werden muss.

2 Nenne von den folgenden Verbformen zunächst den Infinitiv Präsens und übersetze danach die Ablativi absoluti durch einen temporalen Gliedsatz:

Columbō īnsulās īgnōtās reperiente – rēge Columbō cōnfīdente – īnsulīs īgnotīs repertīs – rēge Columbō cōnfīsō – Columbō in īnsulīs Fortūnātīs versante – Columbō in īnsulīs Fortūnātīs versātō – Columbō īnsulās Fortūnātās cōnspiciente – īnsulīs Fortūnātīs ā Columbō cōnspectīs

W

Mutezūmā vivente in Mexicō templa *frequentia* erant. In quibus imāginēs deōrum collocātae sunt, quās Mutezūma rēx et populus eius *venerābantur*. Cum deīs sacrificābant, pectoribus hominum *corda* ēripiēbant et deīs offerēbant. *Sanguine* cordium faciēs imāginum afficere solēbant. Cortēsius autem, cum ad Mexicum pervēnisset, Mutezūmam et populum eius deōs *venerārī passus* nōn *est*.

Tenochtitlán, Nachbildung des Tempelbezirks mit dem templum maximum (links)

Montezuma und Cortes – Begegnung zweier Kulturen

Der gelehrte spanische Humanist Juan Ginés de Sepúlveda stand in Diensten der spanischen Könige und befürwortete die spanischen Eroberungen in der Neuen Welt. In seiner 1563 verfassten Schrift Dē rēbus Hispānōrum gestīs ad novum orbem Mexicumque beschäftigt er sich auch mit den Opferbräuchen der Azteken und schildert die Begegnung zwischen dem Aztekenherrscher Montezuma II. und dem spanischen Konquistador Cortes im Jahre 1519. Sepúlveda hatte selbst nicht an den Fahrten der Seefahrer teilgenommen, sondern schrieb auf der Grundlage der Berichte der spanischen Eroberer.

Mexicum nūllā rē magis quam templīs frequentibus et praeclārīs ornābātur. Imāginēs deōrum, quōs barbarī venerābantur, ex omnium frūgum[1] sēminibus[2] et sanguine sacrificātōrum hominum cōnfectae sunt et altiōrēs fuērunt statuīs hūmānīs. Illīs barbarī saepe victimās[3] hūmānās sacrificābant: Quārum pectōribus exsectīs[4] corda ēripiēbant et deīs offerēbant. Tum faciēs imāginum sanguine cordium ungere[5] solēbant. Quārum imāginum erat māgnus numerus in templō maximō. Quod in templum ingressus Cortēsius iussit imāginēs eōrum, quī apud barbarōs in maximō honōre erant, dēlērī.

Deinde Cortēsius ad Mutezūmam profectus est. Hic deīs suīs cōnfīsus Cortēsium rogāre et ōrāre coepit, ut ille deōs barbarōrum verērētur: „Nē offenderis deīs nostrīs violandīs animōs cīvium! Ne verteris in tē odium eorum! Deī enim īrātī frūgēs[1] crēscere nōn sinent, sī cīvēs iniūriam eīs inferrī passī erint. Tum cīvitās fame perībit.“

Cortēsius autem eōs Deum Chrīstiānōrum āgnōscere[6] iussit et: „Nōbis“, inquit, „est ūnus Deus, quī venerandus est nōn sanguine victimārum[3] hūmānārum, sed virtūte et pietāte.“

Hīs verbīs audītīs Mutezūma: „Nōs“, inquit, „quī ōlim ex ultimīs fīnibus orbis terrārum in hās regiōnēs pervēnimus, fortāsse vērae religiōnis oblītī sumus. Ā vōbis īnstrūctī vestram cōnsuētūdinem Deum venerandī aemulābimur[7].“

[1] **frūgēs, frūgum** f. die Feldfrüchte
[2] **sēmen, sēminis** n. der Same
[3] **victima, ae** f. das Opfer
[4] **exsecāre, PPP: exsectus, a, um** heraus-, aufschneiden
[5] **ungere, ō** beschmieren
[6] **āgnōscere** anerkennen
[7] **aemulārī** nacheifern, übernehmen

Huitzilopochtli, der Schutzgott der Azteken, Figur aus Grüngestein, um 1500 (Paris, Musée de l'Homme)

Übungen

1 Erläutere den Opferritus der Azteken auf der Grundlage des Lesestücks (Z. 1–6).

S • T • K • M
Textaussagen reflektieren

2 Arbeite aus dem Lesestück heraus, welche Bedeutung die Götter für die Azteken hatten und was Montezuma von Cortes erwartet.

3 Vergleiche die Haltung von Montezuma und Cortes gegenüber der Religion des jeweils anderen und nimm Stellung dazu.

S • T • K • M
Offenheit gegenüber anderen Kulturen entwickeln

4 Schreibe aus dem Lesestück alle Passivformen heraus, bestimme sie und nenne den Infinitiv Präsens des Verbums.

S • T • K • M
Konjugationen beherrschen

5 Ersetze die folgenden Verbformen durch die bedeutungsgleichen Deponentien venerārī, verērī, loquī.

a) colunt, colēbam, coluērunt, colueram, colet
b) timet, timuit, timuissent, timēbō, timērēs
c) dīcō, dīcent, dīxit, dīxisse, dīcat

6 Nenne den Infinitiv Präsens zu den Partizipien und übersetze den Ausdruck durch einen temporalen Gliedsatz. Vorsicht beim Partizip Perfekt.

S • T • K • M
Flektierte Formen auf ihre Grundform zurückführen

Mongālīs fēminās videntibus – Mongālīs mīrantibus – Mongālīs mīrātīs – dūce hortante – dūce locūtō – verbīs ā dūce dictīs – canibus cōnsecūtīs – Mongālīs expulsīs – canibus dēfendentibus – canibus aggressīs – tēlīs in canēs iactātīs – Mongālīs tēla iacentibus

7 Bartolomé de Las Casas kritisiert in seinem Werk „Dē rēgiā potestāte" die Inbesitznahme des Landes durch die Spanier und schreibt unter anderem:

S • T • K • M
Verschiedene Denkweisen diskutieren

Nūlla servitūs, nūllum onus umquam impōnī potest, nisi populus, quī subītūrus illa onera est, cōnsentit[1].
Nēminī principum aut rēgum licet aut dōnātiōne[2], venditiōne[3] aut aliō modō aliēnāre[4] cīvitātem, vīllam, castrum alicuī dominō, nisi cīvēs tālī aliēnatiōnī[5] cōnsentiant[1].

a) Übersetze den Text, erfasse den Inhalt und nimm Stellung dazu.
b) Informiere dich in der Einleitung über die Meinung von Juan Ginés de Sepúlveda zu den spanischen Eroberungen und diskutiere die Ansichten in der Klasse.

[1] **cōnsentīre** zustimmen
[2] **dōnātiō, dōnātiōnis f.** Schenkung
[3] **venditiō, venditiōnis f.** Verkauf
[4] **aliēnāre** veräußern, (jemandem) als Eigentum geben
[5] **aliēnātiō, ōnis f.** Veräußerung

8 Informiere dich über die Götter und Opferbräuche der Azteken und beschreibe den Tempelbezirk von Tenochtitlán (S. 335).

S • T • K • M
Informationen beschaffen und anwenden

Plateaulektion 57 – 60

Grundwissen: Lateinische Literatur in Mittelalter und Renaissance

Berichte über neue Welten – Fortleben der lateinischen Sprache

- auch nach dem Untergang des römischen Reiches große Bedeutung der **lateinischen Sprache** im Europa des Mittelalters: Mittel vor allem zur schriftlichen Kommunikation (meist die einzige Sprache, die in mehreren Ländern verstanden wurde)
  → Fortleben der antiken Literatur in lateinischen Texten des Mittelalters (**mittellateinische Literatur**), z. B. Reisebericht des **Johannes de Plano Carpini** (13. Jh.; unter dem Einfluss antiker römischer Autoren wie **Caesar** und **Tacitus**)
- großer Aufschwung des Lateinischen in der Zeit des **Renaissance und des Humanismus** (14. – 16. Jh.)
  → Schaffung zahlreicher neuer lateinischer Texte nach dem Vorbild bedeutender antiker Schriftsteller
  → Entstehung lateinischer Texte, in denen auch geistesgeschichtliche Entwicklungen und die Entdeckung neuer Länder dokumentiert werden:

Einflüsse u. a. aus der **antiken lateinischen Liebesdichtung** und den Briefen **Ciceros**:

↓

Francesco Petrarca: italienischer Dichter (14. Jh.), Verfasser lateinischer Briefe, u. a. eines Berichtes über die Besteigung des Mont Ventoux

Einfluss antiker **griechischer Naturphilosophen** (Schüler des Pythagoras hatten bereits im 6. Jh. v. Chr. die Kugelgestalt der Erde angenommen)

↓

Christoph Kolumbus: italienisch-spanischer Seefahrer, gelangte 1492 bei dem Versuch, Indien auf dem Seeweg zu erreichen, zu dem noch unbekannten Kontinent Amerika

Hermann Cortes: spanischer Eroberer (16. Jh.), eroberte das Reich der Azteken unter Montezuma II.

Juan Ginés de Sepúlveda (16. Jh.), spanischer Dominikaner und Humanist, rechtfertigte die Eroberung des Landes der Ureinwohner und deren Versklavung (vgl. dagegen die kritischen Berichte des Dominikaners Bartolomé de Las Casas in spanischer Sprache)

Pietro Bembo: italienischer Humanist (15./16. Jh.), berichtete in seiner Geschichte von Venedig auch von den Entdeckungen des Kolumbus

Wundersames aus der „Neuen Welt“

L

Anfang des 16. Jahrhunderts nahm der italienische Seefahrer Amerigo Vespucci (1452–1512) an mehreren Entdeckungsfahrten in die neue Welt teil. Von seiner dritten Reise fertigte er einen ausführlichen Bericht an, den er 1502 als Brief mit dem Titel Mundus novus („Neue Welt“) an den florentinischen Adligen Lorenzo di Pierfrancesco de Medici schickte. Das italienische Original dieses Berichtes ist verloren, die lateinische Fassung wurde aber schnell in ganz Europa zum Bestseller. Nach dem Autor der Schrift wurde schließlich der neu entdeckte Kontinent „Amerika“ genannt. In seinem Bericht beschreibt Vespucci nicht nur die Geografie der von ihm bereisten mittel- und südamerikanischen Länder, sondern geht auch auf die Lebensweise der Bewohner ein.

Omnēs – virī fēminaeque – eunt nūdī, nūllam corporis partem tegentēs. Corpora habent māgna et pulchra et colōre dēclīnantia ad rubēdinem[1]. Quod eīs accidere putō, quia semper nūdī eunt sub sōle.

Faciem autem ipsī sibi laedunt. Perforant[2] enim sibi genās[3] et labra[4] et nārēs[5] et aurēs[6]. Sē ōrnant petrīs[7] et aliīs rēbus dīligenter factīs. Sī vidērēs hominem in genīs[3] et in labrīs[4] septem petrās[7] habentem, eum mīrārēris. Hic mōs sōlus est virōrum. Nam mulierēs nōn perforant[2] sibi faciem, sed aurēs[6] tantum.

Vīvunt sine rēge, sine imperiō. Tot uxōrēs dūcunt, quot volunt. Nūllum habent templum et nūllam tenent lēgem. Nōn sunt inter eōs mercātōrēs neque rēs emunt neque vendunt. Populī inter sē bella gerunt sine arte, sine ōrdine. Cum properant ad bella, nūllam suī corporis partem tegunt. Ergō etiam in hōc bestiīs similēs[8] sunt. Senēs et iuvenēs ad bella incendunt, in quibus crūdēliter aut aliōs interficiunt aut interficiuntur. Et eōs, quōs ex bellō captīvōs domum dūxērunt, servant, nōn ut eīs parcant, sed ut eōs paulō post occīdant. Nam iī, quī vīcērunt, eōs, quī victī sunt, comedere[9] solent et aliī aliīs cibō sunt. Et ego hominem cōgnōvī – quōcum etiam locūtus sum –, quī plūs quam trecenta hūmāna corpora comēdisse[9] dīcēbātur.

„Dise figur anzaigt uns das Volck und Insel die gefunden ist durch den christenlichen Kunig zu Portigal oder von seinen Underthonen“, Johann Froschauer, Illustrierte Ausgabe des „Mundus Novus“ von A. Vespucci, Augsburg, 1505 (New York, Public Library)

[1] **colōre dēclīnantia ad rubēdinem** von rötlicher Hautfarbe
[2] **perforāre** durchbohren
[3] **gena, ae f.** die Wange
[4] **labrum, ī n.** die Lippe
[5] **nāris, is f.** die Nase
[6] **auris, auris f.** das Ohr
[7] **petra, ae f.** der Edelstein
[8] **similis, simile** ähnlich
[9] **comedere, comedō, comēdī** aufessen

Methodenkompetenz (21): Textinterpretation (II)

In der Plateaulektion 50–53 hast du Hinweise zu den Inhalten und der Vorgehensweise bei einer Textinterpretation erhalten (Methodenkompetenz 18–19). Dort wurden folgende Arbeitsschritte genannt (für genauere Erklärungen zu den Arbeitsschritten vgl. S. 301):

1. **Genaues Lesen des Textes/Bestimmung des Themas**
2. **Textübersetzung**
3. **Bestimmung von Gliederung und Gedankengang**
4. **Bestimmung der Textsorte, der typischen sprachlichen Merkmale sowie des kulturellen Hintergrunds**
5. **Untersuchung der grammatischen Formen und ihrer Funktionen**
6. **Zusammenfassung der Interpretationsergebnisse**

Hier soll nun noch genauer in den Blick genommen werden, wie du die **Textsorte bzw. Gattung** in deine Interpretation einbeziehen kannst. Bestimme dazu, welche Darstellungsweisen in dem Text vorherrschen:

- Darstellung in einer allgemeinen Abhandlung
- Vermittlung von Informationen/Darstellung eines Lehrers, der einem bestimmten Schüler oder der allgemeinen Leserschaft etwas beibringen möchte
- persönlich gefärbte Darstellung (z. B. von selbst erlebten Ereignissen), um eine bestimmte Wirkung zu erzielen
- direkte Anrede des Autors an einen bestimmten Adressaten (z. B. in einem Brief) oder an die allgemeine Leserschaft
- Wiedergabe von Dialogen
- Wiedergabe von öffentlichen Reden

Der in dieser Plateaulektion stehende Übersetzungstext (S. 339) orientiert sich an **Amerigo Vespuccis Reisebericht *Mundus novus***. Die hier wiedergegebene Stelle steht in der Tradition antiker sowie mittel- und neuzeitlicher **ethnografischer Texte** (vgl. S. 326 zu Johannes de Plano Carpini), in denen Sitten und Bräuche eines – für den Autor fremden – Volkes beschrieben werden. Gleichzeitig handelt es sich um einen persönlichen Bericht Vespuccis, der seine Leser über das informiert, was er selbst gesehen oder gehört hat. Folgende Merkmale sind somit für die Textstelle charakteristisch:

Hervorhebung der Tatsache, dass der Autor für den Wahrheitsgehalt des Geschilderten bürgt, weil er es selbst gesehen hat — direkte Ansprache an den Leser, der aus dem Text etwas lernen soll — (direkt ausgesprochene oder indirekt vorgenommene) Vergleiche mit bekannten Lebensweisen — (richtige oder falsche) Vermutungen zur Erklärung des Gesehenen

Methodenkompetenz (22): Textinterpretation (III) – Vergleichen von Texten

Auch in den beiden vorangehenden Lektionen des Buchs hast du Texte über die Entdeckung fremder Welten und Völker gelesen:

Lektion 59: **Pietro Bembo über die Entdeckung Amerikas durch Christoph Kolumbus** (S. 332)

Lektion 60: **Juan Ginés de Sepúlveda über die Begegnung zwischen dem Entdecker Hermann Cortes und dem Aztekenherrscher Montezuma II.** (S. 336)

Diese lassen sich unter ähnlichen Fragestellungen interpretieren, wie sie auf der vorangehenden Seite vorgestellt wurden. Denn beide Texte und der Vespucci-Bericht auf S. 339 **behandeln ähnliche Themen** (Darstellung des Lebens von Ureinwohnern in Mittel- und Südamerika) **auf ähnliche Weise** (jeweils werden die Ureinwohner aus der Sichtweise der Entdecker und Eroberer dargestellt). Somit liegt es nahe, diese Texte nicht nur zu interpretieren, sondern auch miteinander zu **vergleichen**.

Bei einem Textvergleich müssen die wichtigsten **Gemeinsamkeiten und Unterschiede** zwischen den einzelnen Texten zusammengestellt werden. Beachte dabei zunächst die folgenden Bereiche:

- Rolle des Autors
- Hinweise auf den Wahrheitsgehalt des Geschilderten
- Charakterisierung einzelner Eingeborener
- direkt ausgesprochene oder indirekt vorgenommene Vergleiche mit der eigenen Kultur
- Verständnis/Unverständnis des Entdeckers gegenüber fremden Gebräuchen
- Bewertung der fremden Kultur: Ablehnung und/oder Bewunderung?
- Mögliche Reaktionen der europäischen Leserschaft

Lege eine Tabelle an, in der du Informationen aus den Texten zu den genannten Bereichen sammelst. Trage in die Tabelle deine Beobachtungen (mit lateinischen Belegen) ein. Stelle dann den Textvergleich in einem kurzen zusammenhängenden Text dar. Die Tabelle könnte so beginnen:

Themenbereiche	**Bembo über Kolumbus**	**Sepúlveda über Cortes und Montezuma**	**Vespucci**
Rolle des Autors	– berichtet über eine Entdeckungsfahrt, an der er nicht selbst teilgenommen hat	– berichtet über eine Entdeckungsfahrt, an der er nicht selbst teilgenommen hat	– berichtet über eigene Entdeckungsfahrt – betont, dass er selbst vor Ort war und mit den Eingeborenen gesprochen hat (Z. 22 f.: „ego hominem cōgnōvī – quōcum etiam locūtus sum“)
Hinweise auf den Wahrheitsgehalt			– Hervorhebung, dass er selbst dabei war (s. oben)

Bildquellenverzeichnis

Anna Maria Liberati/Fabio Bourbon, Rom, Weltreich der Antike, Karl Müller Verlag, Erlangen 1997/Edizioni White Star: S. 16; Franz-Josef Domke, Hannover: S. 18, 20, 83, 102, 126, 231, 233 u., 242, 328, Vorsatzkarten vorne/hinten; Archiv für Kunst und Geschichte, Berlin: S. 22, 119; Museo nazionale Archeologico, Neapel: S. 28; akg-images/ Werner Forman: S. 29; aus: Peter Connolly, Hazel Dodge: Die antike Stadt, Könemann, Köln 1998: S. 36 o., 37 o., 38; White Star S. r. l., Vercelli: S. 36 u.; Museo Nazionale Romano alle Terme, Rom: S. 40; aus: Peter Connolly, Pompeji, Verlag Tessloff, Nürnberg 1979: S. 42; Archäologisches Landesmuseum Baden-Württemberg (Hg.): Imperium Romanum, Ausstellungskatalog, Stuttgart 2005: S. 44; ullstein bild – Imagebroker.net: S. 46; © D-DAI-ROM-2010.3357: S. 48; picture-alliance/Bildagentur-online/TIPS-Images: S. 53; dpa/Farbarchiv, Frankfurt: S. 54; Rheinisches Landesmuseum Trier: S. 56, 60 u.l.; Thiem/Lotos-Film, Kaufbeuren: S. 60 M.l.; Egmont Children's Books, London (Zeichnung: Philipp Hood): S. 60 M.r.; aus: Eine römische Stadt, hg. von R. J. Unstead, Verlag J. F. Schreiber, Esslingen 1977, S. 13: S. 60 u.r.; akg-images/Peter Connolly: S. 61 l.; Scala, Florenz: S. 64 u., 88 o.l., 92 r.; The Metropolitan Museum of Art, New York: S. 65 o.; Scala Publications Ltd.: S. 65 u.l.; © Archivio Leonard von Matt: S. 65 u.r.; akg-images/Erich Lessing: S. 66, 88 u., 106, 154, 201 o.; akg-images / Andrea Baguzzi: S. 70; Leonard von Matt, Buochs/Schweiz: S. 75; Rheinisches Landesmuseum, Bonn: S. 77; www.parlament.gv.at: S. 79, 88 M.r.; Bridgeman Berlin: S. 81; akg-images/ Electa: S. 85; © 1986 Editions Gallimard: S. 92 l.; British Museum, London: S. 94, 96; M.R. Salzmann, On Roman Times, 1990, Abb. 52: S. 98; Skira, Genf: S. 100; aus: Peter Connolly (Hg.), Die Römische Armee, Verlag Tessloff/Nürnberg 1976: S. 104, 116; Rom, Konservatorenpalast: S. 105; aus: Mike Corbishley, Das Buch vom alten Rom, Arena/Würzburg 1990: S. 107; Ny Carlsberg Glyptotek, Kopenhagen: S: 109; Interactive multimedia walkthrough for museum installations; A project by Robert Kuchar and Timo Schairer at the WSI/GRIS: S. 111; Antiquités nationales, St-Germain-en Laye, © Photo RMN - Jean Schormans: S. 112; Staatliche Museen, Berlin: S. 115; © G. Dall'Orto: S. 116 o.l., 117; © xerxespersepolis: S. 122; bpk/Hermann Buresch: S. 127; ullstein bild - Granger Collection: S. 132; bpk/Scala: S. 134, 302 r.; Institut National du Patrimoine (INP): S. 135; picture-alliance/ZB: S. 136; ullstein bild – AISA: S. 140; © Archaeological Receipts Fund, Athens: S. 146 o., 168 o.l.; Museo archeologico regionale di Palermo/Giovanni Dall'Orto: S. 146 u.; Staatliche Antikensammlung, München/ Foto: C. Koppermann: S. 147 o., 162 l.; © Antikenmuseum Basel u. Sammlung Ludwig. Foto: C. Niggli: s. 147 u., 168 u.r.; bpk/Herbert Kraft: S. 148 l.; picture-alliance/Simela Pantzartzi: S. 148 r.; bpk/Antikensammlung, SMB/Reinhard Saczewski: S. 150; bpk/Hermann Buresch: S. 152, 158 l., 168 o.r.; bpk / Antikensammlung, SMB / Johannes Laurentius: S. 156; © Gerhard Marcks: S. 158 r.; akg-images/Tristan Lafranchis: S. 160; picture-alliance / dpa: S. 162 r., 226 u.l., 251 M.l., 320 o., S. 324; © Scala, Florenz: S. 166, 200 u.l.; ullstein bild – TopFoto: S. 168 u.l., 169; akg / Bildarchiv Steffens: S. 172 o.; © Werner Heinz: S. 172 u.; nach: Karl-Wilhelm Weeber, Luxus im alten Rom (2003): S. 173 o.; ullstein bild – AISA: S. 173 u.l.; akg-images: S. 173 u.r., 193, 195 o.l./r. 200 o., 201 u.l., 210 o., 235, 257 r., S. 258, S. 276 o., S. 302 l., S. 312, S. 326 o., S. 330; akg-images/Electa: S. 174, 196; © Marie-Lan Nguyen: S. 178; akg / De Agostini Pict.Lib.: S. 179; picture-alliance/DUMONT Bildarchiv: S. 182; British Museum, London: S. 186 o., M., 228 (2), 251 o. (2); ullstein bild - The Granger Collection: S. 186 u.; Louvre, Cabinet des Dessins: S. 189 o.; Hirmer Verlag, München: S. 191; Jean-Claude Golvin, Metropolen der Antike (2005)/Peter Connolly: S. 195 u.; © Trustees of the British Museum: S. 200 u.r.; Römisches Museum, Augsburg: S. 201 u.r.; Vatikanische Museen, Rom: S. 202, 222 o.l.; Thomas Dold, Ettenheim: S. 204, 222 o.r.; © Ion Theodorescu-Sion: S. 206; picture-alliance / Bildagentur Hubert: S. 208; Museo del Prado, Madrid: S. 210; Der Abdruck erfolgt mit Genehmigung der Universitätsbibliothek Mannheim: S. 212; ullstein bild: S: 214; © Bibi Saint-Pol: S. 215, 222 u.l.; © Blauel/Gnamm – ARTOTHEK: S. 216; Staatliche Münzsammlung

München: S. 218 o., 222 u.r.; © Wolfgang Deuter: S. 218 u.; Kunsthalle Bremen/Foto: Lars Lohrisch: S. 220; Lębork, Muzeum w Lęborku: S. 226 o.r.; vario images: S. 226 u.r.; picture-alliance/Bildagentur Huber: S. 227 o.l.; LVR-Archäologischer Park Xanten/LVR-RömerMuseum, Illustrator: Horst Stelter: S. 227 o.r.; © H & S Virtuelle Welten GmbH, Trier: S. 227 u.l., 251 M.r.; mediacolors Bildagentur & -produktion/Merten: S. 227 u.r.; Deutsche Post AG: S: 233 o.; Manfred Eberlein, Prähistorische Staatssammlung, München: S. 237; Archäologische Staatssammlung, München: S. 240 (3); bpk/Antikensammlung, SMB/Ingrid Geske-Heiden: S. 241; www.colonia3d.de – Köln International School of Design: S. 245; Dießenbacher Informationsmedien: S. 246; picture alliance/Arco Images GmbH: S. 247, 251 u.; © Crown copyright: Royal Commission on the Ancient and Historical Monuments of Wales: S. 249; © Rainer Jahns: S. 250; R. Mayrock/Stadtarchäologie Kempten: S. 253 o.; B. Kata/Stadtarchäologie Kempten: S. 253 u.; picture alliance/Bildagentur Huber: S. 256 l.; Foto: Peter Willi - ARTOTHEK: S. 257 l.; bpk/Gerard Le Gall: S: 262; Forschungs- und Landesbibliothek, Gotha: S. 264; bpk/RMN - Grand Palais: S. 265; ullstein bild - Bunk: S. 266; picture alliance / Bildarchiv Monheim: S. 267 r.; © Bayer & Mitko - Artothek: S. 267 l.; © Hans Hinz - ARTOTHEK: S. 269; Bild: Isabelle Rieder • © VISIT BASEL AG: S. 271 u.; © 2013. Photo Scala, Florence - courtesy of the Ministero Beni e Att. Culturali: S. 272; The J. Paul Getty Museum, Villa Collection, Malibu, California. Digital image courtesy of the Getty's Open Content Program.: S. 275; Münzkabinett, Staatliche Museen zu Berlin: S. 276 M.; Stanza della Segnatura, Rom: S. 280, S. 288; Album/Prisma/AKG: S. 281 l./M., S. 294; Album/Oronoz/AKG: S. 281 r., S. 292; www.livius.org, Photo: Jona Lendering: S. 282; akg / De Agostini Pict. Lib.: S. 286, S. 304, S. 316 o.; IAM/akg: S. 296; pixelio media GmbH/Manfred Walker: S. 299; Paris, Bibliothèque Ste-Geneviève: S. 303 l.; Heidelberg, Universitätsbibliothek: S. 303 r.; Foto di Giovanni Dall'Orto: S. 306; Württembergische Landesbibliothek, HB XIV 7, fol. 4r.: S. 308; Faksimile Das Evangelistar Kaiser Heinrichs III. Perikopenbuch aus Echternach. Ms. b. 21 der Universitätsbibliothek Bremen, 1981, Copyright Dr. Ludwig Reichert Verlag Wiesbaden: S. 309, S. 316 u.; München, Bayerische Staatsbibliothek, Clm 210, Bl. 92r: S. 311; Doris Antony, Berlin: S. 317; © Unversitätsbibliothek Heidelberg Comenius, Johann Amos: Joh. Amos Comenii Orbis Sensualium Pictus, 1698 (N 699 (RES)) Seite 254: S. 318; bpk/Staatsbibliothek zu Berlin / Ruth Schacht: S. 320 M.; Staatsbibliothek zu Berlin - Preußischer Kulturbesitz, Orientabteilung, Foto: Schacht: S. 320 u.; bpk/Hermann Buresch: S. 321; Petrarch (Francesco Petrarca) (1304-74) from the Villa Carducci series of famous men and women, c.1450 (fresco), Castagno, Andrea del (1423-57)/Galleria degli Uffizi, Florence, Italy/Giraudon/The Bridgeman Art Library: S. 322; F. Wagner/F1online Bildagentur RM: S. 326 u.; ullstein bild – Heritage Images/The British Library: S. 334; picture alliance/United Archives/DEA Picture Library: S. 335; © Musée de l'Homme, Paris/Foto: M. Delaplanche: S. 336; weitere: Verlagsarchiv Schöningh

Sollte trotz aller Bemühungen um korrekte Urheberrechtsangaben ein Irrtum unterlaufen sein, bitten wir darum, sich mit dem Verlag in Verbindung zu setzen, damit wir eventuell notwendige Korrekturen vornehmen können.

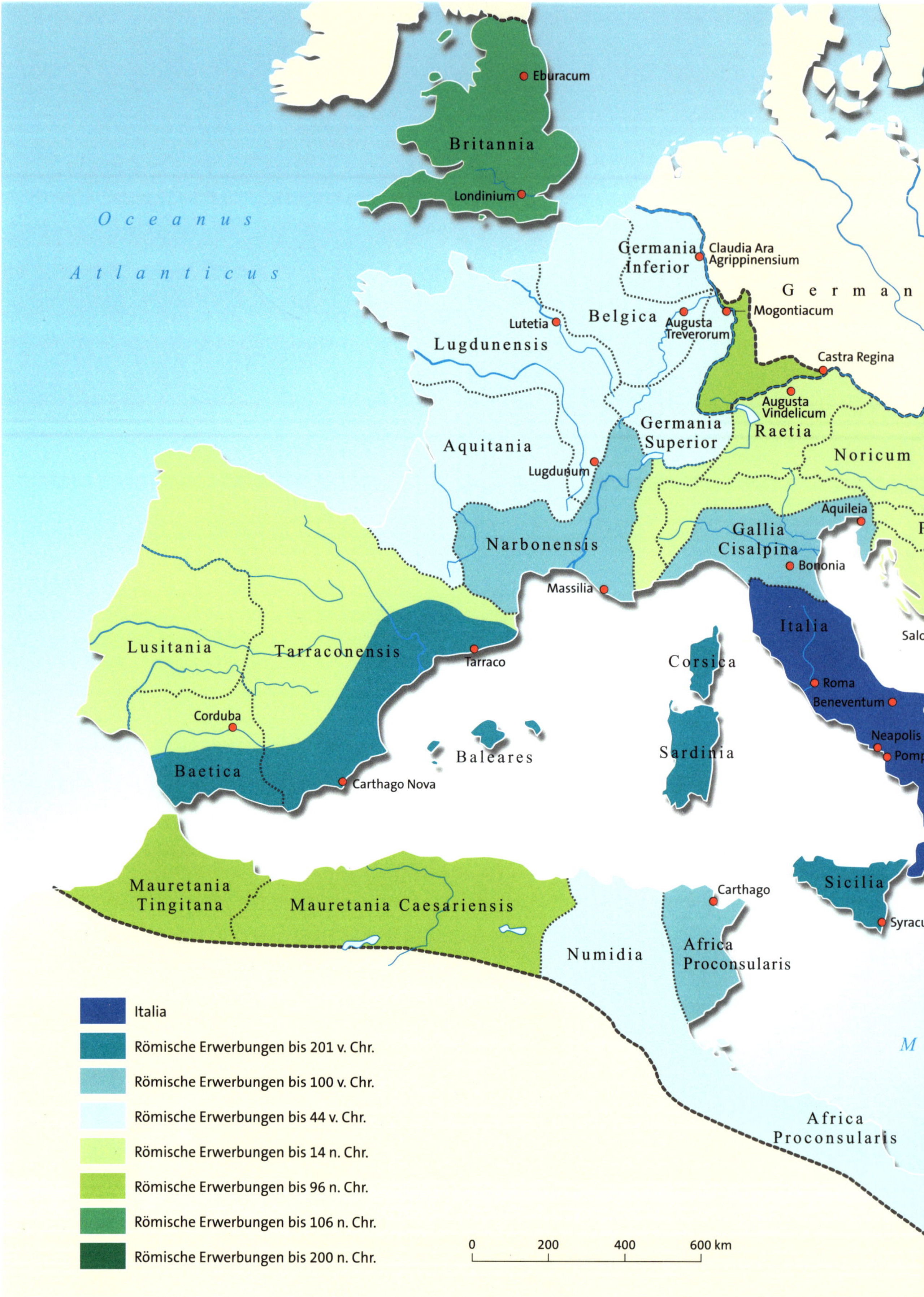

Britannia
Eburacum
Londinium
Oceanus
Atlanticus
Germania Inferior
Claudia Ara Agrippinensium
German
Mogontiacum
Belgica
Augusta Treverorum
Lutetia
Lugdunensis
Castra Regina
Augusta Vindelicum
Raetia
Germania Superior
Aquitania
Noricum
Lugdunum
Aquileia
Narbonensis
Gallia Cisalpina
Bononia
Massilia
Italia
Lusitania
Tarraconensis
Tarraco
Corsica
Roma
Beneventum
Corduba
Baleares
Sardinia
Neapolis
Baetica
Carthago Nova
Sicilia
Syracu
Mauretania Tingitana
Mauretania Caesariensis
Carthago
Numidia
Africa Proconsularis
Italia
Römische Erwerbungen bis 201 v. Chr.
Römische Erwerbungen bis 100 v. Chr.
Römische Erwerbungen bis 44 v. Chr.
Römische Erwerbungen bis 14 n. Chr.
Römische Erwerbungen bis 96 n. Chr.
Römische Erwerbungen bis 106 n. Chr.
Römische Erwerbungen bis 200 n. Chr.
0
200
400
600 km
Africa Proconsularis